熊耳山北麓中深部金矿成矿规律与找矿方向研究

汪江河　孙卫志　于　伟
付法凯　燕建设　刘耀文　等著

黄河水利出版社
·郑州·

内 容 提 要

本书首次应用幔枝构造理论在该区开展了熊耳山幔枝构造特征、演化、形成和成矿控矿的探索性研究。通过编制大比例尺矿体趋势预测图，在6个金矿床9条主矿体的深部（垂深400～2 800 m）优选出中深部找矿靶区4个，孔位31个，预测资源量（334）？金属量金313 t、银233 t。结合深部找矿项目优化验证19个孔，见矿13个，见矿率68%，真正实现了“科研预测—验证—再预测—再验证”的及时完善和有效结合，使该区深部找矿新增金金属量60 t，累计查明已突破140 t，可达超大型规模，推动了该区中深部找矿重大突破。

本书内容丰富、资料翔实，对该区金矿的总结具有全面性、客观性和实用性。可供从事金矿勘查开发工作者、研究人员和大专院校师生及有关学者参考。

图书在版编目（CIP）数据

熊耳山北麓中深部金矿成矿规律与找矿方向研究/汪江河等著．—郑州：黄河水利出版社，2015.9

ISBN 978－7－5509－1243－4

Ⅰ．①熊…　Ⅱ．①汪…　Ⅲ．①金矿床－成矿规律－研究－河南省　②金矿床－找矿方向－研究－河南省　Ⅳ．①P618.51

中国版本图书馆CIP数据核字（2015）第225894号

出 版 社：黄河水利出版社

地址：河南省郑州市顺河路黄委会综合楼14层　　邮政编码：450003

发行单位：黄河水利出版社

发行部电话：0371－66026940、66020550、66028024、66022620（传真）

E-mail：hhslcbs@126.com

承印单位：河南省瑞光股份有限公司

开本：787 mm×1 092 mm　1/16

印张：13.75

字数：315千字　　印数：1—1 000

版次：2015年9月第1版　　印次：2015年9月第1次印刷

定价：38.00元

《熊耳山北麓中深部金矿成矿规律与找矿方向研究》编委会

编 写 人:汪江河 孙卫志 于 伟 付法凯 燕建设 刘耀文
施 强 邓红玲 张克敏 陈运科 范明泰 徐文超
王俊德 冯绍平 田海涛 赵春和 梁新辉 汪 洋

技术指导:牛树银 孙爱群 王宝德 张建珍

参加人员:李红松 宋延彬 史保堂 徐新光 黄智华 王小涛
张怡静 黄 岚 张 伟 侯恩慧 尤阳阳 蔡焕花
康宏伟 苗晓斌 常嘉毅 张 豪 谢凤祥 李春晓
余 燚 李继涛 张苏坤 张争辉 程蓓蕾 毛 宁
张澍蕾 王丽娟 豆贯铭 王晶晶 刘君华

目 录

1 绪 论

研究区位于华北陆块南缘，熊耳山隆起区北部，属熊耳山幔枝构造（变质核杂岩构造）分布区，是河南省重要的金成矿区，在区域上受洛宁山前大断裂和马超营断裂所控制。区内相继发现了以上宫为代表的二十余处大、中型金矿床。但长期的强力开发导致资源危机或接近枯竭，按照“加强深部找矿”、“开展整装勘查”的有关要求，本项研究工作从宏观研究切入，通过典型矿床研究，总结成矿规律、找矿标志，旨在预测和评价中深部金资源潜力与找矿方向。

1.1 研究区概况

1.1.1 研究任务及研究范围

本书是在《熊耳山北麓中深部金矿成矿规律与找矿方向研究》项目研究成果的基础上完成的。该项目是河南省 2011 年度探矿权采矿权使用费和价款地质科研项目（编号〔2011〕622 -7 号）。其主要目的和任务是：研究熊耳山北麓含矿地质建造、成矿构造、矿化特征及成矿作用、地球物理和地球化学特征，建立预测找矿模型，评价中深部金资源潜力与找矿方向；开展定位定量预测，提出金矿床中深部新的矿山勘查选区，配合勘查项目或矿山企业开展深部工程验证。

研究区位于河南省西部，洛宁县南部地区的底张、西山底、赵村、陈吴等乡（镇）及卢氏、栾川、嵩县、宜阳四县交界部位。研究区北邻洛宁县城，村村通公路已联通各个村镇，交通便利，研究区地理位置见图 1-1。

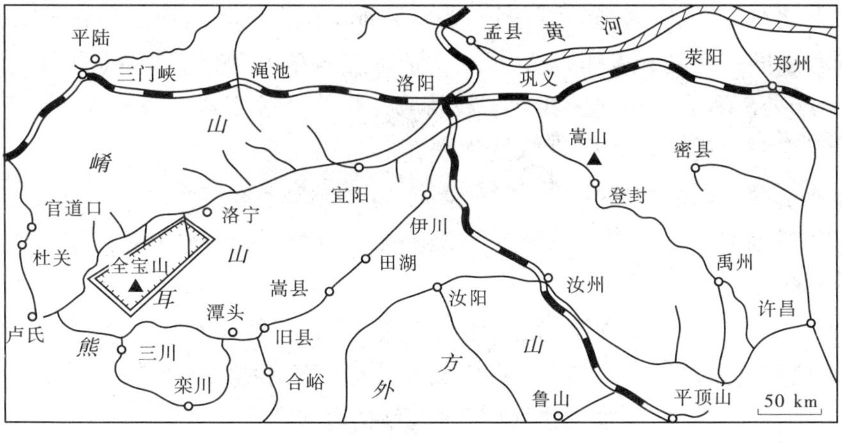

图 1-1 研究区地理位置图（粗方框内为研究区范围）

1.1.2　以往工作评述

在区域构造上，研究区位于华北陆块南部，所属次级构造单元为华熊台隆、熊耳山断隆区。研究区浅—中部勘查及研究程度较高。自20世纪50年代以来，先后有原地质（矿产）部、冶金部、核工业部、建材及化工部所属的多家地勘单位、科研单位和地质院校在该区开展过不同目的、不同性质、不同比例尺的区域地质、矿产地质调查，重要成矿区、矿带及矿区地球化学勘查，成矿规律和成矿预测研究等工作。

1. 区域地质调查和物化探工作

研究区内1∶20万区调工作始于1956年，由原地质部秦岭区测队完成，部分图幅由原河南省地矿局区测队完成。1∶5万区域地质调查，多数图幅由河南省地矿局地矿一院（以下简称我院）完成，大部分图幅做了矿产调查工作（矿点评价、重砂、化探、物探测量等），系统总结了区域矿产分布规律，划分了找矿远景区。

物化探工作由原地质部航磁902、905队（主要是902队）在本研究区进行过1∶20万至1∶10万航磁测量，原地质部903航磁队在区内开展了1∶5万航磁测量。此外，原河南省地质局区域地质调查队，在20世纪80年代先后开展的栾川幅、洛宁幅1∶20万及1∶5万水系沉积物测量已覆盖熊耳山全区，提交了39种元素地球化学图及说明书。

我院先后在熊耳山北麓、南麓分别开展了1∶5万水系沉积物测量，提交了《河南省熊耳山地区1∶5万水系沉积物测量报告》，圈出2个甲类异常，6个乙类异常，其中以上宫6甲-Au、Ag、Pb、Zn甲类异常远景最好。并针对地球化学异常区（带）还开展了系统的1∶1万断裂带土壤测量和岩石测量，提交了《河南省熊耳山地区七里坪—星星阴构造蚀变带地球化学土壤测量报告》，圈出单元素地球化学异常231个，组合异常36个，同时划分出8个最有找金希望的异常段，其Ⅱ、Ⅲ异常段已分别探明上宫大型、干树中型构造蚀变岩型金矿床。

2. 地质矿产勘查工作

自20世纪60年代以来，先后有多家地质勘查单位在熊耳山地区开展不同矿种、不同性质、不同程度的矿产勘查工作，累计提交构造蚀变岩型大型金矿2处（康山、上宫），中-小型矿床数十处。在熊耳山地区找到了我省第一例构造蚀变岩型金矿床——上宫大型金矿床。之后，多家地质勘查和科研单位相继在熊耳山地区找到了10余处大、中、小型金矿，从而形成了熊耳山金矿田。

我院30多年来一直坚持在该区开展找矿工作，1982～1988年对洛宁上宫金矿进行了普、详、勘探，提交了《河南省洛宁县上宫矿区金矿勘探地质报告》，首次在河南省熊耳山地区找到并探明了第一个大型构造蚀变岩型金矿床。1990年提交了《河南省洛宁县上宫矿区外围金矿普查地质报告》。2006年提交了《河南省洛宁县上宫矿区金矿资源潜力调查报告》，圈定了矿产资源潜力预测区3处，预估算深部（采矿标高以下）金属量22 745 kg；2007～2010年在资源潜力调查的基础上，通过深部普查提交《河南省洛宁县上宫金矿接替资源勘查（普查）报告》，2012年提交《河南省洛阳坤宇矿业有限公司洛宁上宫金矿生产勘探报告》,累计查明金金属量 47 959.3 kg。1989 年对干树金矿进行普查、详查,编写了《河南省洛宁县干树凹金矿区详细普查地质报告》,提交中型金矿 1 处。1995 年和 2003 年分别提交了《河南省洛宁县吉家洼金矿详查地质报告》和《河南省洛宁县吉家洼金矿外围金矿普查地质报告》,提交中型金矿各 1 处。

1994 年和 1996 年河南省地矿厅地质二队分别提交了《河南省洛宁县虎沟金矿区北矿段金矿普查报告》和《河南省洛宁县虎沟金矿区南段金矿普查报告》,提交中型金矿各 1 处。2009 年提交《河南省洛宁县南王玉沟金矿详查报告》。2010 ~ 2011 年提交《河南省洛阳坤宇矿业有限公司洛宁干树金矿资源储量核实报告》提交金属量 9 358.76 kg;提交《河南省洛宁县洛阳坤宇矿业有限公司洛宁虎沟金矿生产勘探报告》,查明金金属量 7 667.8 kg。

2007 年洛阳市矿业发展中心编制《河南省洛宁县西青岗坪金矿详查报告》。

3. 地质矿产科研成果

1986 ~ 1988 年,由我院及河南省岩石矿物测试中心提交了《地矿部"七五"重点攻关项目:秦巴地区重大基础地质问题和主要矿产成矿规律研究——Ⅳ - 5 熊耳山地区蚀变构造岩型金矿成矿地质条件及富集规律研究报告》,以上宫金矿床为重点,总结了矿化富集规律和找矿标志,建立了成矿模式,进行了成矿远景预测。该报告对熊耳山地区中浅部金矿资源总量预测为 872 t,以上宫为主的花山隆起区为 587 t,西南部瑶原隆起区为 114 t,康山—红庄隆起区为 171 t。

1990 年"八五"国家重点科技攻关项目(90051 - 03 - 01)《熊耳山—崤山地区金矿成矿地质条件和找矿综合评价模型》专著是由天津地质矿产研究所、武警黄金地质研究所负责,参加单位有河南省地矿厅第一地质调查队、河南省地质科学研究所、有色金属总公司河南矿产地质研究所、地质矿产部西安地质矿产研究所。该研究报告在总体上已达国际先进水平。在金矿类型划分方面和建立金矿综合评价模型方面有创新,丰富和发展了火山岩地区金矿成矿理论。

1993 年我院历时 3 年完成国家重点黄金科技攻关项目《熊耳山北坡金矿地质特征及远景预测研究报告》(编号 90051 - 03 - 01 - 3)。其中对上宫、虎沟、干树金矿成矿作用、成矿规律及类型、矿床成因模式等进行了研究,指出熊耳山地区具有非常丰富的金矿资源,该区可作为地质研究及找矿的重要靶区。

1982 ~ 1988 年我院完成了地矿部科技 82092 项目《豫西地区成矿地质条件分析及主要矿产远景预测报告》。首次通过基础地质编图,系统整理了豫西地区 30 多年来所取得的各项地质成果,重点对金、钼、钨、铅、锌等主要内生矿产进行了分析研究,划分出了包括上宫、虎沟、干树金矿在内的 61 个成矿预测区。

研究区经过长期的基础地质、矿产地质、物化探和科研等工作,积累的各种丰富的成果资料,为本次研究创造了良好的条件,特别是近年来取得的勘查成果为项目的实施奠定了坚实的基础。

1.2 本次研究内容、手段及研究方法

1.2.1 研究内容及思路

本次成矿规律与找矿方向研究是依据已知矿床浅部的地质建造特征、构造特征、岩浆岩特征及矿化富集规律，重点研究各个矿区已知矿体深部(原始勘查深度300 m或500 m以下)建立预测模型，开展找矿方向和成矿预测研究。研究的基本内容包括：①成矿规律研究；②成矿构造研究；③矿化特征及成矿作用研究；④成矿地球物理和地球化学研究；⑤建立预测找矿模型，开展定位定量预测，指出找矿方向，圈定找矿靶区和靶位，密切配合勘查项目进行验证，以指导中深部地质找矿工作。

当前，牛树银等(2001)[1-3]通过对幔枝构造成矿理论研究认为：幔枝构造之所以成为成矿控矿的主要空间，是因为成矿元素随地幔亚热柱向上运移到岩石圈底部受阻而插向造山带的根部，当被造山带轴部持续活动的深切韧性剪切带切割时，成矿元素便沿韧性剪切带或随岩浆活动向地壳浅部迁移，在幔枝构造的有利构造扩容带聚集成矿。受幔枝构造控制的岩浆活动特征、岩性特征、含矿性及成矿作用取决于深切韧性剪切带的切割深度和活动强度。而韧性剪切带的活动强度又受地壳运动、区域构造应力场的制约。当韧性剪切带活动强烈、切割深度较大时，岩浆活动就表现为幔源，随地幔亚热柱迁移的含矿流体得以向上迁移，并在有利的构造扩容带中成矿；当韧性剪切带切割浅时，就可能以中、下地壳低速层重熔形成的花岗质岩浆为主，含矿流体相对较少，则成矿作用较弱。至于成矿部位，主要受幔枝构造特征的控制。在轴部韧性剪切带中可形成幔壳碱交代型金矿，在外围拆离带中可形成蚀变岩型或石英脉型金矿。此外，还可以发育韧性剪切带型、脉型，甚至斑岩型金矿。而幔枝构造的外围韧性剪切带或环状、放射状断裂系统中还会形成成矿温度偏低的中低温银铅锌多金属矿床。地幔热柱多级演化及幔枝构造的成矿控矿作用研究不仅是地球动力学这一重大理论研究的突破口，而且可能会给地质找矿带来认识及找矿实践上的突破。

鉴于上述，本次研究以幔枝构造成矿理论作为本项目的理论基础，用于指导研究工作。

1.2.2 技术路线

(1)充分应用计算机网络查询优势，及时了解国际研究动态，掌握国内、外该领域发展趋势。在现有研究的基础上，充分收集、吸收、消化熊耳山幔枝构造区已有地质、地球物理、地球化学、各种探采工程、各种样品测试资料，进行归纳、整理，找出了尚需深入研究的问题。

(2)充分应用幔枝构造成矿新理论、新方法、新技术，并与熊耳山幔枝构造区地质实际相结合，开展创新性研究，实现理论研究和应用基础研究等方面的新突破。

(3)采用野外地质调研和室内综合分析相结合的研究方法,野外以典型区域剖面及路线调查研究(560 km)和6个重点研究区解剖相结合,开展了多学科综合研究。

(4)收集地球物理、地球化学、遥感地质、构造地质、深源流体、矿床地质等资料,进行了多学科交叉研究,相互补充,相互验证,相互修改、交流、总结,使研究结论客观、真实。

(5)充分利用计算机开展多元信息录入、修改、编辑、作(绘)图等功能,使研究成果达到领先水平。

1.2.3 研究手段及研究方法

本研究在系统收集、整理研究区浅部已有地质勘查、正在实施的深部勘查项目、矿山开采和勘探及科研成果的基础上,深化对研究区成矿规律的认识。主要研究手段及研究方法有:

(1)野外地质调查:主要是重要断裂带、变质核杂岩、典型矿床调查;

(2)区域成矿建造研究:主要通过幔枝构造研究,确认其主要构造单元,进一步分析其主要成矿控矿作用;

(3)主要断裂带研究:重点是上宫金成矿带,即七里坪—星星阴区域大断裂带;

(4)典型矿床研究:重点研究了六个金矿床;

(5)稳定同位素、放射性同位素研究:主要是S、Pb及Sr－Nd－Pb和H、O同位素,了解同位素特征、演化及同位素年代学;

(6)流体包裹体研究:流体包裹体成分及测温;

(7)成矿远景区定位预测与找矿方向研究:在上述研究的基础上,确立找矿指标及方向,建立找矿模型,圈定找矿靶区及验证靶位,根据验证情况优化修正预测方案和进行定量预测评价。

1.3 完成的主要工作量

在全面收集研究区内地质勘查和研究成果的基础上,开展了基础地质和矿床地质调查研究,完成野外调查路线560 km,面积93 km^2;完成岩矿化学全分析样15个,由我院实验室承担;人工重砂样84个、矿物微量元素分析样33个(黄铁矿、闪锌矿、方铅矿各11个),由国家地质实验测试中心承担;C、H、O稳定同位素样17组,由核工业北京地质研究院分析测试研究中心承担;包体成分测温样10组、测温42个、S稳定同位素样15组,由中国地质科学院矿产资源研究所承担;稳定同位素样15组,年龄测定样4组,岩矿石光薄片样243个,分别由河南省岩矿测试中心、石家庄经济学院和国土资源部郑州矿产资源监督检测中心承担(见表1-1)。

表 1-1 本项目计划及完成主要实物工作量一览表

项 目	计划工作量	完成工作量
地质调研面积(km^2)	93	93
岩石地球化学工作量	深部坑钻化探样品 2 400 个	2 740 个;剖面 10 km
(收集) (地球物理工作量)	(大功率激电 3 km^2);(激电测深 80 点);(EH4 电磁测深 190 个点)(瞬变电磁测量 450 个点)	已经收集完成
金基本分析样(个)	120	120
岩矿化学全分析样(个)	15	15 个(收集 41 个)
人工重砂样(个)	14	84
单矿物分析样(个)	14	33
包体成分测温样(组)	收集(20)	测温 42,成分 10,
稳定同位素样(组)	收集(18)	氧 17,硫 15,铅 15
年龄测定样(组)	3	4
岩矿石薄片样(个)	200	243
发表论文(篇)	1~2	5(核心遴选 3)
培养中青年技术人才	3~5 名	在读工程硕士 5 人

1.4 主要成果与创新点

经过两年多的野外调查和室内分析综合研究,本研究取得以下主要成果和创新点:

(1)首次应用幔枝构造理论研究了本区的构造形式,开展了熊耳山幔枝构造的创新性研究。认为熊耳山幔枝构造呈长垣型展布于豫西成矿带的中段,构造形式为长垣型变质核杂岩,表现出典型的盆岭区地貌特征,是中-新生代伸展构造运动背景中形成的幔枝构造,变质核杂岩和拆离断层带及其派生的次级断裂构造对金矿床起到控制作用。通过熊耳山幔枝构造研究,提出了深大断裂与拆离带的交会部位有利于矿液的聚集,是该区重点找矿部位的新认识,对熊耳山地区中深部找矿具有较好的指导意义。

(2)开展了同位素测年,C、H、O、S 稳定同位素,流体包裹体成分测试、测温研究,为本区金成矿时代、成矿物质及流体来源、成矿的物理化学条件研究提供了新资料。

根据金矿石矿物组成、成矿元素、蚀变和成矿年龄变化特征,从早阶段蚀变岩 242 Ma 到晚阶段成矿的 113 Ma,金成矿经历了近 130 Ma,也即从晚印支一直到晚燕山期。成矿流体是一种中温、中低压、低盐度、酸性、还原性的含碲流体。硫、铅同位素数据具有以深源硫同位素为主的壳幔混合源硫组成特征,氢氧同位素数值表明矿区的成矿溶液具有以岩浆水为主并混入大气降水的混合水的特点。通过对含矿构造蚀变带主要元素和微量元素的变化特征分析，认为上宫金矿的矿脉经历多期次构造和热液蚀变作用的叠加改造。

(3)着重突出了科研为地质找矿服务，与生产实践的紧密结合。在幔枝构造成矿理论指导下建立成矿预测指标，重新确立找矿方向，对所建立的找矿预测模型不断在生产实践中修改、完善和实用化。在划定的4个中深部金矿成矿预测区、6个金矿床、9条主矿体中深部进行了定位定量预测，所提交的预测区、靶位经钻探工程验证见矿效果较好，取得了深部找矿重大突破。

(4)通过编制大比例尺矿体趋势预测图，优选出中深部找矿靶区4个、孔位31个，在6个金矿床9条主矿体中深部定位定量预测金资源量将达313 t；银资源量达233 t。通过反复修正预测和验证方案，并应用在深部找矿项目中验证19个(最深1 515 m)，见矿13个，见矿率68%，真正实现了"科研预测—验证—再预测—再验证"的及时完善和有效结合。使该区深部找矿新增金金属量60 t，累计查明将突破140 t，可达超大型规模，有效促进了该区中深部找矿重大突破。

1.5 本书编写情况

本书第1章绪论由于伟、燕建设、付法凯、汪江河等编写；第2章区域地质成矿背景由汪江河、付法凯等编写；第3、4章由牛树银、孙爱群、汪江河等编写；第5章典型矿床研究由汪江河、付法凯、施强、陈运科、张克敏、冯绍平、梁新辉、史保堂、王小涛等编写；第6章矿石学与围岩蚀变由张建珍、王宝德、汪江河等编写；第7章区域成矿规律与成矿模式由付法凯、汪江河、牛树银、王宝德、冯绍平、徐文超等编写；第8章中深部成矿预测及找矿方向由冯绍平、王宝德、梁新辉、史保堂、汪洋、豆贯铭等编写；第9章结语由汪江河、牛树银编写。附图由张澍蕾、王丽娟等编绘，最终由孙卫志、汪江河统稿、审核定稿。

本项目自始至终得到了牛树银、王宝德、孙爱群、张建珍教授的指导，其研究成果集中了所有在熊耳山地区地质勘查、地质科研单位及专家的集体智慧，在此对四位技术指导和所有参与熊耳山地区地质工作的单位、专家们表示衷心的感谢！自该项目开展工作以来，还得到了研究区当地政府、矿山企业及兄弟勘查单位同仁的关心和帮助，国家地质实验测试中心、核工业北京地质研究院分析测试研究中心、中国地质科学院矿产资源研究所、石家庄经济学院和河南省岩矿测试中心、国土资源部郑州矿产资源监督检测中心对岩石矿物的测试和鉴定给予了十分有益的帮助，得到本院有关分院的多方协助和支持，提供了许多宝贵资料和方便，在此一并表示诚挚的谢意！

最后由衷地感谢河南省国土资源厅、河南省财政厅和省地矿局的有关领导，是他们的远见卓识才促成本项目的设立，并保障了项目的顺利进行！

2 区域地质成矿背景

熊耳山地区所处大地构造部位属华北陆块南缘华熊台隆。陈衍景(1992)、石铨曾(2004)等将豫西地区划分为2个Ⅱ级构造单元,6个Ⅲ级构造单元,本研究区位于其划分的华—熊地块(Ⅱ$_1^2$)北中部(见图2-1),主要构造样式表现为典型的盆-岭构造,自西而东的Ⅳ级(盆-岭)构造单元:卢氏—洛宁盆地,熊耳山陆块。本次研究区主体为熊耳山隆断区北中部,在成矿单元上属华熊台隆中生代金、银、钼、多金属成矿带(Ⅲ级成矿单元)内熊耳山隆断区中生代金、银、钼、铅成矿区(Ⅳ级成矿单元)。

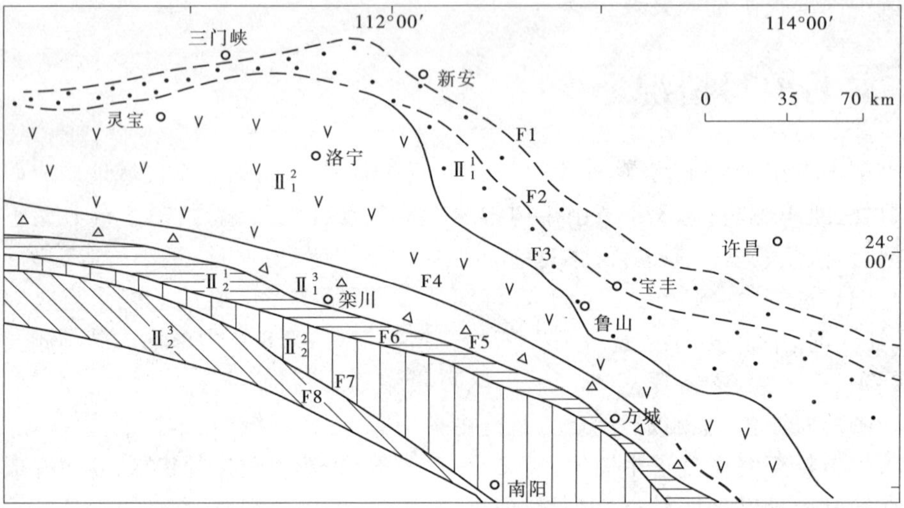

Ⅱ$_1$—华北陆块南缘变形带:Ⅱ$_1^1$—三门峡-宝丰推覆构造带;Ⅱ$_1^2$—华熊地块;Ⅱ$_1^3$—卢氏-栾川推覆构造带;

Ⅱ$_2$—北秦岭构造带:Ⅱ$_2^1$—宽坪群混杂岩带;Ⅱ$_2^2$—二郎坪群蛇绿岩带;Ⅱ$_2^3$—秦岭群岛弧地体;

F1—新安-项城断裂;F2—宝丰-漯河断裂;F3—三门峡-鲁山断裂;F4—马超营断裂;

F5—栾川断裂;F6—瓦穴子断裂;F7—朱夏断裂;F8—商丹断裂

图2-1 熊耳山地区大地构造分区图

2.1 区域构造

2.1.1 褶皱

区内褶皱包括基底褶皱和盖层褶皱。基底地层遭多次褶皱叠加,早期为近东西向的倒转-平卧褶皱,形态复杂,为无根、无一定形态,形态各异的小型流变褶皱,是嵩阳旋回的变形产物,伴有区域变质和混合岩化。晚期叠加了近南北向,向南倾伏的短轴背向斜,其规模较大,形态开阔,为中岳旋回的变形产物。

盖层褶皱呈横贯全区的龙脖—花山开阔背斜,可能属加里东期变形产物。以片麻理为变形面的大型片褶发育,同时盖层岩系形成弧形褶皱束,成为走向近南北向的背向形构造,前者向南倾伏,后者向北倾伏。由西向东依次形成四道沟倾伏向形构造、草沟倾伏背形构造、瓦庙河倾伏向形构造、庙沟崖—五龙沟倒转背形构造及七里坪弧形褶皱束(见图 2-2)。

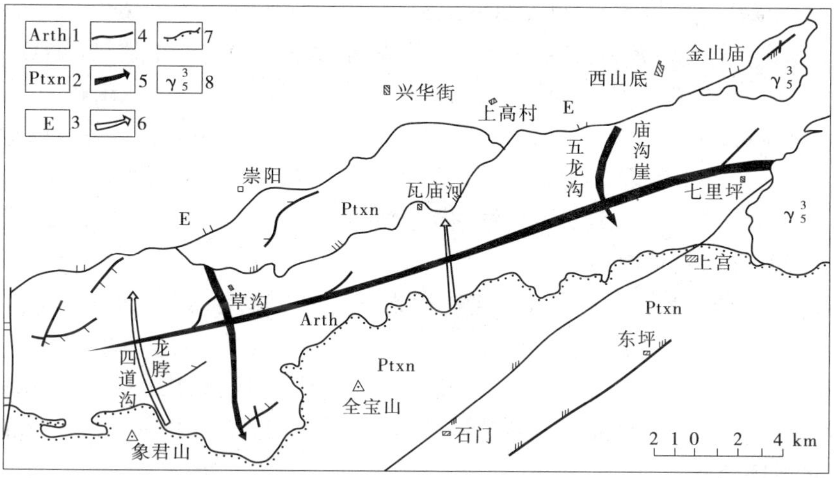

1—太古宙太华群;2—元古宙熊耳群;3—第四系;4—断层;5—背形轴线;
6—向形轴线;7—角度不整合界线;8—燕山期花岗岩

图 2-2　熊耳山北麓构造纲要图

2.1.2　断裂

区内断裂发育,长度大于 100 m 者有百余条,其中以北部山前断裂规模最大(>80 km,按断裂的方向可分为北东向、北东东向、北西向、近东西向、近南北向 5 组,其中以北东东向、北东向、北西向为主)。

2.1.2.1　北东东向断裂

该组断裂主要包括北部洛宁山前断裂和东南部马元—陶村断裂。洛宁山前断裂为洛宁凹陷与熊耳山隆断区的分界断裂,在区内出露长度大于 70 km,宽度数米至百余米,总体走向 70°,北倾,倾角 40° ~70°,其西段出现的糜棱岩带显示具早期韧性变形的特点,整个断裂呈折线追踪形态和在东段出现规模较大的角砾岩带,反映了其后期脆性变形叠加的特点,沿断裂有含金石英脉和同期金矿化。该断裂控制并切割了上白垩统—古近系红层,并切割燕山晚期金山庙花岗岩(105 Ma),其本身又为上第三系和第四系覆盖,说明该断裂活动时期为晚燕山—早喜山期。

马元—陶村断裂在区内出露长度约 12 km,宽度 30 ~400 m,总体走向 60°,倾向南东,倾角 35° ~85°,断裂带内挤压片理发育,以碎裂岩为主。有燕山期正长斑岩、次石英斑岩侵入,北东段部分被新近系覆盖,表明断裂活动时期为燕山期至喜山期。在碎裂带中有石英细脉产出,硅化、绢云母化强烈,有金矿石化。

2.1.2.2 北东向断裂

该组断裂主要是区内规模较大的七里坪—星星阴断裂。其次在西草沟、虎沟、金硐沟等地亦有发育，但规模较小（一般长度小于2 500 m）。该组断裂为区内主要含矿断裂。其走向多为50°~60°，少数20°~40°，主要倾向北西，其次倾向南东，倾角多50°~85°，少数35°~40°。

七里坪（上宫）—星星阴（康山）断裂全长约35 km，在研究区内出露长度约15 km，宽度一般数米至数十米，最宽处达280 m。该断裂中赋存有上宫、干树凹、西青岗坪、七里坪、康山等大、中、小型金矿床，该断裂向北东延至烟沟以东，并切穿花山花岗岩，形成烟沟铜金矿点。总体走向50°~60°，倾向北西，倾角50°~70°，断裂带变宽处往往由数条大致平行的断裂组成。整个断裂在平面上明显呈折线状，显示其早期脆性变形的特点，该断裂经历了成矿前韧性、脆性，成矿期脆韧性、韧脆性，成矿后脆性变形活动，形成糜棱岩、千糜岩、碎裂岩、构造角砾岩及构造泥、砾等。

虎沟M19是虎沟金矿的主要含矿构造带，长度近2 000余m，厚度为0.2~12.5 m，平均1.4 m。在平面上和剖面上均呈舒缓波状延伸，有膨胀窄缩变化。走向30°~60°，局部转为10°~30°，倾向北西，倾角60°~85°，局部近直立。构造带内的岩石主要为碎裂岩、压扁角砾岩、构造片理化岩石，次为糜棱岩。该构造带经历了韧性-脆性变形活动。

2.1.2.3 北西向断裂

该组断裂在东部祁雨沟金矿较发育，规模较大者有铜洞沟-官亭断裂、王庄-白金沟断裂、柳树坑南—老王沟断裂等。它们的长度为3.5~7 km，宽度为4~50 m，走向300°~305°，倾向北东或南西，倾角60°~90°，断裂带中充填有花岗岩、闪长玢岩脉，挤压片理化带发育，后期形成有角砾岩，表明早期以韧性变形为主，后期以脆性变形为主。此组断裂很少有金矿化。

2.1.2.4 北北东（近南北）向断裂

该组断裂分布范围较广，但规模一般较小，主要有西部固始沟（铁炉坪西）断裂、吉家凹及外围F1断裂，羊肠子沟F5、东部杨河沟口—山神庙断裂、小闫沟—杨河大村断裂等。断裂走向长为400~2 000余m，宽度为0.2~20 m，走向多为10°~20°，有时变为近南北向或北东向，倾向北西或南东，倾角66°~85°。该组断裂带成群出现，表现为以间距8~10 m、50~120 m平行排列的复脉、支脉。断裂中挤压片理和碎裂岩发育。在花山岩体西部，此组断裂也是金、银、铅的控矿断裂。

2.1.3 熊耳山幔枝构造

幔枝构造之所以成为成矿控矿的主要空间，是因为成矿元素随地幔热柱—亚热柱向上运移到岩石圈底部受阻而插向造山带的根部，当被造山带轴部持续活动的深切韧性剪切带切割时，成矿元素便沿韧性剪切带或随岩浆活动向地壳浅部迁移，在幔枝构造的有利构造扩容带中聚集成矿（牛树银等，2001）。地幔热柱多级演化及幔枝构造的成矿控矿作用研究不仅是地球动力学这一重大理论研究的突破口，而且可能会给地质找矿带来认识及找矿实践上的突破。

2.1.3.1 **熊耳山幔枝构造特征**

熊耳山幔枝构造呈长垣型展布于豫西成矿带的中段，其西邻为崤山幔枝构造，东邻为外方山幔枝构造，在地质特征上熊耳山幔枝构造北侧为北东向展布的卢氏—洛宁构造盆地，南侧则为潭头—嵩县构造盆地，表现出典型的盆岭区地貌特征，是一个在中—新生代伸展构造运动背景中形成的幔枝构造。

以往熊耳山曾作为变质核杂岩被广泛研究（王志光等，1999；卢欣祥等，1999；胡正国等，1994；郑亚东等，1993），近年来作为幔枝构造来研究，这不仅由于形成构造背景为引张体制，还由于幔枝构造是地幔热柱多级演化的第三级单元，幔枝构造的形成与演化受到地幔热柱—亚热柱的控制，幔枝构造控制的成矿作用也往往受到地幔热柱和地幔亚热柱的控制与影响，特别是深部岩浆作用和深源含矿流体控制（牛树银等，2003）。因此，从幔枝构造的视角来研究中新生代的区域构造演化及其成矿作用也许更加客观些。

2.1.3.2 **熊耳山幔枝构造的展布特征**

成矿作用往往发生在区域地质演化的某个阶段，特别是地幔热柱多级演化过程中，沟通了深部成矿物质的迁移通道，成矿物质较为集中地通过一级地幔热柱、二级亚热柱、三级幔枝构造迁移进入浅部，并受地球物理、地球化学等多种地质因素的控制，在幔枝构造的拆离带、岩体内外接触带、环状放射状构造，甚至构造变形过程中的构造裂隙带等有利构造部位成矿。在华北地块南缘熊耳山幔枝构造区，除了较为典型的幔枝构造组合，还会受着断裂构造、岩浆作用及变质地体的影响，它们是控制熊耳山地区成矿作用的主要因素（见图2-3）。

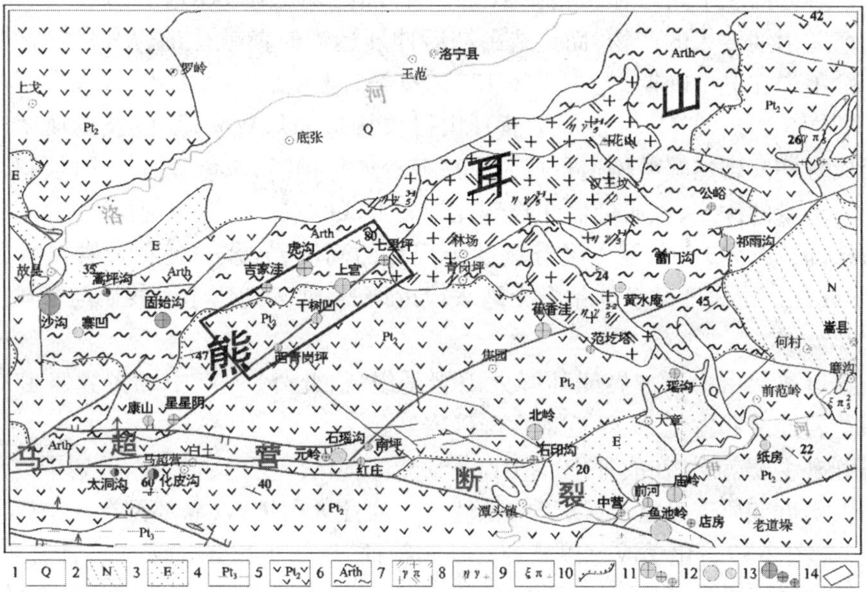

1—第四系；2—新近系；3—古近系；4—新元古界栾川群；5—中元古界熊耳群安山岩类；
6—太古界太华群片麻岩类；7—花岗斑岩；8—二长花岗岩；9—正长斑岩；10—不整合线；
11—金矿（大、中、小型）；12—钼矿（大、小型）；13—铅银矿（大、中、小型）；14—研究区范围

图2-3 熊耳山幔枝构造区地质简图

1. 变质—岩浆杂岩

熊耳山幔枝构造的变质—岩浆杂岩呈北东东向到北东向展布。由新太古界太华群片麻岩系及其侵入其中的燕山期中酸性岩体构成。太华群为一套混合岩化片麻岩等组成的中—深变质岩系,呈浑圆状形态构成本区的结晶基底,在燕山运动期间隆起成为岩浆—变质核杂岩,且早期褶皱构造强烈,具有明显的塑性流变特征(见图2-4)。

图2-4　基底变质岩系中强烈的塑性变形褶皱构造

在变质—岩浆杂岩隆起中心有强烈的燕山晚期岩浆侵入活动,形成了花山、五丈山等花岗岩基和许多花岗斑岩类小岩株。采用 Maniar 和 Piccoli 方法对这些岩体形成的构造环境进行判别,发现它们并不属于大陆碰撞带花岗岩类,而是属于造山期后花岗岩类。其主要标志是:岩石中条纹长石含量明显多于斜长石,SiO_2含量一般为68%~73%,在QAP三角图上投影偏向左下角。在山德指数图上,样品点均落在POG区之内。也就是说,它们不是碰撞造山期侵入的产物,而是造山期后伸展运动时期就位的侵入体。这些岩体的同位素年龄集中在燕山晚期(花山岩体127~99 Ma,金山庙岩体128 Ma,蒿坪沟岩体110 Ma,雷门沟岩体104~99Ma),指示了熊耳山幔枝构造的形成阶段,以及变质—岩浆杂岩的主要形成时期。当然幔枝构造形成及其成矿控矿作用时,应该具有一定的侵位深度,一般认为在几千米的深度,成矿期后在核部花岗岩形成的重力倒置引起的向上隆升作用下,幔枝构造核部持续隆升,以至于隆升剥蚀至现在的高度,岩浆—变质杂岩裸露到山顶之时,也把形成在一定深度的矿体抬升至地表或近地表,便于地质学家找矿与采矿。

2. 沉积盖层

沉积盖层主要由中元古界熊耳群火山岩系组成,此外,还有中元古界官道口群碎屑岩—碳酸盐岩建造和古近系、新近系含砾砂岩。

熊耳群是主要盖层,在熊耳山、崤山、小秦岭等地区广泛出露,多以剪切带或角度不整合覆盖于太华群变质岩系之上,属于中基性—中酸性火山熔岩,局部见有火山碎屑岩及沉积岩夹层(见图2-5)。化学成分以高钾富铁为特征,形成于裂谷拉张环境,同位素测年资料表明其形成时间段为1 600~1 800 Ma,属于中元古代,相当于华北地块北缘的长城系。上覆官道口群为一套浅海相硅镁质碳酸盐岩建造夹滨海碎屑岩,自下而上可划分为高山河组、龙家园组、巡检司组、杜关组和冯家湾组。底部的高山河组以紫红色砂岩为主夹板岩及黏土岩,龙家园组主要由灰白色厚层状含燧石条带及团块白云岩构成,巡检司组主要由灰色燧石条带状白云岩构成,杜关组主要为泥质白云岩夹厚层白云岩及页岩,冯家湾组下部以白云质灰岩为主，上部主要为含燧石条带的条纹状白云岩（卢欣祥等，2004）。

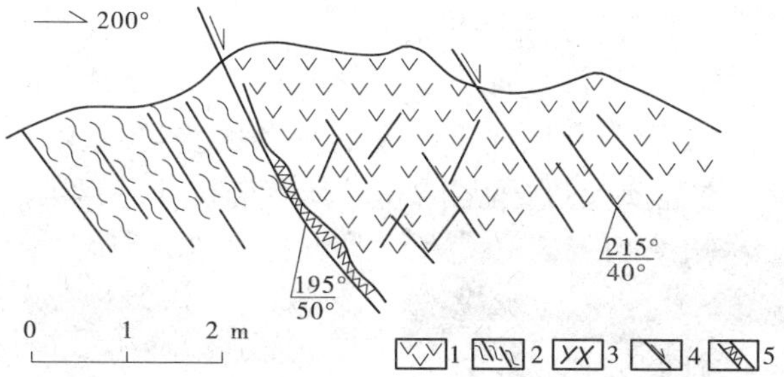

1—熊耳群；2—太华群；3—构造裂隙；4—断裂构造；5—断裂中充填的石英脉

图 2-5 变质基底（Arx）与盖层（Pt_2x）间的拆离构造带

3. 拆离滑脱层

拆离滑脱层具有多层次、多期次和大幅度拆离滑脱的特点。整个拆离滑脱系包括主拆离滑脱带和盖层中一系列次级滑脱层，这在熊耳山北麓表现最清楚。主拆离滑脱带位于太华群和熊耳群两套地层间的主滑动层面上，出露宽度为数十米至200余m，倾角较为平缓，一般在15°～30°。主拆离带分带清楚，自下而上可以划分为糜棱岩带、糜棱岩化带、绿泥石片理化带、角砾岩带和碎裂岩带。前三个带发育在下拆离带内，在发育程度不等的面型长英质糜棱岩、超糜棱岩和糜棱岩化片麻岩内，可观察到清楚的韧性变形特征。由构造带中的运动学标志可以判断拆离的剪切指向为盖层向NW向剪切拆离，同时拆离带还具有左旋特征。绿泥石片理化带宽度较大，由片理化的糜棱片麻岩、混合岩组成，同时沿岩石的裂隙有明显的绿泥石、绿帘石化，且蚀变交代特征强度向上逐渐加强（见图2-6）。

图 2-6 基底变质岩系中强烈的韧性变形构造

（左照片：强烈的糜棱岩化（拔丝构造）变形；右照片：第二期脆韧性剪切带切割早期糜棱岩带）

滑脱拆离带最上面两个带属于脆性变形域，由强绿泥石化的安山质角砾岩和硅化碎裂岩、微角砾岩组成，部分地段出现有绢云片岩、变质石英砂岩和碳质千枚岩。沿拆离滑脱带普遍可见后期热液蚀变现象，局部见强烈的硅钾交代和多金属硫化物矿化。强烈的拉伸拆离作用，造成上拆离盘熊耳群底部大古石组含砾长石石英砂岩的全部或大部缺失，以及许山组安山岩的部分缺失。次级拆离滑脱带位于盖层拆离滑脱系中，主滑面有两个，其一位于熊耳群与上覆官道口群之间，滑动面产状较缓，厚度不大，主要由碎裂岩、角砾岩等组成，下盘熊耳群中可见片理化（石铨曾等，1993）。另一个主滑面位于熊耳群、官道口群等元古宇盖层与古近系、新近系含砾红层之间，产状较陡，出露宽度也不大，主要由大小不等的张性角砾岩组成。此外，在盖层中还有成组出现的犁式断层，与主拆离滑脱带比较，它们规模较小、变形较弱，脆性变形特征更加明显。在七里坪、虎沟等处可见断裂自上而下产状逐渐变缓，且上部数条断层向下汇聚成一条的构造现象，这种主、次级拆离带的空间组合关系也可发育在露头尺度（见图 2-7），其组合特征一目了然。

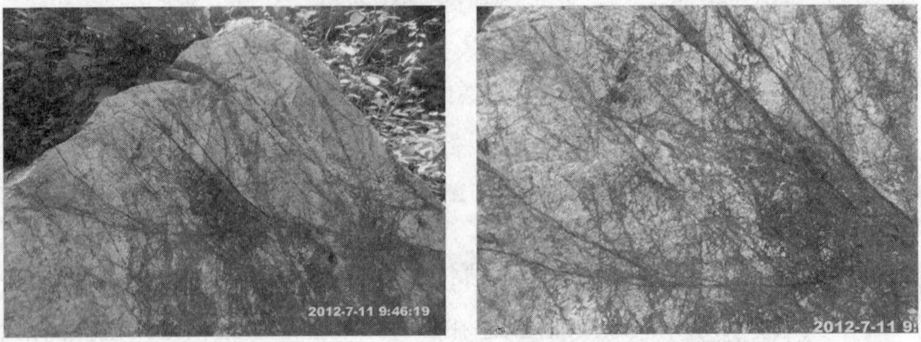

图 2-7　铲状断裂组合特征及其运动方向

（左图：露头大小尺度的铲状断裂组合特征；右图：铲状断裂组合的局部放大图）

拆离滑脱带按形成时间可分为早晚两期。早期拆离滑脱带出现在主拆离带内，晚期拆离滑脱带切割早期拆离断层，其下盘可以是太华群变质岩，也可以是熊耳群、官道口群，甚至燕山晚期花岗岩，上盘多为第三系砂砾岩。晚期拆离滑脱的代表是位于熊耳山和洛宁盆地之间的山前大断裂。

2.1.3.3　熊耳山幔枝构造的控矿作用

熊耳山幔枝构造的核部为长垣型变质核杂岩，变质核呈椭圆形或长垣状，出露面积可达数百至上千平方千米。周边熊耳山群盖层完整或较为完整。集中分布在主要由太古宇太华群和中元古界熊耳群组成的华熊地体内，其核部由太华群片麻岩及混合岩组成，盖层主要由熊耳群火山岩组成（徐刚等，2013）。

在幔枝构造中，矿化主要出现在拆离带的上、下盘，拆离带本身也发现有品位不高的金矿化。在熊耳山中部的青岗坪金矿床，经河南有色地质六队勘查，已在紧贴拆离滑脱面的下盘糜棱岩化片麻岩中发现 6 条缓倾斜含金层间破碎带和 1 条陡倾斜含金蚀变破碎带。金矿体主要赋存在层间破碎带中部的强硅化蚀变岩和蚀变糜棱岩中，呈薄板状，矿化连续性好，具薄而富的矿化特征。矿脉局部产状变化较大，但总体与拆离带完全一致，倾向南东或南西，倾角 10°～40°。拆离滑脱带控矿机制主要有两点：一是拆离滑脱带从地壳深部进入浅部易碎裂和扩容的构造层次后，成为有利矿液沉淀的张性低压、中低温空间，而拆离带顶板的席状碎裂岩亦可作为屏蔽层对矿液的聚集起到良好的保护作用；二是拆离滑脱带控制着成矿的物理化学条件，上盘系统中的脆性破裂体系为地下水的深循环提供了通道，异常的热梯度为流体的循环系统，而下盘岩石的变质作用和糜棱岩化提供的部分流体，加上岩浆来源的热液，又在拆离带顶部碎粉岩的屏蔽下，形成了下盘还原环境下的热液循环系统，两个系统的热液循环并萃取分散在基岩中的成矿组分，在拆离滑脱带附近的氧化—还原界面上沉淀下来，形成工业矿体。区内金银矿化与拆离—变质核杂岩

的生成密切相关,主要表现在:

(1)矿化在空间分布上受到幔枝构造的控制。矿化规模与拆离带及其上下盘韧性剪切带或脆性断裂的发育程度密切相关。

(2)成矿时代应晚于幔枝构造的形成期。在熊耳山测得银铅矿石 Rb - Sr 年龄为 87.2 Ma,略晚于本区燕山晚期花岗岩的年龄,相当于核部岩浆—变质杂岩形成后期的产物。

(3)成矿过程从早期石英 - 黄铁矿阶段到晚期多金属硫化物 - 碳酸盐阶段,成矿温度及压力均逐渐降低。如瑶沟金矿床成矿温度由早期 340 ℃降至晚期 171 ℃,成矿压力由 80 ~ 87.4 MPa 降至 10 ~ 12.5 MPa。

(4)产于上盘的金矿床,其硫同位素组成与下盘有明显差异,表现了构造拆离作用的影响。如产于熊耳群盖层的上宫金矿床,其 $\delta^{34}S$ 主矿化期变化范围为 - 19.24% ~ 6.54%,而产于太华群基底的金矿床,其分布一般较为集中,接近陨石硫值,表明硫源主要来自下部地壳或岩浆。

2.1.3.4 熊耳山幔枝构造的形成机理

在熊耳山幔枝构造外围分布有上宫、萑香洼、虎沟、干树凹、吉家洼、祁雨沟、沙土洼等金矿床。研究表明,在成矿控矿构造特征上熊耳山幔枝构造与小秦岭、崤山、外方山等幔枝构造有很好的可比性,矿床主要展布在各幔枝构造岩浆—变质杂岩核的外围一定距离之内;在矿种上,从幔枝构造核部向外围往往依次为铜钼、金、银、铅锌等矿种分布,甚至在中高温与中低温矿种上亦有一定的过渡类型;在成矿作用类型上,有断裂蚀变岩型、石英脉型、爆破角砾岩型等。而这种空间上、时间上,甚至矿种分布上,均受着幔枝构造的控制和影响。尽管各个幔枝构造在剥蚀程度上、构造特征上、矿床类型上均有一定的差别,但是就总体特征而言,还是有较大的可比性。

1. 构造层剥蚀程度

一般来讲,地壳运动有三种造山形式,分别是挤压造山、伸展造山和走滑造山。燕山运动以来,虽然经历过挤压造山和伸展造山,但是就总体而言,仍以伸展造山较为强烈,或者说,挤压造山与伸展造山的算术之和仍显示伸展造山的幅度较大。

在以往的构造运动研究中,多以挤压造山为特征,直到 20 世纪 70 年代以后,Davis、Lister 等提出变质核杂岩模式,才改变了对造山作用的认识。伸展造山也是重要的造山类型,其形成机理是深部幔壳熔融,导致形成一定规模的中酸性岩浆作用,而侵位于变质核杂岩中的中酸性岩体往往表现出明显的、负的重力异常值,而这种负重力异常值的表现,就像浮在海水中的冰山,由于其与海水相比形成的重力不足,浮在水平面之上冰山的重量,要用水平面之下体积所占有的重量不足来抵消。同理,侵入在地壳中的中酸性岩体也会由于质量的不足,而带动外围的变质杂岩一起隆升,以至于使盖层岩石大幅度被剥蚀,形成典型的变质核杂岩构造,也即幔枝构造的第二阶段。

燕山运动以来,华熊地区转变为以区域隆起为主的地幔热柱演化阶段,地壳总体以陆块隆起剥蚀为主,剥蚀程度以熊耳山、小秦岭、崤山、外方山等几处幔枝构造核部较为强烈,其中,小秦岭剥蚀程度最大,盖层岩石基本剥蚀殆尽,以太华群变质岩系裸露山顶为主,成为较为典型的幔枝构造,周围基本以幔枝构造外围拆离滑脱带为主,只在某些局部地段尚能见到少量盖层及其主拆离带构造。

熊耳山幔枝构造亦相对剥蚀较深,太华群基底变质岩系已经有较大面积的裸露,甚至连侵位其中的燕山期花山岩体也被剥蚀到地表,说明该区的剥蚀程度已经达到中等程度。另外,从岩体出露情况也能反映剥蚀程度,一般地讲花岗质岩体属于深层岩体,原始侵位深度应该在 4 km 左右,甚至更深,经过多年来大幅度的上隆剥蚀,花山岩体已经被剥蚀裸露,说明熊耳山矿区的剥蚀程度至少已经到了中等程度(见图 2-3)。

2. 岩浆—变质杂岩上隆

熊耳山金矿集中区和花岗岩体的空间展布形态密切相关,研究表明,成岩和成矿作用均受古老基底隆起的控制,金矿往往形成于花岗岩体周边的线性构造带中。花山岩体被划分为三个单元:中粗粒似斑状角闪二长花岗岩、巨斑状角闪黑云二长花岗岩和斑状黑云二长花岗岩,应该属于同一岩浆演化超单元的三次脉冲侵入。也即深源地幔岩侵入地壳之后,基性岩降温的同时热熔了部分壳源硅铝层的壳源岩石,成为幔壳混染的岩浆源。当岩浆上侵的同时会在地壳中围绕着岩体形成一系列环状构造和放射性构造,并成为含矿流体上升的通道和沉淀结晶的有利场所。

王长明等(2006)统计花山岩体外围的金矿,认为明显受岩体侵位热力场温度控制,矿床多分布于岩体外侧数千米范围内,矿质沉淀以扩散—交代作用为主,成矿温度为 215 ~ 365 ℃,成矿压力为 90 ~ 120 MPa。上宫、萑香洼等金矿床的成矿地质背景就是处于花山花岗岩体西南侧的有利区域,其成矿温度多在 260 ~ 305 ℃,线性构造发育,且遭受多期热液蚀变和成矿作用,矿体基本环绕着花山岩体展布(见图 2-8),很显然,这种组合分布表明,岩体侵位时打开了含矿流体上升的通道和储集场所,而在岩体的冷却过程中,由于岩体温度较高,驱动含矿流体继续向外运移,直至外围温度适于含矿流体中金的结晶温度区间,使金逐渐聚集、冷凝,并储集成矿。熊耳山矿集区的大小金矿基本环绕在花山岩体 2 ~ 6 km 的环状区域成矿。

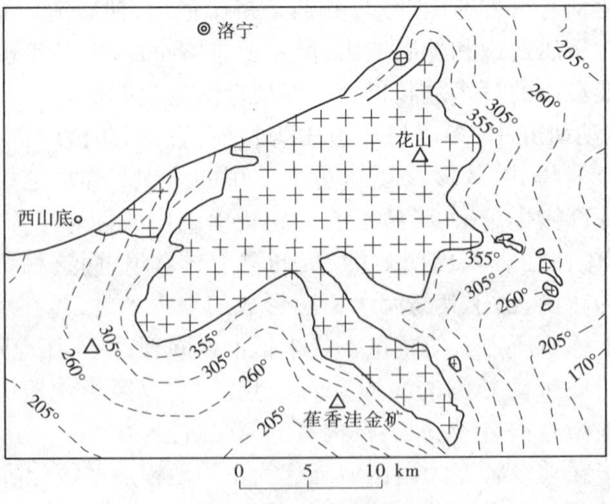

1—花山花岗岩;2—推测热力等值线;3—金矿床位置

图 2-8　花山花岗岩古热力场与金矿床的分布图(据王长明等,2006)

3. 幔枝构造演化与控矿

幔枝构造成矿控矿作用研究表明，金主要来自地核，随核幔界面的旋转，形成近20 km厚的D″层，当核幔界面转动不够均匀时，D″层相对偏厚的部位就会呈气泡状上升，并进而形成一级地幔热柱，某些成矿元素便会以气态形式随地幔热柱多级演化向上迁移至地壳，在有利的断裂构造或构造裂隙中集聚成矿，也可有少部分成矿物质萃取自赋矿围岩。之所以提出成矿物质来自深部为主，其原因主要是金矿往往多富集在不同级别的构造扩容带之中。而认为少部分萃取自围岩的原因，首先一般金矿蚀变带宽度有限，大部分宽度为几米至上百米，在有限的范围内萃取成矿的物质就很有限了；其次，要从围岩萃取部分成矿物质进入到构造裂隙，实际上是从带外低浓度的成矿背景向高浓度集中，从低压力向高压力迁移，甚至从低温度向高温度迁移，应该是很困难的，没有特殊的条件是很难实现的。因此，围岩萃取不可能形成大矿。而幔枝构造成矿，则往往能够形成大矿甚至超大矿，这是因为幔枝构造一旦通过地幔热柱多级演化与深部贯通，成矿物质可以源源不断地向上运移，甚至形成多个矿床连片展布的矿集区。实际上，现代在深海中仍在活动的黑烟囱、白烟囱就是很好的成矿实例。

传统认为金的矿源层是绿岩地层、混合岩、花岗岩等，实际它们的丰度值都很低，多数小于1×10^{-9}。小秦岭—熊耳山地区所谓太古宙绿岩及中元古代熊耳群背景值都不高，所以多数人都认为不是金的矿源层、矿源体。以金为例，越来越多的证据表明，地球中金的分布极不均一，在地球形成初期，金主要集中于铁镍核心，地核是金的巨大储库，以地壳、地幔、地核中金的丰度来比较，其金的丰度值分别为3×10^{-9}、1×10^{-9}、900×10^{-9}，这就表明，形成大型金矿床的金主要应由深部的地核提供。地幔热柱多级演化就可以携带部分地球内部的金迁移到地壳浅部。牛树银等(2001)认为，地幔热柱多级演化是物质运动的上行机制，地核的金就是通过地幔热柱的多级演化上升至地表，在有利构造部位成矿的。

越来越多的研究成果表明，印支期是秦岭地区的一次极为重要的构造演化期，华北与秦岭(扬子)于印支期碰撞对接(张国伟等，1997；卢欣祥等，1998)，小秦岭—熊耳山地区的成矿作用明显受印支期碰撞事件和随后的拉张环境制约，已发现的碱性岩、火成碳酸岩及碱性花岗岩就是这种构造岩浆耦合作用下拉张环境的记录。此时，地幔热柱的活动，使该区深部的金随着地幔流体上升至地壳浅部的有利构造部位，如韧性剪切带及构造交汇复合部位等，在地壳主要表现为构造控矿(卢欣祥，1989)。随着减压、降温，使流体发生沸腾、相分离，并发生水—岩交换，尤其在浅部由于天水的渗透，并与成矿流体混合，使成矿物质发生解聚、沉淀而成矿。

熊耳山地区的幔枝构造具有多层次、多期次、大幅度的构造拆离和较为发育的岩浆侵入活动，因此具有优越的金多金属成矿条件和巨大的找矿前景。由于本区构造拆离较为充分，故应进一步在拆离带下盘找寻含金脆-韧性剪切带及其控制的石英脉型和构造蚀变岩型金矿床。分布在熊耳山地区的北东向蚀变破碎带，几乎都对应出现有金银铅化探异常带，尤其是当它们与拆离带相交时，往往其地球化学异常和蚀变矿化均较为强烈，亦应作为进一步找矿的重点对象。对于拆离带本身的找矿，预测在熊耳山区南北控盆拆离断层深部有可能找到具一定规模的盲矿体。

2.2 区域地层

研究区内出露地层主要为太古宇太华群和中元古界长城系熊耳群，次为新生界新近系和第四系。

2.2.1 太华群

太华群主要分布于研究区的北中部，由下而上划分为以下岩组：

草沟黑云斜长片麻岩组：主要岩性为黑云斜长片麻岩、角闪黑云斜长片麻岩，次为角闪斜长片麻岩、黑云角闪斜长片麻岩，夹少量变超镁铁质岩。

石板沟角闪斜长片麻岩组：主要岩性为角闪斜长片麻岩、黑云角闪斜长片麻岩，次为黑云斜长片麻岩、角闪黑云斜长片麻岩、斜长角闪岩，夹较多变超镁铁质岩。该岩组下部有数层不连续变火山集块岩、角砾岩，中上部有少量大理岩、白云质大理岩、石墨片麻岩、磁铁石英岩、磁铁变粒岩夹层。

龙潭沟黑云斜长片麻岩－变粒岩组：主要岩性为黑云斜长变粒岩、夹斜长变粒岩、角闪斜长片麻岩和变超镁铁质岩。

龙门店角闪斜长片麻岩组：主要岩性为角闪斜长片麻岩、黑云斜长片麻岩、夹黑云斜长片麻岩和变科马提岩。

段沟石榴黑云斜长片麻岩组：主要岩性为石榴黑云斜长片麻岩、黑云斜长片麻岩、黑云斜长变粒岩，夹黑云角闪斜长片麻岩、斜长角闪岩。有时泥质岩石中含矽线石。

观察研究表明，上述龙潭沟岩组厚度不大(40 m 左右)，石板沟与龙门店二岩组岩石组合相似。从原岩恢复结果看，草沟岩组原岩主要为中酸性熔岩和花岗闪长岩，石板沟、龙潭沟和龙门店岩组原岩主要为英云闪长岩、奥长花岗岩和中基性火山岩，段沟岩组原岩主要为沉积泥质岩和中基性火山熔岩－碎屑岩。

石板沟岩组全岩钐－钕同位素年龄为 2 900 ~ 3 000 Ma(亏损地幔模式年龄)，等时线年龄为 2 351 Ma，表明石板沟岩组是 2 900 Ma 左右，由亏损地幔局部熔融而成，在 2 351 Ma 遭受区域变质和混合岩化。

石铨曾(2004)、张国伟等(2001)认为，熊耳山变质核杂岩由太古宇太华群构成，位于崤山变质核杂岩的东南部、熊耳山主脊北侧，面积约 573 km^2，长轴为北东向的长垣状，两侧分别为洛宁断陷和嵩县断陷，其南侧和东侧主体为中元古界熊耳群火山岩，核杂岩由太古宇太华群和 TTG 岩系构成。

2.2.2 熊耳群

熊耳群主要分布于研究区的南中部，根据其喷发旋回和岩石组合，由下而上可分为五组：

大古石组：为河湖相(含砾)长石石英砂岩夹安山岩，与下伏太华群呈角度不整合接触，后被拆离滑脱带所改造利用，常缺失。厚度 0 ~ 92 m。

许山组：主要岩性为安山岩、玄武安山岩，次为玄武岩等。以含大量板状斜长石大斑及杏仁为特征。厚度为676.4 m。

鸡蛋坪组:主要岩性为流纹岩、英安岩,夹安山岩、珍珠岩、凝灰岩、火山角砾岩,与其上下组地层均为喷发不整合接触。厚度为1 865.8 m。

马家河组:主要岩性为安山岩、玄武安山岩等。斜长石斑晶及杏仁的个体与数量相对(许山组)较小而少。厚度为2 309.6 ~2 345.1 m。

眼窑寨组:主要岩性为流纹岩,有时相变为英安岩。与上官道口群呈平行不整合接触,与下伏马家河组呈侵入或喷发不整合接触。该组在研究区内出露。

根据熊耳群与上、下地层的接触关系及同位素年龄{上限年龄大致为1 320 ~1 440 Ma,(U-Pb、Rb-Sr),下限年龄为1 830 Ma,(U-Pb、Rb-Sr)},确定其时代为中元古代长城纪。

2.2.3 新生界

本区新生界包括下新近系砾岩、泥质砂岩,紫红色半胶结的砾石层、含钙质结核夹泥灰岩的红黏土及第四系冲积、洪积砾、砂和黄土。

2.3 岩浆活动及岩浆岩

本区岩浆活动极为强烈,具长期、多次活动特点。太古宙主要为中基性—酸性火山岩和奥长花岗岩、英云闪长岩、花岗闪长岩、TTG岩系等侵入岩,其次有少量超镁铁质岩和镁铁质岩石。元古宙以熊耳群中基性—酸性火山岩最发育。燕山期岩浆活动主要表现为酸性花岗岩侵入,与本区金、铅、银、钼等矿产密切相关。

2.3.1 太古宙岩浆侵入活动

区内最早的岩浆活动为五台期,早期为超镁铁质、镁铁质岩浆喷发和侵入,之后广泛发育奥长花岗岩、英云闪长岩、花岗闪长岩(TTG岩系)等侵入岩。这些侵入岩在陆壳演化过程中,成为各类中深变质岩,它们与太古宇表壳岩一起共同构成太古宇变质岩系。由于变质较深,这些岩体原来的形态、产状及原岩的成分、结构、构造均变化极大,给研究工作造成很大困难。以往,一般将这类岩浆岩作为变质岩系(地层)的一部分在地层中讨论。

该期岩浆活动构成太华群的主体,由于强烈的区域变质和混合岩化作用,使中酸性火山岩变为黑云斜长片麻岩或角闪斜长片麻岩,中基性火山岩变为斜长角闪岩,各种变粒岩等。超镁铁质岩主要为纯橄榄岩、辉橄榄岩、橄榄岩、橄榄辉岩及辉闪岩等,大都遭受不同程度的蚀变和变质。

本区超镁铁质岩的化学成分接近于太古宙绿岩带中的科马提岩,其平均含量为SiO_2 48.20%,MgO 12.93%,TiO_2 1%,CaO/Al_2O_3 1.07%,K_2O 12.8%,与布鲁克、哈特(1974)及格林(1977)等提出的确定科马提岩的化学准则丰值一致。微量元素特征也与科马提岩极为相似,具有高Cr、Ni和贫稀土的特点。

本区镁铁质岩石主要为变辉长岩,多分布于西、中部,规模较小,原生矿物多变为角闪石和中酸性斜长石。

2.3.2 中元古代熊耳期火山－侵入岩浆活动

该期形成的熊耳群火山岩主要岩石为安山岩、玄武安山岩、流纹岩、英安岩，次为玄武岩及火山碎屑岩等。其化学成分属亚碱性高钾大陆拉斑质火山岩系列，并具富铁、贫钙、贫铝、富含大离子亲石元素（含轻稀土元素）、相对亏损高场强元素学特征。

与熊耳群火山活动相伴产出的有次玄武安山岩、次安山岩、次英安岩、次石英粗面岩等次火山岩及角闪二长岩、石英闪长岩、闪长（玢）岩、辉绿岩等浅成－超浅成侵入岩。

2.3.3 燕山期岩浆活动

燕山期岩浆活动以花岗岩类侵入为主，零星见有正长（斑）岩、闪长玢岩分布。花岗岩类侵入体主要为大面积出露的花山花岗岩基，其次为周边的韩沟、雷门沟、竹园沟、沙土凹等小花岗斑岩体及石英斑岩、花岗斑石、角闪二长花岗斑岩等脉岩。小岩体大多围绕花山花岗岩基分布。

花山岩体分布于研究区北东部，为一多阶段演化的复式岩体，出露面积约 346 km^2，侵入太华群中，岩体从早到晚，由南而北可分为 Ha（约 70 km^2）、Hb（约 200 km^2）、Hc（约 76 km^2）三部分，其岩性分别为似斑状黑云母二长花岗岩、似斑状角闪石黑云母二长花岗岩、似斑状含黑云母二长花岗；岩体的副矿物类型为磁铁矿、磷灰石、锆石型，常见副矿物还有榍石、萤石、黄铁矿等，偶见金红石、钼铅矿、辉钼矿、钍石及自然金；其全岩铷－锶同位素年龄分别为 182.8 Ma、123.01 Ma、151.42 Ma。在花山主岩体 Hb 及 Hc 中发现闪长质暗色包体，具斑状结构，基质中斜长石酸性程度较斑晶高，前者以更长石为主，后者为中、更长石，其副矿物组合与花山岩体相似。

2.4 区域矿产

熊耳山矿床规模大、种类多、分布密集，就矿产种类来说，有钼矿、金矿、银铅矿、多金属矿等四大类及非金属矿产；就矿床规模来说，区内有大型矿床 2 个，中小型矿床数十个；就其分布的空间位置而论，这些矿床集中分布于熊耳山北中段及东、西段一带，总面积约 900 km^2。主要矿床及特征列于表 2-1。

表 2-1 熊耳山区主要矿床特征简表

<table>
<tr><th rowspan="2">序号</th><th rowspan="2">矿床名称</th><th colspan="2">位置</th><th rowspan="2">成矿时代</th><th rowspan="2">成因类型</th><th rowspan="2">元素组合</th><th rowspan="2">规模</th><th rowspan="2">赋矿地层或岩体（石）</th></tr>
<tr><th>地区</th><th>县</th></tr>
<tr><td>1</td><td>上宫金矿</td><td rowspan="5">熊耳山北中段</td><td rowspan="5">洛宁县</td><td rowspan="5">燕山期—元古代</td><td rowspan="5">构造蚀变岩型</td><td>Au、Ag、Pb</td><td>大型</td><td>太华群与熊耳群</td></tr>
<tr><td>2</td><td>虎沟金矿</td><td>Au、Ag</td><td>中型</td><td>太华群</td></tr>
<tr><td>3</td><td>吉家洼金矿</td><td>Au、Ag、Pb</td><td>中型</td><td>太华群</td></tr>
<tr><td>4</td><td>干树凹金矿</td><td>Au、Ag、Pb</td><td>中型</td><td>熊耳群</td></tr>
<tr><td>5</td><td>青岗坪金矿</td><td>Au</td><td>中型</td><td>太华群</td></tr>
</table>

续表 2-1

序号	矿床名称	位置		成矿时代	成因类型	元素组合	规模	赋矿地层或岩体(石)
		地区	县					
6	蒿坪沟铅银矿	熊耳山北中段	洛宁县	燕山期—元古代	岩浆中低温热液型	Ag、Pb、Zn	中型	太华群
7	固始沟铅银矿					Au、Pb	大型	太华群
8	小池沟金矿				构造蚀变岩型	Au	小型	熊耳群
9	沙沟铅银锌矿				岩浆中低温热液	Ag、Pb、Zn	大型	太华群
10	月亮沟铅锌银矿				构造蚀变岩型	Ag、Pb、Zn	中型	太华群
11	寨凹钼矿	熊耳山地区		四堡期	构造岩浆热液蚀变	Mo、W、S	中型	太华群
						Au、Ag、Pb、S	大型	熊耳群
12	萑香洼金矿		嵩县	燕山期	构造蚀变岩型			
13		熊耳山地区	嵩县	燕山期				
14	范圪塔金矿					Au、Ag、Cu、Pb	小型	熊耳群
15	瑶沟金矿					Au、Ag、Cu、Pb	中型	熊耳群
16					爆破角砾岩型	Au、Ag、Pb、Zn	小型	熊耳群与爆破角砾岩
17	祁雨沟金矿					Au、Bi、Cu、Pb	大型	熊耳群与爆破角砾岩
18	雷门沟钼矿				斑岩型	Mo、Cu、Pb	大型	太华群与石英斑岩、花岗斑岩等
19								
20	黄水庵钼矿				碳酸盐岩脉型	Mo、Pb、U		太华群、细晶正长斑岩、霓辉石花岗斑岩等
21	陈楼萤石矿				岩浆热液		大型	熊耳群与二长花岗岩
22	高都川砂金矿			第四纪	沉积	Au	中型	第四系全新统冲积层
23	大公峪金矿			燕山期	构造蚀变岩型	Au	中小型	太华群
24	小公峪金矿					Au	中小型	太华群
25	八道沟萤石矿				热液充填型脉状	Mo	中型	太华群、熊耳群

根据主要矿床分布的空间位置及类型,可概略划分为以下三个矿田:熊耳山西段银铅钼矿田(构造蚀变岩型、薄脉型),熊耳山北中段金矿田(构造蚀变岩型,为本研究重点),熊耳山东段金矿田(爆破角砾岩－斑岩型)。这些矿床分布密集,且无明显分界线,反映了其相同或相近的成因特征,有些研究也称为熊耳山金、银铅矿田。

2.5　区域地球物理特征

2.5.1　布格重力异常特征

物性资料来源于国土资源大调查工作实测成果和河南省区域重力调查等，经过整理分析如下。

2.5.1.1　岩矿石密度

从岩矿石密度统计资料（见表 2-2）可看出：基性岩、火山岩的密度值最高，而新生代的冲洪积物黏土岩类密度值最低，沉积岩、变质岩、岩浆岩密度值变化较大，现按岩性将岩矿石密度特征分述如下：

表 2-2　豫西南地区岩矿石密度统计表

岩石类别	岩（矿）石名称	时代	标本块数（n）	密度值（$\times 10^3$ kg/m^3）			备注
				变化范围	密度均值	标准离差	
酸性岩	花岗岩	γ_5^{3-1}	62	2.52～2.57	2.54	0.011	据《河南省深部构造基本特征与固体矿产成矿关系研究报告》
	花岗岩	γ_5^{2-1}	34	2.51～2.54	2.53	0.001	
	花岗岩	γ_4	35	2.52～2.55	2.54	0.001	
	花岗岩	γ_3	68	2.49～2.59	2.54	0.019	
	斜长花岗岩	γO_3	34	2.54～2.59	2.56	0.014	
	石英角斑岩	$\lambda x\tau$	30	2.65～2.76	2.71	0.027	
中性岩	闪长岩	δ_3	35	2.62～2.80	2.73	0.033	
	石英闪长岩	δo_3	31	2.68～2.75	2.72	0.021	
	石英闪长岩	δo_2^2	66	2.70～2.79	2.74	0.016	
	花岗闪长岩	$\gamma\delta_2^2$	30	2.56～2.67	2.63	0.027	
	辉长闪长岩	$V\delta_3$	31	2.60～3.08	2.71	0.016	
基性岩	辉长岩	V_2	36	2.71～2.99	2.97	0.045	
	辉绿岩	$\beta\mu$	30	2.69～2.86	2.75	0.019	
超基性岩	辉石岩	Σ_3	30	2.54～2.92	2.84	0.014	
碱性岩	碱流岩	θ_2	30	2.56～2.89	2.59	0.021	
火山岩	细碧岩	$P_z lh$	35	2.73～2.88	2.81	0.033	
	细碧岩	$Pt_3 m$	46	2.63～2.90	2.81	0.022	
	玄武玢岩	$O_2 z$	30	2.51～2.84	2.69	0.025	
	石英钠长斑岩	$\lambda\psi$	36	2.64～2.71	2.53	0.037	

区内出露的沉积岩主要有碳酸盐岩类、页岩类、砂岩、砂砾岩、黏土类等。沉积岩岩石

密度值的大小，一方面与岩石的结构及致密程度有关，如白云岩、灰岩类其岩石本身结构致密，密度均值为$(2.60 \sim 2.79) \times 10^3\ kg/m^3$，页岩类结构致密程度不如白云岩类，其密度均值为$(2.50 \sim 2.65) \times 10^3\ kg/m^3$，另一方面与岩石本身的矿物成分、沉积环境等有关。

变质岩在区内出露较为广泛，主要岩性有片岩、片麻岩、大理岩等。其密度值变化较大，变化范围为$(2.53 \sim 2.91) \times 10^3\ kg/m^3$。决定变质岩密度值大小的因素较多，如岩石的结构致密程度、矿物成分及变质程度等。此外，同一种岩性出露于不同地区，密度值也有一定的差异。

岩浆活动频繁，且有多旋回、多期次的特点。尤以燕山期岩浆岩最为发育，规模大，侵入岩岩石类型齐全，从超基性至酸性均有出露。岩浆岩的密度值以基性、超基性岩及火山岩最高，中性岩次之，酸性岩最低。影响密度的因素主要是矿物成分，与它们的铁镁质矿物含量的递减变化是相吻合的。它们与围岩接触能形成诸多密度界面，这些界面均能引起区域性或局部重力异常。

2.5.1.2　地层密度

据河南省区域重力调查资料，地壳中存在三个大的密度层，新生界－白垩系密度层、侏罗系－志留系密度层、寒武系－太古宇密度层。新生界与下伏各时代地层不论以任何形式接触时均能产生足够强度的密度差，在布格重力异常图上均有重力异常反应。地壳与上地幔之间（莫霍面）存在明显的密度差（$(0.60 \sim 0.63) \times 10^3\ kg/m^3$），如果将地壳浅部构造影响逐层剥去，可以了解上地幔顶部起伏和地壳厚度变化。因此，利用区域重力资料，可以圈定地壳浅部和深部构造形态。

2.5.1.3　布格重力异常特征

据1:50万区域布格重力异常特征分布图（图2-9），研究区内布格重力异常均为低负异常，异常形态大体呈半环状分布，重力异常主体表现为北东走向和北西西走向的复合叠加；重力值呈东高西低、东缓西陡、北缓南陡的特征。较高负异常为$-75 \times 10^{-5} m/s^2$，其东北界在三门峡—鲁山断裂的南西侧；较低负异常为$-130 \times 10^{-5} m/s^2$，分布于栾川断裂两侧，很不规则。区内各类矿产均分布于负布格重力异常值$< -75 \times 10^{-5} m/s^2$范围内，集中出露于负布格重力异常值$< -110 \times 10^{-5} m/s^2$的地区。

2.5.2　航磁异常特征

2.5.2.1　岩石（矿石）磁性特征

岩浆岩的磁性从酸性至超基性一般逐渐递增，变质岩的磁性变化较大，而沉积岩的磁性微弱，从岩石类型磁性参数统计表（表2-3）中可看出。现按岩性岩矿石磁性特征概述如下：

（1）沉积岩：区内出露的沉积岩（火山沉积岩除外）一般无磁性或微弱磁性。

（2）变质岩：变质岩的岩石磁性变化较大，从无磁性至较强磁性均有出现。岩石磁性的强弱主要取决于铁磁性物质成分的含量，铁磁性物质成分含量越大时，其磁性强度愈高。

（3）岩浆岩：碱性岩无磁性、酸性岩磁性较弱，当受到蚀变矿化作用，铁磁性矿物成分增多时，具有中等磁性反应；中性岩磁性变化较大，从无磁性至较强磁性均有。这种出露在不同地区而磁性差异较大主要是岩石中铁磁性矿物的含量、生成环境、矿化蚀变等因素所造成的。

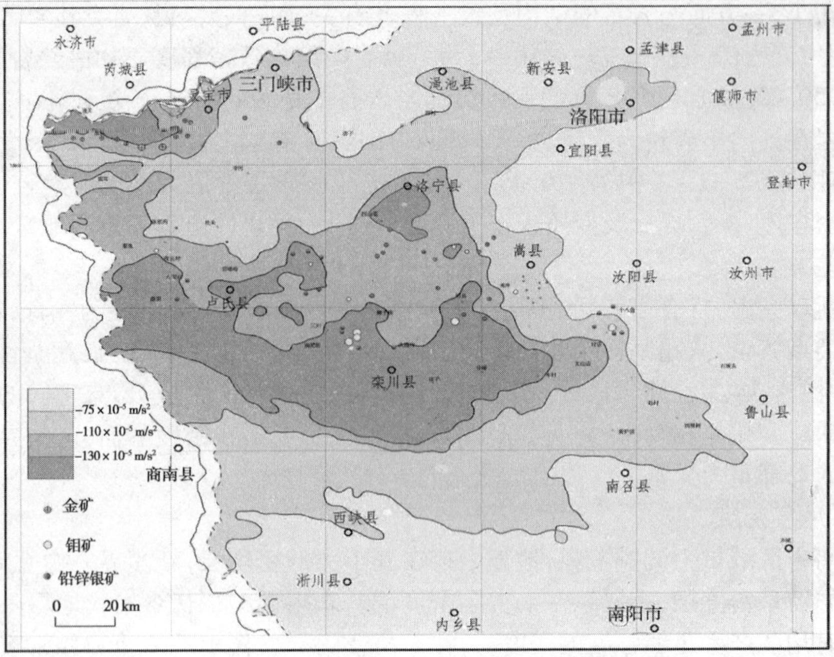

图 2-9 豫西地区布格重力异常与矿床(点)分布图

(4)岩矿石磁性特征:根据收集的豫西南岩矿石磁性参数测试结果(见表 2-3),磁铁矿的磁性最强,K 值可达$(1\ 500\sim4\ 000)\times10^{-5}$ SI;硅化、黄铁矿化、方铅矿化、闪锌矿化碎裂岩及绢云钙质板岩磁性较高,K 值为$(70\sim6\ 980)\times10^{-5}$ SI;黑云大理岩、硅化大理岩,

表 2-3 豫西南地区岩矿石磁性参数统计表

地层时代			地层符号	标本块数	岩性	$K\times10^{-5}$SI	备注
新生界		第四系	Q		黄土	0	资料来源于《河南省区域重力调查报告》、《河南省 1:20 万航空磁力(ΔT)图说明书》。K:磁力率平均值;$4\pi\times10^{-6}$ SI:磁性单位
		第三系	R		砂岩、泥岩、砾岩	6~19	
中生界		白垩系	K		砂岩、砾岩、泥岩	685	
		三叠系	T		砂岩	0	
古生界	上古生界	石炭系	C		砂岩、页岩、灰岩	0~9	
		泥盆系	D		砂岩、页岩、灰岩	18	
	下古生界	志留系	S		页岩、灰岩	0~11	
		奥陶系	O		页岩、白云质灰岩	0	
		寒武系	∈		灰岩、泥灰岩、页岩	0~14	
		二郎坪群	P_zI		大理岩、细碧岩、斜长角闪片岩	0~3 000	
元古宇			P_t	13	辉石岩	2 500	
				6	角闪石岩	3 900	
				18	角闪片岩	3 000	
				25	绢云母片岩	1 500	
太古宇		太华群	Arth	456	片麻岩	2 000~3 900	
				468	片岩	1 000~4 000	

硅化黄铁矿化、方铅矿化、闪锌矿化蚀变岩，黄铁矿化闪锌矿、黄铁矿化铅锌矿磁性均较弱，大理岩、石英岩基本无磁。因此，应用航磁和地磁资料进行找矿和研究具有良好的地球物理前提。

(5)区域岩石的磁性说明，熊耳群火山岩系磁性强($7\ 612 \times 10^{-6}$ SI)，变化幅度亦大($10 \sim 51\ 600 \times 10^{-6}$ SI)。其次为花岗岩($1\ 680 \times 10^{-6}$ SI)、太华群变质岩为 778×10^{-6} SI。这种差异为磁法找矿提供了可能。

2.5.2.2　地层磁性

区域内太古宇、元古宇变质岩地层具有中－较强磁性反应，K 值($1\ 500 \sim 6\ 200$) $\times 10^{-5}$ SI，它们是区内引起磁异常的主要地层。由于地层磁性具有不均匀性的特点，在磁场反应上表现的强弱程度较为明显，中元古界秦岭群、新元古界宽坪群(除个别岩性外)无磁性，古生代、中新生代地层除白垩系、泥盆系具弱磁性、二郎坪群具有中等磁性强度外，其余地层均无磁性反应。

2.5.2.3　航磁异常特征

在 1∶50 万航磁化极($\Delta T - \Delta Z$)异常图(见图 2-10)上，研究区大体可分为四种不同的磁场区：

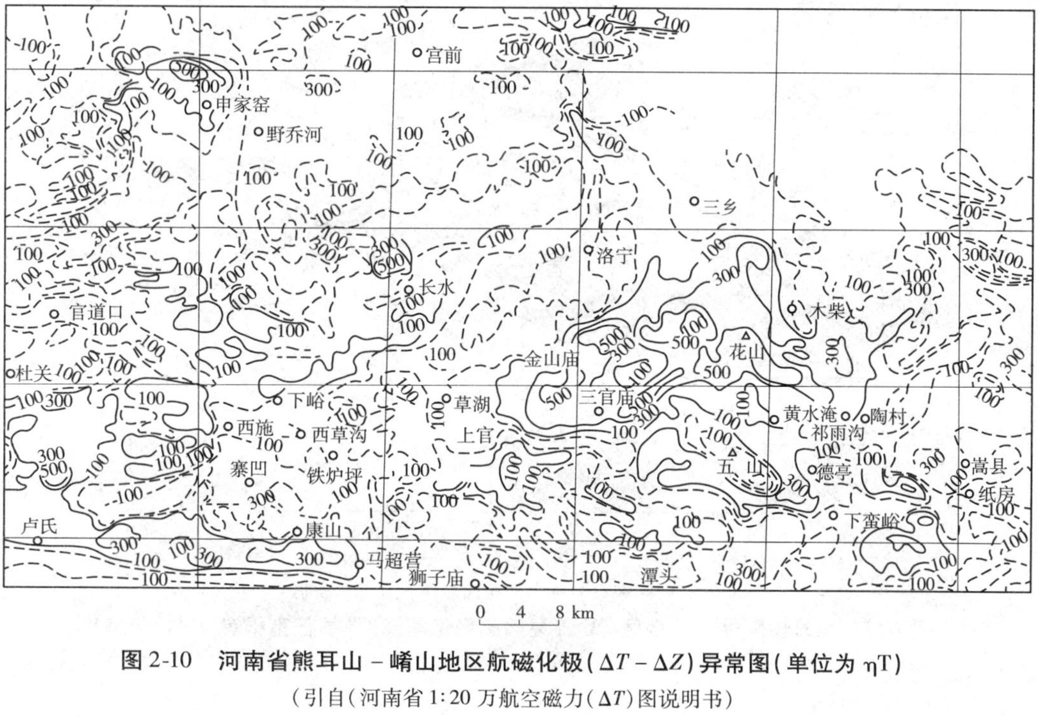

图 2-10　河南省熊耳山－崤山地区航磁化极($\Delta T - \Delta Z$)异常图(单位为 ηT)

(引自(河南省 1∶20 万航空磁力(ΔT)图说明书)

(1)酸性岩体磁异常特征：具有中等磁性的花山(蒿坪)花岗岩体呈平稳的正磁异常，强度一般为 300～500 ηT，局部达 700 ηT；异常的分布总体与花山岩体一致；五丈山岩体出现负磁异常，表明其磁性较弱，其原因尚不清楚；大章以南的合峪花岗岩体又出现一个低缓局部正异常，邹光华等(1995)认为，该低缓异常与其北西侧断续出现的正异常，可能反映合峪和花山两岩体由同一场源体引起，即两个花岗岩体在深部是相连的。

(2)熊耳群火山岩磁场特征:花山岩体东西两侧的熊耳群火山岩系引起正负混杂、跳跃剧烈的杂乱磁场,变化范围为 -200 ~ 200 ηT,反映了火山岩系磁场极不均匀的特征。

(3)太华群变质岩分布区磁异常特征:在没有干扰时,显示为低缓负磁异常,一般为 -50 ~ -100 ηT。但在祁雨沟矿区,又出现强度为 100 ηT 的正磁场边缘,推测可能是(隐伏)花岗岩体侵入造成的。

(4)洛宁中新生代盆地则呈现由沉积岩系引起的弱负磁场区。

综上所述,本区花岗岩体、熊耳群火山岩系、太华群变质岩系的磁场特征各不相同,正负磁场的过渡带是花岗岩与地层的接触带,是利于成矿的部位,如上宫、祁雨沟等。

2.6 卫星遥感影像特征

TM 卫星遥感影像是近十余年来发展起来的地质评价信息,它是地壳物质组成、分布状态的反映。在本区,主要影像特征有线形构造、环形构造和与蚀变带相对应的浅色异常色调,上述特征对识别地层分布、构造特征及成矿地质条件等具有重要意义。熊耳山—外方山地区遥感影像解释见图 2-11。

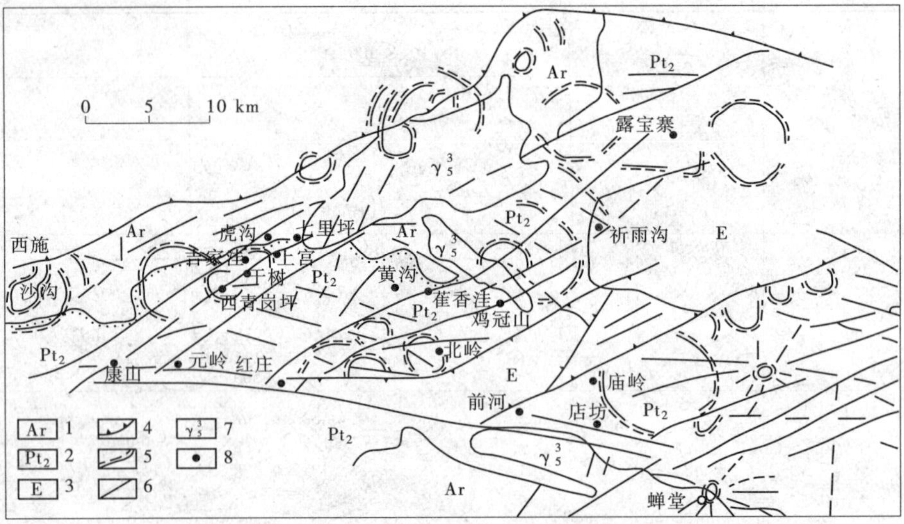

1—太华岩群;2—熊耳群;3—第三系;4—坳陷区边缘断裂;5—环形构造;
6— 一般断裂;7—燕山期花岗岩;8—已知金矿区

图 2-11 熊耳山—外方山地区 TM 卫星遥感影像解译图(据任富根等,1996 修编)

2.6.1 线形构造

(1)隆起区和坳陷区的边界断裂:熊耳山西北侧与洛宁盆地间及外方山与嵩县潭头盆地间都有十分壮观的边界断裂发育,这些断裂随山脉和盆地走势变化而弯曲转折,总体呈 NE 向,但洛宁山前断裂东端弯向 SE。区内盆地北侧断裂缺失或发育不良,可能是北侧地体强烈抬升所造成的。

熊耳山南侧的马超营断裂成生演化时间长、规模大、显示清晰,与成矿关系密切。该断裂一般限制了 NE 向断裂的延伸。

(2)其他断裂:区内 NE 向断裂发育,是最主要断裂;NW 向断裂也较发育,特别是在熊耳山东段和外方山地区,两者共同构成断裂主体。除上述之外,尚有近 EW 向和近 SN 向断裂,其发育程度远不如前者。

2.6.2 环形构造

区内解译出 5 个环形构造,分别在秋盘、上宫—西施、露宝寨、祁雨沟和北岭。这些环形构造均由特殊色调显示出来,影像明显,并以其近圆斑形区别于周围地质体,内部常发育弧状水系和放射状线性体,其中岩石有一定破碎、蚀变。

位于本研究区内的主要是上宫—西施环形影像,其特征为二次叠加型同心圆,一次环弧规模小,直径约 3 km,环弧中心位于西施村附近,结构较简单。二次环弧图形复杂,规模较大,面积约 100 km^2;弧心向北偏移构成偏弧,沿偏心弧中心有南北走向的断裂构造线性体出现,沿环弧的切线方向,有 NE 向断裂构造线性体发育,在航磁图上位于高正磁异常场(100 ~ 300 ηT)。该环形构造的西北角有沙沟银铅矿床,东边即为本研究区内的吉家洼、虎沟、上宫金矿床。

除上述之外,尚有特殊地形显示的环形构造,以及与古火山构造对应的环形构造,后者如眼窑寨、干沟、岭西、拳菜坡等环形构造,它们呈圆台形地貌;其岩性为碱性正长岩或酸性、中性熔岩或火山碎屑岩,是熊耳期火山活动的产物。

2.6.3 浅色异常色调

浅色异常色调是热液蚀变的标志,常呈条带状或斑点状出现;在地形上具相应特征,是找矿定位标志信息。

区内构造蚀变岩型金矿和与爆破角砾岩或次火山脉岩有关的金矿床,都具有比矿化范围更大的蜕化变质和热液蚀变现象,往往形成明显的浅色带或局部浅色区;在地形地貌上,往往成线状或局部不规则的负地形。当这种褪色区带比较宽大时,在 TM 卫片上有比较清楚的解译标志。上宫 - 干树凹构造蚀变带即表现为深色调安山岩中的一条明显的 NE 向浅色带;祁雨沟金矿在太华岩群片麻岩中便显示出相对淡色斑和不规则负地形凹坑;庙岭金矿区呈 SN 向条带状浅色异常色调;北岭金矿区则以斑点状浅色异常色调为特征。

任富根等认为,与金矿化有关的浅色异常色调与大的断裂带(如马超营断裂带)成片显示的异常色调相当近似,不易区别。在异常色调分布的规模上,成片的异常色调一般不含矿,仅代表区域断裂活动形成的动力变质带,其中遮盖了由矿化蚀变作用引起的局部异常色调,如红庄金矿、星星阴金矿即如此。

综合上述认为:环形构造是深部热能场的反映,与花岗岩体的位置不尽一致;线形构造是构造破碎带、断裂带的标志,当叠加有热液蚀变作用时,出现浅色异常色调。因此,环形构造附近的线形构造及背景色调上的长条状、斑点状的异常色调地区是有利找矿的预测区。

2.7 区域地球化学特征

通过区域元素正常分布特征研究表明,太华群基底和中元古界熊耳群盖层及燕山期花岗岩具有明显不同的地球化学本底。太华群基底以富集 Au、Ag、Cr、Pb 为特征;熊耳群盖层以富集 Co、Ni、As、Mn 为特征;燕山期花岗岩除有较高的 Au、Pb 背景外,Cu、As、Cr、Co、Ni、Mn 均呈低背景分布,尤以 Cr、Co、Ni、Cu 更明显。

通过对元素异常分布特征研究表明,金在水系沉积物中呈多重合母体分布,第一母体含金为$(0.4 \sim 4) \times 10^{-9}$,主要反映熊耳群火山岩特征;第二母体离散程度较大,属高背景母体,含金为$(1.5 \sim 9) \times 10^{-9}$,主要反映太华群特征。熊耳山南部地区高于$2.5 \times 10^{-9}$,北部地区高于$9 \times 10^{-9}$则为异常及矿化母体。组合异常的分布特点是:Au、Ag、Pb、Zn 除反映太华群的同生富集外,还表现出与燕山期花岗岩浆活动有关的后期热液作用叠加的特点,位于高背景带中的上宫、西施异常受太华群基底隆起控制,具明显梯度变化,显然与该处金矿有关。As、Cu、Mo 异常不太发育,其空间展布分别受不同地质 - 地球化学作用控制,如 Mo 异常与成钼红庄隐伏花岗斑岩有关,As、Cu 异常与康山、红庄金矿及龙脖变辉长岩等有关。

研究表明,熊耳山地区基底太华群、燕山期花岗斑岩具备富集 Au、Ag、Pb 的区域地球背景。

2.7.1 元素的分布和分配

部分元素在区内的分布和分配见表 2-4。在熊耳山地区根据浓度克拉克值,富集的元素为 TFe、K_2O、Bi、Mo、Cd、Pb,而 SiO_2、As、W、Zn、Co 等接近克拉克值,其他元素均显著贫乏。其中区内主要成矿元素之一的 Au,其浓度克拉克值仅为 0.14。就元素的分配来说,熊耳群中段(大体相当于鸡蛋坪组)富集 F、Ba、W、Zn、Ti 等多种元素,这种富集不但导致了熊耳群中平均含量的升高,而且影响了全区的平均含量,是一个重要的元素富集层位。太华群中没有显著富集的元素,区域岩浆岩则显示富集 K_2O、SiO_2、Mo、W、Pb 等元素。

2.7.2 主要成矿元素的区域地球化学异常特征

区内系统而完整的地球化学工作当属 1∶20 万区域化探和 1∶5万水系沉积物测量,它提供了 39 种元素的区域地球化学异常图。主要成矿元素 Au、Mo、Ag、Pb、Zn 的地球化学异常图见图 2-12 ~ 图 2-16。

表 2-4 熊耳山地区区域元素分布特征表

地质单元		熊耳群 上	熊耳群 中	熊耳群 下	熊耳群 $\overline{X}$	区域地层	区域岩浆岩	区域丰度	地壳丰度（维氏）	富集系数（区域丰度/地壳丰度）
样品数(n)		189	138	173	500	1 149	251			
常量元素（%）	Al_2O_3	14.39	12.60	14.29	13.86	13.91	14.86	13.99	18.60	0.75
	TFe	9.90	6.23	9.63	8.79	6.60	2.29	6.23	4.65	1.34
	SiO_2	55.77	66.54	57.68	59.40	59.14	68.67	59.90	56.75	1.06
	MgO	3.02	0.65	3.32	2.47	2.11	0.45	1.98	3.42	0.58
	CaO	2.86	0.83	2.48	2.17	2.40	1.16	2.30	6.97	0.33
	Na_2O	2.01	1.86	2.18	2.03	2.44	3.74	2.54	3.07	0.83
	K_2O	3.04	4.38	2.91	3.36	3.15	4.79	3.28	2.01	1.63
	P_2O_5	0.31	0.17	0.32	0.27	0.20	0.087	0.19	0.49	0.39
微量元素（$\times10^{-6}$）	S（%）	0.006 9	0.011	0.007 4	0.008 2	0.007 7	0.005 8	0.007 6	0.047	0.10
	As	1.35	1.59	1.42	1.44	1.72	1.43	1.70	1.70	1.00
	Bi	0.093	0.062	0.14	0.10	0.12	0.31	0.14	0.009	15.56
	Sb	0.30	0.57	0.24	0.35	0.31	0.42	0.32	0.50	0.64
	Hg	0.022	0.025	0.022	0.023	0.024	0.024	0.024	0.083	0.29
	W	0.65	2.95	0.71	1.34	1.14	1.54	1.17	1.30	0.90
	Sn	1.89	2.19	1.93	1.99	1.77	1.26	1.73	2.50	0.69
	Au（$\times10^{-9}$）	0.57	0.81	0.59	0.65	0.61	0.69	0.62	4.30	0.14
	Ag	0.034	0.051	0.033	0.039	0.041	0.044	0.041	0.070	0.59
	Mo	0.71	4.04	0.72	1.68	1.28	1.79	1.32	1.10	1.20
	F	560.93	672.00	618.03	611.36	540.70	576.66	543.58	660	0.82
	B	23.28	13.28	17.88	18.64	17.19	11.45	16.73	12	1.39
	Cd	0.97	1.28	1.14	1.11	1.02	0.91	1.01	0.13	7.77
	Zn	142.40	86.95	102.08	113.15	82.75	38.70	79.23	83.0	0.95
	Be	2.12	2.04	1.64	1.93	1.49	1.27	1.47	3.8	0.39
	Cu	14.11	9.56	12.44	12.28	13.78	8.45	13.35	47.0	0.28
	Co	28.08	9.33	25.54	22.03	17.59	5.75	16.64	18.0	0.92
	Ni	22.25	11.53	22.32	19.32	19.17	7.94	18.27	58.0	0.32
	Cr	57.31	50.70	60.47	56.58	45.53	16.62	43.21	83.0	0.52
	V	118.49	19.88	100.17	84.93	75.42	27.62	71.60	90.0	0.80
	Pb	20.52	18.41	19.07	19.46	18.18	20.27	18.35	16.0	1.15
	Sr	178.31	123.52	188.69	166.78	213.69	523.65	238.49	340	0.70
	Ba	1 271.45	1 743.41	1 114.99	1 347.58	1 051.59	1 558.90	1 092.17	650	1.68
	Ti	5 704.82	3 216.17	5 298.45	4 877.32	3 577.98	1 470.51	3 409.38	4 500	0.76
	Mn	986.13	822.76	751.77	859.95	616.76	383.48	598.10	1 000	0.60

注：据邹光华等，1995，补充修改。

研究区内 Au 地球化学图说明，Au 异常主要分布于熊耳山南、北及东部地区，而且显示与其中的燕山期花岗岩体关系密切，主要围绕花岗岩体分布。强度以东部地区最高，且规模最大。研究区内 Mo 异常主要出现于熊耳山东段，其他地区多为 Mo 的背景区，本区钼矿床的空间分布与上述异常区吻合。研究区内 Ag 地球化学图说明,主要 Ag 异常在熊耳山地区,说明银既可以为主成矿元素,也可以为金矿或铅锌矿的伴生元素。Pb 地球化学异常的主要浓集中心在熊耳山地区,其次是外方山地区和小秦岭地区,其中以栾川西北部 Pb 异常区强度最高、规模最大。Zn 地球化学图说明,锌异常分布与铅元素大体一致,但较铅异常强度低、规模小,主要浓集区在熊耳山南坡和栾川地区,其次在外方山地区,强度与栾川地区相近。

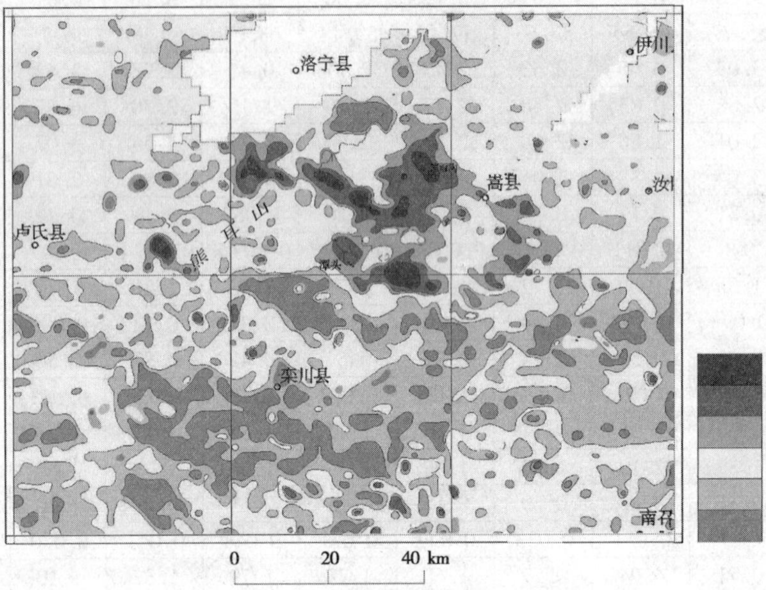

图 2-12 熊耳山区 Au 地球化学图

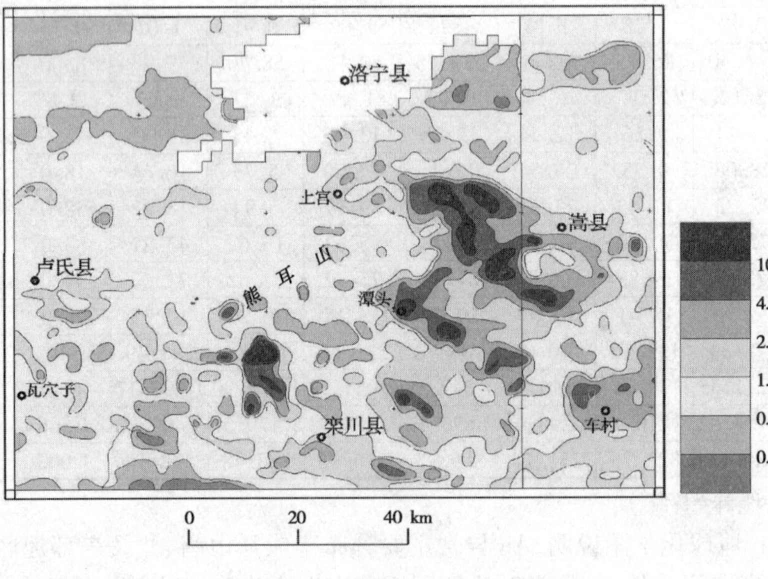

图 2-13 熊耳山区 Mo 地球化学图

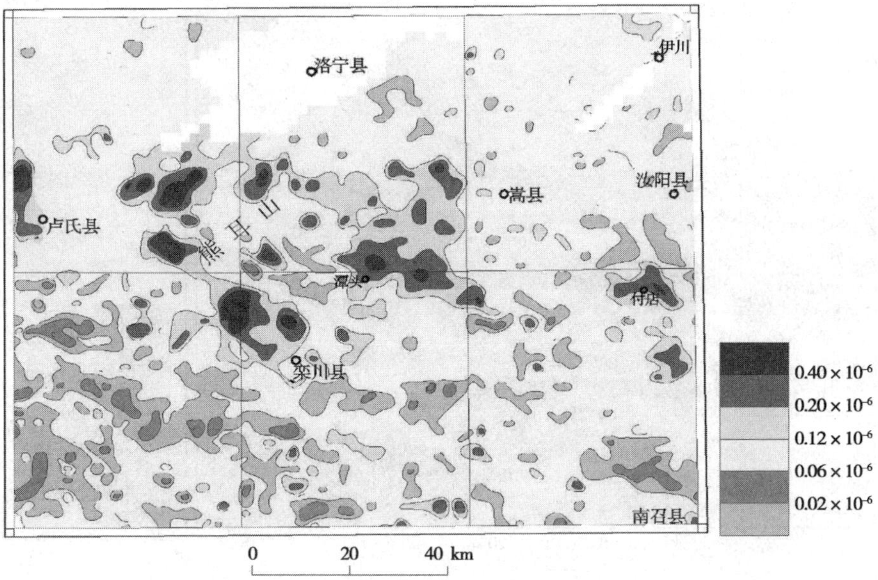

图 2-14　熊耳山区 Ag 地球化学图

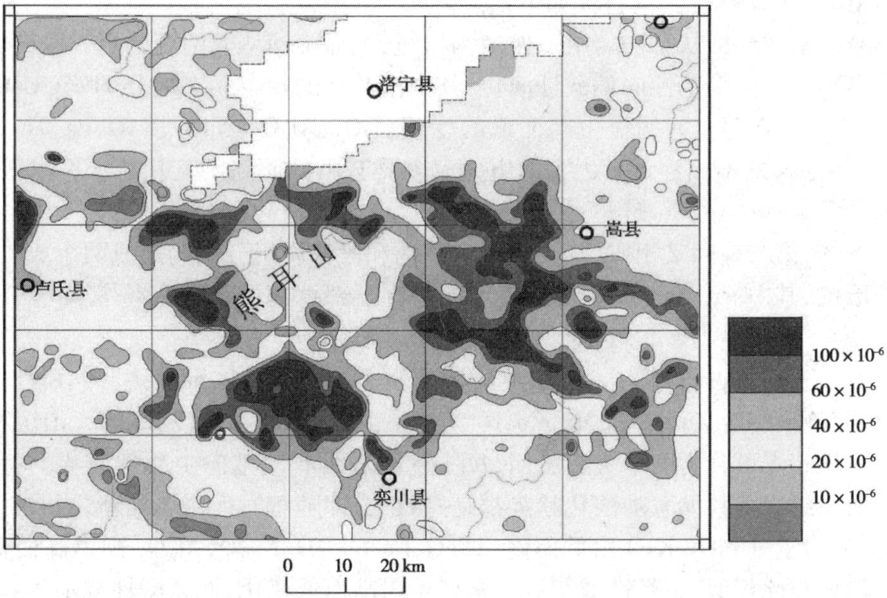

图 2-15　熊耳山区 Pb 地球化学图

2.7.3　古火山活动地球化学旋回特征

用历史地球化学观点研究元素在火山活动过程中的演化富集趋势，探讨元素分配规律，划分火山旋回均具有较重要的意义。

通过对太华群及熊耳群各组地层地球化学特征的研究，以主造岩元素及中基性火山岩特征元素 Cr、Co、Ni、V、Ti 等进行分析，认为太华群及熊耳群均可划分为两个大的火山

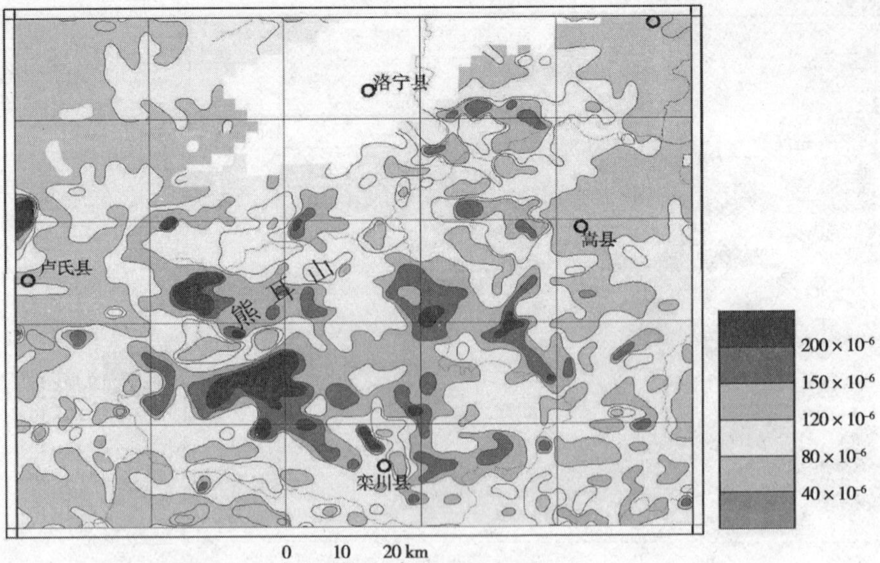

图 2-16　熊耳山区 Zn 地球化学图

活动旋回(瞿伦全,1993)。其特征如下:

太华群　下部旋回从草沟岩组—龙潭沟岩组,上部旋回从龙门店岩组—段沟岩组,每一旋回从早到晚均由偏基性向偏酸性演化:其中新基性的相容元素组分 TFeO、CaO、MgO、Cr、Co、Ni、V、Mn、Ti 等具有明显由高而低的变化;SiO_2、Al_2O_3、Na_2O、K_2O、La、Th、Pb、Rb、Sr、Ba 等以亲酸性的不相容元素为主的组分大多具有由低而高的变化特征。本区与成矿作用有关的元素 Au、Ag、Cu、Mo、S、As、Sb 等受火山旋回演化的影响不明显,在第一旋回从早而晚下降,第二旋回又相应回升,表现出草沟和段沟岩组分别构造成两个成矿组分相对富集的层位,其中 Au、Ag、Cu 主要富集于太华群下部草沟岩组,而 Mo 富集于其上部段部岩组。

熊耳群　下部大古石组为一套长英质碎屑沉积岩,以富含 SiO_2、Na_2O、K_2O、La、Th、Rb 和贫 CaO、MgO、Pb、Zn、F、Cl、Mn、Co、Ni 为特征。其上部为一套巨厚的火山沉积物,根据其地球化学特点可分为两个火山旋回,每一旋回均具有中基向中酸性演化的特征。两个火山旋回中绝大多数元素的演化趋势都是一致的,即随着时代由老而新,岩石由基性向酸性演化,造岩组分 SiO_2、K_2O 由低而高,TFeO、CaO、MgO、Na_2O、Al_2O_3 则由高而低;微量元素变化趋势与此相似,亲基性或相容元素发生由高而低变化,而亲酸性或不相容元素则相应增高。

3 地幔热柱多级演化及构造变形

地球是物质的,物质是运动的,它既有结构层次的差别,又有运动形式的千变万化。从结构层次来看,固体地球可划分为:一级圈层,如地壳、地幔、地核等;二级圈层,如上、中、下地壳,上、下地幔,外核、过渡层、内核等。微观上可划分为分子、原子、夸克、轻子等物态形式。同时它还受着更大系统,如太阳系、银河系等宇宙空间运行体系的制约。就物质运动形式而言,有天体的机械运动,电、磁、光、热、力等物理运动,分解、化合等化学运动,生物进化、遗传(基因)变异等生命运动(演化)。这些不同结构层次、不同运动形式的物质在空间、时间尺度上构成纷繁复杂的物质世界,且将永远演化、发展下去(黄鼎成等,1997;牛树银等,2006)。

地球经历了46亿年的漫长地史演化,经历了多期次的地壳运动、多旋回的岩浆作用、多类型的变质作用、多环境的成矿作用,及其之间的相互作用、相互叠加、相互改造,再加上地表风霜雨雪等外动力地质作用的改造,以至于使得地球演化成为一卷支离破碎、残缺不全的地史画卷。地质学家则试图通过对不同区域的地质研究,以及对各种天体的观测、认识和研究,对所收集的资料进行分析、归纳,以期剖析和探索地球的演化历史。很显然,这需要经过不断积累、不断认识、不断完善、不断提高的过程,更是不断向客观真理逼近的过程。

至于成矿作用,地质学家做了大量研究工作,可谓百花齐放、百家争鸣(胡受奚等,1988;罗铭玖,1991;陈衍景等,1992;王志光等,1997;卢欣祥等,2003,2004;毛景文等,2000;叶会寿等,2001),但是,近期的研究更倾向于幔源物质成矿,地幔热柱多级演化成矿控矿亦被认为是重要的成矿作用探索。

3.1 地幔热柱理论概述

地幔热柱理论是近年来发展起来,已经成为被广泛深入探索的前沿性研究课题,备受广大地球科学家的关注,有关文献也层出不穷,特别是被广泛用于探讨深部(幔源)成矿物质的来源,被用于多种成矿构造环境,这里引入地幔热柱理论来探索华熊地区的深部过程及其成矿控矿作用。

3.1.1 地幔热柱理论的提出

地幔热柱的认识,最初源于热点理论。1963年,Wilson提出热点假说用于解释夏威夷群岛火山岩的成因。所谓热点(Hotspot)就是地幔中相对固定和长期的热物质活动中心,它们向活火山提供富集各种微量元素的岩浆。随着岩石圈板块经过热点的不停运动,先形成的火山从热点处移开并逐渐熄灭成为死火山,新的火山又在热点上方形成,结果就形成了一连串按年龄定向分布的线状火山链。这类火山活动时,熔浆向外溢出,无地震发生,因此所形成的火山链也叫无震海岭。

太平洋中的夏威夷海岭和天皇海岭,就是由线状展布的一系列火山锥构成的火山链,其岩石年龄的分布具有明显的定向性。岛链东南端的夏威夷岛火山年龄不超过80万年,岛上的基拉韦厄火山是目前仍在活动的活火山。从夏威夷岛沿岛链向西北,随着距离的增加,火山岩的年龄依次增加。在夏威夷海岭与天皇海岭的转折处,火山年龄约4 000万年。天皇海岭呈NNW走向伸向堪察加半岛东侧,北端的明治海山的年龄则达7 000万年。

热点假说的正确性在深海钻探第55航次钻探夏威夷-天皇海岭时得到了证实。船上所作的古生物鉴定和陆上所作的放射性测年所提供的年龄,证明了所预言的太平洋板块向北的运动。由火山岛年龄和它们距夏威夷基拉韦厄火山的距离,推导出的太平洋板块的运动速度大约为8 cm/a,运动方向的改变(山链弯曲)发生在43 Ma之前。

Morgan(1971)则认为Wilson(1963)所指的固定热地幔源区实际上是一个产于地幔底部热边界附近的热幔柱(Plume,也有人译作地柱、热点、地缕、地幔羽、地幔柱等),Deffeye (1972)认为热幔柱是下地幔上涌形成的;Anderson(1975)著文说热幔柱与其说是热柱,不如说它是一种化学柱,它的化学成分与周围地幔物质有明显的差别,它来源于地幔底部的D″层。D″层从外地核那里聚集了大量放射性元素,放射热导致D″层具有高温低黏度特征,从而形成地幔热柱。这些概念奠定了地幔热柱理论的基础:①地幔热柱往往发育于地球的核-幔边界,并且在向上升的过程中逐渐扩大;②当垂直运动的地幔热柱上升到岩石圈底部时,地幔流变为向外的拆离扩散,形成具火山活动的热区,并可能使岩石圈上隆;③与地幔热柱内集中的上升流相平衡的回流,由地幔其余部分非常缓慢地往下运动完成;④地幔热柱上升点呈放射状流体所施加给岩石圈板块的合力以及板块沿边界相互制约所产生的力,确定了板块的运动方向。

宋晓东等(1998)通过分析世界不同区域南北向波的波形,证实了内核有很强的各向异性,沿内核南北向的P波波速比沿东西向的速度要快3%左右,并据此提出了内核差速旋转的惊人地震学证据,推测地球内核以约每年1°的速率相对于地幔向东旋转。另一个惊人的发现是下地幔底部某些区域存在着“超低速层”(Ultra-low Velocity Zone),其厚度不到40 km,层中P波速度减小达10%(Garnero等,1996)。如此大的速度异常只能用区域性部分熔融来解释,超低速层的位置似乎与地表地幔热柱的位置相关(Wiliams等,1996)。在西南太平洋也发现D″层在短距离内厚度变化近10 km,而在某些地区则连D″层的间断面迹象都没有(Yamada等,1996)。据此提出综合性模式,认为当地核冷却放热时,一个热的边界层就会在核幔边界上形成,这一边界层随时间的演化而变得不稳定,从而释放出由热物质组成的上升地幔柱(周瑶琪等,1998)。

杨学祥等(1996)认为,地核不仅具有巨量热能,而且具有巨量旋转能。重力分异使核幔边界以上部分减压膨胀(吸热过程),边界以下部分增压收缩(放热过程),自压收缩热主要集中在外地核,核幔边界成为重要的热交换界面,这是地球能量释放的内因,而地幔热柱的形成是核幔边界热交换的结果(Larson,1991)。

吸引与排斥、聚集与分散、结合与分异、热能量交换与传播等都是宇宙中普遍存在着的物质运动形式。太阳具有明显的内部结构分层,物质对流异常强烈,太阳光球上经常出现温差相当大的黑子和耀斑便是这种物质对流的表现形式(Pasachoff,1979)。类地行星,如金星表面温度高达 480 ℃,其表面分布有大小不同的环形构造,很可能是金星深部“幔流柱”巨大球形顶冠作用于金星表面的结果。甚至木星外围几个较大的卫星,如木卫Ⅰ、木卫Ⅱ、木卫Ⅲ等卫星也都存在着强烈的垂向物质运动(中央电视台,1998.4.12－13,科技博览)。众所周知,地球具有明显的内部结构分层,它不仅具有液态的外地核,有可发生塑性流变的地幔,还有弹性的外层岩石圈,亦存在着明显的垂向物质运动。由此看来,不管是炽热的恒星(如太阳),还是类地行星(如金星、地球),甚至卫星(如木卫Ⅰ等),只要存在着明显的内部结构分层,存在着显著的内外温差,物质的垂向分异和热传导(传导形式可能有差别)就不可避免。

地幔热柱在其形成与演化过程中可能受多种因素所控制和影响,并具有不同的演化过程和形态特征。日本一些学者依据地震层析成像、超高压实验、计算机模拟、地球的板块构造史和比较行星学的研究,使地幔热柱研究更加丰富和具体化(Maruyama 等,1994;Fukao 等,1994),他们根据 P 波层析成像技术研究地球深部构造,并以核－幔界面(2 900 km)、上地幔底界(670 km)、岩石圈底界(100 km)深度为界划分出地幔热柱一、二、三次柱(见图 3-1)。他们认为,地幔热柱有两种起源深度。

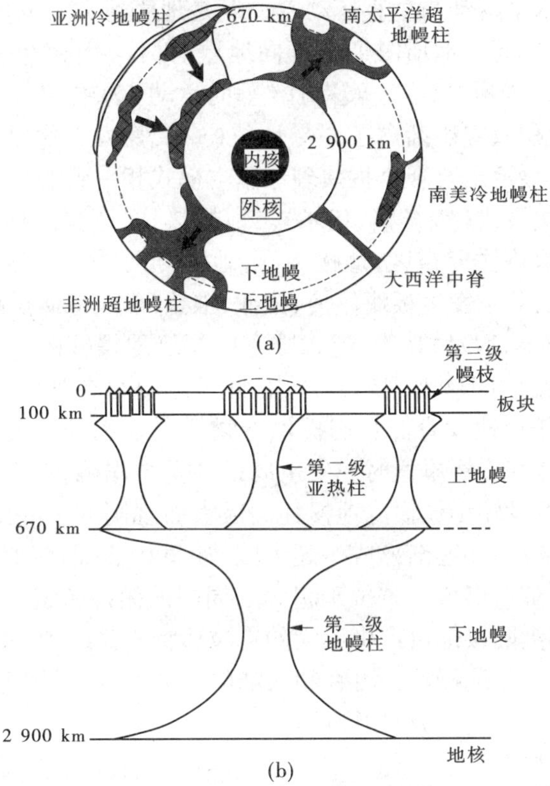

图 3-1　地幔热柱结构示意图(据 Maruyama 等,1994,有修改)

一是起源于核－幔边界(D″层),一是起源于浅于 400 km 的深度。起源于 D″层的地幔热柱又可分为两种类型:直径约 5 000 km 的超级地幔热柱和直径小于 500 km 的小地幔热柱。超级地幔热柱在下地幔下部呈瓶颈状,自大约 2 000 km 处呈蘑菇状朝 670 km

的上、下地幔不连续面扩展,形成扁球状顶冠。进入上地幔内分为数个较小(二级)地幔热柱(邓晋福等,1994)称其为亚热柱(Sub - Mantle Plume)。在约100 km的岩石圈底部再细分为更小的(三级)幔柱(牛树银等,1996,2010),称其为幔枝构造(Mantle Branch Structures)。超级地幔热柱有各种各样的地表显示,可为隆起,可为盆地,可为山链,可为海岭等。起源小于400 km深度的地幔热柱,如中美洲、北美的西海岸、阿留申和西太平洋的地幔热柱,它们中很多可能是非洲或南太平洋超级地幔热柱的二、三次柱,也可能起源于上地幔,或由于表层的板块运动导致软流圈上涌所产生。

除地幔热柱外,还存在着地幔冷柱。地幔热柱和地幔冷柱是现代地球的主要地幔对流形式,分别对应着上升流和下降流。地幔冷柱主要起因于俯冲板块,当板块前缘俯冲到670 km深度时,它遇到强大阻力,加之温压条件的升高,使板块前缘发生水平弯曲、增厚,并沿边界面聚集为巨石,在这里滞留100~400 Ma。当其滞留体积达到某一临界值后,滞留巨石便发生重力塌陷,形成一个插入到下地幔的冷幔柱,并可能一直陷落到地核表层上。地幔冷柱一旦形成,就会导致下地幔内强烈的地幔对流,还会驱动漂浮在上地幔之上的大陆发生汇聚,形成新的地体拼贴。

地幔热柱与地幔冷柱的形成和演化不仅是地球物质运动的重要形式,同时也是地壳运动的主要驱动力。水平运动与垂直运动曾一度是地壳运动方向的争论焦点。其实,这二者依地质时期不同,或同一地质时期而不同地域(部位)而存在差异。很显然,地球演化的早期(前太古宙)以地幔热柱、地幔冷柱(垂向运动)为主,没有成形的陆块。随着地球的演化,地幔分异垒积效应逐渐占了主导地位(中 - 晚太古代以来),新生陆壳的形成及大规模的克拉通化,显示出与现今板块理论基本模式相一致的特征,并逐渐过渡到以板块构造运动为主的演化模式(钱祥麟,1996)。地幔热柱、地幔冷柱的对流驱动岩石圈板块的水平运动。在地幔热柱分布区,地幔上升,地壳开裂,大陆裂解;在地幔冷柱的下降区,大陆板块发生汇聚,甚至发生板块碰撞、俯冲、堆叠,形成地体拼贴大陆。

丸山茂德(Maruyama,1994)认为:超大陆是因超级地幔柱的上涌而裂开的(见图3-2(a))。分离出的大陆随时间移动到超大洋内,并任意散布在其中。在大陆分散期间,俯冲带在地球表面相当任意地发育。它们提供冷物质(板块)进入地幔,成为位于670 km深度处的滞留岩块。这些冷物质适时地发生周期性重力塌陷,在下地幔形成任意分布的下降流。一旦形成了吞没较小规模冷地幔柱的巨大而规则的下降流,所有大陆岩石圈就会朝冷地幔柱的上部移动,并逐渐形成一超大陆,如200 Ma前劳亚古陆的情况。俯冲带将环绕此超大陆发育,最后形成一条位于超大陆周围的俯冲带链。由于滞留岩块具有随时间下沉的趋势,在超大陆核部可产生巨大的克拉通沉积盆地(见图3-2(b))。由于下沉冷岩块挤压的结果,一条超地幔热柱可在超大陆的核部发育(见图3-2(c)),从而,地幔热柱活动与大陆漂移进入一个新的活动周期。

由此可见,地幔柱构造作为一种地球动力学理论,它将板块构造的产生、消亡与地幔热柱作用有机地联系起来,为全球构造新概念的建立奠定了基础。其基本模式是,地球上最重要的地球动力学过程是由地幔柱构造的作用完成的。地球近地表的板块构造、中间的地幔柱构造和中心的地核的生长构造都与地幔热柱密切相关,甚至在天体演化过程中具有普遍意义(见图3-3)。

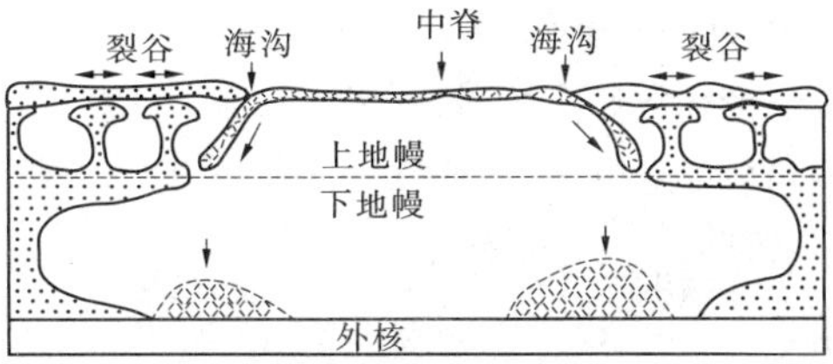

(a)超大陆的打开

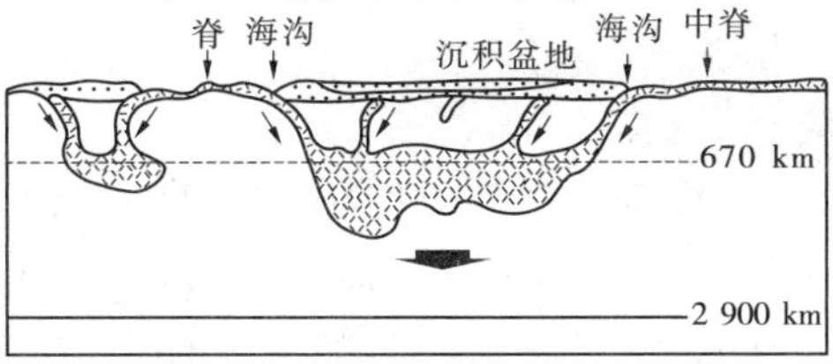

(b)超大陆的形成

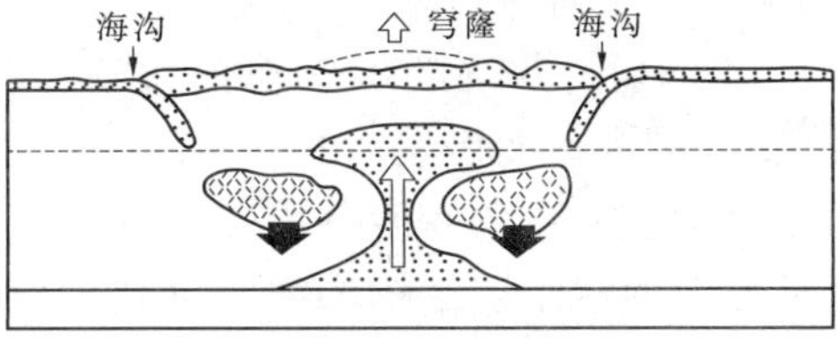

(c)超级幔柱的形成

图 3-2　超级地幔柱的成生模式(据 Maruyama 等,1994)

	生长构造	地幔柱构造	板块构造	收缩构造	末端构造
1			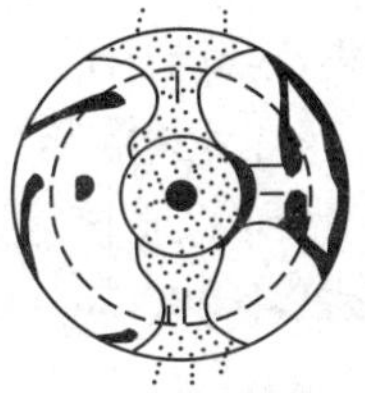	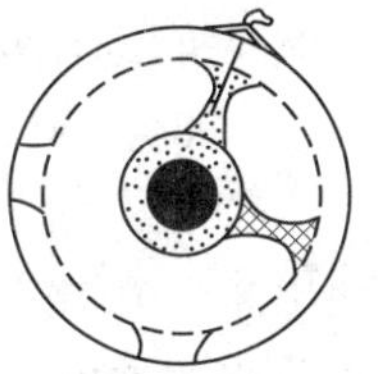	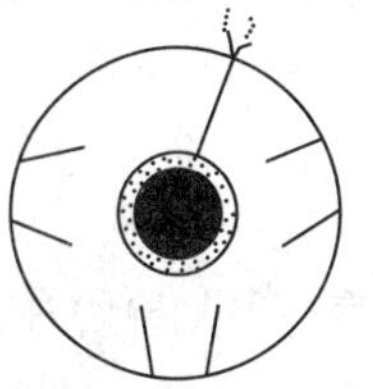
2	形成具层状构造的星体	在深层由柱状和滴状传导对流而成	由转换断层形成线状下沉和线源补充的对流	水平挤压及沉陷，具少量岩浆喷口	断层破裂气体散发，主要为外部营力
3	全部熔融和重力分馏	在地幔上部和底部部分熔融形成分馏与混合作用	在上地幔分馏，在下地幔中部混合	分馏熔融形成巨形盾状火山	解冻而释放挥发物，潮汐作用加热
4	岩浆海洋	无板块	多层板块	厚壳	破裂层圈
5	4G亿年中全部星体	金星和冥古地球	地球	火星，水星	月亮，小星体

图 3-3　全球构造体系(据 Kumazawa 和 Maruyama,1994)

地幔热柱、地幔冷柱的对流便是地球内部热传导的主要形式,并且可能贯穿于地球的整个演化过程。地球的早期演化历史中,地幔热柱的活动更应起着主导作用。随着地球演化,地幔热柱活动有所减缓,并且表现形式也有显著差别。当然,相对的强、弱会受天文因素等大小背景环境的影响而有所改变。地幔热柱经过地幔上升到冷的岩石圈底部时,它会呈蘑菇状或伞状向外拆离,形成巨大的球形顶冠,并可引起地壳的上隆、减薄、伸展、古陆解体、洋壳增生等地质过程，甚至导致大规模的溢流玄武岩喷发。同时，还可能伴有区域变质、地壳重熔、构造变形、成矿作用等。甚至引起全球气候变化、大地水准面升降和生物灭绝等(Maruyama,1994;牛树银等,2001)。

3.1.2 层圈结构与核幔运动

地球物质的循环是地球核、幔、壳运动的动力来源，也是成矿作用的动力机制，是人类不懈探索的前沿课题。

3.1.2.1 层圈结构的形成

地球(应追溯到太阳系，甚至银河系)演化的研究，目前仍属探索阶段。但是，不管是宇宙大爆炸理论(霍金,2003)，还是康德－拉普拉斯的微粒－星云假说，都认为地球物质的初始状态是比较均匀的，在其46亿年的漫长演化过程中，在引力(重力)收缩和热力膨胀的统一作用支配下，地内物质开始对流。随着温度的升高，密度大、熔点低的铁镍呈熔融状态，渗透过硅酸盐物质沉向地心，并逐渐形成地核，铁镁硅酸盐物质上浮形成地幔。地幔的表层，由于散热及挥发分的逃逸而慢慢冷却，并逐渐演化为以铝硅酸盐物质为主的固体地壳，形成了核、幔、壳结构分层，这种密度分异、结构调整至今仍在进行着。

重力分异和热力膨胀是形成地球圈层结构的主要机制。当然其具体演化是复杂的物理和化学过程，受着诸如熔点、化学亲和力、密度等因素的制约，如长石($CaAl_2Si_2O_8$，$NaAlSi_3O_8$，$KAlSi_3O_8$)通常是由一定的钙、钠、钾形成的硅酸盐矿物，在700～1 000 ℃范围内熔融，是相对较轻的矿物，容易通过对流作用上升到地表形成地壳。因此，石英、长石是地壳的主要造岩矿物。而地幔则以镁铁硅酸盐为主，如橄榄石($Mg_2SiO_4-Fe_2SiO_4$)、辉石($MgSiO_3-Fe_2SiO_3$)等，它们的比重和熔点均比地壳中常见的矿物(长石、石英等)明显偏高。地球的重金属元素，如金、银、铂等，除少量与氧和硅结(化)合成硅酸盐矿物赋存在地壳中以外，绝大多数重元素均已下沉到了地核之中。这可从地球与地壳组成元素对比表(见表3-1)中体现出来。在整个地球中，以Fe、O、Si、Mg等元素为主，加上K、Na、Ca、Al等，前8种元素占地球重量百分比的98%以上，其余元素不足2%。而在地壳中，则以O、Si、Al、Fe等元素为主，加上Mg、Ca、K、Na等约占地壳重量百分比的98%以上，其余元素不足2%。

表3-1 地壳与地球元素丰度分布

项目	O	Si	Al	Fe	Mg	Ca	K	Na	其他
地壳(%)	46	28	8	6	4	2.4	2.3	2.1	<2
地球(%)	30	15	1.1	35	13	1.1	2.4	1.9	<2

注：据Third. E(1982)。

3.1.2.2 核幔运动的产生

重力分异和热力膨胀是一对矛盾的两个方面。分异的效应主要是按着物质的密度进行的，导致地球逐渐分化出不同的圈层，热力膨胀则是在一定温差作用下使物质产生对流。这种作用存在于整个地史演化的始终，并依矛盾双方的量变而有所转化。

1. 核幔间能量的积累

重力分异具有累积效应，且是缓慢过程，并越来越占优势。热力膨胀则具有阵发性，可表现出时强时弱的特点。这可能受着地球内部因素和外部因素的共同控制。

地球物质的分异作用及圈层结构的封闭作用会使地球内部增温，内外温差逐渐加大，并导致热力膨胀作用加剧。杨学祥等(1998)通过地球数力模型计算表明，由于重物质逐渐下沉，较轻物质不断上浮，使地球的重力位能降低，并释放出大量能量。重力位能降低释放的热能主要集中在地核内部。此外，由于在重力分异过程中地壳、地幔减压膨胀，转动惯量变大。由角动量守恒原理可知，其自转速度会变小；地核增压收缩，转动惯量变小，自转速度变大。这就形成了核—幔间内快外慢的差异旋转，并进而导致核—幔间的角动量交换，把旋转能变为热能，并积聚于核—幔之间，加大了核—幔之间的温度差和能量差。

核—幔间存在速度差的认识已被地球物理学研究所证实(宋晓东等，1998)。赵大鹏等(2006)研究表明，上地幔和地幔转换中的横向非均匀性的强度要远胜于下地幔。他们精确测量的P波的走时数据表明，在地幔底部存在显著的低速异常，可能与地幔热柱或者超级地幔柱有关。对此，刘亮明等(1997)作过简要概述。其反差表现在以下几方面：

(1)核—幔界面(CMB)以上的下地幔与地核物质组成极不相同。地幔主要由铁镁硅酸盐和氧化物组成，是电和热的非良导体。而地核主要由铁、镍组成，并有10%左右O、C、K、Si、H等轻元素，是电和热的良导体(Loper等，1995；Ringwood，1977)。

(2)CMB两侧核—幔间存在着巨大的黏度差。外核是黏度接近于液态的强对流流体，地幔的黏度则很大程度依赖于温度的高低，是变化较大的塑变体。它们之间的黏度差高达20～24个数量级。这就决定了它们之间的运动机制是极不相同的(Loper，1995)。

(3)CMB两侧的核—幔间存在着高达4.3×10^3 kg/m^3的密度差。外核为铁镍为主的液态物质，地幔为铁镁硅酸盐为主的塑流变物质。两者的密度差甚至大于地表岩石与空气间的密度差($(2\sim3)\times10^3$ kg/m^3)。

(4)CMB两侧核—幔间存在着巨大的温度差，通常引用的800 K的温度差可能不够确切，但从地幔到外核存在着一个巨大的温度差是肯定的(Doombos等，1986)。

除CMB两侧核—幔间物质差、黏度差、密度差、温度差外，在CMB界面之上发育"超临界层"，也即D″层，它的作用亦应给予足够的重视。由于D″层内S波的快速和慢速异常与上地幔中的相应异常存在着相当好的对应关系和垂向上的连续趋势(虽然D″层内的异常强度远大于上地幔的异常强度)。因此，大规模的地幔对流可能与D″层内的非均匀性超临界层具有成因上的联系。Loper(1991)、Fukar(1992)和Maruyama(1994)等也推断地幔柱的形成与D″层内的非均匀性特征具有成因上的联系。上升的地幔柱与D″层的隆起区和高温区相对应，D″层上浮的轻物质成分为上升的地幔热柱提供了热物质和热动能，而下降的冷幔柱则往往对应D″层局部变薄和降温的区域。

2. 核—幔间质量的传递

据现已普遍接受的行星加积模式，地核的形成是熔融的铁下沉，通过延伸到深度大于1 000 km的完全熔融的硅酸盐层(岩浆)而造成的(Sasaki等，1986)。地核中所含10%左右的轻元素就是在核—幔分离过程中通过熔融的铁(地核物质)与硅酸盐熔体(地幔物质)间的化学反应而结合进地核的。

Jeanloz (1990，1993)推断核—幔间有一个10～100 km厚的化学反应带。通过反应，地幔中O和少量的Si、Mg等轻元素被熔进外核，并在流动的铁合金熔体中快速分散，在大于10 Ma的时间尺度上,核—幔边界的化学反应产物被大规模的地幔对流运动带走,但反应产物的密度比地幔的密度大,不可能上升至几百千米以上,未反应的地幔物质和不均匀的反应产物最终构成了D″层。

Anderson(1975)推断核—幔之间化学反应的有效证据之一是超高压超高温实验结果。该工作的开创者Gourant(1992)、Knittle和Jeanloz(1989,1991)等,利用压腔装置进行实验,但由于样品体积小,压力梯度和温度梯度较大,其实验结果只能是定性的。Ito和Katsura(1991)利用大体积多砧装置(multianvil apparatus)进行实验,发现在24 GPa和2 550 ℃条件下,硅酸盐的Si溶解进入熔融铁中的量达2%。之后,Ito等(1995)又利用单轴裂式球面顶装置(uniaxal aplit - sphere apparatus)进行了更为系统的实验研究:反应物分别为$Fe + 3MgSiO_3$和$Fe + 3(Mg_{0.9}Fe_{0.1})_2SiO_4$,实验条件为压力10~26 GPa,温度2 500 ℃。结果发现有一定数量的Si(高达2%)从硅酸盐中分离出来而熔进熔融的铁中。而且这种溶解随压力的增高而增加。在聚结的铁颗粒中,由SiO_2和FeO组成的小球滴被解释为在冷凝过程中,由SiO_2和FeO组成的淬火不混熔液体。因此,在实验条件下O也熔进了熔融的铁中,但未发现Mg溶解的证据。根据这种实验结果推断,Si和O熔进熔融铁的化学反应为:

$$\underset{(熔融)}{5Fe} + \underset{(硅酸盐熔体)}{SiO_2} = \underset{(在硅酸盐熔体中)}{Fe_3Si} + \underset{(在硅酸盐熔体中)}{2FeO} \qquad (1)$$

这是一个体积减小反应,压力增加将促使此反应向右进行。熔融铁中的不混熔小球滴由下列反应生成:

$$\underset{(在熔融铁中)}{xFe_3Si} + \underset{(在熔融铁中)}{(1+2x)FeO} = \underset{(小球滴)}{FeO \cdot xSiO_2} + \underset{(熔融)}{5xFe} \qquad (2)$$

压力降低将促进该反应向右进行。

将上述实验结果与地核的形成结合起来,可以进行如下推断:在核—幔分离和地核形成过程中,有一定数量的Si和O等轻元素被结合进地核中。随着地球的逐渐降温,由相当纯铁组成的固态内核的形成和生长逐渐进行,受冷却支配的内核生长的结果,使得外核的底部部分变得Si和O超饱和。因此,沿着外核对流的上升流将形成不混熔的由Si、O、Fe组成的液体小球滴。由于这种小球滴的密度小于包含(裹)它的熔融态的铁,故小球滴的上升浮力促进了外核对流运动的进行,而对流体越往上越有利于反应(2)向右进行,促使生成更多的液体小球滴(Ito,1991)。当这些小球滴到达外核顶部并在地幔底部聚集时,也可能与地幔物质发生进一步的反应,最终形成D″层。地核失热和反应产物的浮力又促使地幔柱的形成。

3. 核—幔间热量的传递

地核向地幔传递热量的现象肯定存在。因为,地球作为一整体在整个地质时期中是逐渐降温的,地核更是如此,这就要求地核向地幔传递热量;地磁场是电流在地核中流动产生的。这种电流流动必然在地核中产生阻抗热,它只能向地幔传递,否则地核将会因热量积累而升温(可在3×10^9年的时间内使地核升温900 K以上)(Loper等,1995)。

地核向地幔传热的功率,较可信的估计值为$(3 \sim 4) \times 10^{12}$ W,只相当于地表散热功率的10%。外核内的热量,其径向传递是通过对流机制进行的,外核顶部向地幔底部传热则是通过传导机制进行的,这种传热机制的转换是在 CMB 两侧的热边界内进行的。Loper认为地幔底部的热边界层可能是提供热幔柱上浮物质最合理的来源。来自地核的热流大部分是通过地幔柱对流传向地表。Davies 估算驱动地幔对流的能量中只有10% ~ 20% 来自地核,而主要来自地幔内部放射性衰变热。但 CMB 两侧核—幔间的巨大温差、热边界层的不稳定性及 D″层的低黏度等特征,使得 CMB 最有可能成为地幔柱的起源地,而且确有地震波探测资料证实地幔柱与 D″层是相连的(Sn 等,1994; Maruyama,1994)。因此,持续大规模的地幔对流运动的主要能量来源可能为放射性衰变热,但地核传向地幔的热量可能是导致地幔柱起源的主要动力因素之一(另一动力因素可能是核—幔反应残余轻物质的上升浮力)。核—幔间的热量传递对地幔动力学的影响不可低估,探讨其动力学意义,不能仅从热流的功率来看,还必须考虑这种热流在空间分布上的不平衡性及核—幔间热边界的不稳定性(刘亮明等,1997)。

4. 地幔物质的可塑性流变

地球是一个庞大的热库,它不仅在引力收缩和热力膨胀的统一作用支配下形成地球的圈层结构,同时,也会由于地球内外圈层巨大温度差的存在而发生垂向物质运动,其原理如同“烧开水”。问题是地幔是否也像水一样产生热对流。也就是说,虽然地幔物质黏度要比水大得多,但仍是流变体,只要时间足够长,从地球漫长演化尺度来看,它起着重要的热对流作用。

地幔对流是板块运动的驱动机制,曾经有过大量的论述,并被人们广泛接受,虽然由于时间、空间尺度的限制难以证实,但从哲学、辩证法的高度应能予以证明。此外,深源流体的存在和参与是地幔热对流的间接标志。深源流体的研究已受到地质学家的广泛关注,涌现出了一大批有关科研成果,《地学前缘》也于 1996(3 -4)、2001(3 -4)两期以地球内部流体为主题开展了讨论。

3.1.3 核幔运动的机制

正因为地球的核—幔间存在着如此巨大的温度差、压力差、黏度差、质量(密度)差,尤其是温度差的巨大,使得地球内部活动异常剧烈。

关于地球深部的温度,目前尚不能确切地探测,多是通过物态探测间接推断,或通过物态方程进行计算。傅世勤等认为我国南丹铁陨石的化学成分(含 Fe 92.5%、Ni 6.8%、Co 0.47% 及微量的 Cu、Ga、Ge、W、Ir、Au 等元素)与地核的化学组成相近似,用其作为试验样品进行冲击压缩得到了南丹铁陨石的物态方程,与地核组分和状态进行对比分析,求得内、外地核界面处的物质密度为 12.83 ~ 13.14 g/cm^3,温度为 5 440 ~ 5 680 K;地心处的物质密度为 13.12 ~ 13.73 g/cm^3,温度为 5 660 ~ 5 990 K,与 Ahrens 等所得结果较为接近。

杨学祥等(1996)采用球面公式对分层地球数力模型进行计算,得出了比用平面公式对均匀地球所作数字大得多的结果,核—幔界面绝热自压温度为 3 121 K,而内外核界面则高达 544 651 K。由此可见,地球自压收缩使位能降低热能增加,增加的热能主要集中在地核内。在核—幔边界以上,深度每增加 500 km,温度增加不超过 500 ℃。在核—幔边界以下,深度每增加 500 km,温度增加超过 2 500 ℃。超常的温度梯度使内核放热固结,外核对流强烈,并形成地球磁场及在 D″层形成地幔热柱的热力学基础。王鸿章(1990)通过行星质量与光度关系的研究,得出地球及其他大行星核部存在着核反应。这种核反应提供了地球的主要热能。鲍学昭(1999)则认为,由于铀钍的比重较大,因此可以在液态外核中有很大的富集(浓集)度。当其浓度达到足够大时,便可自发地裂变为 ^{235}U,放出的中子不仅可以与 U、Tn 反应形成易裂变核素 ^{233}U 和 ^{239}Pu,而且可以引起这些 ^{233}U、^{239}Pu 及其他 ^{233}U 产生核裂变和发生链式反应,由此产生的热能使外核沸腾和内核熔融及缩小。同时,也可导致地幔热柱活动加剧,亦可引起地球有限膨胀。

由上述可知,不同学者所依据的地球物理模型不同,所采用的计算推理方式也不同,所得结论也相差甚远。但是,不管结果大小,均认为地球外核增温,导致外核强烈对流,并通过质量转换、能量传输而形成核—幔界线之上的超临界层(D″层),而 D″层的强烈活动或不稳定性,是地幔热柱形成的原源和驱动能源。另外,地幔热柱的强烈活动,除受地球内部因素制约外,亦有可能受着其他天体运行等外部因素的影响(汤懋苍等,1997;牛树银等,2001)。

3.2 幔壳运动与地幔热柱演化

地幔热柱的认识虽然提出较晚,但由于它很好地解释了很多有关地质现象,并很快趋于成熟,因此受到地质学家的广泛重视,有人认为它是一种假说,也有人认为它已经成为一种较为成熟的地质学理论,并正在逐渐走向成熟。

3.2.1 幔壳运动特征

地幔热柱理论认为,地幔热柱往往发育于地球的核—幔边界,并且在向上升的过程中逐渐扩大,当垂直运动的地幔热柱上升到岩石圈底部时,幔流变为向外的拆离扩散,形成具火山活动的热区,并可能使岩石圈上隆。

除地幔热柱外,还存在着地幔冷柱。地幔热柱和地幔冷柱是现代地球的主要地幔对流形式,分别对应着上升流和下降流。地幔冷柱主要起因于俯冲板块,当板块前缘俯冲到 670 km 深度时,它遇到强大阻力,加之温压条件的升高,使板块前缘发生水平弯曲、增厚,并沿边界面聚集为巨石,在这里滞留 100 ~ 400 Ma。当其滞留体积达到某一临界值后,滞留巨石便发生重力塌陷,形成一个插入到下地幔的冷幔柱,并可能一直陷落到地核表层上。

地幔热柱与地幔冷柱的形成和演化不仅是地球物质运动的重要形式,同时也是地壳运动的主要驱动力。地幔热柱、地幔冷柱的对流驱动岩石圈板块的水平运动。在地幔热柱分布区,地幔上升,地壳开裂,大陆裂解;在地幔冷柱的下降区,大陆板块发生汇聚,甚至发生板块碰撞、俯冲、堆叠,形成地体拼贴大陆。

丸山茂德 (S. Maruyama)等(1994)认为,超级大陆会因超级地幔热柱上涌分裂成若干块大陆,又可因地幔冷柱,驱动附近地体朝地幔冷柱上方汇聚形成拼贴大陆。而在新的大陆下又会形成一新的地幔热柱,再度引起大陆的解体而开始另一个旋回。

由此可见,地幔柱构造作为一种地球动力学假设,其基本模式是,地球上最重要的地球动力学过程是由地幔柱构造的作用完成的。地球近地表的板块构造、中间的地幔柱构造和中心的地核的生长构造都与地幔热柱密切相关。

综上所述,地幔热柱的认识已不仅仅是某种大地构造假说,而是有理论、有地球物理证实的、全新的一套幔—壳运动理论,甚至被认为是继大陆漂移、板块构造之后的第三次地学浪潮。此外,很显然,大陆的沧海桑田之变不仅仅是地壳地形地貌之变化,而是地球的整个幔壳,甚至是地球的核—幔—壳发生变化,因此地壳运动改为幔壳运动也许更加确切。

地幔热柱的形成需要具备(几个)相关联的地质、地球物理条件:

(1)地球在其漫长演化过程中逐渐形成了圈层结构,且核—幔—壳之间存在着很大的物质差,并进而导致层圈之间的差异旋转;

(2)地球的内、外圈层之间存在着非常大的温度差、压力差、黏度差、质量差等物化条件,并且由于这种差异的悬殊而产生"烧开水式"热、冷物质对流;

(3)地幔是热流变物质,属于黏滞性物质,只要时间足够长,热流变应相当显著。

上述三个条件在地球上均已具备,因此地幔热柱的形成、演化及由此引起的幔壳运动也就成为了必然。

3.2.2 地幔热柱多级演化

地球核—幔间存在着巨大的温度差、压力差、黏度差、质量差,就必然会产生物质对流(或称"烧开水效应")。地幔是塑性流变物质,也是物质对流的主体成分或载体。另外,又因为地球是具层圈结构的球体,且不同圈层间存在着旋转速度差。那么,地幔热柱就会表现出明显的多级演化特征(见图3-3)。

3.2.2.1 初始地幔柱的起动

由于外核强对流的作用,在CMB两侧巨大的温度、压力、黏度、质量差的作用下,通过能量传输,核—幔间超临界层(D″层)得以不断地加强,成为地幔底部随时间变幻着的不稳定层。在这个超界层(D″层)上部的地幔中,一旦某个局部出现薄弱带,或因超临界层(D″层)的强烈活动,或地球以外其他因素的诱发干扰作用,超界层(D″层)便会在液体压强的作用下,在薄弱处加厚。增厚的局部很快就会出现"吹气球效应",薄弱带会迅速扩大,并进一步发展,以至于形成气球膨胀式初始地幔热柱(见图3-4(a)、(b))。

3.2.2.2 地幔热柱的形成

一旦地幔的底部,超界层(D″层)中出现"吹气球效应",就会打破它的平衡和稳定性,很快形成初始地幔热柱。初始形成的幔柱也许规模并不大,尾柱的直径也有限,但既然通道已被打开,那么,处于准流动状态的超临界层便会在温度、压力、黏度差的控制下,以势不可挡之势向上运动。同时,由于地幔热柱物质与其围岩在温度、压力、黏度、成分间的巨大差异,使起自超临界层的热物质在不断上升的过程中,同其围岩发生熔融、同化作用,使地幔柱在向上迁移过程中不断增大,混染进的地幔物质也会逐渐增多,使得两者物质成分差不断减小。

由于热物质的热扩散作用和同化混染作用,地幔热柱会随着不断上升而头部不断扩大,当热柱头部上升至上下地幔界面时,由于上下地幔间的剪切作用及不连续界面的存

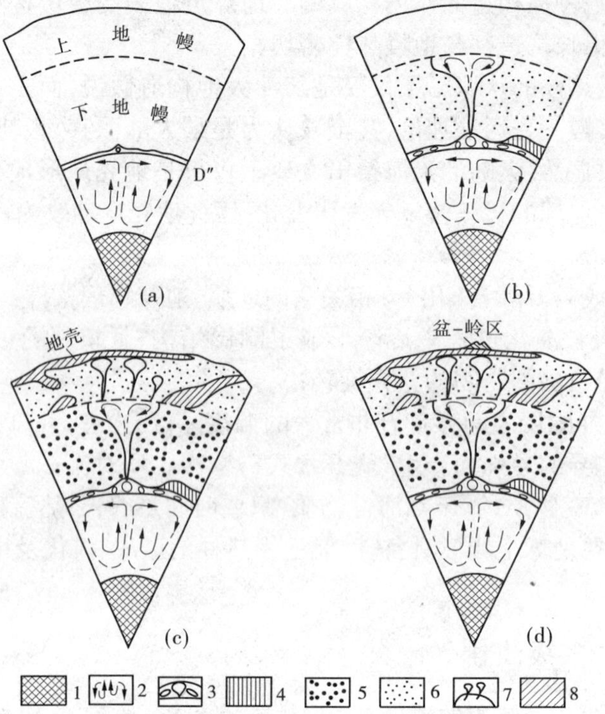

1—地球内核;2—地球外核;3—D″(超临界)层;4—下沉冷幔柱(体);
5—下地幔;6—上地幔;7—二、三级柱;8—俯冲堆叠岩块及岩石圈硬块

图 3-4　地幔热柱多级演化模式图(据牛树银等,2003)

在,对地幔热柱的上升起到一个屏障作用,使地幔热物质不断积聚扩大,并呈蘑菇状不断增升,直到热物质积聚到一定量。同时热对流也不断增强,当其热对流动力达到或超过界面屏障力时,地幔热物质便会冲破阻力,穿过上下地幔界面,以地幔亚热柱(sub-mantle plume)(Maruyama 等, 称二次柱)的形式继续向上运移(见图 3-4(b)、(c))。

3.2.2.3　地幔亚热柱的形成

地幔热物质一旦突破上下地幔界面,进入上地幔并继续上升时,下地幔顶部地幔热柱的蘑菇状顶冠就成了地幔亚热柱的热物质源区,并通过地幔热柱与 D″层相连通,成为上下贯通的地幔柱演化系统。

地幔亚热柱自地幔热柱蘑菇状顶冠衍生出来时,由于界面的屏障作用,开始也许是有一定柱径限制热物质流,而且很可能是若干个地幔亚热柱同时或准同时产生于地幔柱。地幔热柱顶冠的热物质流同时向若干个地幔亚热柱传输热物质流。地幔亚热柱在向上隆升的过程中,其直径也会不断扩大。与此同时,地幔亚热柱的上升热物质也会同围岩发生一定的同化混染作用。

应该说,地幔物质总体上是不均匀的,比如,由于重力分异作用,上部组分密度较小,下部组分密度偏大,而且还存在着横向不均匀性。但是,基本可看作各向同性的流变体,起自 D″层的热物质只要有足够的温度差、密度差、压力差,便可上辟蹊径,通过地幔向上升腾,形成地幔热柱 - 地幔亚热柱系统(见图 3-4(c)、(d))。

然而,当地幔亚热柱上升到岩石圈底部时,边界条件出现了重大改变。尽管岩石圈底部亦存在较大的流变性,但总体是以固态流变为主体。地幔亚热柱首先遇到岩石圈的覆盖封闭作用,其物质开始受阻累聚,并向外围扩展,形成地幔亚热柱的蘑菇状顶冠,并导致产生较大浮力。随着顶冠物质增多,浮力增大。岩石圈最初会表现为穹状隆升,这可能是中生代早期华北东部大规模隆升作用的主要原因。

随着亚热柱顶冠热物质的积聚,在热浮力隆升过程中,热物质会对上部岩石圈物质发生同熔或顶蚀作用,使岩石圈底部不断崩落、熔蚀,甚至会从穹窿或顶蚀中心沿岩石圈已存的近水平拆离带向外贯入,导致拆离带下部岩块脱落下沉。下沉的较小岩块会在其下沉过程中被熔蚀殆尽,而较大的下沉块体,就会成为地幔热柱外围的冷下降柱。邓晋福教授(1996)在其《中国大陆根 - 柱构造》一书中,对大陆的拆沉作用作了详尽的介绍。

3.2.2.4 幔枝构造的形成

随着地幔亚热柱活动的不断加强,地幔热物质逐渐向上侵位,而当其上升力与重力、阻力之和达到平衡状态时,地幔物质会向外围拆离滑脱下去。而这些拆离地幔软片一旦受到上部韧性剪切带的挠动,也会沿韧性剪切带发生岩浆活动,形成一些基性岩浆的侵入和喷发。强烈的岩浆活动必然同熔一些壳源物质,形成地幔型—幔壳型—壳源重熔型岩浆岩。而岩浆的性质取决于岩浆作用(活动)的强烈程度和活动时间的长短。如果上升通道(断裂)连通性好,上升速度快,很快造成岩浆喷发(侵入),则以基性岩浆活动为主;反之,断裂连通性较差,或岩浆靠热力上侵致裂为主,则时间越长,混染壳源物质越多,岩浆越向中性、中酸性岩浆演化,表现为幔壳 - 壳幔混合型。如果地幔岩呈片状、舌状沿岩石圈某一拆离滑脱层呈板片状侵入到一定层位中,地幔(基性)岩浆巨大的温度(基性岩浆温度高达 1 200 ~1 300 ℃),足以将上覆岩石圈岩石熔融,形成局部中酸性浆源地,也可形成一定范围的中 - 酸性岩浆活动。

受岩石圈应力场及岩石圈断裂的控制,地幔亚热柱蘑菇状顶冠中会发生一系列岩浆活动,而岩石圈中的岩浆活动便会形成一系列三级构造——幔枝构造(下节专题讨论)。

在地幔亚热柱活动的中期,由于亚热柱顶部大规模的岩浆活动,亚热柱顶部最初表现出的热隆作用,会被中后期的热减薄作用取代,继而在亚热柱顶部发生减薄断陷作用。断陷沉积物中亦会夹杂多期次溢流玄武岩层。而外围则可能形成幔枝构造,以至于地幔亚热柱发展演化的中后期,会形成典型的盆岭构造(见图 3-4(d))。

3.2.3 地震层析(CT)反演

地幔热柱—地幔亚热柱—幔枝构造形成与演化的认识,不仅仅是人们的推断及哲学的辩证思维,而且越来越多地得到地球物理学方面的论证。除了前述地球圈层及不同圈层具有一定速度差的探测,地球物理学家还运用地震层析(CT)资料探讨地球内部的物质状态。它不仅有助于人类更深刻地认识地球的性质,而且有助于解决某些长期以来悬而未决的科学难题,诸如地球内部结构、物理性质、动力学机制及地球演化历史等(Woodhouse 等,1984;傅容珊等,1992、1993;叶正仁等,1993)。

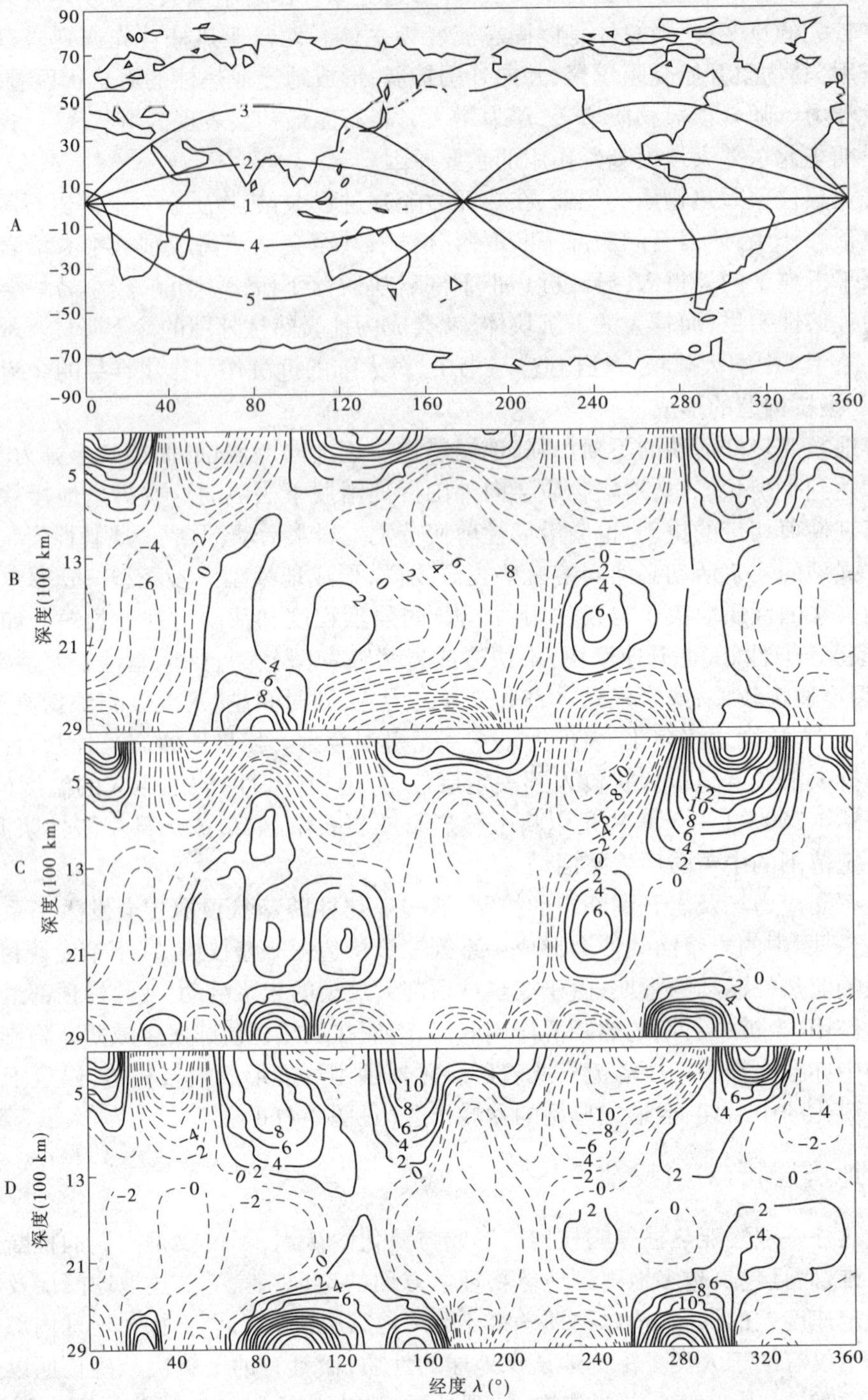

A—各剖面对应的地表大圆轨迹，图中数字 1、2、3 分别对应剖面（B 上剖面、C 中剖面、D 下剖面）；

B—剖面 1；C—剖面 2；D—剖面 3（剖面等值线间距：5 kg/m^3）

图 3-5　地球不同经度剖面合成密度分布图（2～6 阶，据傅容珊等，1993）

地球内部物质密度不均匀性的直接证据之一是来自地震层析的反演，Dziewonski 和 Woodhouse 等分别用层析技术得出了上、下地幔 S 波和 P 波横向不均匀性，并探讨了展开的球谐系数，两种不同来源地震数据反映上、下地幔横向不均匀性有一定的连续性。但所得结果在 670 km 深度置信度较低。傅容珊等(1993)在假设波速异常和密度异常满足线性关系，以及上、下地幔横向不均匀性在 670 km 这一间断面上下连续的条件下，用统一公式来表达 Woodhouse 和 Dziewonski 提供的分段描述上、下地幔密度分布的横向不均匀性(其中取 $\gamma = 0.199, \sigma = 3.13 \times 10^{-5}$)。通过模型合成密度分布，得出地球 250 km、670 km、2 900 km 深度地幔密度分布图，表明地球内部热物质上升过程中，剖面上既有一定的连续性，又有一定的形态改变。图 3-5 则给出了剖面合成密度异常图，从平面、剖面合成密度异常图上有几点值得关注：①所有穿太平洋的剖面均显示出一个低密度异常体从核—幔边界一直延伸至岩石圈底部；②在所有的大陆之下则均存在一个高密度异常体，其下限可深达 1 200 ~ 1 300 km；③在地幔的底界面上存在着高速体与低速体相间排列的特殊现象。

这些现象可能表明如下的事实：①地球内部在巨大的温度差、压力差、速度差等控制下，发生着强烈的物质对流，也即"烧开水效应"，它可能是地球幔—壳运动的驱动力，是幔—壳运动的初始力源；②热物质流的上升点往往是板块构造的增生边界，如太平洋中脊，或者是大陆裂谷发生的部位；大陆块之下应是物质对流的下降点，但热物质对流远没有人们想象的那么规范；③热物质对流体系决定着大洋的打开、大陆的拼合演化、地幔热柱构造研究确实应成为一次新的地学浪潮，它的影响所及是全球性的，并且涉及地学的方方面面。

3.3　地幔热柱的主要特征

自从热点的认识提出以来，经过了 30 多年的探索与发展，热点地区的地壳厚度和重力数据表明，热点岩浆不可能起源于岩石圈内，而必定与岩石圈下的地幔上浮有关。Crough 等作出了热点地区岩石圈减薄和被更热的软流圈物质取代的定量化分析，其结果也支持关于热点海隆是由岩石圈下伏热柱活动所形成。应该说地幔热柱这一基本认识在逐渐走向成熟，已成为科学研究的一种新的学说，而不只是假说阶段(王登红，1995)。很多学者都从不同角度探讨了地幔热柱的主要特征(Wilson，1963、1973；Morgan，1972；Anderson，1975；Burke，1973；Maruyama，1994；Opligger，1997；罗定国，1994；邓晋福等，1994；王登红，1996；牛树银等，1996；侯增谦等，1996；李红阳等，1996)。

3.3.1　地幔热柱的展布

地球上有多少个地幔热柱，不同的研究者依据各自的研究提出了不同的认识，Morgan (1972)最初列出了 19 个，认为这些热点位于火山岛链的活动端，大洋脊顶附近，洋脊交汇处附近，还有的出现在三联裂谷点附近。Wilson(1973)指出了 66 个，Burke 和 Wilson (1976)后来增至 177 个，Chase(1979)认为只有 24 个，Crough 和 Jurdy 认为比较可靠的热点为 40 多个，Stothere(1993)依据现代观念检验了这一数字，即如果地幔热柱到达大陆地表时会导致大规模溢流玄武岩的块状堆积,地球上有 14 个大陆溢流玄武岩,形成于 250 ~ 17 Ma,代表着 14 个热点。按其所代表的陆地面积推算,海洋中可能有 30 多个热点,即全球有约 45 个地幔热柱。有明显特征的地幔热柱可以列出 51 个。

近年来的地震成像结果为地幔柱研究提供了新的推测依据。研究认为,地球上约有 50 个较确定的热点及下伏地幔柱,并可分为深源、中源和浅源三种类型。可能有 9 个深源地幔柱,即上升的地幔物质来源于核幔边界,从地表热点位置看,其中 4 个位于太平洋,2 个在大西洋洋脊,2 个在非洲附近。从波速异常、Q 值和波速的成像结果分析,沿幔柱的物质上升流在 200 ~ 350 km 深度发生偏转,并可能变为水平向流动。例如,非洲幔柱在穿过 670 km 界面后发散为几个分枝幔柱,有的向印度洋和大西洋洋脊偏转,还有的向东北(东非裂谷)偏转;南太平洋幔柱向东太平洋隆起(洋脊)和太平洋中部偏转。因此,幔柱在深部的位置与地表热点位置可能不一致,地幔物质沿幔柱的上升不都是垂直的,而可能是偏斜、发散的;在高黏度的下地幔中,幔柱可能较宽,进入低黏度的上地幔后,幔柱可能变窄并被劈成几个分枝,呈现复杂的三维结构图像。全球地幔地震各向异性成像表明,太平洋的上地幔(50 ~ 150 km 深度)具有独特的特征。各向异性的幅度与海底年龄没有相关性,这与过去动力学模型的预测相反。在有些地方,由各向异性推测的地幔流动方向与板块运动也不一致。在夏威夷西南的太平洋中部,地震各向异性非常突出。对这些独特的现象的可能解释是,幔柱的上升流动物质进入软流层,产生小尺度的流动或地幔剪切变形。

根据热量传导计算估计,沿幔柱的物质上升流动速率不超过 10 cm/a。这个数值与最大的板块(如太平洋板块)运动速率相当,而比沿消减板的下沉速率(1.3 ~ 2.0 cm/a)大得多。在黏滞系数很大的下地幔,上升和下沉的速率都应更小。

一般认为,大型火成岩省(LIP)是地幔柱巨大的“蘑菇”状顶冠到达地表形成的。LIP 的特点是成分上以基性岩为主,体积巨大,出露面积多数大于 1×10^6 km^2,且这些熔浆主要在 3 Ma,甚至小于 1 Ma 的短期内喷发,其出露地区的地壳厚度一般也较大。按照 LIP 的出现位置,可进一步分为位于大陆内部的大陆溢流玄武岩、位于大陆边缘的火山型被动陆缘或位于大洋中的洋底高原。Grffith(1990)提出动态地幔柱模式,认为地幔柱的头部对应大型火成岩活动省,而尾部对应热点。大陆溢流玄武岩的成分、同位素组成等由于地幔柱对地壳的交代而往往具较宽的范围。峨眉山玄武岩的地球化学研究即表明,岩石圈地幔部分加入了当时地幔柱的活动。

3.3.2 地幔热柱的规模

地幔热柱的起源深度很大,Morgan 认为起源于上、下地幔之间的热边界层;Deffeys 认为起源于下地幔;Anderson(1975)则认为起源于地幔底部的 D″层;Loper 和 Stacey(1983)也认为地幔热柱起源于核幔边界附近的 D″层。至于地幔热柱的大小,一般认为其起始状态呈较小的柱体,随着热柱的上升逐渐变大,形成蘑菇状球形顶冠。Morgan(1971)则估计地幔热柱的直径为 200 km,Deffeys(1972)认为 400 km,美国地质学会(1976)也称有几百千米,而 White 和 Mckenzie(1979)则认为地幔热柱直径可扩大到 1 000 ~ 2 000 km。客观地讲,地球上因地幔热柱的源区不同,抑或源区熔融区域面积大小、厚薄不同,而导致地幔柱大小差异可以很大。对于同一个地幔热柱，也会因自下向上的横截面中段不同而相差甚大。或者说，很显然，地幔热柱的深部直径很小，而到球形顶冠其直径会膨大许多倍。

3.3.3 地幔热柱的性质

早期的文献均强调地幔热柱的热异常属性，Anderson(1975)认为地幔热柱的化学成分与周围地幔物质有显著差别，Bonatti(1994)亦有类似看法，而 Olson 与 Yuen(1972)则认为地幔热柱既是个“热柱”，又是个化学柱。但也可能由于流体的参与而温度不高，Bonatti 等分别设计了几种地质温度计，计算出亚速尔热点区的温度并不高。其原因主要是亚速尔热点之下上地幔含水比正常洋中脊高 2 ~3 倍，还有异常高的 Cl、F、Br 等挥发性元素，有时还有轻稀土的富集，它们可以降低熔点。显然，流体起了重要作用，尤其是富水地幔将降低地幔热柱的温度。

3.3.4 地幔热柱的成矿作用

理论上讲，地幔热柱是深部物质的上涌，其物质既有核幔边界来源的，又有下、上地幔物质的卷入，也有地壳物质重熔而加入的成分。因此，地幔热柱不但能够成大矿，而且必定是独特的(该问题留待成矿作用部分论及)。

3.4 幔枝构造的特征

幔枝构造(Mantle - branch Structure)——地幔热柱演化的第三级构造单元(Maruyama 等称三次柱)，是地幔热柱多级演化在岩石圈浅部的综合表现形式，或者说是主要的成矿控矿构造单元。幔枝构造一般由核部岩浆 - 变质杂岩、外围盖层拆离滑脱层、上叠构造断陷 - 火山盆地等三个单元组成。它可引起地壳上隆、岩浆活动、变形变质、含矿流体活化迁移、成矿作用等一系列地质过程。

3.4.1 幔枝构造体系

幔枝构造出露于地壳浅部，较易于识别，其基本特征列于表 3-2。

表 3-2 幔枝构造单元特征

特征		轴部岩浆 - 变质杂岩隆起区	盖层拆离滑脱区	外围上叠断陷盆地区
构造	形式	多为正向穹窿区	正向主、次级拆离滑脱区	多为铲状断裂控制的断陷
	形态	一般为浑圆状，受其他构造控制、干扰可为长轴状	主要环绕核部岩浆 - 变质杂岩隆起区展布	多为不规则断陷火山 - 沉积盆地
断裂	规模	超岩石圈断裂 - 岩石圈断裂	基底断裂	基底断裂 - 盖层断裂
	性质	韧性 - 脆韧性变形	脆韧性 - 韧脆性变形	脆性断裂为主

续表 3-2

特　征	轴部岩浆－变质杂岩隆起区	盖层拆离滑脱区	外围上叠断陷盆地区
岩石组合	主要为岩浆－变质杂岩	中晚元古界及其以上盖层地层	主要为侏罗－白垩系火山－沉积岩系
岩浆演化	深成 基性—中酸—碱性岩浆活动均可发育	中深成 中酸性岩浆活动为主	浅成 火山喷出岩为主
变质作用	面状区域性变质作用为主,接触变质作用	线状动力变质作用为主	低级变质作用 火山－沉积为主
成矿作用	Au、Cu、Mo 等	Au、Ag 等	Ag、Pb、Zn 等

注:据牛树银等,2001。

由于地幔亚热柱呈蘑菇状顶冠向外围拆离,加之地幔物质的高温度、高压力、低黏度特征,使地幔物质不仅沿岩石圈底部向外围大规模拆离,同时还会沿壳幔过渡带、中地壳低速带、不同层次原有拆离滑脱带等薄弱部位向外拆离。而这种地幔物质沿薄弱带的拆离,容易使薄弱带扩大,甚至于岩石圈下部岩块脱落,成为下落残块。这也可能是造成岩石圈拆沉的方式之一。

向外拆离的地幔物质,一旦被外围陡倾韧性剪切带所切割,或者由于地幔物质向外拆离过程中导致的液压致裂作用,使新生断裂与上部活动断裂连通,便可导致地幔物质减压释荷,使原本具有一定熔融性质的低速软化物质转变成为深熔岩浆源。如果韧性剪切带直达地表且通畅性较好,则岩浆活动会直接喷出地表形成火山爆发。而一般的火山活动旋回往往以基性、中基性岩浆喷发开始,以酸性或酸性偏碱性岩浆活动为结束,总体表现出基性→中基性→中性→酸性(偏碱性)的完整岩浆演化序列。火山活动特征,往往早期以溢流为主,多表现为裂隙式溢流,晚期逐渐演化为中心式喷发。究其原因,除岩浆自身演化序列外,岩浆活动的早期壳源物质的同化混染较少,而晚期同化混熔加强亦是岩浆成分变化的原因之一。火山喷发的方式则主要与岩浆的黏度有关(董国臣,1996)。

此外,凡火山喷发异常强烈的地区,往往表现为火山－沉积盆地,这也可能与深部大量火山喷发造成地下亏空,导致重力塌陷作用有关。

如果区域构造应力场处于挤压体制,韧性剪切带较为紧闭,则岩浆活动缓慢,活动时期漫长,并以岩浆侵入活动为主。主要侵入岩浆类型从早到晚可分为辉长岩、闪长岩、石英闪长岩、花岗岩,即总趋势由偏基性→偏中性→偏酸性演化。岩浆侵位深度由深成→浅成→超浅成演化,侵位强度由弱→强→弱,构成完整的侵入旋回。

3.4.2 岩浆－变质杂岩的热隆

这种岩浆－片麻岩穹窿式幔枝构造抬升的速度和幅度取决于构造活动强度和花岗岩浆的规模,如果构造活动不强,岩浆侵位规模不大,那么其隆升幅度也有限,多只是一般的隆起,甚至连深部片麻岩也尚未出露于地表;如果构造活动强烈,岩浆侵位规模亦较大,则基底变质－岩浆杂岩呈揭顶式裸露，盖层就会发生大幅度拆离滑脱，形成典型的幔枝构造（相当于变质核杂岩阶段）；如果构造活动十分强烈，并导致大规模岩浆活动，岩体夹带着片麻岩基底也会大幅度快速隆升，以至于盖层岩石完全被剥蚀殆尽，基底片麻岩系和深成岩体直接裸露地表，构成大面积变质－岩浆杂岩地块。小秦岭幔枝构造便属于后者。

此外，岩浆侵入作用不仅是幔枝构造形成的主要动力机制，它还可使糜棱岩化及其变质作用具有分带性，或出现与区域变质作用不一致的构造变质（接触变质）作用。糜棱岩前锋带可由一个大型岩体的侵入所引起，这样的实例如亚利桑那州的南山核杂岩，它由多个、多期次岩浆活动引起，使糜棱岩前锋远远偏离正常温压曲线而出现在较浅部，而远离深成岩体韧性变形便会迅速减弱。这种与幔枝构造形成同期的深成岩浆作用有关的局部应变软化在地幔热柱活动区是一种普遍现象。这种情况在美国西部科迪勒拉变质核杂岩发育区亦很普遍（Davis 等，1982；Lister 等，1992）。

3.4.3 幔枝构造的形态特征

幔枝构造的形态是指幔枝构造现今在地表的出露形态及剖面形态。从剖面上观察，实际上是在构造控制下，岩浆的侵位及其带动片麻岩隆升的过程。侵位初期，幔枝构造可能仅仅表现为局部地区的隆升；随着岩浆活动的增强及片麻岩穹窿的抬升，变质－岩浆杂岩隆升至地表，呈揭顶式裸露，上盘盖层向外拆离滑脱，这一时期相当于传统意义上的变质核杂岩构造；当变质－岩浆杂岩体隆升幅度更大时，盖层岩石剥蚀殆尽，成为广义的变质－岩浆杂岩区，并可进一步发育成稳定的地盾区。

从平面上看，幔枝构造可表现为穹状、等轴状或长垣状，这取决于控制岩浆活动的韧性剪切带。如果两组或多组韧性剪切带交汇部位控制着岩浆活动，则幔枝构造可表现为穹状，如崤山幔枝就是区内近东西向韧性剪切带与北东向韧性剪切带交汇部位控制岩体，幔枝构造表现为近等轴状的穹状隆起，并发育有不太规则的环状构造体系和放射状构造体系。如果以某一方向的韧性剪切带为主控制着岩浆活动，则可能构成线状构造－岩浆带，则幔枝构造的出露形态就可能为长垣状，如小秦岭幔枝构造等。

因此，鉴定幔枝构造特征的关键不是其出露形态如何，更重要的标志是，是否在特定的构造环境下，由地幔亚热柱派生形成，并具典型幔枝构造的几何学、运动学、动力学特征。

3.4.4 幔枝构造的单元划分

幔枝构造一般由核部岩浆－变质杂岩、外围拆离滑脱层、上叠火山－沉积盆地等三个地质单元组成，它们一起构成相互关联的统一整体。但实际上几个单元可能发育不全，如只发育前二者。这取决于不同演化阶段。

3.4.4.1 核部岩浆－变质杂岩

核部岩浆—变质杂岩一般位于幔枝构造的核（轴）部，出露形态多与引起控制作用的主干韧性剪切带密切相关，一般多为等轴状、浑圆状、长垣状等形态。出露面积可大可小，从几十平方千米至几百平方千米。核部杂岩一般由变质岩和岩浆岩组成。变质岩往往为前寒武纪变质结晶岩系，在河南多为下元古界－太古宇变质岩系。变质程度多为绿片岩相至麻粒岩相。在老变质岩系之上往往叠加有明显的退变质作用。

在核部变质岩系中，往往分布若干岩浆岩体。岩体多沿轴部韧性剪切带成串展布，或出露在多组韧性剪切带的交汇部位，单个岩体可小可大，多为几平方至上百平方千米。岩体往往呈现出多期次侵入的环带构造。岩性从基性岩至中酸性岩均可发育。从岩浆演化序列上看，往往从基性岩浆侵入开始，逐渐演化到中性、中酸性、酸性（碱性）。此外，在岩体附近，还往往发育大量脉岩，它们构成统一的岩浆演化序列。

至于岩体在变质岩系中所占的比例，则视不同幔枝构造而有所不同，可以占到核部岩浆－变质杂岩的30%～80%。一般地讲，幔枝发育的早期，或者说幔枝构造被剥蚀较浅时，岩浆岩所占比例少些，如崤山幔枝构造、熊耳山幔枝构造等，一般可以占到20%～40%。但如果发育到幔枝构造的晚期，或者说幔枝构造剥蚀得较深时，岩浆岩可占到岩浆－变质杂岩的80%，如胶东幔枝构造，发育了大面积岩浆岩。

3.4.4.2 外围拆离滑脱层

外围拆离滑脱层，指的是幔枝核部岩浆－变质杂岩之上的所有盖层岩石。在幔枝构造尚未形成时，盖层与基底岩系往往呈不整合接触。两者间可以是角度不整合，也可以断层接触。盖层则可以是中元古界及其以上任何沉积地层单元，包括中晚元古界、古生界，甚至中生界下部沉积盖层。

当幔枝构造形成时，在强烈的岩浆活动及其热动（浮）力作用下，岩浆－变质杂岩开始隆升，上覆盖层发生穹窿，也可发育一系列环状构造、放射状构造。当幔枝核部岩浆－变质杂岩继续上隆时，盖层岩石开始拆离下滑。无论基底与盖层间是角度不整合，还是断层接触关系，由于岩浆—变质杂岩的持续上隆，盖层均可沿此薄弱带向外拆离滑脱，并表现出以正向拆离滑脱为主的正断活动。

主要拆离滑脱带往往发育在盖层与其基底间的接触面上，但在其下、上两侧的变质岩系或盖层岩系中也可发育次级拆离滑脱带。次级拆离滑脱带往往容易利用和改造岩石中原有薄弱带，如变质岩系中的韧性剪切带，大套变质岩系中的软弱夹层。在盖层沉积岩中，如页岩岩层，大套砂岩、厚层碳酸盐岩中的薄层泥页岩夹层等，均可被次级拆离滑脱带所利用和改造。

3.4.4.3 上叠火山－沉积盆地

上叠火山－沉积盆地是幔枝构造的第三个地质单元，它往往以构造断陷盆地为表现形式，叠加在外围盖层或核部岩浆－变质杂岩中，也可横跨叠加在两者之上。

盆地多以构造断陷为主，往往以一组陡倾断裂控制着盆地边缘。断陷盆地可发育成地堑式，也可发育成箕状。控边断裂往往是一组高角度正断层。在空间上断裂往往表现出铲状特征，即断裂的上部产状较陡，一般多在50°～80°，往下则逐渐变缓，常为40°～20°。有些大规模的盆地边界断裂甚至可一直拆离到中上地壳界线上，有的深达中地壳低速高导层。

断陷火山－沉积盆地中的充填物多为火山岩系和沉积岩系。火山岩系包括火山熔岩、集块岩、角砾岩、凝灰岩。火山岩岩性可从基性玄武岩至酸性流纹岩。沉积岩则可形成从砾岩、粗砂岩、细砂岩、粉岩砂、泥页岩等沉积岩系。总体上是以粗碎屑岩占优势。

断陷盆地中火山岩与沉积岩的关系，既可是上、下叠置的早晚层序关系，也可在横向上表现出互相穿插、镶嵌的指状交互关系。且火山岩系、沉积岩系均有相变频繁、厚度变化较大、物质成分复杂的特征。这种特征可能直接与断陷火山－沉积盆地的成因有关。

3.4.5　幔枝构造的断裂体系

幔枝构造是地幔热柱演化的第三级构造单元，是地幔热柱在岩石圈浅部的表现形式，是特定构造背景、构造应力场作用下形成的一个有机整体。因此，往往发育一套独特的断裂构造体系，并可成为鉴定幔枝构造的断裂识别体系（标志），也是幔枝构造成矿控矿的主要场所。

3.4.5.1　核部岩浆－变质杂岩断裂体系

幔枝构造核（轴）部构造主要为脆韧性－韧脆性剪切带，或叠加构造为主。这主要与岩浆－变质杂岩形成环境有关，可分为轴部韧性剪切带、次级韧性剪切带、岩体侵位构造等。

1. 轴部韧性剪切带

轴部韧性剪切带往往是幔枝构造形成的主要控制性构造，也往往是导岩导矿构造。一般位于幔枝核部岩浆－变质杂岩的轴部。这种剪切带往往是区域性韧性剪切带，活动时间较长，切割深度较大。当其切至地幔亚热柱向外拆离滑脱的地幔岩时，韧性剪切带的切割使地幔岩减压释荷，形成深熔岩浆。当构造活动强烈，打破了岩浆源的平衡状态时，韧性剪切带便成为了岩浆向上侵位的通道。如果剪切带为张剪性质，通道较为畅通，而岩浆温压条件又较高，可直接喷出地表形成火山喷发；如果韧性剪切带为压扭性或处于区域挤压应力场，其连通性就较差，岩浆活动则要依赖于温度差、压力差、黏度差逐渐（缓慢）上侵。因此，往往形成不同深度、不同岩性的侵入岩。有时基性岩浆侵位到地壳一定深度范围的薄弱带中，其巨大的热（1 200 ~ 1 300 ℃）烘烤作用，足以使上覆硅铝层岩石熔融形成中酸性岩浆源地。由于中酸性岩浆密度较小，浮力较大，很容易导致中酸性岩浆上升，形成一系列中酸性深成侵入体及其一系列相关的脉岩。

2. 次级韧性剪切带

次级韧性剪切带是指主韧性剪切带外围规模较小、切割深度较浅的韧性剪切带。其延伸可以与主韧性剪切带同向、直交或斜交。次级韧性剪切带往往与轴部主韧性剪切带共同控制岩浆活动，或成为岩浆活动的边界断裂。

另外，幔枝构造隆升过程中，区域构造应力场往往转变为张剪性。因此，早期韧性剪切带往往被韧脆性剪切带叠加、改造。

3. 岩体侵位构造

所谓岩体侵位构造，是指岩体在侵位过程及冷却过程中形成的一系列构造形迹。当岩浆在温度、压力、黏度控制下，沿韧性剪切带向上侵位时，往往对围岩产生强大的推挤力，以强力挤压拓展空间，导致围岩产生环状构造和放射状构造裂隙。环状裂隙往往在岩体与围岩的接触带及其附近最为发育，而放射状裂隙往往产生于外侧围岩之中，且具远离岩体逐渐减弱的特征。

当岩体逐渐冷凝结晶时，由于岩体的冷却收缩，在岩体内外接触带便会产生一系列新的裂隙，岩体也会产生横节理、纵节理、斜节理及层节理（也称岩浆岩体的原生节理）。这些节理往往成为更晚期岩浆活动的通道,也可成为岩浆期后热液脉岩、矿液运移的通道及其成矿储集场所。

3.4.5.2 外围盖层拆离滑脱断裂

幔枝构造外围拆离滑脱层中往往发育几组构造:主拆离滑脱带、次级拆离滑脱带、反向铲状断层及横张断裂等。

1. 主拆离滑脱带

主拆离滑脱带一般发育在幔枝构造核部岩浆-变质杂岩与上覆盖层之间,往往利用和改造原有不整合面(构造薄弱带)。核部岩浆-变质杂岩相对上隆,外围拆离滑脱层相对往外(下)拆离。因此,主拆离滑脱带是应力转换带,多表现为正向滑脱性质。

主拆离滑脱带的规模受幔枝构造活动强度、主拆离滑脱带附近岩石的岩性及力学性质、断裂活动期次等控制。拆离带宽一般从几米至几百米,以韧脆性-脆性剪切为主。剪切带多表现为顺层拆离,但沿倾向方向也可以切层,表现为顺层的断坪段与切层的断坡段相间排列特征。主拆离带甚至可以断失大套地层,以至于使盖层的不同地层单元以断层与基底变质岩系接触。

2. 次级拆离滑脱带

次级拆离滑脱带,一般指发育于主拆离滑脱带上、下两侧的规模较小的拆离滑脱带。次级拆离滑脱带往往沿地层中的薄弱层发育,与主拆离滑脱带相伴相随,同向展布,但延伸到一定深度时往往归并到主拆离滑脱带之上。多条次级拆离滑脱带与主拆离带一起构成拆离滑脱构造体系,并可断失大套地层。

3. 反向铲状断裂

由于幔枝构造形成过程中,区域构造应力场一般为伸展体制。随着幔枝构造的演化,核部岩浆-变质杂岩强烈上隆,外围盖层拆离滑脱层大幅度向外拆离滑脱。在这种构造体制作用下,不仅拆离滑脱层发生大幅度正向拆离,而且由于应力场调整,在拆离带上盘往往出现反倾向铲状断层。这种断层一般上部产状较陡,向下逐渐变缓,形似铲状且与主、次级拆离带倾向相反。反倾向铲状断层可发育一条,也可发育一组,并可与次级拆离滑脱带一起构成类地堑构造。

反倾向铲状断层的走向与主、次级拆离带一致,但倾向相反,所控制的断陷盆地可大可小。如果规模较小,切割深度有限,涉及地层较少,构造形态上亦较简单。如发育规模较大,可以形成上叠断陷-沉积盆地,甚至发育较强烈的火山活动、岩浆侵入,也可成为很好的导矿、储矿构造。

4. 横张断裂

幔枝构造发育过程中,往往发育与核部岩浆-变质杂岩(主拆离滑脱带)正交的横张断裂。这种类型的断裂多呈等间距排列,可一直切入上盘盖层,并随远离核部而逐渐消失。横张断裂在力学成因上,如同横弯褶皱作用过程中,在垂直褶皱转折端发育的横张断层。幔枝构造中的横张断层与之不同的是初始受力方式是在隆起作用体制下形成的,但随着幔枝隆升肯定会派生出水平方向的力。

横张断裂的倾角一般较陡,横张断层有可能是在隆起初期放射性断裂的基础上发育起来的,倾角多在70°以上,规模上,多横切幔枝核部岩浆-变质杂岩单元,并延入(伸)到上盘盖层中一定距离后逐渐消失。这种构造可以构成很好的控矿构造,也可以与主次级拆离滑脱带、反倾向铲状断层一起构成成矿控矿构造体系。

3.4.5.3 上叠火山 - 断陷盆地构造

1. 上叠火山 - 断陷盆地

上叠火山 - 断陷盆地是幔枝构造的地质单元之一,指在幔枝隆升过程中叠加在不同构造单元之上的断陷火山 - 沉积盆地。上叠盆地按其形成特征可分为两类:

一类如上所述盖层拆离滑脱层之上,反向铲状断层与次级拆离带共同控制的小型断陷盆地,这种断陷盆地一般只发育在盖层单元中。多数情况下断陷盆地平行主次级拆离滑脱带展布,规模相对较小,主要为构造断陷。盆地中沉积物亦有限,很少有火山活动或岩浆侵入。但个别切割较深者,也可成为导岩导矿构造,并有较发育的火山、沉积作用。

另一类是火山断陷盆地。这类盆地形成一般缘于火山塌陷。在幔枝构造演化过程中,可有不同方向的韧性剪切(断裂)带相互交叉,其连通性较好,可构成深源岩浆活动的上涌通道,导致大规模的岩浆喷发。而岩浆喷发之后深部亏空,导致上部发生裂陷塌落,形成断陷盆地。这种断陷盆地的大小与火山喷发的强度有关。发育部位可在盖层中,也可在变质岩系出露区,还可横跨叠加在核部岩浆 - 变质杂岩和外围盖层拆离滑脱层两个单元之上。但总体上以发育于外围盖层之上为主体。断陷盆地可形成复杂的断陷火山 - 沉积序列,甚至在其断陷过程中发生多次火山喷发,有多个火山构造,形成复杂的火山 - 沉积体系。如果断陷盆地足够大时,可研究其发展演化及横向迁移规律。

2. 次火山机构

在离幔枝构造核部较远的上盘盖层中,往往发育一些次火山机构,分析其形成机制,可能因为其远离核部的盖层范围,盖层厚度加大,引张力量级较小,即使发育一些小的断陷盆地也很有限。深部的岩浆活动,则只可能沿次级拆离滑脱带与横张断裂构成的断裂交汇点向上侵位,并受控于断裂交汇区破裂形状的控制,多形成等轴状、浑圆状、椭圆状次火山机构。火山岩多为各种斑岩、玢岩岩体。

与次火山斑岩体、玢岩岩体有关的次火山机构断裂系统,多表现为穹状构造。可发育围绕火山机构的一系列环状断裂和放射状断裂。这些断裂还往往发育成反锥状特征,即深部范围较小,向上逐渐锥状扩展放大。有时甚至可出现隐爆角砾岩筒。这套裂隙往往成为晚期含矿流体活动的通道和储集场所,成为很好的控矿构造,如熊耳山幔枝构造等。

4　华熊地区深部过程与幔枝构造成矿

熊耳山位于华北地块南缘,华北地块与秦岭褶皱系的衔接地带,在构造上是一个北东向长垣状隆起带。周边由大型(深)断裂带围限:北西侧由洛宁山前断裂构成熊耳山隆起—洛宁坳陷的盆山耦合,南东侧则由陶村—马元断裂带构成与嵩县坳陷的构造组合,北东侧有三门峡—鲁山断裂带切过,西南侧被近东西向的马超营断裂所断开。

用板块构造观点分析,熊耳山隆起带是华北地块南缘的构造活动区(徐刚等,2013),在太古宙晚期克拉通形成后经历了中新元古代裂谷发育阶段,该阶段发生大规模的火山喷溢,造就了熊耳群火山—沉积岩系,成为覆盖在太华群结晶基底之上的第一个盖层单元。古生代至中生代,该区受华北、华南两大陆块碰撞造山作用的影响,卷入了秦岭陆内造山带(成为隆起区),随后在伸展背景下进入盆岭发育阶段(张国伟等,2001)。熊耳山地区出露地层简单,但不同岩类组合复杂,主要分布有三套岩系。太华群构成结晶基底,为一套达角闪岩相的中深成变质岩系,主要岩性为角闪斜长片麻岩、黑云斜长片麻岩和斜长角闪岩。熊耳群不整合覆盖在太华群结晶基底之上,时代属中元古代早期,岩性主要为安山岩、安山玄武岩、流纹岩、英安斑岩并夹有部分碎屑岩。白垩—古近系、新近系主要由河湖相、山麓相紫红砂砾岩、泥质细砂岩、泥质粉砂岩等构成,表明该区盆岭演化阶段始于晚白垩世。

熊耳山地区岩浆活动频繁,且具多旋回性。其中燕山期花岗岩岩体出露面积达 350 km^2,按岩相可分为两类:深成相岩基和浅成相花岗斑岩类小岩体,前者如花山、五丈山和金山庙等,它们多集中在熊耳山东段,构成复式花岗岩基;而斑岩类小岩体则成群成片分布,单个岩体出露面积常不足 0.5 km^2。在空间分布上,无论大岩体还是小岩株大都侵位于太华群内,侵位高度多在太华群与熊耳群的接触面附近,仅有少数小岩体受交叉断裂的控制而定位于接触面以上的熊耳群内。熊耳山地区展布的构造轮廓是经多期次构造变形叠加、复合所形成的。由太华群构成的结晶基底,其构造形态表现以早期的东西向同斜紧闭褶皱,和晚期的近南北轴向的宽缓背向形褶皱的叠加,中元古代熊耳群形成之后,其主要构造形态表现为近东西向宽缓褶皱和在近南北向挤压背景下的不同方向的断裂构造组合。

4.1　华熊地幔亚热柱构造

中生代以来,华北地区进入了翻天覆地的构造演化阶段,不仅地壳运动强烈,而且伴随有强烈的岩浆活动及成矿作用,莫宣学等(1996)称岩浆大爆发,华仁民等(1996)称成矿大爆发,整个秦岭构造带进入了现代体制板块构造阶段,经历了板块的扩张、俯冲、碰撞造山作用及其板内地幔热柱活动。卢欣祥等(2004)对这一时间段的区域构造演化进行了高度概括,他认为沿商丹带及北秦岭广泛发育的加里东、印支期岩浆活动与板块俯冲导致的拆沉作用有关。印支期发生了强烈的陆—陆碰撞造山作用。沿商丹带广泛发育不同期次的向北倾伏的深层次逆冲韧性剪切带,指示在印支期强烈碰撞造山过程中,华北陆块向秦岭微板块陆块仰冲,使得小秦岭—熊耳山地区也成为了秦岭造山带的一部分,处于造山带的北缘。而同时由于华北陆块向南的逆冲,使得远离商丹带的小秦岭—熊耳山地区处于后缘拉张的环境中,并出现了印支期碱性侵入岩和碳酸岩,表现出典型的前沿俯冲、后缘滞后拉张的构造特征并形成典型的岩浆耦合作用。

邓晋福等(1996)认为,中国东部原始岩石圈厚度大于150~200 km,但现存岩石圈厚度只有60~80 km,表明中新生代以来,发生了强烈的岩石圈减薄和去根作用,实际上是地幔热柱活动的结果。牛树银等(1996)据华北地台地质构造的演化特征,认为华北地区东部下部是一个典型的、相当于Maruyama指出的二次地幔亚热柱。近几年地球磁场方面的研究,揭示出200~100 Ma时全球处于低磁场强度时期,具低的极性反转频率,并认为其是地幔热柱活动的结果(邵济安等,1998)。总之,众多的研究成果均表明,中新生代全球范围内均处于地幔热柱强烈活动时期,在华北地区表现为多幔枝构造的形成,区域上多表现为典型的盆岭构造演化。

4.1.1 华熊地幔亚热柱的形成

中生代以来,华北地区进入了强烈的幔壳活动时期,有人归纳为地台活化阶段(张文佑等,1968),有人认为是地洼阶段(陈国达等,1978),有人研究认为已经进入了地幔热柱活动时期(邓晋福等,1994)。

从区域构造演化来看,秦岭造山带内部广泛发育的印支期A型花岗岩及环斑花岗岩、碱性岩及古地磁特征等,均表明秦岭带200~100 Ma在全球扩张作用的同时,进入了一个新的受地幔热柱活动制约的构造热活动时期,在全球扩张作用之下,该区内已存在的早期地幔热柱复活,并逐渐演化为华北地幔柱的一部分。受地幔岩热涌影响,秦岭造山带内及其附近发生广泛的拆沉作用,并出现强烈的岩浆活动,陆壳的抬升使秦岭造山带快速隆升成山。同时秦岭造山带的北缘(华北地块南缘)出现了由于地幔上涌及强烈拉伸作用而形成的穹状构造(相当于变质核杂岩,石铨曾等称变质杂岩核,1996;本书称幔枝构造的原因是从成矿作用来看,它是地幔热柱—地幔亚热柱之上的第三级单元),而豫西地区的金矿床也是在这次因地幔热柱活动引起的岩石圈拆沉作用、深源地幔物质上涌等复杂的构造背景下形成的。

印支期的陆—陆碰撞作用,结束了秦岭造山带以板块拉张、洋壳俯冲为代表的板块构造体制,使华北、秦岭与扬子陆块逐渐拼贴形成了一个新的统一陆块,属于华北板块的一部分。中新生代以来,中国东部则处于河淮地幔热柱强烈活动时期(牛树银等,1996),研究区正处在这一地幔热柱多级演化的范围之内,深部地幔物质强烈上涌,同时导致浅部形成中新生代盆岭构造体系,深部地幔上涌的地壳浅部,往往发生大幅度的断陷,其空间组合关系多以地幔亚热柱及其外围一系列幔枝构造表现出来。

华熊地区盆岭构造就是地幔亚热柱及一系列幔枝构造的空间体现。

从地幔热柱理论分析,亚热柱是地幔热柱多级演化的第二单元,犹如苹果树,树干之上长出来的树杈(亚热柱),亚热柱沟通了核—幔源成矿气态—气液态流体,成为重要的成矿流体运移通道，使成矿物质以气液态的形式通过地幔亚热柱向上运移，进入上部幔枝构造则是非常重要的成矿储矿构造，包括幔枝构造轴部脆韧性－韧脆性剪切带、岩体内外接触带、盖层与基底间的主、次级拆离带、盖层中的构造蚀变带，以及上部盖层中的构造裂隙带等构造扩容带成矿（牛树银等，2002）。

华熊亚热柱泛指展布于潼关—三门峡断裂以南，栾川断裂以北的华山—熊耳山—鲁山一带的广大矿集区，其中形成有多个幔枝构造，它们有各自的地质特征，并分别控制着不同类型的内生金属矿床。华熊亚热柱矿聚区西起华山，向东经崤山、熊耳山、外方山，东到鲁山一带，其北界为潼关—三门峡—鲁山断裂；南界为栾川断裂。整个矿集区东西长约320 km，南北宽50～100 km。呈向北凸出的不规则长条形，是典型的亚热柱—幔枝构造组合区，控制着一系列大中型金矿、钼矿及银多金属矿床。本书拟从幔枝构造的视角简要探讨该区的成矿控矿作用。

在华熊亚热柱展布区，由于幔枝构造隆升的幅度不同、外围盖层拆离滑脱的距离大小及上叠断陷构造盆地的切割程度不同，可以划分出多个被分割为互不相连的孤立幔枝构造，它们多呈岛链状分布，由西向东依次为小秦岭幔枝构造、崤山幔枝构造、熊耳山幔枝构造、鲁山幔枝构造等。由于幔枝构造的强烈隆升，它们构成了豫西主要山脉的主（峰）脊，而且是中国东部仅次于胶东的第二大金矿集中区。从幔枝构造的视角分析，来自深源的含矿流体往往在幔枝构造的有利扩容带中集聚成矿，换句话说，熊耳山地区是华熊地幔亚热柱的第三级单元，它沟通了深部成矿物质上涌的通道，热地幔物质以岩浆演化的形式上升，甚至已经侵位到上地壳部位，地幔物质上涌的同时，也为成矿物质上升打开了通道。因此，熊耳山地区深部应该尚有很大的资源潜力。

4.1.2　亚热柱—幔枝构造的演化

幔枝构造是地幔热柱多级演化的第三级构造单元，也是地幔热柱通过多级演化而出露于地表的单元，当然更是重要的成矿控矿构造，因此受到地质学家的广泛关注，研究程度也相对较高。

幔枝构造的展布形态可分为不同的构造组合，如在华熊地区可以划分为穹隆型（崤山）、长垣型（熊耳山）和地垒型（小秦岭）变质核杂岩，它们分别代表了伸展构造活动演化的初期、中期和晚期阶段所形成的构造样式（王志光等，1997）。胡正国等（1994）也曾建立起小秦岭地区的变质核杂岩模式，冯建之等（2011）在总结归纳华熊地区构造演化的基础上，提出华熊地幔亚热柱及其小秦岭、熊耳山等幔枝构造，笔者赞同上述的分析。实际上，笔者较早开展变质核杂岩构造研究，并且用变质核杂岩的观点探讨过太行山区的构造演化及其成矿作用（牛树银等，1994）。但是，从地球动力学上分析，变质核杂岩构造注重了形态分类及模式的建立，没有建立起与深部过程的联系。按照形成过程分类，幔枝构造形成的早期主要表现为一定范围的隆起；中期由于核部岩浆作用的强烈活动及其构造的隆升，加之外围盖层发生大幅度正向滑脱拆离，在核部隆起部位往往产生揭顶式剥蚀作用，形成典型的变质核杂岩；晚期则随着剥蚀程度的加剧，盖层岩石逐渐被风化剥蚀，甚至可以把盖层剥蚀殆尽，没有了盖层和其间的拆离滑脱带，变质核杂岩也就仅仅残存下变质杂岩区。虽然上述三个阶段特征不同，但它们均是幔枝构造的不同演化阶段，具统一的地球动力学机制,并且通过亚热柱—地幔热柱与深部过程联系起来。成矿作用也自然有了深部矿源源源不断地供给。很显然,变质核杂岩仅仅是幔枝构造演化的中间阶段,尽管早期的隆起和晚期的大规模隆升的地球动力学机制并没有变化,但从构造变形形态上来讲,早、晚两个阶段已经不属于典型的变质核杂岩系统。

4.1.3 幔枝构造的时空展布

幔枝构造的空间形态,多与区域构造应力场的变化有关。区域构造活动特征及其成矿作用,受地壳运动的强度制约,地壳运动越强烈,区域构造活动就越强烈,成矿作用就越普遍。当然,客观地讲,好的区域成矿作用期间,一定发育有利的成矿控矿构造。但是,有好的构造变形条件,则不一定都能成矿。成矿与否最为重要的是,地幔热柱是否强烈活动,处于地幔热柱多级演化活动期,并且沟通了深部矿质迁移通道,成矿作用就有利,成矿规模也会更大,更集中。表现为多个大中型矿床成群成带展布,即成矿集中区。这与深部构造(浅部表现为幔枝构造)密切相关(见图 4-1),实际上属于幔枝构造成矿控矿的范畴。

岩浆活动强度对成矿作用的影响、制约包括两个方面,一是岩浆作用,特别是地幔热柱多级演化过程中的岩浆作用一般起源很深,甚至起源于核幔界面的 D″层,通过一级地幔热柱、二级地幔亚热柱及三级幔枝构造,成矿物质以气态—气液态—液态—含矿流体的形式而向上运移,在幔枝构造有利的构造扩充带中成矿,如幔枝构造外围拆离带、岩体内外接触带、韧脆性剪切带、断裂蚀变带、较为发育的构造裂隙带等有利构造空间集聚成矿。

而成矿物质随地幔热柱多级演化向上运移是在特定的构造环境下完成的。地幔热柱多级演化沟通了成矿元素向上运移的通道,起到了向上运移载体的作用。至于成矿作用发生在幔枝构造的什么部位,形成什么类型的金属矿产,则视成矿期特定构造环境的不同而有所差异,成矿物质的多少(即矿床规模的大小)同样也依赖于地幔热柱活动的规模、强度,运移通道开、闭时间的长短,甚至还受核—幔界面 D″层成矿元素的集聚程度的制约。

4.1.4 幔枝构造的变形特征

幔枝构造的空间形态特征则取决于多种因素,一是区域构造应力场,二是中酸性岩浆活动的强度,还与区域构造剥蚀的程度有关。区域构造应力场往往是由挤压环境转变为引张构造环境的过渡时期,它有利于引发岩浆活动,特别是中酸性岩浆活动,往往构成幔枝构造核部的岩浆—变质杂岩,并带动变质围岩一起隆升,外围地层则发生大幅度的拆离滑脱,以至于形成典型的幔枝构造(以往多称之为变质核杂岩);幔枝构造区岩浆活动往往有一个演化过程,一般岩浆活动往往从中基性开始,以中酸性(或碱性)岩浆活动结束。由于中酸性岩浆的比重小于中基性岩浆,因此多表现为负重力异常。由于密度倒置使核部岩浆带动变质围岩一起隆升,并进一步形成幔枝构造的核部杂岩(相当于变质核杂岩体系的核部杂岩)(见图 2-9)。

华熊亚热柱展布区中的各幔枝构造形态有所不同,主要反映了幔枝构造的活动强度、规模及岩浆活动的强度有所不同,也会受到上地壳区域构造应力场的影响和主要剪切带活动特征的制约。如小秦岭幔枝构造中岩浆活动强烈,隆升幅度较大,相对剥蚀作用强

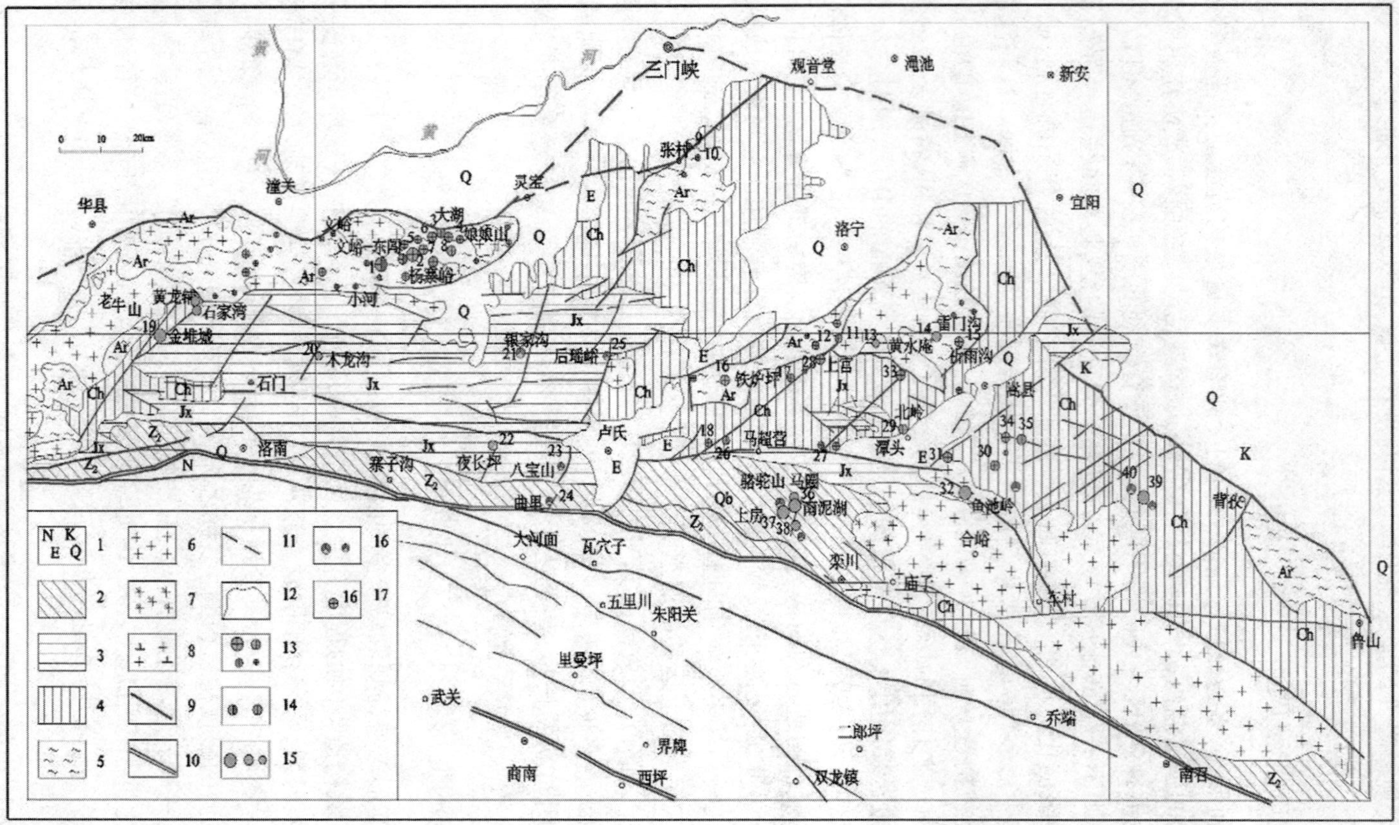

1—新生界(Q－K);2—上远古界栾川群和陶湾群(Qb、Z_2);3—中元古界管道口群(Jx);4—中元古界熊耳群(Ch);
5—太华群(Ar);6—花岗岩;7—碱性花岗岩;8—花岗闪长岩;9—断裂;10—板块缝合线断裂;
11—推测断裂;12—地质界限;13—特大、大、中、小型金矿床;14—大型铅金、钼金矿床;
15—特大、大、中型钼(钨)矿床;16—大型、中型硫铁(多金属)矿床;17—大型银(铅)矿床及编号

图 4-1　华熊地区地质－构造－矿产略图(冯建之等,2009)

烈,上覆盖层基本被剥蚀殆尽,仅在幔枝构造的外围尚存留有少量的盖层。而崤山幔枝构造、熊耳山幔枝构造、鲁山幔枝构造等幔枝构造相对上隆幅度较小,剥蚀程度稍弱,故均有中(上)元古界覆盖于拆离断裂之上,而且盖层厚度由北而南增厚,显示了不同幔枝构造隆升的差异及不同幔枝构造的形态特征。

4.2 亚热柱—幔枝构造的演化

中生代以来,伴随着板块碰撞造山作用,华熊地区先后经历了早期的推覆构造和晚期的伸展滑脱作用,形成拆离断层系统和变质核杂岩构造,并有同构造期长英质岩浆的大规模侵位和金银的成矿作用。太华群与熊耳群间的不整合面被改造形成拆离断层的主、次级滑动构造面,其上、下盘的次级缓倾破碎带和伸展背景下转换为引张的太华群内早期压剪性拆离带成为金银矿脉的导矿储矿构造。

三门峡—鲁山断裂下切深度达 42 ~47 km,而本区地壳厚度东部为 37 km,西部局部达 40 km,这就表明三门峡—鲁山断裂切割了上地幔。当华北地幔亚热柱向外拆离滑脱被三门峡—鲁山断裂切割,便因减压释荷而发生深熔作用,深熔岩浆沿韧性剪切带大规模上侵,形成串珠状展布的岩体,同时导致区域性上隆。上隆主体在小秦岭—崤山—三门峡—鲁山一带,从而形成了岛链状分布的变质—岩浆杂岩(幔枝构造)带,形成了一系列幔枝构造。而幔枝构造岩浆—变质杂岩的隆升,导致了华熊地区的重力均衡代偿作用,形成了典型的盆岭构造,同时,把深部形成的矿体带至浅部,为地质找矿与采矿提供了方便。

4.2.1 地幔亚热柱的地质特征

在变质—岩浆杂岩区,大多数岩体侵位较高,形成现今出露地表的岩基或岩株,仅在熊耳山西段为隐伏岩体;在盖层区现今仍多为隐伏,但在其中断裂构造交会部位形成出露的岩株(面积一般 $<1\ km^2$)(见图 4-2)。这些推断的隐伏岩体亦多为酸性岩类,对找矿有意义的酸性岩体主要有:杜关隐伏岩体,康山—铁炉坪隐伏岩体,冷水隐伏岩体,付店隐伏岩体等。而中性和基性岩体形状受区域性断裂影响多为脉状,埋深较浅。

由于大规模岩浆侵位及同时形成的负重力异常,导致岩体及其围岩一起隆升,上部盖层则逐渐拆离滑脱,使核部岩浆—变质杂岩呈揭式裸露,如小秦岭;或部分裸露,如崤山、熊耳山、鲁山等。

岩浆的活动、上侵打通了地幔热柱—地幔亚热柱—幔枝构造的迁移通道,核幔边界的含矿热液随地幔热柱多级演化向上迁移,在地壳浅部幔枝构造形成的有利空间沉淀成矿。鲁山地区核杂岩没有燕山期花岗岩,尽管存在地壳抬升却没有成矿,说明燕山期岩浆活动对成矿作用的影响重大。

4.2.2 亚热柱与幔枝构造

本区矿产概略分为内生金属矿产和外生沉积矿产两大类。沉积矿产多出现于断陷盆地中,主要有油页岩(潭头盆地)、褐煤(朱阳—灵宝盆地),局部见有石膏。这些矿床规模小,分布零散,质量较低,工业意义较小。

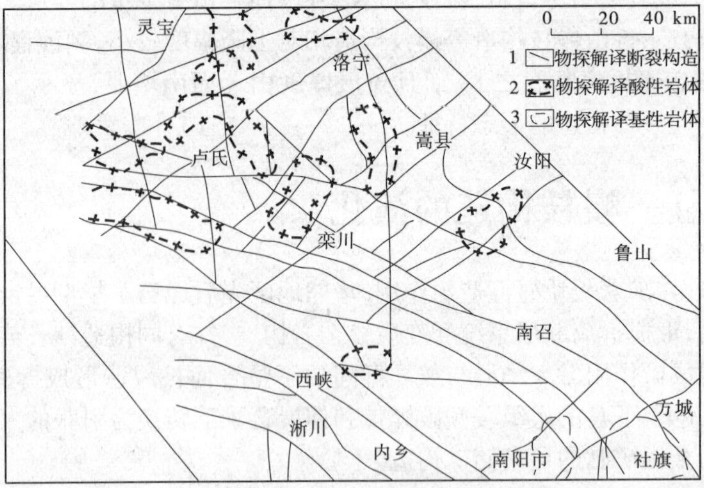

图 4-2　豫西地区断裂与隐伏岩体解译简图

本区内生金属矿产均为幔枝构造热液成矿，因此，所有矿床在成因上具有较大的相似性，但也存在着一定差异。核部岩浆—变质杂岩分布区与熊耳群分布区主要矿床类型相近似，以金、银、钼矿为主，官道口群、栾川群、陶湾群则以钼钨和多金属为主（见表 4-1）。实际上这恰恰表明幔枝构造成矿控矿的空间特征。就某一个幔枝构造而言，尽管幔枝构造是含矿流体向上迁移的重要途径，但是，由于相对来说核部杂岩温度较高，成矿物质尚没有达到沉淀结晶温度区间，因此其热驱动作用就会使成矿物质不断向外迁移，并不断有成矿物质按结晶温度的高低而先后结晶，以至于在幔枝构造外围形成从中高温向中低温逐渐演化的成矿系列，例如出现钼钨矿—铜金矿—银矿—铅锌矿成矿作用分带。而在华熊地幔亚热柱展布地区，就会出现若干个围绕各个幔枝构造的成矿系列，在空间上构成有序排列的晕。

华熊地区的金矿亦有所不同，小秦岭地区为石英脉型，熊耳山和崤山则为构造蚀变岩型。当金矿与多金属矿共生时，往往形成多元素伴生或共生矿床。在熊耳山地区以金和银为主的矿床多为构造蚀变岩型，成矿时代为燕山期，成因类型多为幔枝热液型。而且在地球化学异常上表现出明显的异常场（见图 2-12 ~ 图 2-16）。在小秦岭地区、熊耳山地区都表现出高浓度异常值。

4.2.3　幔枝构造的成矿控矿

华熊亚热柱区的成矿作用，可概略地表述为在地幔热柱—地幔亚热柱—幔枝构造的演化过程中，来自核幔边界的含矿热液，由气态—气液混合相—液相随地幔热柱的形成与演化向上运移，最后经区域剪切带—构造扩容，形成矿田—矿床—矿体。矿床是在一定的温度、压力等物理化学条件下形成的。因此，矿床的分布具有一定的规律性和丛聚性，不但表现出与岩浆岩体和剪切带的密切关系，而且同类矿床集中分布，形成矿田，如小秦岭金矿田、熊耳山金—银矿田、南泥湖钨—钼矿田等。

表 4-1 华熊亚热柱区主要矿床简表

岩浆 - 变质杂岩区主要矿床				盖层区主要矿床			
序号	矿床名称	围岩地层或岩性	规模	序号	矿床名称	围岩地层或岩性	规模
小秦岭岩浆 - 变质杂岩体主要矿床				19	金堆城钼矿	熊耳群	特大型
1	文峪 - 东闯铅金矿	太华群	特大型	20	木龙沟钼矿	官道口群	大型
2	杨寨峪金矿	太华群	特大型	21	银家沟硫多金属矿	官道口群	大型
3	大湖钼金矿	太华群	大型	22	夜长坪钼矿	官道口群	大型
4	灵湖金矿	太华群	大型	23	八宝山铜铁矿	官道口群	中型
5	红土岭金矿	太华群	中型	24	曲里铁锌矿	陶湾群	中型
6	桐沟金矿	太华群	中型	25	后瑶峪钼多金属矿	官道口群	中型
7	金硐岔铅金矿	太华群	中型	26	康山金矿	官道口群	中型
8	金渠沟金矿	太华群	中型	27	红庄金矿	熊耳群	中型
崤山岩浆 - 变质杂岩主要矿床				28	上宫金矿	熊耳群	大型
9	申家窑金矿	太华群	小型	29	北岭金矿	熊耳群	大型
10	半宽金矿	太华群	小型	30	瑶沟金矿	熊耳群	中型
熊耳山岩浆 - 变质杂岩主要矿床				31	鱼池岭钼矿	花岗岩体	特大型
11	虎沟金矿	太华群	中型	32	前河金矿	熊耳群	中型
12	吉家洼金矿	太华群	中型	33	萑香洼金矿	熊耳群	大型
13	黄水庵钼矿	太华群	中型	34	店房金矿	熊耳群	中型
14	雷门沟钼矿	太华群	大型	35	庙岭金矿	熊耳群	大型
15	祁雨沟金矿	太华群	大型	36	南泥湖钨钼矿	栾川群	特大型
16	铁炉坪铅银矿	太华群	大型	37	上房铁钼矿	栾川群	特大型
17	蒿坪沟铅金银矿	太华群	中型	38	骆驼山硫多金属矿	栾川群	大型
18	星星阴金矿	太华群	中型	39	东沟钼矿	熊耳群	特大型
				40	付店金铅矿	熊耳群	中型

由于不同地区围岩条件有些差异,可以导致各个矿床也有一定变化,但总体以金和钼为主的成矿作用明显,分别形成以 Au - Ag - Mo - 多金属为主的成矿系列和以 Mo 为主的 Mo - W - Fe - Au - 多金属成矿系列。前者主要产在幔枝构造的核部变质—岩浆杂岩区,后者主要产在幔枝构造盖层区。由于均为幔枝热液成矿,所以各类矿床的基本特征具有很大的相似性。

上述认识得到了矿床矿石中硫 - 铅 - 氧 - 氢 - 碳同位素组成及成矿流体成分等地球化学特征的支持。而且,除了金元素地球化学有明显的异常显示外,银、铅、锌等元素亦有很明显的异常显示（见图 2-12 ~ 图 2-16），特别是在东部康山、付店地区，地球化学异常值超过 $n \times 10^{-6}$，而且与已知金矿有较好的对应关系。

4.3　幔枝构造的形成与形变

在豫西地区展布有小秦岭、崤山、熊耳山、鲁山等多个幔枝构造，其形成环境相近，核部变质—岩浆杂岩具有较好的相似性，成矿作用则存在着一定的差异性，受到很多地质学家的广泛重视，相关的研究及其论述也相当集中（王志光等，1999；李永峰等，2005；张进江等，2003；毛景文等，2009），由西向东分别简述如下。

华熊亚热柱构造在地质、地球物理、地球化学及遥感解释等方面均有显著的构造特征（见图 4-3）。

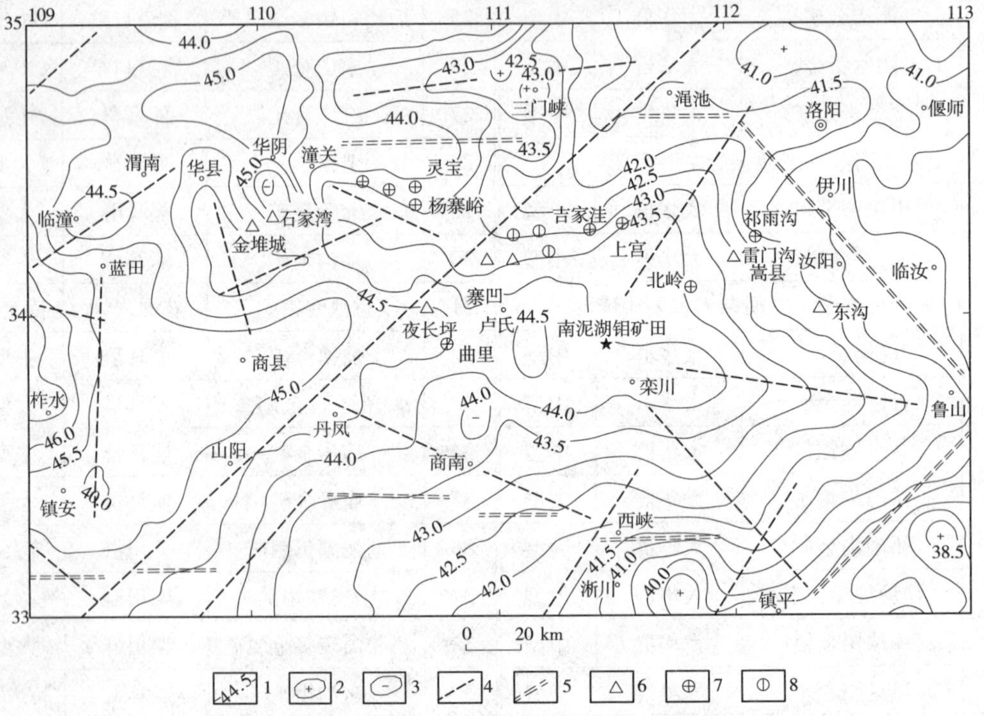

1—莫氏面等深线；2—莫氏面隆起中心区；3—莫氏面坳陷中心区；4—幔源断裂带；
5—分区界线；6—大型钼矿床；7—金矿床；8—银铅矿床

图 4-3　秦岭地区莫氏面的展布与矿床分布图

（资料来源：西北冶金地质勘探公司研究所修编）

被栾川断裂和潼关—三门峡—鲁山断裂围限的华熊亚热柱，自古生代末就出现大规模隆升，燕山期达到高峰。按照板块构造观点，本区构造演化可以表述为早、中元古代伸展构造；晚元古代—古生代俯冲碰撞；中生代伸展抬升的构造演化，成矿作用主要与燕山期形成的幔枝构造密切相关。

4.3.1 幔枝构造的区域展布

小秦岭地区变质—岩浆杂岩分布于豫陕交界处,东西长 140 km,南北宽约 70 km,面积大于 1 000 km^2。该杂岩西段呈北东向,东段为近东西向。其下部为一套以变质—花岗岩为主的岩石组合,包括 TTG 岩系和钾质花岗岩;上部为以副变质岩系为主。变质程度以角闪岩相为主,有部分绿片岩相和麻粒岩相。同时中部发育以中生代花岗岩为主的侵入体。其南、北两侧为拆离滑脱带构成的边界断裂,其间发育不同方向的脆韧性—韧脆性剪切带,以近东西向为主,剪切带中往往多发育石英脉,成为豫西金矿的赋矿构造(见图 4-4)。

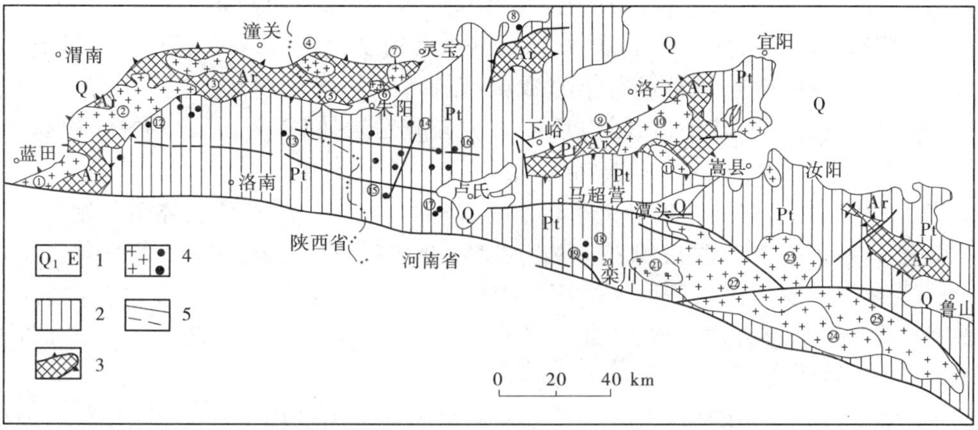

1—沉积盆地;2—拆离滑脱层;3—核部岩浆—变质杂岩;4—花岗岩;5—断层

①蓝田岩体;②老牛上岩体;③华山岩体;④文峪岩体;⑤小河岩体;⑥桂家峪岩体;⑦娘娘山岩体;⑧张村岩体;⑨金山庙岩体;⑩花山—蒿坪岩体;⑪李铁沟岩体;⑫金堆城岩体;⑬木龙沟岩体;⑭银家沟岩体;⑮夜长坪岩体;⑯后瑶峪岩体;⑰八宝山岩体;⑱骆驼山岩体;⑲上房岩体;⑳南泥湖岩体;㉑龙王撞岩体;㉒合峪岩体;㉓太山庙岩体;㉔黄炉顶岩体;㉕四棵树岩体

图 4-4 华熊幔枝构造展布示意图

崤山幔枝构造出露面积较小,呈穹窿状,面积约 450 km^2。核部由变质杂岩和表壳岩残块组成;变质侵入岩包括 TTG 岩系和变质二长花岗岩及变质辉长岩、辉绿岩,它们构成变质杂岩的主体。表壳岩系则以沉积变质岩为主。同时存在有早元古代的铁铜沟组(罗汉洞组),岩性为含砾石英岩。基底四周由拆离滑脱带与中元古界熊耳群相接触,总体变质程度为绿片岩相。变质杂岩体内部亦存在近南北向韧脆性剪切带。

熊耳山幔枝构造分布于熊耳山地区,呈东宽西窄的长垣状,东、南部为中元古界熊耳群火山岩系覆盖,西侧拆离滑脱带形态明显,北侧以山前断裂与洛宁盆地相邻。基底岩系由表壳岩系和变质侵入岩组成,表壳岩系为中基、中酸性火山岩—沉积岩建造;变质侵入岩由富钠的 TTG 岩系和富钾的二长花岗岩组成,其中见有呈带状分布的零星超镁铁质岩,呈岩块式存在,变质杂岩变质程度主要为角闪岩相,其间有北东向韧脆性剪切带,是金矿赋矿构造。

鲁山幔枝构造分布于鲁山一带，呈近椭圆状北西向展布，北东侧以断层与寒武—奥陶系沉积建造相邻，南西侧为拆离滑脱带与熊耳火山岩相邻。核部变质杂岩由变质侵入岩和变质表壳岩系组成。总体研究程度低，其表壳岩系可与小秦岭、熊耳山地区表壳岩对比。

4.3.2　幔枝构造的形成与演化

早、中元古代，华北克拉通开始裂解，在伸展机制作用下，形成被动大陆边缘裂谷。出现大量 A 型花岗岩（龙王撞、桂家峪）及双峰式火山岩（熊耳群），同时发育有基性岩墙群。晚元古代，秦岭板块构造开始活动，古秦岭洋扩张，出现板块俯冲，秦岭主造山阶段开始。然后在挤压走滑作用下，在主缝合线两侧出现双峰式火山岩（宽坪群）。古生代为秦岭主要造山变形期，在俯冲碰撞作用下，地壳加厚并垂向增生，壳幔物质交换明显，区内广泛出现基性岩脉。三叠纪，陆—陆碰撞，华北板块与扬子板块实现对接。随着主造山期的结束，逐渐向板内构造体制转化，在区内仅形成磨沟碱性岩体（204Ma，U－Pb）（卢欣祥等，2004）。

侏罗纪—白垩纪，在陆内伸展走滑机制下，华熊亚热柱—幔枝构造体系开始形成。其主要表现形式是大量深源浅成型花岗岩（Ⅰ型：金堆城、南泥湖、花山、李铁沟、文峪、华山、老牛山、秋树湾等岩体），浅源深成型花岗岩（S 型：伏牛山岩体等），A 型花岗岩（太山庙等岩体）；同时，随着岩浆的侵入，地壳隆升、垮塌、岩石圈减薄，形成了小秦岭、崤山、熊耳山、鲁山等幔枝构造。

同时，由于幔枝构造的强烈隆升，拆离带上盘的地层由北向南大规模滑覆，从现今表现来看，主要是高山河组砂岩及官道口群碳酸盐产生了长距离滑动位移，在熊耳山南坡大面积熊耳群火山岩中部出现了两个不协调的滑块（见图 4-5）。滑动距离至少在 3 km 以上。

小秦岭、熊耳山、崤山、鲁山等幔枝构造的岩浆－变质杂岩均为新太古界变质岩系，也有人称作花岗—绿岩带（沈保丰等，2004），即由花岗质片麻岩系（变质侵入岩系）和绿岩（变质表壳岩系）组成。

岩浆－变质杂岩多呈北东向展布，与中新生代构造线一致。仅西端的小秦岭和东端的鲁山有所变化。在太古宇片麻岩中，分布有大面积前寒武纪至燕山期的花岗岩，这些花岗岩基本局限在片麻岩系中，没有见到岩体穿过片麻岩边界而侵入到上覆元古宙地层中的现象，由此判断岩体原始侵位并非现在出露的部位，而是深成侵入体同片麻岩一起从深部隆升到地表的产物。这一过程即 Armstrong（1972）所说的构造拆离过程，它是通过规模巨大的地壳内部剪切带进行的。这类剪切带在深部表现为面状糜棱岩化带，在浅部则表现为低角度正断层。华熊亚热柱上的幔枝构造是由上述剪切带拆离到地表的，因此它们是拆离地体。

4.3.3　幔枝构造的控矿作用

由于熊耳山幔枝构造成矿作用较为集中，因此受到很多地质学家的重视。幔枝构造总体走向为北东东向到北东向，长约 90 km，宽 20～30 km，面积约 2 500 km^2。其变质核

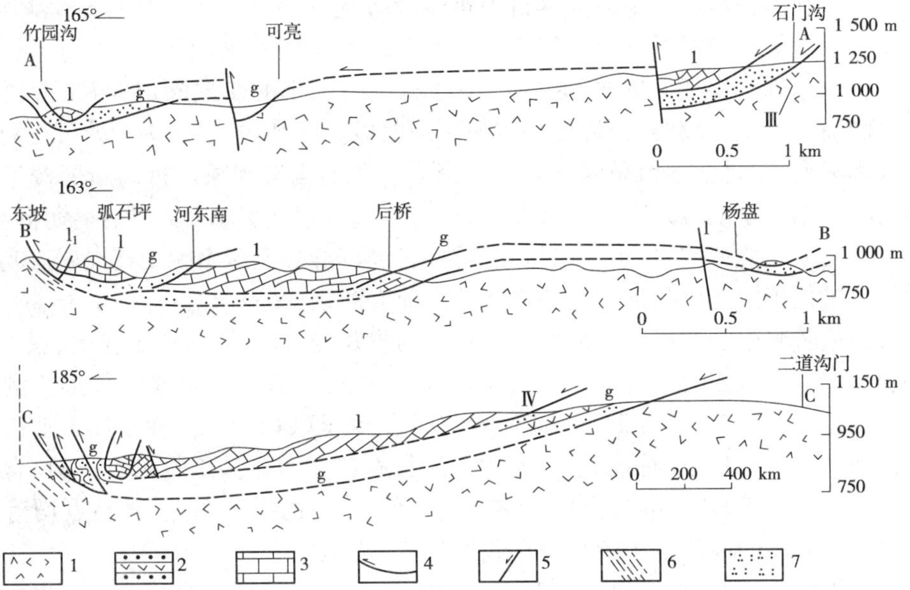

1—熊耳群;2—高山河组(g);3—龙家园组(l);4—滑动断层;
5—滑动期后高角度断层;6—片理化部位;7—构造角砾岩

图 4-5　熊耳山南坡滑覆体横切剖面图(据石铨曾,1993)

由上太古界太华群片麻岩系、混合岩以及燕山期中酸性侵入岩组成,出露面积为 800 km^2。盖层则主要由中元古界熊耳群火山岩系组成,此外还有中元古界官道口群碎屑岩—碳酸盐岩建造和第三系含砾砂岩。滑脱拆离断层具有多层次、多期次和大幅度拆离的特点。整个滑脱拆离系包括主滑脱拆离带和盖层中一系列次级滑脱断层,这种情况在熊耳山北麓表现的最清楚(王志光等,1999)。

主滑脱拆离带位于太华群和熊耳群之间滑动层,出露宽度为数十米至200 余米,产状平缓稳定,倾角 15° ~30°。主拆离带分带清楚,自下而上为糜棱岩带、糜棱岩化带、绿泥石片理化带、角砾岩带和碎裂岩带。前三个带发育在下拆离盘内,在发育程度不等的面型长英质糜棱岩、超糜棱岩和糜棱岩化片麻岩内,可观察到清楚的韧性变形特征,主要为强烈塑性流变形成的面理密集的片理化带,镜下标志可见有 S – C 面理、拉伸线理、石英亚晶条带和核幔构造、石英糜棱岩带中的“δ”型、“σ”型碎斑系、石英 – 绢云母丝带构造、云母鱼等。依 S – C 组构面理及剪切褶曲的运动学标志,可以判断拆离的剪切指向为盖层向 NW 向剪切,同时拆离带还具有左旋特征。绿泥石片理化带宽度较大,由片理化的糜棱片麻岩、混合岩组成,同时沿岩石的裂隙有明显的绿泥石、绿帘石化,且蚀变交代的强度向上有逐渐加强的趋势。滑脱拆离带最上面两个带属于脆性变形域,由强绿泥石化的安山质角砾岩和硅化碎裂岩、微角砾岩组成,部分地段出现有绢云片岩、变质石英砂岩和碳质千枚岩。沿滑脱拆离带普遍可见后期热液蚀变现象,局部见强烈的硅、钾交代和多金属硫化物矿化。较强的拉伸拆离作用,造成上拆离盘熊耳群底部含砾长石石英砂岩的全部或大部缺失,以及许山组安山岩的部分缺失。次级滑脱拆离断层位于盖层拆离滑脱系中。主要滑动面有两个,其一位于熊耳群与上覆官道口群之间,滑动面产状较缓,厚度不大,主要由碎裂岩、角砾岩等组成,下盘熊耳群中可见片理化。另一个主滑面位于熊耳群、官道口群等元古宇盖层与第三系含砾红层之间,产状较陡,出露宽度也不大,主要由铁染的大小不等的张性角砾岩组成。此外,在盖层中还有成组出现的犁式断层,与主拆离断层比较,它们规模较小、变形较弱,脆性变形特征更加明显。在磨沟、崇阳沟等处可见断裂自上而下产状逐渐变缓,且上部数条断层向下汇聚成一条的构造现象。拆离断层按形成时间可分为早晚两期。早期拆离断层出现在主拆离带内。晚期拆离断层切割早期拆离断层,其下盘可以是太华群变质岩,也可以是熊耳群、官道口群甚至燕山晚期花岗岩。晚期拆离断层的代表是位于熊耳山和洛宁盆地之间的山前大断裂。

幔枝构造隆起中心在燕山晚期发生了强烈的岩浆侵入活动,形成了花山、五丈山等花岗岩基和许多花岗斑岩类小岩株。采用 Maniar 和 Piccoli 方法对这些岩体形成的构造环境进行判别,发现它们并不属于大陆碰撞带花岗岩类(即 CCG 型),而是属于造山期后花岗岩类(POG 型)。其主要标志是:岩石中条纹长石含量明显多于斜长石;SiO_2 含量一般为 68% ~73%,在 QAP 三角图上投影偏向左下角;在山德指数图上,样品点均落在 POG 区之内。这些岩体的同位素年龄集中在燕山晚期(花山岩体 127 ~99 Ma,金山庙岩体 128 Ma,蒿坪沟岩体 110 Ma,雷门沟岩体 104 ~99 Ma),指示了熊耳山幔枝构造的主要形成时期。

区内盖层岩系主要由元古宙浅变质岩系和少量古生代沉积岩构成,中元古代熊耳群变质火山岩系是区内最主要的盖层岩系,为一套中基性 - 中酸性火山熔岩组成的浅变质火山岩,局部可见火山碎屑岩和沉积岩夹层,在小秦岭、崤山、熊耳山等地均广泛出露,以断层或角度不整合与下伏太华群接触。区内局部出露少量古生代沉积岩建造,主要由寒武纪含磷、铀炭质砂页岩、白云岩及灰岩等沉积岩建造构成。区内中生代中晚期(140 Ma 左右)以来则以拉张伸展背景下的岩浆浅成侵位活动为主要特征,导致了燕山期大规模酸性岩浆侵入活动和区内的黑云母二长花岗岩岩体,如花山岩体等。燕山期中酸性花岗岩体侵位集中发生在 110 ~ 145 Ma(张本仁等,1996;金昕等,1996;卢欣祥等,2003;Mao 等,2008)。同期区内还有众多的中基性岩墙侵位活动。根据岩墙形成于岩石圈拉张伸展的构造环境的认识(Halls 等,1987;邵济安等,2002),以及部分岩墙侵位于中生代花岗岩体的现象,认为区内部分中基性岩墙可能的侵位年代在燕山期。Mao 等(2008)对东秦岭地区诸多花岗岩体获得的锆石 U - Pb 法、SHRIMPⅡ高精度年代学研究结果显示,区内文峪花岗岩体形成年代为 138.4 Ma,以及王团华(2008)所获得的侵位于文峪花岗岩体中岩墙(WY770)的锆石 U - Pb 法 SHRIMP 年龄(126.9 ~128.6 Ma),以 130 Ma 作为计算岩墙 Sr、Nd、Pb 同位素初始值的年代依据。区内部分地区还出露侏罗纪火山沉积岩和白垩纪沉积红层。新生代盖层以松散沉积物为主,分布于盆地低洼处,出露广泛。

4.3.4 幔枝构造的控矿特点

在华熊地区幔枝构造较为发育,但由于形成的构造背景、机制类似,因此基本特征可以进行对比研究。以崤山幔枝构造为例,其规模较小,呈穹窿状,出露面积约 20 km × 25 km。其表壳构造岩基本上被保存下来。在崤山核杂岩外缘为一拆离滑脱带,围绕核杂岩体分布,总体上拆离滑脱带为一向四周沿不同方向缓倾的正断层,倾角多在 30°以下,拆离断层上盘多为熊耳群，仅东北部放牛山至唐山一带出露一套含砾石英岩、厚层状石英岩、云母石英片岩及白云质大理岩地层。多数人认为相当早元古代陕西铁铜沟组（河南称罗汉洞组）。

拆离滑脱带将片麻岩与熊耳群盖层相隔离开，但放牛山铁铜沟组拆离断层较复杂。本区糜棱片麻岩的片麻理构造显示面理方位变化较大，但其中拉伸线理展布较为稳定，几乎均为向北西倾斜，仅在杂岩体北东缘相反。剖面表示糜棱片麻岩带从西向东可能出现的褶皱及糜棱岩前锋带以上的弱应变区。

从崤山幔枝构造外缘的拆离断层向四周倾斜和片麻岩线理所显示的舒缓褶皱（见图4-6），均表明随着拆离伸展过程的进行，原始平面状的剪切带已发生弯曲上拱，这种褶皱通常被认为是由于构造拆离导致地壳减薄引起的均衡补偿，或者是深成岩体的侵入导致局部的均衡调整造成的。由此可以推断小秦岭，熊耳山核杂岩同样发生了褶皱，致使原始向北西倾斜的构造带拱起弯曲。

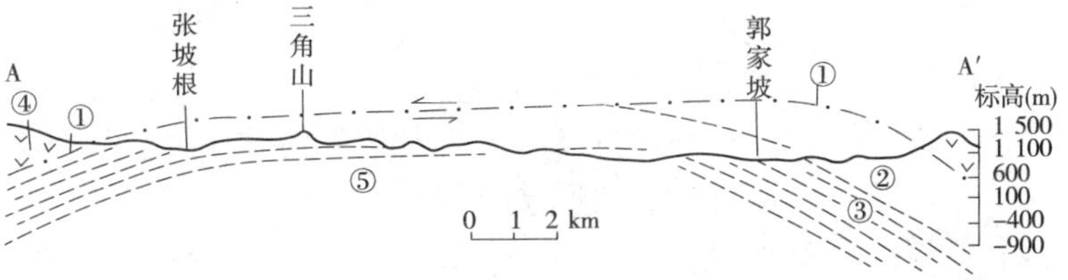

①—拆离断层；②—位于糜棱片麻岩前锋带以上及拆离断层以下的弱变形带；
③—糜棱片麻岩；④—拆离断层上盘的熊耳群；⑤—太古界片麻岩

图4-6　崤山幔枝构造变形特征剖面图（石铨曾等，1996）

华熊亚热柱外围还发育一系列上叠断陷—沉积盆地，自西向东依次为灵宝—朱阳盆地、卢氏—洛宁盆地、潭头—嵩县盆地等。在这些盆地中，潭头—嵩县盆地形成于白垩纪上统末期，其他盆地形成于古近纪始新世。与华北其他地区幔枝构造上叠盆地存在最明显的差异是基本没有火山岩。

盆地的展布形态多呈长条状，其长轴方向与北东向区域主构造方向一致，显然，盆地的形成与伸展体制控制下区域断裂发展演化有关。而且这些盆地均为箕状盆地，其最大沉降出现于盆地南侧，向北逐步抬高，形成不对称形态。显示受到了北侧幔枝构造强烈抬升的影响。这些盆地是幔枝构造形成的典型盆岭地貌形态，并几乎覆盖了整个华熊亚热柱构造区。说明本区均为区域性伸展、岩石圈拉伸薄化作用而形成的盆—岭构造系统。

4.3.5　幔枝构造的地球物理显示

华熊地幔亚热柱在航磁、重力、地壳厚度等地球物理资料上有非常清楚的显示。华熊亚热柱位于北北东向大兴安岭—太行山—武陵山重力梯级带与北西向西安—南阳—信阳低值重力异常带交会部位。将重力场根据经验公式 $H_m = H_o - ng$ 来近似推断莫霍面起伏形态，其中 H_o 为重力零值所代表的莫霍面深度（km），n 为相关系数（$km/10^{-5}\ ms^{-2}$）。

在布格重力异常图上，幔枝构造为一个巨大的圈闭异常区，北界大体约在潼关—三门峡—鲁山断裂,南界跨过栾川断裂。北界陡南界缓,向西未封闭,显示不对称态势(见图4-7)。

本区航磁异常总体形态与重力异常相似,为一个向西未封闭的异常带,北界在潼关—三门峡—鲁山断裂,南界跨过栾川断裂,其中在小秦岭、熊耳山地区形成闭合圈。其他部分显示受地貌及地质体分布影响而有变化。

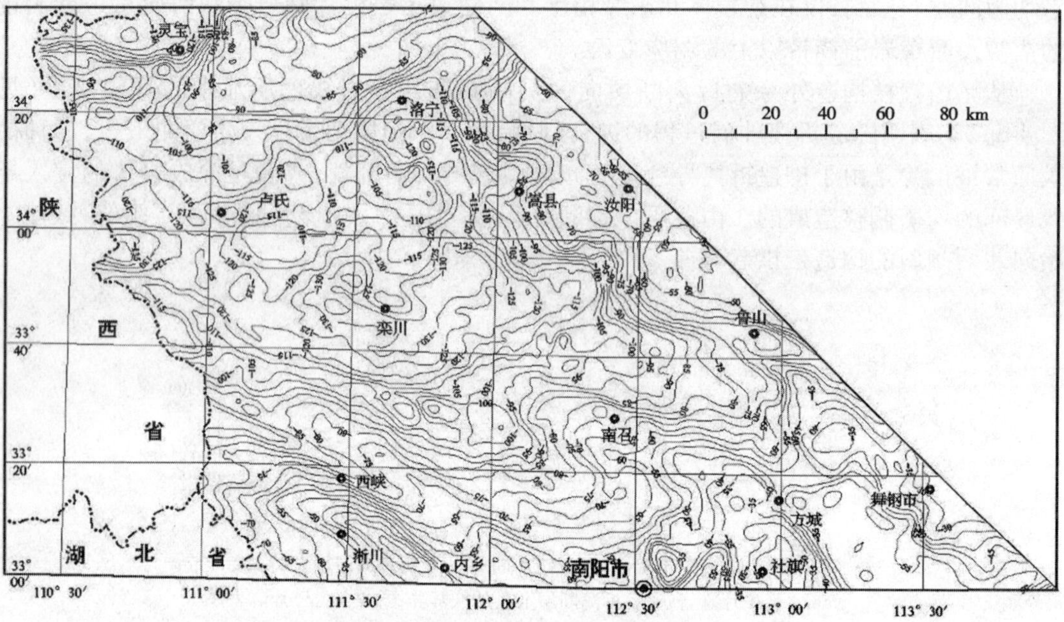

图4-7 豫西地区重力异常特征图

5 典型矿床研究

熊耳山地区目前共发现金矿床(点)24处,其中大型2处,中小型8处,另有矿点(矿化点)14处以上。本研究区内有大型矿床1处,中型4处,小型3处,矿(化)点10余处。按其产出特点,本研究区主要以蚀变构造岩型金矿床为主。各类型金矿床的简要特点见表5-1。

表5-1 熊耳山地区金矿类型及矿床特征

序号	矿床类型		赋矿地层	控矿断裂构造	矿床规模	矿床(点)实例	备注
	类型	建造					
1	蚀变构造岩型	金—碲化物—方铅矿、黄铁矿	熊耳群许山组火山岩	北东向	大型	上宫	熊耳山北部
2					中型	干树	
3		金—黄铁矿—方铅矿	太华群石板沟岩组变质岩	北北东—北东向	中型	虎沟	
					小型	七里坪	
4			熊耳群马家河组火山岩	北东向、北西向	大型	北岭	熊耳山南部
5			官道口群碳酸盐岩	北西西向	矿点	窟窿山	
6		金—黄铁矿—黄铜矿	燕山期花山花岗岩	北东向	矿点	烟沟	熊耳山北部
7		金—黄铁矿—(闪锌矿)	太华群石板沟岩组变质岩	北北东向	中型	吉家洼、马营	
8			熊耳群鸡蛋坪组、眼窑寨组火山岩	近东西向(主)和北西向(次)			熊耳山南部
9					矿点	石印沟	
10		金—多金属硫化物	太华群石板沟岩组变质岩,熊耳群许山组火山岩	北北东—北东向	中型	康山	
11			熊耳群鸡蛋坪组、马家河组火山岩	东东西向	矿点	红庄、南坪	
12	爆发角砾岩型	金—多金属硫化物	太华群石板沟岩变质岩,熊耳群火山岩	北东向、北西向、北西西向	中—小型	祁雨沟	
13					小型	店房	
14	热液含金石英脉型	金—多金属硫化物	太华群石板沟岩组,熊耳群	北东—北北东向	中—小型	康山—星星阴、瑶沟	
15					矿点	青铜山	熊耳山北部
16	砂金		第四系	阶地	小—中型	高都川	熊耳山南部

研究区内金矿目前经过普查、详查和勘探的有上宫(大型)、虎沟(中型)、吉家洼(中型)、干树(中型)、七里坪(小型)、西青岗坪(小型)等金矿床,本次研究以这些蚀变构造岩型金矿床为重点,进行典型矿床研究和找矿预测。

5.1　上宫金矿床

上宫金矿床位于华北陆块南缘、华熊隆起熊耳山隆断区,熊耳山幔枝构造核部岩浆—变质杂岩的南部构造带上,是熊耳山区大型金矿床之一,而且其外围和深部找矿潜力较大。

5.1.1　矿区地质

矿区出露地层为中元古界熊耳群许山组下段上部和上段下部,主要岩性为玄武安山岩和安山岩类。自北而南,由下而上依次分布,实测厚度 1 238.08 m。新近系残坡积物和冲积物主要沿沟谷发育,厚度 0 ~ 15 m。

矿区地层为单斜,走向近东西,南倾 185°,倾角 26° ~ 42°。

矿区断裂发育,发现断裂 36 条,其中长度大于 100 m 的 16 条,最长的大于 2.7 km。根据断裂走向分为北东向、近南北向及东西向三组(见图 5-1)。北东向及南北向断裂规模大,为主要的控岩控矿构造,其活动历史长,期次多,规模大,形态复杂。其他方向断裂不甚发育,矿化甚微。

北东向 F1(康山—上宫大断裂)是矿区主要的控矿断裂构造,西南收敛、北东撒开,为一压扭性的帚状构造,由六条次级含金构造蚀变岩带组成。带内由东南向西北依次划分为 F1 - (Ⅰ、Ⅱ、Ⅲ、Ⅳ、Ⅴ、Ⅵ)含金构造蚀变岩带,矿体赋存在相应的含金构造蚀变岩带内。该断裂构造倾向北西,倾角 50° ~ 70°,为矿区的主要含矿构造(见图 5-2、表 5-2)。北

1—新近系;2—中元古界官道口群、熊耳群;
3—太古宇太华岩群;4—燕山期花岗岩;
5—1:5万金异常分布范围;
6—金矿床(点);7—不整合界线;8—构造

图 5-1　洛宁县上宫金矿区域地质图

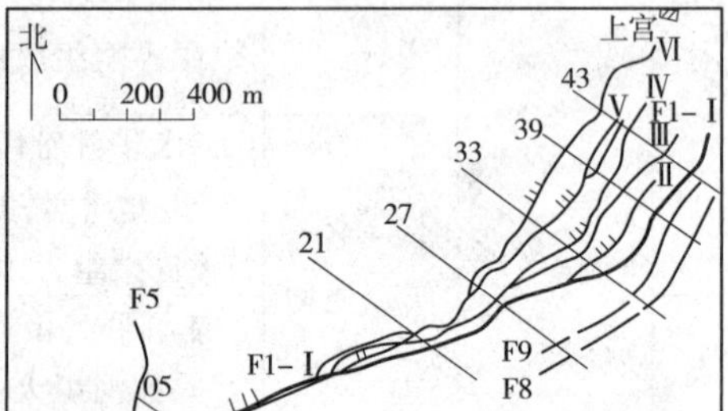

1—实测及推测断裂带及编号;
2—成矿构造蚀变岩带及编号;
3—勘查线及编号

图 5-2　主断裂带及成矿构造蚀变岩带分布图

东向断裂具不同应力性质的多期活动,突出表现为扭性—张性—压扭性的多次叠加改造。根据其应力性质及成矿热液活动的关系,由早到晚可分五期活动。其应力性质为①扭性—②张(扭)性—③压扭性—④张性—⑤压扭性。综合研究矿区断裂结构面的特征及侵入岩脉之间的关系,推测构造岩浆活动分如下五期,其构造活动形迹如表5-3所示。

区内岩浆活动表现的极其强烈,主要岩浆活动发生在中元古代早期,是一个重要的岩浆喷发活动期。形成了本区内的熊耳群火山岩系,伴随火山活动也形成了一些浅成相的岩株,岩脉(墙)及超浅成一次火山相侵入体。

表5-2 上宫金矿主要含金构造蚀变岩带特征统计表

断裂号	蚀变带编号	范围	最大宽度(m)	最小宽度(m)	平均宽度(m)	长度(m)	倾向(°)	倾角(°)	出露标高(m)	控制斜深(m)	含矿率(%)	
											地表	深部
F1	F1-Ⅰ	03-41线	11	1	4.9	2 700	319	58	1 340~535	1 477	9	81
	F1-Ⅱ	21-40线	13	2.0	4.6	900	316	50	1 325~630	899	58	44
	F1-Ⅲ	19-40线	24	3.0	6.9	1 050	320	54	1 325~675	580	45	19
	F1-Ⅳ	30-41线	22	6.0	18.7	2 000	321	54	1 345~715	506	17	6
	F1-Ⅴ	26-41线	37	6.0	13.6	800	313	59	1 340~645	667	40	31
	F1-Ⅵ	26-41线	17	2.2	7.14	850	312	56	1 255~838	565	34	19
F8		25-42	10	0.6	1.10	>800	319	76	774~1 083	273	2	60
F9		25-43	10	0.3	1.10	>800	319	72	872~995	190	0	38
F5		0-16	18	0.6	1.6	>900	272	72	541~1075	550	18	80

表5-3 上宫金矿区构造形迹综合表

结构面性质 期次 走向组	Ⅰ		Ⅱ		Ⅲ		Ⅳ		Ⅴ	
NE		扭性		张性		压扭		张性		压扭
NNE-NNW		张性		压性		压扭				
近EW		压性								
NW	剪节理				剪节理			压性		
地质建造	早期:玄武安山岩 稍晚:角闪石英二长岩		霏细岩 区域:花岗岩		金矿石		矿石角砾		构造泥砾岩	
组合关系及应力作用方式										
相对时期	成矿前		成矿前		成矿期		成矿期		成矿后	

5.1.2　矿床地质特征

5.1.2.1　含金构造蚀变岩带特征

矿区内北东向断裂纵贯矿区，为主要的控岩控矿构造。其活动历史长，期次多，规模大，形态复杂。矿带自南西向北东有逐渐撒开的趋势，形态似帚状，依次编号为 F1 -（Ⅰ、Ⅱ、Ⅲ、Ⅳ、Ⅴ、Ⅵ）、F5、F8、F9 号，空间上分布近于平行，范围、规模、产状详见表 5-2、图 5-3。矿带形态严格受压扭性断裂控制，在地表多为长条状、豆荚状、脉状，略显舒缓波状，局部有明显转折，多具分支复合、膨胀狭缩特点。矿带由碎裂岩、角砾岩及碎裂安山岩等组成，与围岩界线不甚清晰，具有典型的构造蚀变岩型金矿特征。

5.1.2.2　矿体特征

矿体形态特征严格受含金构造蚀变岩带控制。形态以薄板状、脉状为主（见图 5-3）。以往在上部已查明 74 个矿体，深部普查在中心发现矿体 16 个，其中隐伏矿体 9 个。由地表向深部 F1 - Ⅱ、F1 - Ⅲ号矿体具分支复合现象，在倾向上看，F1 - Ⅰ、F1 - Ⅱ或 F1 - Ⅰ、F1 - Ⅲ号矿体有分有合的现象。F1 - Ⅳ、F1 - Ⅴ、F1 - Ⅵ号矿体时分时合现象更是普遍存在。矿体主要赋存在构造角砾岩和构造蚀变岩内，与火山岩系的围岩界线不甚清楚，具有典型的构造蚀变岩型金矿特征。主要矿体特征如下（见表 5-4）：

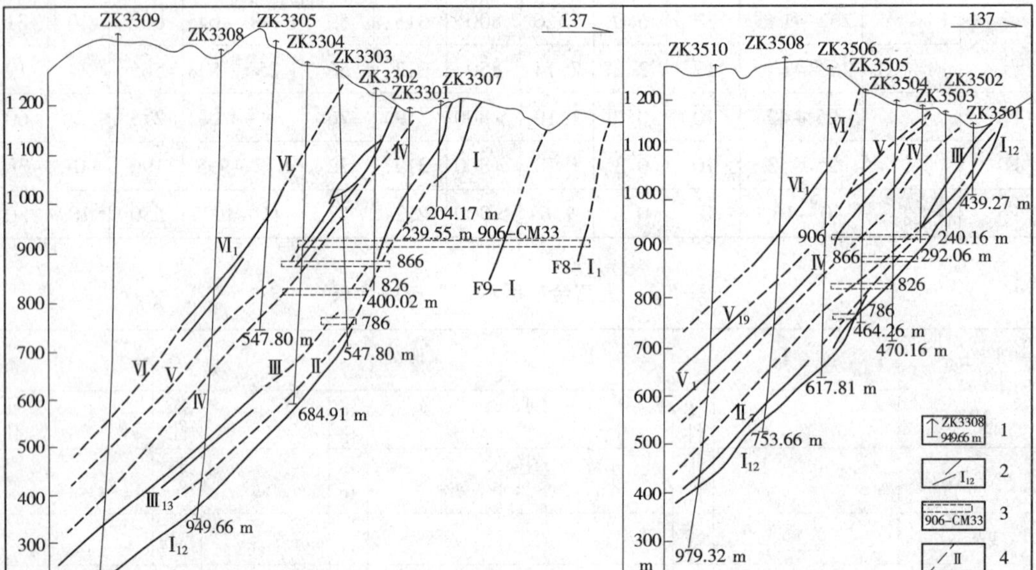

1—钻孔位置、编号及深度（m）；2—矿体位置及编号；3—穿脉坑道位置及编号；4—含矿构造带位置及编号

图 5-3　上宫金矿 33、35 线勘探线剖面图

表 5-4 主要矿体特征一览表

矿带号	矿体号	赋存位置				矿体规模						矿体形态	产状(°)			品位(×10⁻⁶)				矿石类型	资源储量	
		线号		标高		长度(m)	宽度(m)	厚度(m)					走向	倾向	倾角	最高	最低	平均	变化系数(%)		矿石量(t)	金属量(kg)
		自	至	最高	最低			最大	最小	平均	变化系数											
F1－Ⅰ	Ⅰ4	3	7.5	1 120	810	262	150～220	4.67	0.17	0.98	96	长条状	53	NW	60	34.08	1.43	11.22	96	氧化矿和原生矿	117 458	1 318
	Ⅰ9	22	25	1 289	992	286	200	6.12	0.33	1.59	88	脉状、似板状	62	NW	62	28.57		8.06	93	氧化矿和混合矿	197 964	1 595
	Ⅰ12	01	41	860	142	1 760	1 265	5.23	0.20	1.47	126	脉状	47	NW	60	80.80		5.63	83	混合矿及少量原生矿	1 998 916	11 253.9
F1－Ⅱ	Ⅱ1	24	33	1 343	1 113	480	45～170	7.60	0.27	1.91	84	豆荚状、脉状	39	NW	71	59.39		10.02	119	氧化矿	253 281	2 536
	Ⅱ4	23	31	980	490	365	565			1.48	84	豆荚状、脉状	47	NW	60			6.27	139	混合矿	359 633	2 254.9
	Ⅱ6	34	39	1 193	1 033	275	50～78			0.92		脉状	47	NW	58			12.07		氧化矿及混合矿	46 977	567
	Ⅱ7	35	41	953	392	275	582	3.92	0.27	1.72		脉状	47	NW	60	31.10	1.79	7.44		混合矿	285 538	2 124.4
F1－Ⅲ	Ⅲ6	27	37	1 240	770	560	50～400	5.59	0.12	1.07	85	脉状	47	NW	63	54.72	1.10	9.15	108	混合矿	210 535	1 926
	Ⅲ13	32	35	620	254	100	494	1.27	1.22	1.25	3	薄板状、脉状	47	NW	50	13.46	10.80	12.10	75	原生矿	85 512	1 034.7
F1－Ⅳ	Ⅳ15	33	35	1 132	1 004	162	25～121			2.68		似板状	47	NW	55			5.19		混合矿	108 929	565
	Ⅳ18	37	39	1 087	971	160	34～105			4.06		脉状	47	NW	59			16.06		混合矿	47 061	756
F1－Ⅴ	Ⅴ1	25	38	1 319	570	670	877	11.76	0.14	2.74	142	脉状	47	NW	60	16.34	1.13	6.04	96	混合矿及原生矿	1 707 666	10 314.3
F1－Ⅵ	Ⅵ1	27	35.5	1 257	745	270	548			1.47		脉状	47	NW	55			2.79		混合矿及原生矿	280 573	782.8
F8	1	33	46	1 048	744	710	183	1.95	0.45	0.89	53	脉状	47	NW	70～75	5.60	2.03	5.10	95	混合矿及原生矿	184 627	941.6
	2	38.5	45.5	1 083	830	320	124	1.90	0.45	1.72	48	脉状	47	NW	65	5.60	2.03	4.60	140	混合矿及原生矿	142 087	653.6
F5	1	10	16	1 075	760	327	358	3.84	0.24	1.20	33	脉状	0	W	54～60	23.20	2.66	3.50	51	混合矿及原生矿	298 443	1 046.3

F1 - I_{12}矿体：位于 24 ~ 41 线之间，分布标高为 142 ~ 1 197 m，埋深 0 ~ 1 197 m，走向长度 860 m，最大斜长 1 268 m。矿体倾向为 317°，倾角 58° ~ 60°。矿体厚度 0.14 ~ 6.32 m，平均厚度为 1.47 m，属厚度较稳定型。单工程品位（1.57 ~ 8.95）$\times 10^{-6}$，平均品位 5.63 $\times 10^{-6}$，矿体品位变化系数为 83%，属有用组分分布均匀型。矿体形态呈薄板状，在剖面上呈脉状、豆荚状，局部有分支复合的现象。矿体的厚度、品位随深度的增加，厚度有明显变薄趋势，品位有降低趋势。矿体连续性好，在倾向上有向深部继续延伸的趋势。矿石自然类型有构造角砾岩型、碎裂岩型、蚀变安山岩型，基本为混合矿和原生矿。累计查明金属量 11 253.9 kg，为矿区内规模最大矿体。

需要着重说明的是，经深部普查和探采对比进一步发现，由于受压扭性断裂构造分支复合等规律的制约，中深部的隐伏矿体数量不仅有所增多且规模多有变大，更进一步佐证了区内存在隐伏矿体及第二富集带的可能性。如：

F1 - I_9 为一隐伏矿体，后经矿山采矿工程证实，隐伏矿体规模向北东方向沿走向、倾向范围均扩大了 120 m 左右。

5.1.2.3 矿石质量特征

构成矿石的矿物主要为热液交代形成，次为原火山岩矿物残余和氧化形成的次生矿物等。矿石中已发现矿物 78 种，其中金属矿物 48 种，以黄铁矿为主，次为方铅矿、闪锌矿、黄铜矿、黝铜矿等。金矿物主要为自然金、银金矿，次为碲金矿。

构成矿石的硅酸盐基本成分占矿石化学成分总量的 80% ~ 98%。成矿元素以金为主（（1 ~ 63）$\times 10^{-6}$），伴生元素主要是银（（3.0 ~ 102）$\times 10^{-6}$），有害元素主要为砷（0.014 3% ~ 0.17%），存在于黄铁矿及方铅矿中，以固溶体产出，偶而发现有辰砂。其次为锑（0.000 1% ~ 0.03%），赋存于黄铁矿、方铅矿、石英、铁白云石等矿物中呈杂质产出。其余含量均甚微。

矿石常见结构为自形—半自形晶粒状结构、他形晶粒状结构、包含结构等，常见构造为浸染状构造、细脉—浸染状构造、角砾状构造、网脉状构造等。

赋矿围岩主要为熊耳群的安山岩，少量的混合片麻岩及流纹岩。矿体顶、底板围岩蚀变主要以赤铁矿化、绢云母化、硅化、铁白云石化，围岩分带不明显，具多期次活动特点。

5.1.3 金的中深部富集规律

5.1.3.1 氧化作用

矿区氧化作用严格受矿带的构造发育程度、地形、动水位线及地表地变作用诸因素的制约。

矿区矿带均受断裂构造控制，在多期次断裂构造活动的作用下，矿石基本成角砾岩型金矿石。透水性好。各种岩、矿石节理裂隙极为发育，是影响氧化深度的直接原因。矿床出露最高 1 340 m，随氧化矿底界、地形、动水位线的变化而变化，最深可达 410 m。

5.1.3.2 矿床剥蚀程度判别

矿区地球化学研究成果表明，异常元素组合复杂。各类元素异常套合较好，分带明显，强度高，浓集中心清晰连续。Au、Ag、As、Pb、Zn 异常互相重叠，吻合很好。Au 与 As 相关系数为 0.69；Au 与 Pb 相关系数为 0.54；Au 与 Cu 相关系数为 0.50。与 Au 有关的前缘晕元素 Au、Ag、Pb、Cu 元素含量高，异常清晰；与 Au 有关的矿尾晕元素 W、Sn、Bi、Mo 含量低，未形成清晰异常。

用前缘晕元素平均含量的累乘积，与矿尾元素平均含量的累乘积相比，得出判别指标为 4.6，说明矿体遭受剥蚀深度不大。

为进一步研究矿体剥蚀深度，本次工作在 866—826—786—746 标高中段，由围岩—蚀变带—矿体或硅化带采集样品，作微量元素检测，检测项目 32 项。

使用付思峰(2008 年 6 月《物探与化探》32 卷)提出的判别模型，对前缘晕元素 Au、Ag、Pb、Cu 平均含量的累乘积比矿尾晕元素 W、Sn、Bi、Mo 平均含量的累乘积得出剥蚀深度的判别指标，推断矿体在不同段高中段所处的稳定位置(见表 5-5)。

表 5-5 不同标高矿体剥蚀程度判别指标对比表

段高(m)	前缘晕元素($\times 10^{-6}\overline{X}$)					矿尾晕元素($\times 10^{-6}\overline{X}$)					判别指标
	Au	Ag	Pb	Cu	累乘积	W	Bi	Sn	Mo	累乘积	$\frac{(W_{Au}W_{Ag}W_{Pb}W_{Cu})}{(W_{w}W_{Bi}W_{Sn}W_{Mo})}$
866	0.001 3	0.124	40.35	23.17	0.151	5.91	0.092	0.053	0.32	0.009 2	16.40
826	0.001 7	0.270	143.90	30.44	2.010	7.02	0.087	0.082	0.50	0.250 4	8.03
786	0.007 7	0.169	28.28	26.51	0.976	11.61	0.060	0.858	0.65	0.388 0	2.52
746	0.003 2	0.308	76.22	22.89	1.720	6.08	0.154	0.825	0.48	0.371 0	4.64

由表 5-5 可知，矿体指标均较稳定，746 标高又出现矿化富集的趋势。这与近年深部勘查工程所取得的成果是一致的。

通过对 24 件样品 39 种元素含量所作 R 型聚类分析可知，Au 处在 Rb－Te 元素簇群，与 Ag、As、Sb、Cd、Zn 关系密切，而尾晕元素 W、Sn、Bi、Mo 与 Au 关系相对疏远。在各中段均表现 Au 矿化处于热液活动的头部—中部，矿体保存较好，延伸仍有潜力。

从上宫金矿区 F1－Ⅰ矿件趋势预测图(见图 8-7)可以看出，深部矿体侧伏方向为西南，向深部规模有扩大、品位升高和再次富集的趋势。

5.1.3.3 成矿主断面形态变化与矿化富集关系

勘查成果表明，成矿主断面无论沿走向还是倾向均呈舒缓波状，为进一步查明主断面的三维形态变化与矿化富集及成矿作用的空间关系，选取 F1－Ⅰ号矿体，以 01 号勘探线、500 m 水平面为基准，勘探线间距为 100 m，并结合所有勘查工程系统均匀地统计了 112 个数据点，对主断面形态进行三维模拟，结果显示：主断面在三维空间上总体为一凹凸变化的波状结构面(见图 5-4(a))，在波状结构面的一定位置上，发育张性、张扭性裂隙和破碎带，这些减压空间正是金矿体赋存的有利场所。结合勘探线剖面图及 F1－Ⅰ号矿体金品位变化图(见图 5-4(b))，可发现富矿体大部分均产在断裂面的凹凸转换部位，这与前述断裂产状与矿化富集的关系是一致的，显示出矿体向深部延伸和富集的趋势。

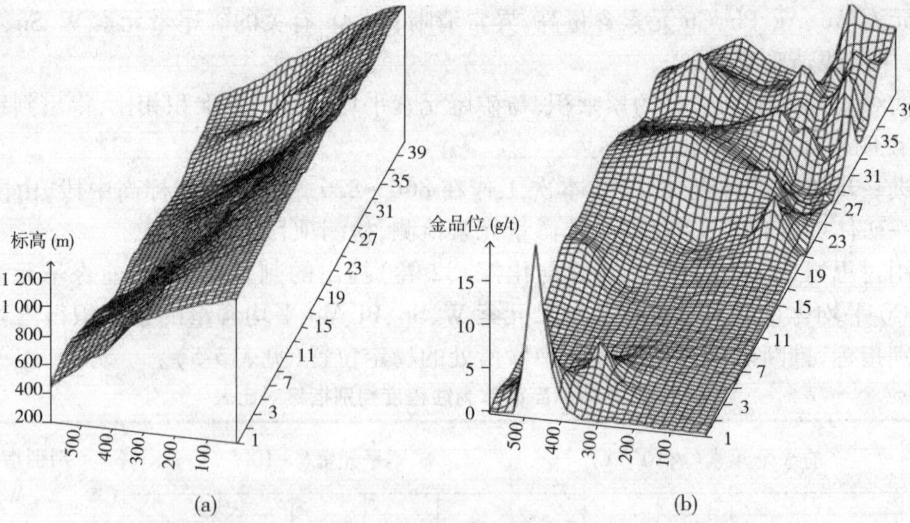

图 5-4 F1 - Ⅰ号矿体主断面形态变化与矿体金品位变化对比图

5.2 干树金矿床

洛宁干树金矿区位于河南省西部，熊耳山北麓，大地构造位置处于华北陆块南缘、华熊台隆的熊耳山隆断区，熊耳山幔枝构造核部岩浆—变质杂岩的南部构造带上。

5.2.1 矿区地质

5.2.1.1 地层

矿区出露地层主要为太华群石板沟组（Ar*sh*）黑云角闪二长片麻岩、角闪二长片麻岩、黑云角闪斜长片麻岩及浅粒岩、变粒岩，中元古界下熊耳群许山组（Pt_2x）安山岩类、鸡蛋坪组（Pt_2j）英安斑岩、流纹斑岩及马家河组（Pt_2m）安山岩夹玄武安山岩、粗面岩。此外尚有新生界第四系沿干树凹、刘秀沟、正南沟沟谷平缓坡地分布，为残坡积物和松散砂砾石。

5.2.1.2 构造

本区断裂构造发育，根据走向及力学性质，可分为北东向、北北东向和北北西向三组。其中北东向、北北东向含金构造蚀变岩带，是矿区主要含矿构造带。

1. 北东向断裂

北东向断裂既是区域性断裂，也是干树矿段控矿断裂。总体走向 45°，倾向南东或北西，倾角 45°～85°，宽度 20～30 m，最宽达 400 m，由 F1、F2、F3 等平行断层构成破碎蚀变带，是干树凹的主要控矿断裂。单条断裂沿走向、倾斜方向均呈舒缓波状，具有分枝复合现象。地表均见矿化，品位（1～2.00）$\times 10^{-6}$。

2. 北北东向断裂

北北东向断裂在北部刘秀沟和南部正南沟极为发育，断裂走向 5°～30°，倾向南东，局部有反倾现象，刘秀沟断裂倾角 55°～85°，正南沟断裂倾角 64°～88°。破碎带内见碎裂岩、构造透镜体、断层泥、构造角砾岩、斜向擦痕等。硅化、褐铁矿化较普遍，经历了印支期的张性或张扭性，燕山早期的压或压扭性，在成矿期—燕山晚期表现为张或张扭性。具有多期构造活动特点。

5.2.1.3 岩浆岩

区内岩浆活动主要表现为中元古代的火山喷发和浅成相岩脉侵入。喷发岩为元古界许山组的安山岩类。侵入岩以岩脉状产出于太华群石板沟组地层中，岩性主要为辉绿岩和闪长岩，其产出受近东西向及北北东向、北北西向断裂构造控制，与围岩呈侵入接触关系。

5.2.2 矿床地质特征

5.2.2.1 矿脉特征

本矿区金矿体常呈脉状、透镜状及不规则扁豆状等形态产于构造蚀变带中，二者产状基本一致。矿区已发现的含金构造蚀变带有43条，其中刘秀沟Ⅴ、Ⅳ、Ⅸ、Ⅻ号脉规模较大；正南沟以Ⅱ号含金构造蚀变带（矿脉）规模最大；干树凹Ⅲ号含金构造蚀变带是干树凹的主要开采对象。

刘秀沟Ⅴ号矿脉在矿区内规模最大，分布于矿区北部，以较规则的脉状自矿区东北角沿大约200°方向向南延伸，纵贯整个矿区。总体产状110°～120°∠82°。出露标高1 310～730 m，相对高差570 m，矿脉沿走向和倾向均呈舒缓波状，局部反倾（见图5-5A）。脉体具分枝复合、尖灭再现或局部无矿段，氧化带垂深0～20 m，混合带垂深20～230 m。矿脉最大厚度5.90 m。单样最高品位42.10×10^{-6}，矿化较连续。矿脉在区内向南、深部均未封闭，共圈出三个工业矿体Ⅴ1、Ⅴ－Ⅰ、Ⅴ－Ⅱ。

干树凹Ⅰ、Ⅱ、Ⅲ号含金构造蚀变带平行分布。Ⅲ号含金构造蚀变带位于最上部，全长2 100 m，出露标高1 296～780 m，高差516 m，地表形态为较规则长条脉状，局部有膨大现象（见图5-5B）。产状倾向326°，倾角61°，在带内共圈出11个金矿体，其中以Ⅲ5、Ⅲ6、Ⅲ7规模较大，是干树凹的主要开采对象。

5.2.2.2 矿体特征

区内矿体产出严格受含金构造蚀变带控制，在刘秀沟Ⅳ、Ⅴ带内圈定矿体4个，干树凹共圈出24个规模较小矿体，以隐伏矿为主。其主矿体特征如下：

刘秀沟Ⅳ1矿体位于4～28勘探线之间，赋存标高640～1 040 m，矿体长750 m，垂深400 m，形态呈脉状、薄板状，沿走向、局部有膨胀狭缩。矿体平均倾向100°，倾角79°。在走向上，当矿脉由北东向北变化时，矿体品位厚度趋向于变富、变厚；在倾向上倾角由陡变缓，矿体厚度、品位趋向于变厚、变富；在830 m标高以上总的趋势由地表向地下，有厚度增大、品位变高的趋势（见表5-6）。矿体厚度0.17～2.45 m，平均厚度0.79 m；矿体金品位$(0.00\sim169.00)\times10^{-6}$，平均品位$8.42\times10^{-6}$。矿石自然类型以含金构造角砾岩型为主，蚀变岩型次之。

刘秀沟V1矿体位于20～56勘探线之间，赋存标高600～1 100 m，矿体长880 m，沿倾斜垂深500 m，矿体向西及深部均未封闭，仍有延伸趋势。矿体形态呈薄板状、透镜体状，矿体完整，未受后期构造破坏。矿体平均倾向110°，倾角82°，矿体厚度0.19～4.18 m，平均厚度1.23 m；矿石品位$(0.10\sim42.10)\times10^{-6}$，平均品位$5.81\times10^{-6}$。矿石以蚀

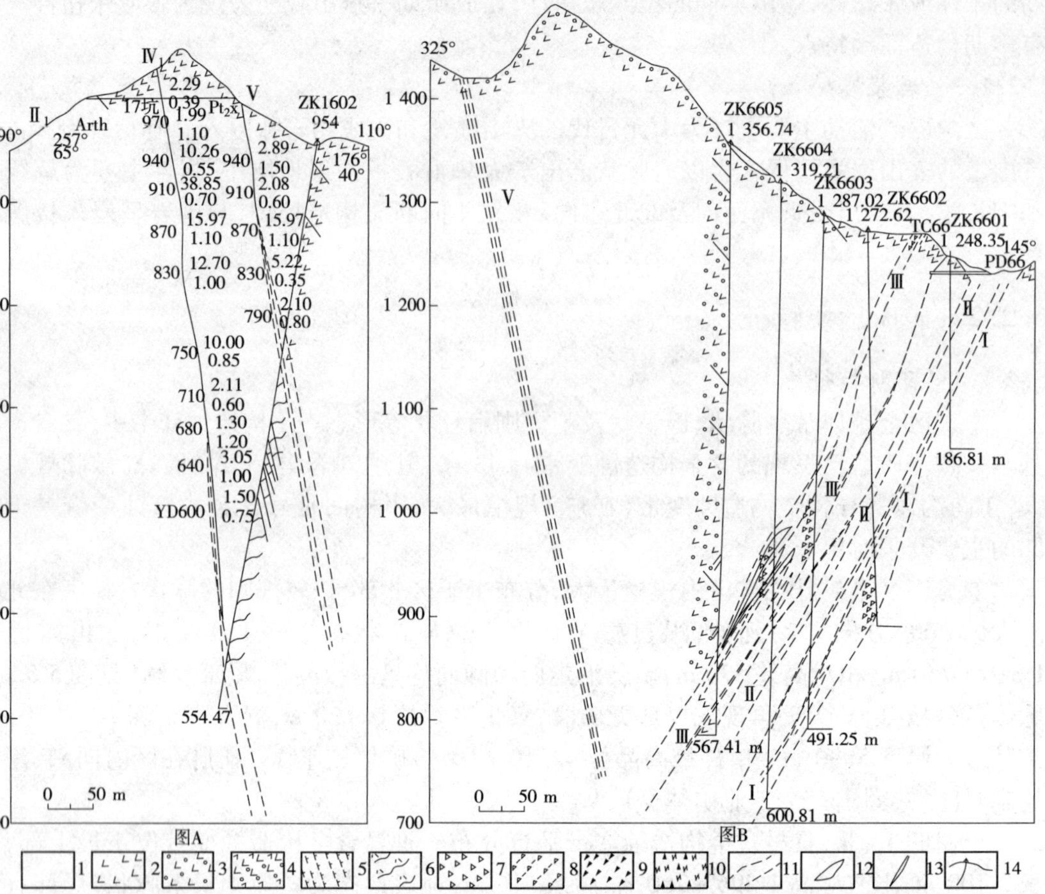

1—混合岩;2—安山岩;3—杏仁状安山岩;4—斑状安山岩;5—闪长岩;6—角闪斜长片麻岩;7—构造角砾岩;8—构造泥砾岩;9—碎裂岩;10—蚀变碎裂岩;11—矿脉;12—采空区;13—矿体;14—施工钻孔

图 5-5　干树金矿刘秀沟矿段 16 线(图 A)及干树凹矿段 66 线(图 B)剖面图

变碎裂岩型为主。

表 5-6　Ⅳ1 矿体厚度、品位变化情况表

中段标高(m)	含矿率(%)	厚度		品位		样品个数
		平均(m)	变化系数	平均($\times10^{-6}$)	变化系数	
地表	42.80	0.67	48.94	2.37	49.41	7
1 010	83.72	0.59	57.13	7.09	78.51	43
970	86.67	0.69	59.02	6.56	126.83	90
940	66.27	0.64	46.18	5.15	156.70	94
910	79.27	0.69	44.72	9.51	201.65	111
870	73.73	0.75	53.74	10.72	158.93	136
830	75.00	1.07	51.56	12.36	108.51	57

刘秀沟Ⅴ－Ⅰ矿体位于68～84线间，矿体长度293 m，最大垂深约264 m，矿体赋存标高1 013～1 347 m。矿体向西及深部均未封闭，仍有延伸趋势，不过沿走向向西厚度明显变薄。矿体形态呈薄板状、透镜体状，矿体完整，未受后期构造破坏。矿体产状为110°～129°∠75°～83°。矿体厚度0.57～1.42 m，平均0.97 m。矿体金品位(1.52～5.18)×10^{-6}，平均3.33×10^{-6}。金矿化较连续，有用组分金在矿体中分布均匀。

刘秀沟Ⅴ－Ⅱ矿体位于56～68线间，矿体长度147 m，最大垂深约172 m，矿体赋存标高1 185～1 013 m。矿体向深部未封闭，仍有延伸趋势。矿体形态呈薄板状、透镜体状，矿体完整，未受后期构造破坏。矿体产状为105°～125°∠65°～85°。矿体厚度0.54～1.45 m，平均1.10 m。矿体金品位(1.52～5.18)×10^{-6}，平均3.33×10^{-6}。金矿化较连续，有用组分金在矿体中分布均匀。

干树凹Ⅲ5号矿体位于62～58勘探线间，矿体赋存标高1 070～1 115 m，沿倾斜垂深186 m，走向长110 m，矿体呈脉状，沿走向局部具膨大收缩变化，矿体倾向325°，倾角70°，矿体厚度0.20～3.03 m，平均厚度0.98 m；矿体品位(0.23～20.92)×10^{-6}，矿体平均品位3.22×10^{-6}。矿石类型以构造角砾岩型为主，蚀变岩型次之。

干树凹Ⅲ6号矿体位于56～66勘探线间，赋存标高1 130～1 091 m，沿倾斜垂深179 m，矿体走向长265 m。矿体呈不规则脉状，沿走向、倾向具分枝复合局部膨大狭缩变化，矿体倾向325°，平均倾角66°，矿体厚度0.38～3.60 m，平均厚度1.08 m；矿体品位(0.00～20.20)×10^{-6}，平均品位4.41×10^{-6}。矿石类型以构造角砾岩型为主，蚀变岩型次之。

5.2.3　金的中深部富集规律

5.2.3.1　断裂构造与金矿化的关系

金矿脉沿走向由NE向NNE向的转折部位及沿倾向倾角由缓变陡的部位，矿体厚度变大，品位变富；在主断裂与分枝断裂交切部位和构造透镜体的中央部位品位变富，厚度变大。

5.2.3.2　金矿化的垂直变化规律

对刘秀沟矿区不同标高金矿化研究表明(见表5-7、表5-8)，矿化段自上而下，矿化类型由少硫化物型向多硫化物石英脉型过渡；围岩蚀变由地表褐铁矿化、高岭土化、重晶石化向下为硅化、多金属硫化物化、铁白云石化、绢云母化，再向下为钾化和黄铁矿化，金品位则由低变高。

表5-7　干树金矿刘秀沟矿区Ⅳ号脉不同标高元素平均含量(×10^{-6})

标高(m)	Au	Ag	As	Sb	Bi	Hg	W	Ho	Pb	Zn	Co	Ni	So	Te
1 010	2.39	168.08	12.16	0.23	0.12	46.23	2.39	823.10	499.4	20.02	19.36	0.10	0.04	
970	9.27	24.60	1 023	20.05	0.60	0.19	38.20	2.10	966	859.40	69.90	69.80	90.22	0.43
870	5.38	53.38	255	34.50	0.43	0.22	16.14	5.30	603	1 070	51.20	34.20	0.12	0.23
830	20.76	218.50	24.19	0.71	0.17	45.77	4.17	2 941	4 136	25.75	28.70	0.11	0.30	

表 5-8 干树金矿刘秀沟矿区Ⅳ号脉不同标高指示元素比值

标高(m)	Au/Ag	As/Sb	Bi/Mo	Bi/Sb	W/Sb	So/Ni	Co/Ni	Bi · W/Pb · Zn	Ni · Hg/Sb/Ag	As · Mo/Co · Ni	As · Sb · Pb/W · Mo	Sb · Ag · Pb/Co · Ni
1 010	0.01	52.87	0.00	0.52	10.39	0.40	193.60	34 860	0.12	5 170	0.71	9 972
970	0.38	51.02	0.29	0.03	1.91	1.29	1.00	36 221	0.03	0.44	246 993	97.65
870	0.10	7.39	0.08	0.01	0.47	0.00	1.50	92 967	0.00	0.77	62 015	634.19
830	0.10	34.07	0.00	0.24	5.87	2.73	260.91	150 236	0.03	22 535	5.79	203 243

从表 5-8 可以看出，Au/Ag，Bi/Mo，As · Sb · Pb/W · Mo 由上向下表现低→高→低的趋势；So/Ni 则表现低→高→低→高的趋势；As/Sb，Bi/Sb，W/Sb，Co/Ni、Ni · Hg/Sb/Ag、Sb · Ag · Pb/Co · Ni、As · Mo/Co · Ni 则表现高→低→高的趋势；Bi · W/Pb · Zn 则出现低→高的趋势。上述Ⅳ号脉这种随标高变化，比值反复振荡的变化规律，也说明矿化向下仍有较大延伸。

5.2.3.3 金矿化的深部预测

Ⅳ号脉不同标高元素的统计表明，该脉具有上部的金—黄铁矿化组合（Au、Ag、As、Mo），中部的金—多金属或金—硫化物矿物组合（Au、Ag、Mo、Pb、Zn、As、Sb 或 Au、Ag、Mo、Te、Pb、Zn、As）。下部出现金—稀有金属矿化（Ag、W、Bi），反映矿化类型较齐全。前缘元素 Sb、Hg、As 由下向上出现升高—降低—再升高的变化趋势，反映矿化向下有较大的延深，可能有大矿或富矿存在，围岩蚀变特征表明上部以黄铁绢英岩化为主，钾长石存在但较弱，向下至 830 m 中段钾化渐强，因此应注意在下部寻找与钾化有关的金矿化。

5.3 吉家洼金矿床

吉家洼金矿区位于河南省洛宁县底张乡吉家洼一带，熊耳山幔枝构造核部岩浆—变质杂岩之中。

5.3.1 矿区地质

区内出露地层主要为太古宇太华岩群石板沟组、龙潭沟岩组和龙门店岩组，岩性为片麻岩、混合岩及少量的浅粒岩等；中元古界熊耳群下部许山组，岩性为杏仁状安山岩及少量的玄武岩、晶屑凝灰岩、角砾状安山岩等；第四系仅分布于山前水系两侧及沟谷底部地形平缓低洼处，岩性为黄土、亚砂土及砂、砾石层、残坡积物等。

区内构造以断裂为主，具有多期多阶段活动特点，与成矿关系密切。依走向可分为北北东—近南北向、北东向、近东西—北东东向和北西向四组，前两组断裂最为发育，其中北北东—近南北向和北东向断裂为矿区主要控矿构造。

吉家洼金矿北北东—近南北向断裂比较发育，规模较大者有 F1、F2、F3、F4、F6、F7、F8 和 WF1 等，在东西宽约 200 m 的狭长地带自东向西依次平行展布 F1－8，该组断裂总体走向近南北，倾向 80°～110°，倾角 65°～85°，长度 125～480 m，宽度 0.20～2.00 m，沿走向及倾向均呈舒缓波状，具分枝复合现象。断裂的力学性质为张性—压扭性，总体呈现压扭性特征。该组断裂为主要含金断裂，工业矿体均赋存其中。

WF1 在区内出露长度 3 320 m，宽 0.16 ~ 6.25 m，局部达 30 余 m。总体走向近南北，在其北端转为北东向，东倾，倾角 50° ~ 89°，局部直立或反倾。在断裂的北端，见到该断裂出现分枝，分枝长度一般在 20 ~ 70 m，最长可达 650 m，宽 25 ~ 40 cm，最宽大于 1 m。该断裂带内早期形成的碎裂岩被晚期糜棱岩、断层泥砾岩所穿插，构造叠加部位矿化明显呈现增强、富集特征。

区内岩浆岩非常发育，中元古代辉绿（玢）岩、闪长（玢）岩等脉岩也比较发育。区内分布较广的辉绿岩脉，与成矿无直接成因联系，但岩石致密坚硬，对后期成矿构造的发育规模及矿液的运移、富集有一定的影响：其一，当成矿构造通过辉绿岩时，断裂带变窄，有时仅数厘米；其二，作为特殊岩性层，对矿液的运移起屏蔽作用，当成矿构造通过或接近辉绿岩时，矿石品位一般增高。

5.3.2 矿床地质

5.3.2.1 矿脉特征

吉家洼金矿区矿脉一般呈陡倾斜的透镜状、薄脉状、似层状等，矿脉由碎裂岩、构造角砾岩、蚀变岩等构成，局部充填有石英脉透镜体。矿脉宽度变化较大，延伸长，成波状延伸，在走向及倾向上常出现分枝，分枝长度一般几米到几十米，最长达数百米。金矿化不连续，分段富集规律明显。

5.3.2.2 矿体特征

吉家洼金矿床属构造蚀变岩型金矿床，矿体产出严格受断裂构造带控制。Ⅰ、Ⅱ、Ⅲ号矿体为矿区主要工业矿体，分别赋存于 F1、F2 及 F3 等含金断裂中。矿体与围岩以突变接触为主，二者界限清晰。矿体呈半隐伏状产出，地表厚度较薄，矿化较弱或无矿。矿体形态多呈薄脉状、薄板状、透镜状或不规则状，走向近南北，以东倾为主，倾角较陡，为 70° ~ 80°，局部近直立，沿走向及倾向均呈舒缓波状，部分矿段出现反倾现象。矿体多具膨大、缩小、分支、复合特点（见图 5-5）。

Ⅰ号矿体规模最大，赋存标高 969 ~ 585 m，走向长 360 ~ 450 m，斜深 270 ~ 380 m，矿厚 0.30 ~ 1.50 m。矿体走向近南北，自地表至标高 760 m 间整体东倾，760 m 以下转为西倾，倾角较陡，为 72° ~ 85°。矿体在局部地段矿化不甚连续，出现无矿天窗。Ⅱ、Ⅲ号矿体规模相对较小，其中Ⅱ号矿体赋存标高 1 004 ~ 546 m，走向长 70 ~ 150 m，斜深 100 ~ 280 m，倾向延深大于走向延长。矿体厚度 0.40 ~ 0.80 m，向下逐渐变缓为 55° ~ 65°。矿体向南侧伏特征明显，侧伏角 60° ~ 70°（见图 5-6）。Ⅲ号矿体赋存标高 933 ~ 710 m，走向长 210 ~ 300 m，斜深 180 ~ 240 m，厚度 0.20 ~ 0.70 m，最厚为 1.20 m。矿体走向近南北向，东倾，倾角 75° ~ 85°，该矿体在 710 m 标高附近被近南北向西倾断裂错断缺失。Ⅰ、Ⅱ、Ⅲ号矿体在平面上依次平行分布，空间上相依，成因上密切相关，其富矿体主要赋存在多组断裂构造交汇部位及附近；矿体分支复合部位；沿构造走向转折部位及倾向上倾角由陡变缓部位。此外，在围岩为辉绿（玢）岩时，矿体明显富集。

WF1 赋存南、北两个矿体，矿体长 459 ~ 650 m，矿体平均厚 1.70 m，平均品位 6.12 ×

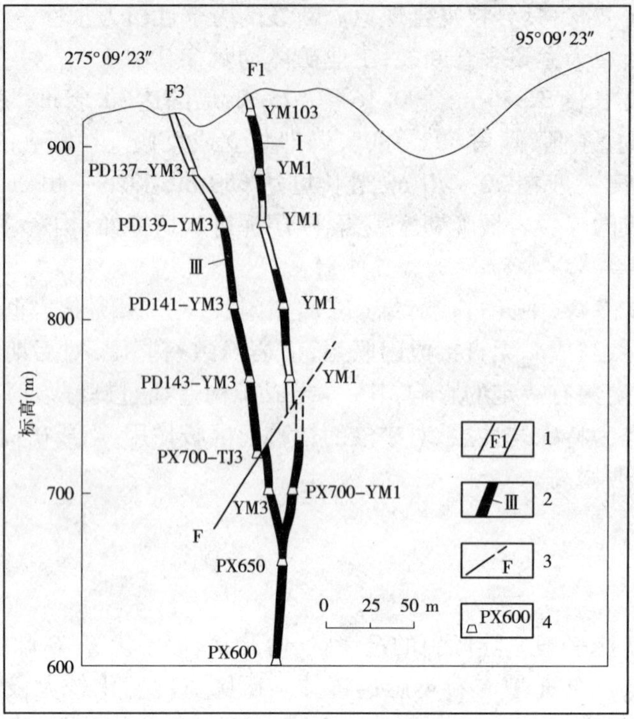

1—含金断裂位置及编号;2—矿体位置及编号;
3—破矿断裂位置及编号;4—坑道位置及编号

图 5-6　吉家洼金矿第 4 勘探线含金断裂、矿体分布示意图

10^{-6},矿化蚀变主要为金属硫化物矿化、硅化、黄铁绢英岩化、褐铁矿化等。矿体地表及浅部品位较低,中部变富。WF1 南段矿体为一隐伏矿体,埋藏深度为 15 ~ 80 m。矿体产于构造带内,其形态受构造带控制,呈薄脉状、透镜状产出。矿体产出标高 843 ~ 1 080 m,地表出露长度 85 m,深部长度 650 m。矿体倾向 85°,平均倾角 69°,属陡倾斜矿体。矿体向深部由 ZK1251、ZK1231 钻孔见矿,厚度 1.28 ~ 5.11 m,品位(8.22 ~ 9.27) $\times 10^{-6}$,矿体底界未封闭(见图 5-7)。

WF1 北段矿体形态受构造带控制,呈薄脉状、透镜状产出,产出标高 832 ~ 1 089 m,最大斜宽 318 m。矿体地表出露长度 237 m,深部控制最大长度 459 m,矿体平均倾向 105°,倾角 64°,属陡倾斜矿体。矿体上部较窄,向下变厚,中间较薄,两端较厚。矿体品位(1.08 ~ 6.95) $\times 10^{-6}$,平均 5.12×10^{-6}。品位变化系数 50%,属均匀型。矿体地表及浅部品位较低,中部变富。矿体的底界未完全封闭(见图 5-6)。

5.3.3　金的中深部富集规律

5.3.3.1　异常元素组合

区内元素分为四个族团,其中 Cu、Sn 各为独立族团。第一个族团的元素有 Au、Ag、As、Mo、V、W、Pb、Sb、Bi 共 9 个 ,它们强相关,说明 Au 与亲硫元素和重矿化剂元素有成因

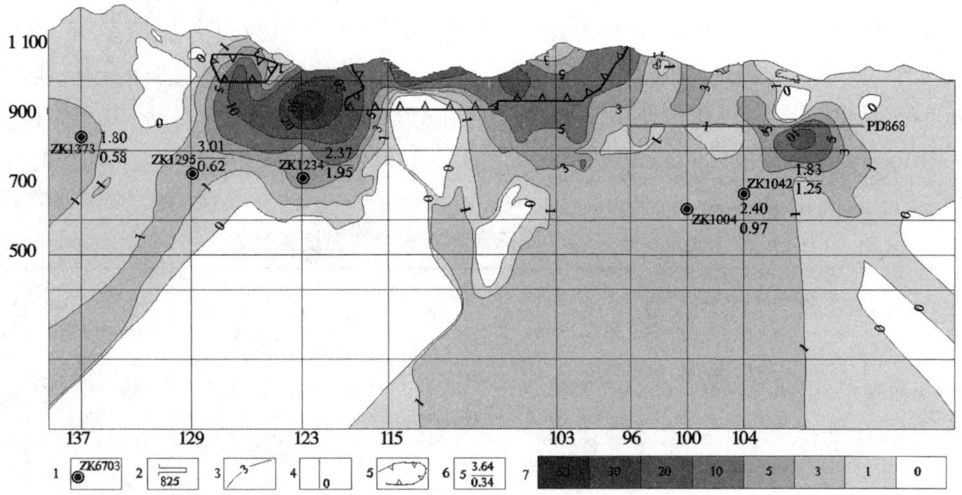

1—验证钻孔位置及编号;2—坑道及编号;3—厚度品位权值等值线;4—勘查线及编号;
5—实测采空区边界线;6—样号(工程号)平均品位(10^{-6})/矿体真厚度(m);
7—厚度品位权值范围

图 5-7 吉家洼金矿外围 WF1 矿带中深部金矿找矿潜力预测垂直纵投影图

联系。它们多为强或极强富集且强分异,为成矿热液带入的元素。第二个族团主要由基性元素组成,包括 Ni、Co、Ba、Zn、Mn、Ti 共 6 个元素,它们与 Au 不相关,其中有些元素有富集和分异显示。说明它们主要是地层中的元素,但在热液作用的驱动下产生了再分配。由上述可知,第一个族团的元素为本矿床的指示元素。同时,计算了 Au 与主要氧化物的相关系数,Au 与 SiO_2 强相关(相关系数 0.45),与 K_2O 微弱相关,与其他不相关或微弱负相关。

5.3.3.2 1∶5万水系沉积物元素异常分布(平面)

吉家洼金矿区位于 1∶5万水系沉积物 6 甲 Au、Ag 异常区的北东部边缘,异常成蘑菇状,向南未封闭,区内覆盖面积大约 7 km^2,异常元素组合单一,以锰为主,伴生有 W,为 I 级锰异常,但无浓集中心。并有以金为主的多金属重砂异常分布于吉家洼金矿的东部边沿,此异常面积大,约 20 km^2,形态完整,浓度、梯度变化明显。后经普查验证均为矿化异常。在这些异常中均发现了 Pb、Ag、Au 等矿点、矿化点。

5.3.3.3 元素的轴向分带

(1)为了研究元素的垂直分带,利用工程控制比较好的Ⅱ号矿体(F2)按标高分别计算各元素的衬度系数,根据衬度系数再计算衬度系数百分比(见表 5-9)。按照衬度系数百分比值,可得到各中段(标高)的元素组合如下:

980 m(地表):Au、As、W(Bi、Ag、Pb)

930 m(标高):Au、Ag(As、Mo)

880 m(标高):Au、W(As)

805 m(标高):Au

749 m(标高):Au、Ag、Pb

研究说明,地表即为矿体头部。其元素组合却显示出中低温和高温元素的共存,反映出多期叠加矿化特征。由地表向下,元素的含量特别是衬度系数百分比值呈现有规律的变化;As、Sb、Bi 及 Pb 逐渐降低,而在 749 m 标高又升高;Au、W 及 Mo 逐渐升高,但在 749 m 或 805 m 降低。元素对比值则为 Ag/Au 逐渐降低,在 745 m 出现升高;Au/Bi 和 Au · W/As · Bi 逐渐升高,在 745 m 出现降低。结合元素组合可以认为,805 m 为矿体尾部,而 749 m 为另一个矿体的头部。

表 5-9　Ⅱ号矿体不同标高元素含量和衬度系数表

标高(m)		Au	As	Sb	Pb	Ag	W	Mo	Bi	V	Ag/Au	Au/Bi	Au · W/As · Bi
元素含量($\times10^{-6}$)	980(地表)	0.68	34.10	1.83	82.43	0.47	22.17	3.99	1.41	111.5	0.694	0.480	0.321
	930(PD131)	7.34	244.55	12.30	118.98	2.18	65.03	56.92	1.67	233.3	0.279	4.400	1.169
	880(PD137)	53.22	140.20	0.27	61.87	1.39	126.49	27.43	0.50	133.9	0.261	10.750	9.700
	805(ZK1501)	17.78	10.20	2.05	134.00	1.60	3.00	3.30	0.21	245.0	0.090	84.670	24.900
	749(ZK1503)	2.47	10.60	5.82	1414.0	9.00	4.30	6.00	0.78	285.0	3.640	3.170	1.280
衬度系数(%)	980(50)	49	9	3	5	5	9	3	6	1	0.102	8.167	8.167
	930(10)	70	8	3	1	9	3	6	1	0.3	0.123	70.00	36.250
	880(52)	73	7	0.9	0.6	3	10	4	0.4	0.3	0.040	182.500	260.714
	805(1)	94.9	0.2	0.3	0.5	1.2	0.09	0.2	0.07	0.2	0.013	1 355.714	610.071
	719(1)	46.3	0.7	2.7	20.1	23.5	0.5	1.3	0.9	0.9	0.508	51.444	36.746

注:①衬度系数百分比用元素背景含量求出,参加计算的尚有 Cu、Zn、Sn、Co、Ni、Ba、Mn 等;②标高后面括弧内的数字为样品数。

根据表 5-9,可得出上部矿体不同部位元素对比值情况,详见表 5-10。

表 5-10　上部矿体不同部位元素对比值情况表

元素对比	矿体头部	矿体中部	矿体尾部
Ag/Au	>0.6	<0.3	0.0n
Au/Bi	<1	n~10	$n\times10$
Au · W /As · Bi	<1	7~10	$n\times10$

(2)深部微量元素分布特征。深部各元素分布规律为:WF7 含矿断裂带围岩中 Pb、Ag 含量较 WF1 含矿断裂带高,Mn、Cu、Zn、W、Mo、As、Sb、Bi 含量则低于 WF1 含矿断裂带;WF7 含矿断裂带内 Ba、Cu、Zn、W、As 较 WF1 含矿断裂带高,Mn、Pb、Ag、Sb、Bi 则较 WF1 含矿断裂带低。该区微量元素分布特征见表 5-11。

对全矿区微量元素统计结果,在围岩中 Au 的含量≥3.86×10^{-9},在构造带中 Au 的含量≥100×10^{-9}。在地表 Au 与 Ba 、Mn、W、As 正相关,在中深部 Au 与 Ba、Mn、Cu、W、Mo、Sb、As、Bi 正相关。就本矿床而言,Au 与 Pb、Zn、Ag、As、Sb 呈较强的正相关关系,与

Mn、Cu 呈弱相关关系，与 Ba、W、Bi 呈极弱负相关关系（见表 5-12），矿床指示元素为 Au、Pb、Zn、Ag、As、Sb。

表 5-11 WF1 微量元素分布特征

项目		元素名称及平均含量（$\times10^{-6}$）												备注
		Au（10^{-9}）	Ba	Mn	Cu	Pb	Zn	Ag	W	Mo	As	Sb	Bi	
围岩	地表	19.99	958.3	933.53	25.34	31.11	100.98	0.13	2.67	2.88	2.83	0.42	0.63	
	680～950 m 标高	3.86	1 007.745	929.05	19.75	21.95	110.07	0.1	20.8	2.75	2.01	0.41	0.38	钻孔
含矿断裂带	地表	211.13	1 060	1 760	498.38	1 670.63	1 220	14.41	2.59	2.87	152.31	2.86	0.69	
	680～950 m 标高	108.5	691.14	1 086.98	29.61	165.22	225.19	1.29	22.4	2.09	17.44	0.68	0.62	钻孔
	平均	155.22	713.3	1 064.56	129.91	571.02	629.43	7.11	15.05	2.91	122.09	2.73	0.85	

表 5-12 Au 与其他元素相关系数一览表

元素			Ba	Mn	Cu	Pb	Zn	Ag	W	Mo	As	Sb	Bi
断裂带	地表	Au	0.086 2	0.290 5	−0.336 4	−0.130 7	−0.021 9	−0.027 4	0.258 8	−0.132 7	0.233 5	0.012 2	−0.201 6
	680～950 m	Au	0.013 249	0.341 768	0.508 29	−0.050 37	−0.169 21	−0.369 75	0.527 443	0.487 449	0.738 866	0.570 907	0.334 282
全矿区		Au	−0.029 9	0.129 3	0.045 8	0.326 4	0.299 3	0.212 9	−0.002 1	0.020 9	0.442 1	0.368 3	−0.002 8

5.3.3.4 矿体剥蚀程度判别指标

含矿断裂带内地表 As、Sb 等矿体前沿元素非常发育，尤其是 As 元素含量比围岩中高出几十倍，而 W、Mo、Cu 等矿体及尾部元素不发育。总体上由地表向深部 As、Sb 逐渐降低，而 Cu、Mo 等矿体尾部元素相对升高，说明地表矿体剥蚀深度很浅，部分地段还处于矿体的前沿。因此，虽地表品位偏低，但向下品位及厚度可能都会有所提高。

6 矿石学与围岩蚀变

6.1 矿石学特征

6.1.1 矿石矿物成分

研究区主要蚀变构造岩型金矿的矿石矿物组成列于表6-1，从表中可知，产于熊耳群火山岩中的上宫、干树凹矿床以出现较多的碲化物为特征，特别是上宫矿床中碲镍钴矿已确认为一种罕见的新矿物，碲、铅、银可综合利用，成矿阶段出现较多的重晶石，并在金矿物结晶之前形成，导致主成矿阶段黄铁矿富含轻硫同位素，$\delta^{34}S$出现负值。

上宫矿床金矿物粒度一般较细，多数为0.005～0.3 mm，属微粒—粗粒金，最大粒度达1.2 mm。干树金矿中金矿物粒度多为0.02～0.3 mm(占92%以上)，以细粒—粗粒金为主，人工重砂中金最大粒度为0.28 mm。金矿物在矿石中的嵌布形式有晶隙、裂隙、包体和砾间金四种，以晶隙金为主。

研究区主要矿床蚀变构造岩型金矿矿石化学成分列于表6-2。从表中可知，上宫、干树、虎沟金矿石以含SiO_2、N_2O+K_2O低为特点，反映与其围岩为熊耳群中基性火山岩和斜长角闪岩有关，上宫矿床以富含Te为特征，与出现较多碲化物相一致，位于太华群中的虎沟金矿石Se、Te含量均较高，其Se含量远高于上宫矿床。因此，Se、Te含量高，并一定是金矿与熊耳群火山岩有关的典型特点。

上宫、干树矿床金银矿物电子探针分析结果列于表6-3。其中自然金成色(‰)为848～984(上宫平均917)和808～831(干树凹)，属于成色较高的自然金。已有资料表明，自然金成色的高低，往往能大致反映矿床形成的物理化学条件，特别是与矿床形成深度有一定关系，即成色高，形成深度大，成色低，形成深度小。一般中深—深成矿床中金的成色多大于800，浅成金矿床的金成色多小于800。上宫矿床与小秦岭(845～988，平均925)、夹皮沟二道岔子等金矿(914)中金的成色接近，高于山东焦家岭金矿(776～846)，略低于团结沟(962)和陕西二台子金矿(990)金的成色，表明这些金矿均属中深—深成条件下形成，这与由上宫矿床形成深度约4 km的推断相一致。干树矿床金成色略低。

表 6-1 研究区主要蚀变构造型金矿的矿化矿物组成

矿物类别	含量(%)	上宫			干树			虎沟		
		主要 >5	次要 1~5	微量(<1)	>5	1~5	微量(<1)	主要 >5	次要 1~5	微量(<1)
金属矿物	原生	黄铁矿	方铅矿	自然金、自然银、银金矿、自然钼、自然锌、自然铅、自然锡、自然碲、针碲金银矿、黄铜矿、闪锌矿、黝铜矿、辉钼矿、辉铜矿磁黄铁矿、辉银矿、斑铜矿、碲金矿、碲银矿、碲金银矿、碲铅矿、碲镍矿、碲镍钴矿、碲汞矿、辉锑铋矿、赤铁矿、磁铁矿、黑钨矿、白铬矿	黄铁矿	方铅矿	自然金、银金矿、自然银、自然铜、黄铜矿、闪锌矿、黝铜矿、辉钼矿、斑铜矿、磁黄铁矿、镍黄铁矿、砷黝铜矿、辉铜矿、碲铅矿、磁铁矿、赤铁矿、白钨矿	黄铁矿	方铅矿	自然金、银金矿、黄铜矿、闪锌矿、磁铁矿、镜铁矿、辉铜矿
	次生	褐铁矿		白铅矿、黄钾铁矾、铅矾、铜蓝、孔雀石、水白铅矿	褐铁矿		白铅矿、铜蓝、蓝铜矿、白铁矿雀石、水白铅矿、蓝辉铜矿	褐铁矿		白铅矿、孔雀石、铜蓝
非金属矿物		石英 铁白云石 绢云母	绿泥石 萤石 重晶石 菱铁矿 白云石	方解石、绿帘石、角闪石、高岭石、蒙脱石、钠长石、白钛石、磷灰石电气石、榍石	石英 铁白云石 绢云母	绿泥石 铁白云石 重晶石	方解石、绿帘石、斜黝帘石、角闪石、长石、高岭石、蒙脱石、萤石、白钛石、磷灰石、电气石、金红石、锆石、榍石、水云母、石榴子石	石英 绢云母	铁白云石 方解石	钾长石、黑云母、白云石

表 6-2　熊耳山北麓蚀变构造岩型金矿矿石化学成分

矿床（点）	矿石	样品数	氧化物（×10^-2^）											微量元素（×10^-6^）									
			SiO_2	TiO_2	Al_2O_3	Fe_2O_3	FeO	MnO	MgO	CaO	Na_2O	K_2O	P_2O_3	Au（$\times10^{-9}$）	Ag	Cu	Pb	Zn	S	Mo	Se	Te	As
上宫	微细浸染状角砾状矿石	22	53.95	0.36	5.97	3.52	3.87	0.11	3.88	4.95	0.98	1.69	0.12	32.85	38.20	131	970	554	25 688	2.80	0.22	33.7	751.5
虎沟	微细浸染状金矿石	14	43.19	0.58	15.58	12.38		0.52	7.73	4.73	0.15	3.23	0.14	6.31	39.15	200	1 450	3 000	17 100	1.72	0.24	0.32	131.7
吉家洼	微细浸染状金矿石	9	61.67	0.70	14.09	7.95		0.016	0.77	0.31	0.08	7.25	0.14	9.74	3.25	100	200	100	42 350	0.004	0.065	0.26	3 141
蒿坪沟	微细浸染状金矿石	1	71.32	0.37	7.82	9.27		0.157	0.64	0.55	0.16	1.86	0.19	12.34	210	20 803	44 961	1.0	10 250	27.67	1.44	30.00	18.30
花落阴	微细浸染状金矿石	1	62.77	1.68	11.95	11.84		0.141	0.65	1.50	0.10	4.14	1.25	2.45	10	72.5	1 775.2	1 778.7	5 100	2.67	0.33	1.90	442.8
东草沟	微细浸染状金矿石	1	77.40	0.05	0.13	1.15	0.45	0.04	0.11	1.67	4.06	1.80	0.04	1.88	31	85.7	1 879.6	1 010.3	1 380	4.83	0.38	2.60	57.3
干树	角砾岩型金矿石	2	50.80	0.60	9.45	2.17	4.50	0.41	5.30	6.89	0.19	2.77	0.23	9.5	175	295	3 500	2 250		43			72.5
七里坪	角砾岩型金矿石	7	52.77	1.09	10.99	11.87	0.146	0.85	1.90	0.10	3.12	2.29	1.47	3.23	672.5	865.2	778.7	5230	277	0.39	1.70	442.0	

表 6-3 上宫、干树凹矿床金、银矿物电子探针分析结果

矿物	矿床	元素含量(%)			微量元素含量(%)	成色(‰)	测试单位
		Au	Ag	Te			
自然金	上宫	93.03	7.55		Fe:0.01	925	地科院矿床所王文瑛
		92.02	7.85		Fe:0.01	921	
		92.71	7.27		Fe:0.03	927	
		94.184	5.258		Cu:0.029～0.033 Fe:0.03～0.059	947	湖南岩矿测试研究所刘振之
		94.206	6.009			940	
		93.907	5.445			945	
		93.670	6.055			939	
		94.77	6.217		Cu:0.029～0.033 Fe:0.018～0.045	938	
		98.36	1.64			984	
		90.202	9.407			906	
		85.61	14.74			853	
		84.33	15.06			848	
		84.24	14.89			850	
	干树凹	80.70	19.219			808	
		82.659	16.842			831	
		81.530	18.231			817	
银金矿	上宫	72.29	27.19				
		70.15	29.57				
		67.99	31.90				
	干树凹	69.604	29.345				
		69.768	29.604				
		71.532	28.426				
		67.445	32.664				
		72.009	25.443				
		75.271	24.258				
碲金矿	上宫	37.55	3.39	58.67	Cu:0.02 Fe:0.027		地科院矿床所王文瑛
		36.37	2.96	59.50			
		35.73	3.20	59.41			
		45.701		53.705			
		43.15	0.45	56.15			
碲银矿	上宫	0.15	62.70	36.55			湖南岩矿测试研究所
		0.54	61.95	37.04			
	干树凹		63.289	36.146			
			63.880	35.075			
			63.950	35.238			
			61.562	37.557			
针碲金银矿	上宫	17.15	22.42	60.13			

6.1.2　矿物标型特征

本区黄铁矿的许多特征具有重要的找矿标型意义(见表6-4),其中粒度细、呈五角十二面体晶形、Co/Ni 比值小、同时出现电子导型负热电效应和空穴导型正热电效应等为本区金矿重要的找矿标型特征;$\delta^{34}S$ 特征、Co/Ni 比值低、含砷高等为形成环境的重要成因标型特征。

表6-4　研究区金矿床黄铁矿的标型特征

<table>
<tr><td>矿床</td><td colspan="4">上宫</td></tr>
<tr><td>矿化阶段
(从早到晚)</td><td colspan="2">黄铁矿—石英</td><td>金—碲化物—
方铅矿—黄铁矿</td><td>金—多金属硫化物</td></tr>
<tr><td>产出</td><td colspan="2">产于蚀变安山岩和
早期不含矿石英脉中</td><td>主要产于角砾岩型、
蚀变碎裂岩型金矿石中</td><td>主要产于多金属硫化
物型金矿石中</td></tr>
<tr><td>晶形及分布</td><td colspan="2">以自形立方体晶体
为特征,呈浸染状分布</td><td>以自形五角十二面体晶体
为特征,呈浸染状、
条带状或细脉状分布</td><td>呈他形晶粒集合体与
其他硫化物组成块
状或脉状矿石,可见立
方体与五角十二面体聚形</td></tr>
<tr><td>共生矿物</td><td colspan="2">石英、铁白云石、
绢云母</td><td>方铅矿、碲化物、金矿物、
绢云母、铁白云石、石英、
重晶石、闪锌矿</td><td>方铅矿、闪锌矿、
金矿物、石英</td></tr>
<tr><td>爆裂温度(℃)</td><td colspan="2">230~300</td><td>190~350</td><td>196</td></tr>
<tr><td>粒度(mm)</td><td colspan="2">多0.045~2</td><td>多0.005~0.1</td><td>>1~1.5</td></tr>
<tr><td>密度(g/cm³)</td><td colspan="2">4.956</td><td>5.081</td><td>5.052</td></tr>
<tr><td>显微硬度
(kg/mm²)</td><td colspan="2">1 471</td><td>1 274</td><td>1 506</td></tr>
<tr><td>反射率
(波长590 nm)</td><td colspan="2">54.0</td><td>53.1</td><td>54.2</td></tr>
<tr><td rowspan="2">热电系数均值
(μV/℃)</td><td>电子导型</td><td>-238.5</td><td>-144.78</td><td></td></tr>
<tr><td>空穴导型</td><td></td><td>+232.28</td><td></td></tr>
<tr><td>Au(×10⁻⁶)</td><td colspan="2">1.16</td><td>195.9</td><td>0.00</td></tr>
<tr><td>Te(×10⁻⁶)</td><td colspan="2">3.7</td><td>211.7</td><td>5.6</td></tr>
<tr><td>Au/Ag</td><td colspan="2">0.16</td><td>1.14</td><td></td></tr>
<tr><td>Co/Ni</td><td colspan="2">19.7</td><td>0.5</td><td>17.7</td></tr>
</table>

续表 6-4

矿床	上宫		
矿化阶段（从早到晚）	黄铁矿—石英	金—碲化物—方铅矿—黄铁矿	金—多金属硫化物
Se/Te	2.73	0.005	6.54
$\delta^{34}S‰$	3.21	-9.92	6.02
晶胞参数	5.410	5.411	5.410
$Pb\times(10^{-6})$	401	1 081	47 300
$Cu\times(10^{-6})$	151	278	10 200
$Zn\times(10^{-6})$	34.3	71.4	4 795
$As\times(10^{-6})$	2.6	7 515	680
$Bi\times(10^{-6})$	9.9	2.4	16

矿床		七里坪	虎沟	吉家洼	太华群
矿化阶段（从早到晚）		黄铁矿—石英	黄铁矿—石英	金—黄铁矿	
产出		黄铁绿泥绢英岩、黄铁矿矿石中	产于团块状黄铁矿矿石中	产于微细浸染状黄铁矿型金矿石中	黑云斜长片麻岩中
晶形及分布		半自形—他形、呈浸染状、团块状	半自形—他形、呈浸染状、线带状	自形—半自形五角十二面体及聚形，呈浸染状	自形—半自形立方体
共生矿物		石英、绢云母、绿泥石、绿帘石、角闪石	石英、绢云母	绢云母、石英、钾长石	斜长石、石英、黑云母
爆裂温度（℃）		215～340	189～348	121～294	
粒度（mm）		0.05～3.5	0.02～4	0.01～0.4	<0.8
密度（g/cm^3）		4.99			5.14
显微硬度（kg/mm^2）		1 299			
反射率（波长 590 nm）		53.2			
热电系数均值（μV/℃）	电子导型	-174.11	-94.64	-52.35	-86.66
	空穴导型		+33.67	+122.51	

续表 6-4

矿床	七里坪	虎沟	吉家洼	太华群
Au($\times 10^{-6}$)	1.03	0.16	85.0	0.148
Te($\times 10^{-6}$)	44.63	5.6	3.05	3.1
Au/Ag	0.05	0.01	4.09	0.06
Co/Ni	6.12	44.86	3.36	8.04
Se/Te	0.04	5.42	0.96	4.74
$\delta^{34}S$‰	9.4	-10.13	-11.71	2.9
晶胞参数	5.408			5.407
Pb($\times 10^{-6}$)	1.97	101	303	1 240
Cu($\times 10^{-6}$)	22	1 150	534	909
Zn($\times 10^{-6}$)	27.9	9	53	40.8
As($\times 10^{-6}$)	37	257	9 500	40
Bi($\times 10^{-6}$)	68.8	15.5	9.34	1 404

本区无论是石英还是铁白云石，其 Cu、Pb、Zn 含量都较高，特别是铁白云石中的 Zn 含量普遍很高（$(207 \sim 3\ 118) \times 10^{-6}$），表明石英、铁白云石与铜、铅、锌矿化有一定关系，特别是锌矿化与铁白云石化关系密切。

根据蚀变、矿化的矿物组合、脉体的穿插关系，矿石构造及矿物标型特征等差异，将本类型金矿从早到晚划分为以下矿化阶段。

6.1.2.1　上宫矿床成矿阶段

1. 黄铁矿—（石英）阶段

热液沿构造带运移并充填和强烈交代构造岩，形成早期绢云母、铁白云石、绿泥石化玄武—安山岩和（铁白云石）—石英透镜体，其中不均匀分布有少量黄铁矿，此阶段未构成工业矿体。

2. 金—碲化物—方铅矿黄铁矿阶段

早期形成的石英脉和蚀变岩受构造破碎形成角砾岩和碎裂岩，在含矿热液作用下，交代并形成由脉石英或蚀变角砾和黄铁矿、铁白云石、绢云母、石英、方铅矿、绿泥石、重晶石、含金碲化物等胶结物组成的角砾岩型金矿石及蚀变碎裂玄武—安山岩型金矿石。此阶段为主要矿化阶段。

3. 石英—萤石阶段

表现为萤石、石英集合体或脉体穿切交代上述主成矿阶段矿石。该阶段无硫化物和金矿物形成。

4. 金—多金属硫化物阶段

以同时代形成黄铁矿、方铅矿、闪锌矿、黄铜矿组合为特征。上宫矿区该组合不发育，未单独构成工业矿体。

5. 晚期碳酸盐阶段

表现为方解石细脉和铁白云石细脉沿岩、矿石裂隙穿插交代，无硫化物矿化。

6. 赤铁矿阶段

表现为赤铁矿呈细脉穿切上述矿石和细脉。

干树凹矿床成矿阶段与上宫矿床基本相似。

6.1.2.2 虎沟、吉家洼矿床(点)成矿阶段

1. (黄铁矿)—石英—绢云母—(钾长石)阶段

石英、绢云母，有时有钾长石呈集合体交代构造岩，黄铁矿化很弱。

2. 金—石英—黄铁矿阶段

黄铁矿呈浸染状分布，为主要成矿阶段。

3. 石英阶段

成细脉穿插上述矿物，基本无黄铁矿等伴生。

6.1.3 矿石地球化学

6.1.3.1 上宫金矿床地球化学特征

沿七里坪—西青岗坪一带分布有呈北东向展布的规模不等的多元素地球化学异常，尤以上宫一带更为突出。图6-1反映出金异常带以33线最发育，宽度可达150 m，具有南、北两个浓集中心，向南西方向收敛、变窄、合并；向北东方向分岔散开，同时异常强度降低，在37～41线间，金的浓集中心截然消失，可能与近南北向断裂活动有关。与金主异常带平行、在其南侧分布有两个低缓金异常，形态与主异常带相似，有明显受构造控制的特点。本区锌的地球化学异常与铁白云石化关系密切，据单矿物分析，铁白云石含锌$(207\sim1\,335)\times10^{-6}$。图6-1中锌异常的空间展布与金异常基本一致，分南、北两个异常带，浓集中心与金异常完全一致，充分表现矿化富集地段集中于29～33线一带。异常向西在21线收敛，从33线向东撒开。锌异常南带与金异常基本一致，但空间变化受构造带控制的特点较金更清晰。汞异常集中分布于金矿带上，浓集中心位于29～33线之间，以29线更显著。除与已知金矿带吻合一致的主体汞异常外，南部出现低汞异常与金、锌异常分布相一致，很可能指示存在一条与上宫主断裂带平行的规模较小的次级断裂。在主异常带北部，汞含量较低(低于异常下限)，但从含量空间变化可反映出一呈北东向展布的界线，该线往北汞含量增高，该特点有可能指示隐伏构造带的存在。

为更好提取多元素综合信息，利用Au、Ag、Pb、Zn、Cu、Mo等6种元素计算的成矿带入能(ER)在平面上也表现了与前述元素异常相似的规律。图6-1中清晰地反映出，ER值异常形态显示了北东向帚状构造的特点，向南西收敛，北东撒开。位于北部的主ER值异常与上宫矿带吻合；异常南部边界严格受矿化蚀变带控制，北界分布范围较密，反映含矿构造带北倾的特点。该特点表明成矿受不对称扩散作用影响，沿构造带上盘扩散较远，成矿物质相对分散；构造带下盘矿液扩散相对较近。在构造带边部矿液受机械障控制而

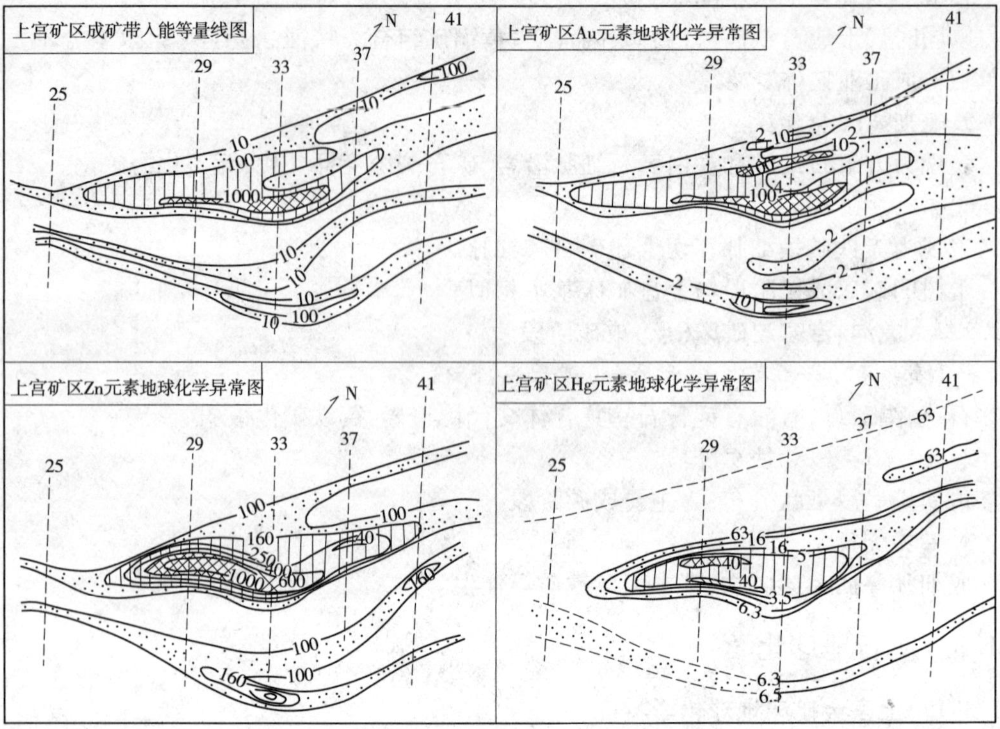

（含量单位：Au：10^{-9}；Zn、Hg：10^{-6}；成矿带入能：假定单位）

图 6-1　上宫金矿区 Au、Zn、Hg、ER 地球化学异常图

发生沉淀，从而沿构造带两侧形成较富金矿体，以下盘更为富集（见表 6-5）。

平行主 ER 异常带南部分布两条规模较小的异常，形态与主异常相似，异常中心与 Au、Zn 异常一致，集中于 33 线一带。在主 ER 异常带北部约 150 m 也存在一条低 ER 异常带，该异常与 Hg 异常基本吻合。

主要成矿及伴生指示元素异常的分布严格受构造带控制的特点在各勘控线剖面中也表现得十分清晰（见图 6-2）。ER 异常的空间分布也具有明显规律（见图 6-3）。

6.1.3.2　上宫金矿床原生晕地球化学分带模式

由于成矿多阶段演化，上宫金矿床地球化学异常具有复式叠置矿体异常的特点；地球化学异常除反映了金的成矿热液作用叠加外，还体现了原岩建造物质组分在后期作用时产生的复杂变异趋势。因此，有效区分不同地质作用产生的异常是建立轴向分带序列的重要一环。

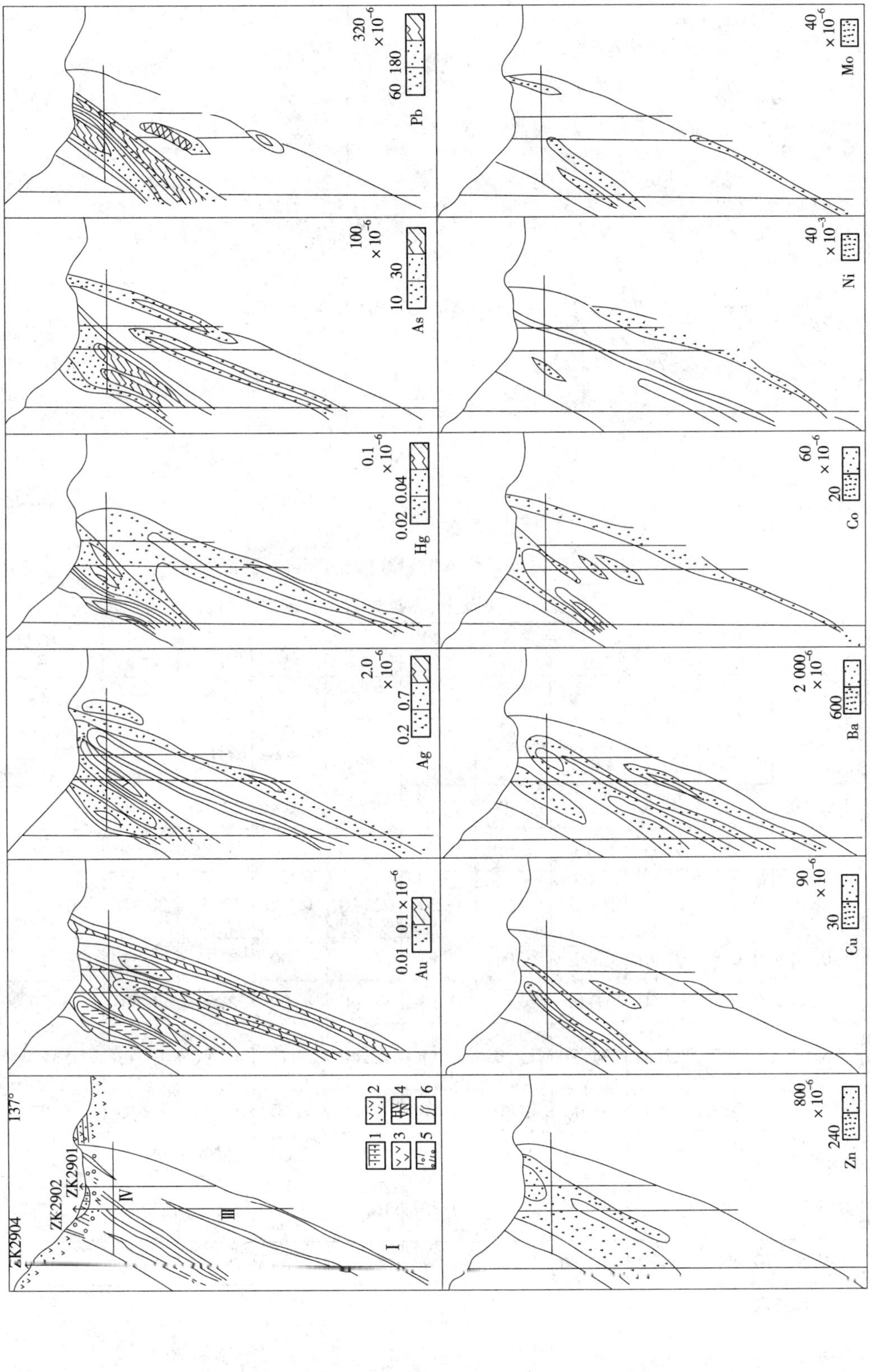

1—第四系;2—杏仁状安山岩;3—安山岩;4—含金构造蚀变带编号;5—含金构造蚀变带位置;6—构造带位置

图 6-2　上宫金矿 29 勘探线地球化学异常剖面图

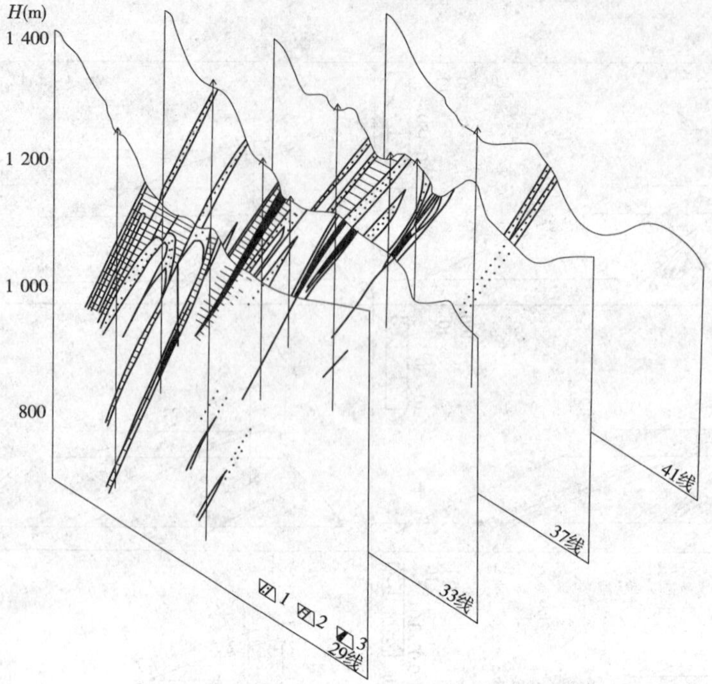

图 6-3　上宫金矿区成矿带入能(ER)空间变异趋势图

表 6-5　37 线 Ⅰ 含矿蚀变构造带及上、下盘岩石中元素含量特征对比

空间位置		元素含量(×10⁻⁶) Au	Ag	Pb	Zn	Cu	Mo	Hg	As	Co	Ni	成矿能 ER
地表	上盘	1.90	0.043	8.50	37.50	7.25	0.15	2.10	<7	11.50	32.50	2.43
	构造带	2.10	0.600	13.00	50.00	6.50	0.15	5.60	<7	7.00	20.00	20.85
	下盘	2.10	0.015	14.50	55.00	20.00	0.15	4.55	<7	12.00	30.00	6.06
Ⅰ	上盘	2.73	0.034	9.63	52.50	7.00	0.19	14.40	<7	5.13	7.00	6.11
	构造带	13.03	0.149	37.50	217.50	7.50	0.20	25.10	17.75	13.50	20.00	67.06
	下盘	0.70	0.015	10.75	60.00	5.00	0.15	7.80	7.00	4.25	4.25	2.31
Ⅱ	上盘	0.90	0.015	14.60	61.00	6.30	0.15	9.84	7.00	3.80	3.50	3.30
	构造带	303.70	1.400	227.67	131.70	8.17	0.17	12.40	14.67	10.00	13.17	2 161.26
	下盘	2.42	0.015	11.70	60.00	8.80	0.16	5.28	7.00	11.50	31.70	6.07
Ⅲ	上盘	4.12	0.046	20.20	98.00	19.90	0.16	7.92	7.00	15.20	45.60	14.08
	构造带	1 667.4	6.083	339.40	258.00	27.90	0.26	16.80	47.42	13.20	18.70	14 287.18
	下盘	15.87	0.057	13.30	150.00	22.67	0.17	8.40	7.00	28.33	60.00	63.09

注:成矿能为能量假定单位。

采用峰值序列法探讨矿床元素的轴向分带并对上宫金矿床进行研究，据盲矿体不同标高所得到的峰值序列为：

主序列	副序列
地表	Ni、Cu、Co
水平一，Hg	Ba、As、Zn
水平二，Ba	Hg、Ag、Pb、Au
水平三，Au、Ag、Pb、Zn、Cu、Mo、As、Co、Ni	

从上可得到反映成矿作用的轴向分带序列为：Hg－Ba－Au、Pb(Zn、Cu、Mo、As、Co、Ni)。

通过对29线和33线Ⅰ号矿体的轴向分带序列计算，分别为：

29线(Ⅰ)：Hg、Ba－Au、Ag、As、Pb(Cu、Zn、Ni、Co)

33线(Ⅰ)：Au、Zn、Hg(Ag、Pb、Cu、Ni)－As、Co

从分带序列反映出33线地表出现的以Au、Zn为主的矿体晕元素组合反映矿体剥蚀程度较高，已接近矿体尾部，然而根据Hg、As的分带指数位置叠加于矿体晕中，可以预测深部有可能存在新的盲矿体。在29线地球化学剖面图中含矿构造带下盘由浅而深依次出现的As、Hg、Ba异常即反映了前缘晕分布的特点(见图6-2)。

6.1.3.3　矿床元素组合及蚀变矿化岩石地球化学演化趋势

本次研究采用原《熊耳山地区蚀变构造岩型金矿成矿地质条件分析及富集规律》研究报告中不同蚀变作用类型、不同矿化强度及不同构造破碎程度的矿石、围岩样品108件，Au、Ag、Pb、Zn等34种元素测试数据作R型聚类分析和因子分析。结果如下。

1. 聚类分析

在R型聚类分析多数元素表现较密切的关系，进一步可划分4个簇群：

第一簇群：Ag、Mo、As、S、Sp、Au、V、Pb、Cu。为成矿元素组合，各元素间关系紧密，相关系数远大于γ0.01(0.254 0)。其中与Au关系密切的组分有S、Sb、As、Mo、Ag。反映金的成矿作用与黄铁矿化有关。

第二簇群：Nb、Zr、Y、Ti、La、Rb、Zn、Th、SiO_2、Bi、F。为亲花岗岩类元素组合。很可能反映以硅化为主的蚀变作用对原岩的叠加改造。该组合与成矿元素组合构成有关联的较松散簇群。

第三簇群：Al_2O_3、P_2O_5、K_2O。构成与钾化有关的组合。该组合与成矿作用关系不密切，有可能反映早阶段的蚀变作用。

第四簇群：TFeO、Co、MgO、Na_2O、Cr、Ni、Cl、CaO、Na_2O、Sr、Ba。以亲中基性岩类的元素为主。多构成中基性岩中的暗色组分及斜长石等。该簇群主要表现了原岩组合性，与成矿组分之间具有弱的反消涨关系。

2. 因子分析

通过R型因子分析计算，前12个因子共获得方差贡献的86.96%(见表6-6)，其中F1、F2和F4三个因子占42.34%，构成重要主因子。三个主因子特征所代表的地质意义如下：

表 6-6　上宫金矿床 PD12 - CM35、PD3 - CM12 工程样品 R 型因子分析结果

变量	F1	F2	F3	F4	F5	F6	F7	F8	F9	F10	F11	F12	公因子方差
Au		-0.755 6				-0.257 9					-0.224 7		0.823 8
Ag		-0.943 9											0.936 4
Pb		-0.402 6					0.745 2		0.251 0				0.854 3
Zn	-0.204 3		-0.766 5					0.338 3					0.820 4
Cu	0.216 9	-0.472 7	0.213 9	-0.302 1	0.252 2		0.483 8			-0.279 0			0.827 9
Mo		-0.887 6			-0.408 2	-0.229 5			0.238 3				0.908 9
F	-0.325 8	-0.272 8				-0.917 5	0.244 3				-0.455 3		0.766 4
Cl													0.901 6
S		-0.902 6											0.936 3
As		-0.946 8											0.920 4
Sb		-0.865 2					0.343 8						0.919 9
Bi										-0.934 5			0.944 3
Cr								0.890 8					0.878 4
Co	0.227 6		0.229 0	0.919 3									0.962 3
Ni	0.503 0			0.501 2				0.582 7					0.883 6
V		-0.855 1										-0.231 6	0.917 3
Mn	0.268 5			0.646 9	0.342 1								0.712 0
Ti	-0.585 7	0.205 8			-0.206 1	0.251 7						-0.550 7	0.877 2

续表 6-6

变量	F1	F2	F3	F4	F5	F6	F7	F8	F9	F10	F11	F12	公因子方差
Zr	-0.857 2			-0.215 3								-0.210 1	0.949 9
Nb	-0.769 3			-0.372 1	-0.229 0								0.882 4
P	-0.355 8				-0.207 1							-0.850 7	0.881 3
Rb			-0.766 9	-0.322 0				0.296 0					0.849 6
Sr	-0.413 6		0.521 7	0.350 0	0.260 6								0.717 5
Ba											0.850 1		0.853 2
La	-0.853 8												0.802 3
Y	-0.706 8		-0.432 8									-0.254 9	0.872 1
Ti	-0.501 4				-0.207 7		0.578 0	-0.210 2			0.244 3		0.834 7
TFeO				0.930 8									0.918 6
Al_2O_3		0.209 8			-0.505 2			0.427 4		0.228 0		-0.382 9	0.860 0
CaO	0.219 6			0.367 8	0.810 6								0.895 8
MgO	0.318 8		0.274 3	0.719 0			-0.288 9					0.220 9	0.834 4
SiO_2	-0.203 6			-0.816 2	-0.326 3								0.936 3
K_2O									0.944 9				0.932 6
Na_2O			0.804 1					0.264 2					0.936 4
方差贡献(%)	13.02	18.34	7.88	12.98	5.34	3.88	4.68	5.77	3.46	3.35	3.68	4.58	86.96

F1：[- Zr、La、Nb、Y、Ti、Th、Sr、P、F、SiO_2、Zn；Ni、MgO、Mn、Ca、Co、Cu]，因子贡献 13.02%，主端为亲酸性组分，元素种类多，因子载荷高；次端为亲基性组分，二者互为消涨。

F2：[- As、Ag、S、Sb、Mo、V、Au、Cu、Pb、F、Bi、SiO_2；Ti、Al_2O_3]，因子贡献 18.34%。F_2 轴主端包括了上宫矿床最主要的成矿及伴生金属组分和矿化剂，其中 Au、Ag、S、As、Sb、Mo 结构紧密，Cu、Pb、F、Bi 等分布零散且载荷较小，显示了以金为主的硫、砷化物在一定程度上与硅化有关，并伴有多金属矿化为特征。F2 为上宫金矿重要的成矿因子组合。

F4：[TFeO、Co、MgO、Mn、Ti、CaO、Si； - SiO_2、Nb、Rb、Cu、Zr]，因子贡献为 12.98%。其主端以铁、镁质碳酸盐组分为主，反映铁白云石的元素组合特征，次端主要为 SiO_2，二者在蚀变作用过程中明显相关，熊耳群火山岩原岩在遭受铁白云石化的同时带出 SiO_2 形成硅化或石英细脉。Rb 和 Sr 在蚀变作用过程中也发生明显分离，本因子构成重要的蚀变作用元素组合。

除上述 3 个主因子外，其余 9 个因子贡献分别为 7.88% ~3.35%，各因子中元素组合简单，载荷较小，反映了多阶段蚀变矿化作用的影响和叠加。

6.1.3.4 虎沟金矿床地球化学特征

本次工作仅针对 19 号矿脉南段进行研究，所总结规律难以系统、全面地反映虎沟金矿床地球化学特征，仅以此为基础进行概略性了解。地球化学样品主要沿矿脉走向采集，倾斜方向适当控制。共采样品 29 件，总结规律如下。

1. 蚀变矿化岩石中金及有关元素含量分布特征

统计表明，有矿脉的不同蚀变、矿化类型岩石及构造带中，主要成矿元素均有明显带入；尤以 Au、Ag 更为显著（见表 6-7）。从以地壳元素丰度（泰勒，1964）为基准计算的元素富集度可以看出：矿床主要富集元素有 Au、Ag、Pb；其中 Au 的富集度为 7 ~150，Ag 为 7 ~52，Pb 为 5 ~13。次要富集元素有 Zn 3 ~8，S 2 ~8，As 2 ~11 和 Sb 1 ~5。Bi 和 Mo 的富集度为 1 ~2，均属弱富集。其他元素在不同类型岩石中多相对贫化。显示主成矿元素矿化富集的特点。

2. 蚀变矿化岩石中元素含量分布形式

从元素含量分布直方图反映出富集程度较高的元素往往具有多重母体分布的特点，为多阶段矿化热液作用叠加所致。另一些与矿化、蚀变作用有关的元素尽管富集程度较低，同样表现了多重母体叠加分布的特点。呈单一母体或双重母体分布的元素通常富集程度较低或者相对贫化，多代表了原岩中较稳定的组分。具多重母体分布的元素除主成矿元素外均以中、低温元素组合为主如 Ag、Pb、As、Sb、Ba、Mn 等，表现了中温热液成矿作用元素组合特征。

3. 蚀变矿化岩石中元素离散序列

利用不同类型岩石统计得到元素离散序列（见表 6-8），对比表明随着岩石蚀变矿化作用增强，元素离散程度增加。从弱蚀变→强蚀变→矿化构造角砾岩离散序列中元素由 4 种增加到 9 种和 13 种；离散程度较高的元素分别为 As；Au、As、S、Pb、Ag；Au、Pb、As、Ag、S、Sb，表现了以矿化岩石为核心的微弱组分分带特征。在强蚀变岩石和矿化角砾岩中离散元素组合基本一致，反映金矿成矿作用与沿构造破碎带贯入并进行交代的含矿热液活动有关，矿化以扩散—交代作用为主。成矿指数（YQ）计算结果（见表 6-9）进一步反映了该特点。

表 6-7　虎沟金矿床蚀变矿化岩石元素含量特征

岩石类型	特征值	Au	Ag	Pb	Zn	Cu	Mo	S	As	Sb	Bi	Sr	Ba	Mn	Co	Ni
蚀变角闪二长片麻岩	$\overline{X}G$	29.56	0.522	63.28	200.85	40.05	2.85	0.055	2.79	0.22	0.25	164.91	871.21	489.29	20.20	43.63
	$\sigma n-1$	0.154	0.065	0.121	0.130	0.426	0.393	0.370	0.945	0.10	0.06	0.243	0.171	0.155	0.106	0.153
硅化、碳酸盐化绢云绿泥蚀变岩	$\overline{X}G$	40.44	0.511	42.67	319.82	32.90	1.97	0.078	1.53	0.36	0.24	79.52	293.17	1 362.97	23.74	43.16
	$\sigma n-1$	0.842	0.527	0.592	0.393	0.219	0.212	0.621	0.633	0.278	0.299	0.226	0.454	0.462	0.149	0.338
蚀变、矿化构造角砾岩	$\overline{X}G$	599.18	3.625	161.13	572.45	46.67	2.18	0.196	19.69	0.93	0.23	121.23	104.84	625.96	30.76	41.14
	$\sigma n-1$	0.887	0.703	0.780	0.361	0.493	0.193	0.638	0.742	0.600	0.318	0.168	0.410	0.404	0.309	0.333
地壳元素丰度（泰勒,1964）		4	0.007	12.5	70	55	1.5	0.026	1.8	0.2	0.17	375	4.25	950	25	75

注：表中单位：Au 为 10^{-9}，S 为 10^{-2}，其他元素为 10^{-6}。

表 6-8　虎沟金矿床蚀变矿化岩石元素离散序列

岩石类型	元素离散序列($\sigma n-1>0.3$)0.5	
蚀变角闪二长片麻岩	As	Cu、Mo、S
硅化、碳酸盐化绢云绿泥蚀变岩	Au、As、S、Pb、Ag	Mn、Ba、Zn、Ni
蚀变、矿化构造角砾岩	Au、Pb、As、Ag、S、Sb	Cu、Ba、Mn、Zn、Ni、Bi、Co

表 6-9　虎沟金矿床蚀变矿化岩石不同元素成矿指数(YQ)表

岩石类型	Au	Ag	Pb	Zn	Cu	Mo	S	As	Sb	Bi	Sr	Ba	Mn	Co	Ni
蚀变角闪二长片麻岩	0.38	0.16	0.20	0.12	0.10	0.25	0.26	0.49	0.04	0.03	0.04	0.12	0.03	0.03	0.03
硅化、碳酸盐化绢云绿泥蚀变岩	7.20	3.26	1.71	1.52	0.07	0.23	1.58	0.46	0.42	0.36	0.04	0.26	0.56	0.12	0.17
蚀变、矿化构造角砾岩	110.70	30.35	8.38	2.45	0.35	0.23	4.01	6.76	2.33	0.36	0.04	0.09	0.22	0.32	0.15

第一亚群:Au、Ag、Sb、Pb、As。

第二亚群:S、Co、Bi。

前者与金矿化关系密切,与受矿化热液蚀变作用叠加的强蚀变角砾岩有关,后者主要与黄铁矿阶段矿化有关。上述组分均受同一成矿作用控制,并表现出不同阶段矿化富集的特点。其他元素簇团结构松散,相互关系不紧密,其中 Sr 更多反映原岩组分特征,随蚀变作用增强而带出;Mn、Ba 多与蚀变较弱的绢云母绿泥石蚀变岩有关。

利用 R 型因子分析对上述成矿元素组合进一步分解。计算结果(见表 6-10)表明,6 个主因子共提取方差贡献的 92.04%。以 Au 为主的主因子有 2 个,其公因子方差达 0.932 5。各因子组合及所代表的地质意义如下:

F1:[Zn、As、Pb、Sb、Ag、S、Au、(Co、Bi、Cu)]。因子贡献最大,达 28.43%,关联元素以 As、Pb、Zn 为主,伴有 S、Sb、Ag、Au,具有与多金属硫化物有关的金矿化特征,反映以中、低温成矿阶段为主的因子组合。

F6:[Co、Bi、Au、Ag、S、Sb、Pb、Cu、(As、Ni)]。因子贡献居第二位,为 24.07%。关联元素有 10 种之多,与 F1 因子组合元素相似,但本因子以 Co、Bi、Au 为主,伴有 S、Sb、Ag、Pb、Cu,表现了以黄铁矿为主的金矿化特征和以中偏高温矿化阶段为主的因子组合。

从 F1 和 F6 因子组合对比可看出两个因子的关联元素相似,均具有 Pb、Sb、S、Ag、Au

等组分，F1 中以 Pb 为主，F6 中以 Au 为主；前者的特征元素为 Zn、As，后者的特征元素为 Co、Bi、Cu。上述特征表明两个因子均为同一成矿热液活动的产物，同时还具有多阶段（至少两阶段）演化的特点。F1 以中、低温成矿热液活动为主，F6 以中、高温成矿热液活动为主。矿化剂组分从 F6 向 F1 呈 Bi→S→Sb→As 演化，相应成矿组分呈 Co→Au、Ag→Pb→Zn 演化。显示矿化温度由高而低、由黄铁矿阶段向多金属阶段转化的特点。除 F1 和 F6 因子外，其余 4 个因子关联元素简单，因子贡献较小，在成矿作用过程中无明显重要意义。

表 6-10　虎沟金矿床 R 型因子分析结果

变量	F1	F2	F3	F4	F5	F6	公因子方差
Au	0.612 9					0.714 5	0.932 5
Ag	0.657 5					0.694 8	0.949 8
Pb	0.858 9					0.377 2	0.940 6
Zn	0.913 1		0.223 3	0.208 5			0.961 0
Cu	0.218 6				-0.808 0	0.327 9	0.839 6
Mo			-0.969 6				0.960 6
S	0.626 3	0.236 4				0.677 7	0.934 6
As	0.873 0				0.277 2	0.302 7	0.968 3
Sb	0.677 6				-0.380 3	0.516 0	0.894 7
Bi	0.221 4	0.570 2				0.758 6	0.959 0
Sr				0.943 7			0.955 4
Ba		0.835 3		0.340 1			0.857 7
Ma		0.872 7					0.883 2
Co	0.234 7					0.938 5	0.948 2
Ni	-0.261 5	-0.208 7	-0.347 5		0.706 7	0.206 9	0.821 5
方差贡献（%）	28.43	13.26	8.29	7.92	10.07	24.07	92.04

6.2　蚀变与成矿作用

上宫金矿的矿体几乎全部受断裂构造的控制，为一典型的断裂蚀变岩型金矿。区内断裂构造较发育，主要有三组：北东向（F1、F8、F9 等）、近南北向（F7、F38、F5 等）及东西向（F12、F19 等）。其中，北东—南西向断裂最为发育，北东向 F1（金洞沟大断裂）纵贯矿区，长 2.7 km，宽 20 ~ 170 m。它是由数条大致平行的次级断裂组成的断裂带，走向北东 45°，倾向北西，倾角 55° ~ 70°，是本区最重要的控矿断裂构造，带内次级断裂具分枝复合现象，它为金矿的形成提供了导矿和储矿空间。断裂构造穿过不整合面，因而矿脉的围岩既有熊耳群火山岩，也有太华群深变质岩。

6.2.1 矿床及矿石的一般特征

上宫矿田内的矿床主要产于熊耳群火山岩中，部分出现在熊耳群下部的太华群深变质岩中。熊耳群火山岩为中元古代中基性到中酸性火山岩，夹有部分次火山岩。主要岩石类型有安山岩、玄武安山岩、英安岩、同成分的火山碎屑岩以及次火山岩体安山玢岩，岩石不整合覆盖在强烈褶皱和变质的太华群变质上。熊耳群火山岩中除矿化的脆性断层外，岩石的韧性变形现象不明显，没有经历深的埋藏和变形变质，但普遍发育青盘岩化作用。

矿区范围内矿化蚀变带的分布完全受断裂的控制（见图 6-2），矿区内的主断裂为金洞沟断裂（F1），与主断裂近平行的有一系列的次级断裂，部分斜交主断裂的派生断裂，形成一系列次级蚀变带。蚀变带倾向 294° ~ 331°，倾角 50° ~ 78°。蚀变作用主要沿断裂线性分布，单一矿脉蚀变带宽度不大，蚀变由断裂带向两侧逐渐减弱，呈现近于平行对称分布的蚀变分带。但部分地段近平行的断裂蚀变岩带之间有叠加现象。上宫矿床矿区范围内受断裂控制的矿体主要出现在熊耳群火山岩与太华群变质岩不整合接触带的附近，主要矿体在熊耳群火山岩中，部分断裂蚀变矿化带延伸到太华群变质岩中。七里坪矿床也出现在熊耳群火山岩的断裂蚀变带中，但矿床以多金属硫化物矿化为主，形成有一定规模的银矿床，深部金有增加的趋势。

矿体的形态主要为脉状、薄板状或断层带中的豆荚状，厚度变化不大，平均厚度一般在 2 m 以下。矿体沿倾向方向和水平方向有舒缓波状变化（见图 6-4），目前矿带的勘探控制深度已达 1 471 多 m，圈定矿体 100 多个。

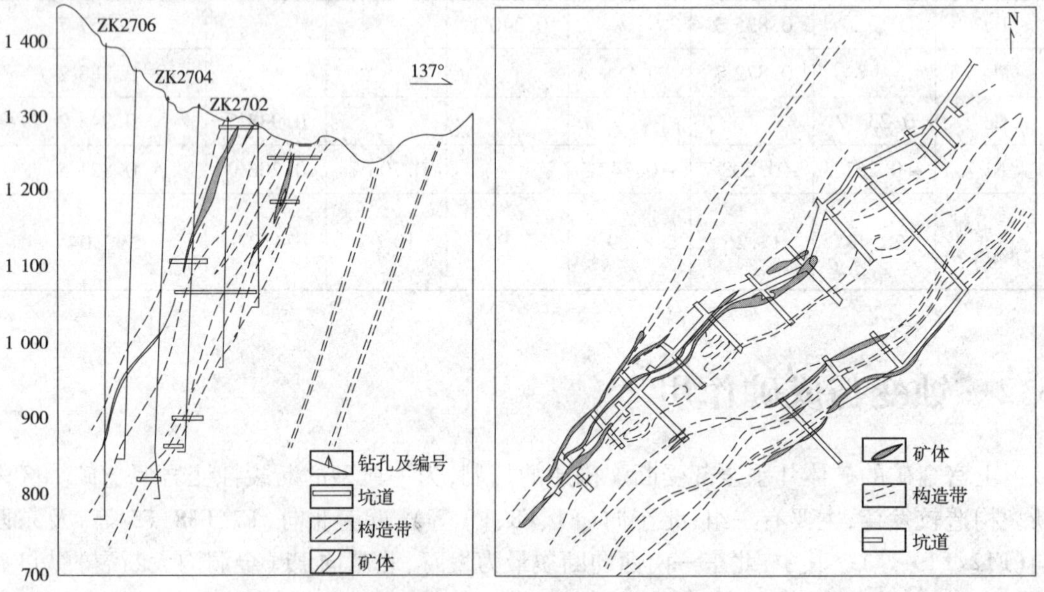

图 6-4 上宫金矿 27 线勘探线剖面图（左）和 1111 中段平面示意图（右）

矿体严格受断层的控制，矿体部分一般赋存在断层带内的多期破碎的角砾岩带中，断层影响宽度不大，近矿围岩一般有稀疏破碎裂隙，原岩特征基本保留，随远离矿体，围岩变为青盘岩化的安山岩(见图6-5)。

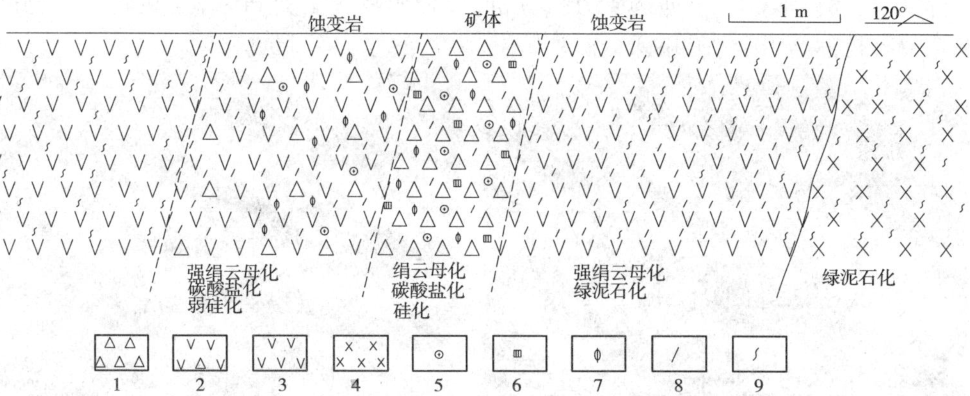

1—角砾岩；2—碎裂安山岩；3—安山岩；4—蚀变辉绿岩；
5—硅化；6—黄铁矿化；7—铁白云石化；8—绢云母化；9—绿泥石化

图6-5 上宫706中段37线矿体及围岩蚀变示意图

由于断层的多期次活动，矿石主要为角砾状构造，部分脉状、网脉状构造。角砾大小不等，发育各种碎裂结构。角砾本身也常具有碎裂结构、碎粒结构、碎斑结构、鳞片粒状变晶结构、不等粒粒状变晶结构、交代结构等，部分矿石中石英发育生长环带结构、再生加大结构。近矿围岩主要为块状构造、杏仁构造，部分发育脉状构造，结构为变余斑状结构、变余凝灰质结构、交代残留结构、交代假象结构等(见图6-6)。

上宫826中段3线碎裂蚀变岩型矿石(正交偏光)，红线为大角砾界线，蓝线为大角砾内的角砾，大角砾内碎基无铁白云石，有侵染状黄铁矿和绢云母，外部碎基强烈铁白云石化，也有粒状黄铁矿，大角砾内石英角砾裂隙中有微粒黄铁矿

上宫1010平硐穿脉10矿石(正交偏光)，强烈绢云母化安山岩，绢云母集合体保留斜长石假象，基质和假象斜长石内部有微晶黄铁矿

图6-6 矿石中的复合角砾状结构和斜长石的交代假象结构

上宫金矿矿石中的矿物成分主要为微晶粒状黄铁矿，少量中粒黄铁矿，部分矿石中有闪锌矿、方铅矿、黄铜矿，但闪锌矿比较多见，黄铜矿和方铅矿比较少见，脉石矿物主要为铁白云石、绢云母、石英，部分矿石中有绿泥石、方解石。粒度大的黄铁矿通常强烈破碎为

碎粒集合体,微晶粒状黄铁矿与绢云母组成集合体,多为比较自形的五角十二面体晶形,中等粒度的黄铁矿也比较自形,而且既有立方体晶形,也有五角十二面体晶形,零星分布在脉石矿物中(见图6-7)。出现闪锌矿、黄铜矿和方铅矿的矿石中,常见闪锌矿包裹黄铁矿,方铅矿交代黄铜矿。根据选矿分析资料,载金矿物主要是黄铁矿,在其他矿物的间隙或裂隙中有自然金、银金矿和锑金矿。

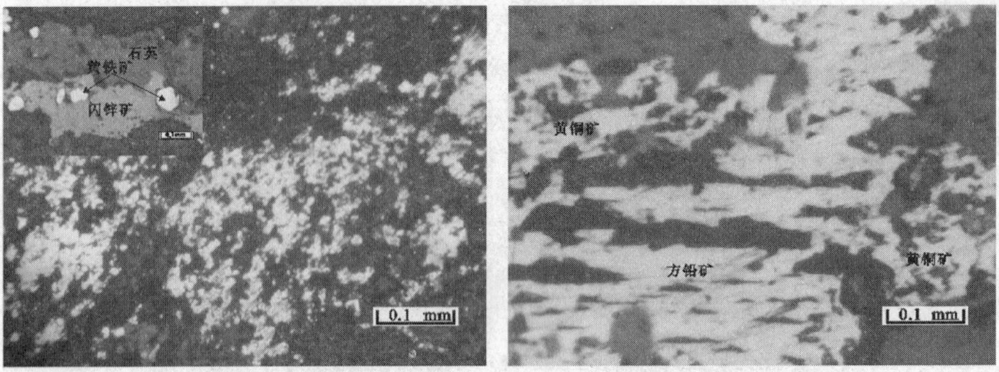

上宫746中段矿石光片(单偏光),黄铁绢英岩化形成的微细粒黄铁矿集合体,脉石矿物为绢云母和部分石英,左上角为同一光片中的闪锌矿和粒度大的黄铁矿

上宫786中段38线矿石光片(单偏光),石英脉体中出现的方铅矿和黄铜矿,二者连生,可能为同期形成

图6-7　黄铁绢英岩中的微晶粒状结构黄铁矿和其他矿物中的分散粒状黄铁矿

七里坪银矿床中的矿石主要是碎裂石英脉型矿石,矿石的矿物主要是闪锌矿、方铅矿、黄铁矿、黄铜矿,脉石矿物主要为石英,其次为绢云母、绿泥石和方解石,部分矿石中出现非常自形的石英。闪锌矿、方铅矿和黄铜矿通常出现在石英脉或石英颗粒的间隙中,闪锌矿粒度比较大,但多呈破碎的角砾状团块集合体,矿物内部裂隙发育。黄铜矿和方铅矿多交代闪锌矿或充填闪锌矿的裂隙(见图6-8)。银的载体矿物主要是方铅矿,在方铅矿中可见乳滴状辉银矿,部分有出溶的叶片状硫银矿。其他银金矿物也比较多见,充填在其他矿物的间隙中。

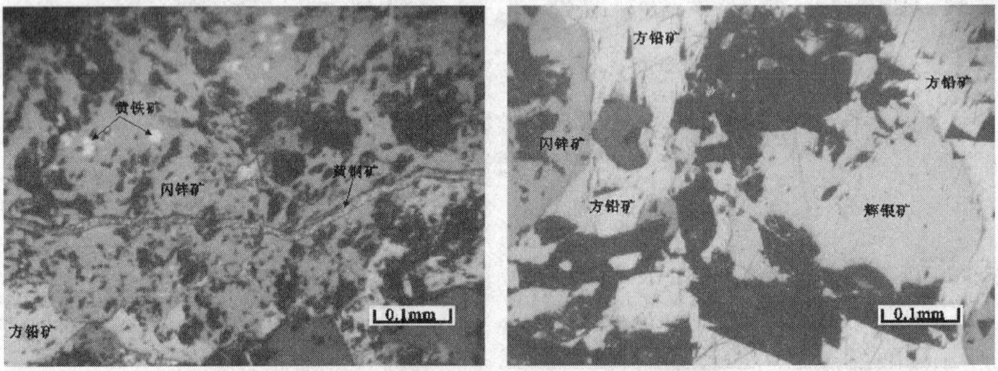

七里坪银矿矿石光片(单偏光),方铅矿沿边部交代闪锌矿,黄铜矿充填闪锌矿的裂隙,黄铁矿在闪锌矿中呈碎粒

七里坪银矿矿石光片(单偏光),方铅矿交代及包裹闪锌矿,方铅矿中的大颗粒辉银矿

图6-8　七里坪银矿矿石中矿石矿物之间的相互关系

6.2.2 含矿蚀变带的蚀变作用及蚀变特征

上宫金矿矿体连续或断续出现在断层蚀变带中，蚀变带中心的矿体为角砾状黄铁绢英岩和不同期次的碳酸盐矿物角砾或细脉，早期碳酸盐为铁白云石，晚期有细脉状方解石，黄铁矿主要出现在大小不等的石英绢云母团块中，粒度一般都非常细（<0.2 mm），但自形程度好。蚀变带中心多期次和不同应力性质的断层活动，使蚀变岩石的原岩改造得比较彻底，原中基性火山岩的特征没有保留，从破碎蚀变带中心向两侧，近矿围岩破碎不强，但绢云母化强烈，碳酸盐矿物为宽窄不等的脉状，碳酸盐脉也显示明显的多期次特征。随远离蚀变带，绢云母化逐渐减弱，绿泥石化逐渐增强，火山岩的变余斑状结构或变余火山碎屑结构比较明显。绿泥石化分布范围比较广，但大范围的绿泥石可能为成矿作用前火山岩的自变质作用形成，主要表现为暗色矿物几乎全部变为绿帘石、绿泥石，斜长石发育绢云母化，基质中出现不规则的石英（见图6-9）。根据变形现象不明显，而且没有经历深埋藏变质的特点，推测可能为火山作用后期的自变质作用。矿化蚀变带蚀变矿物成分主要为碳酸盐矿物（以铁白云石为主）、绢云母、石英、黄铁矿、少量绿泥石。

上宫 1010 平硐源矿围岩（正交偏光），安山岩中斜长石绢云母化，但保留双晶，玻基交织结构基质中的斜长石也为绢云母

上宫1010平硐远矿围岩(单偏光),全部绿泥石化的角闪石。基质也有绿泥石化，与左边为同一样品

图 6-9 上宫金矿远矿围岩安山岩的四青盘岩化蚀变现象

七里坪银矿矿石和围岩的破碎及蚀变特征与上宫金矿基本类似，但也存在一定的差别。近矿围岩也表现为强烈的绢云母化，随远离蚀变带，绢云母化逐渐减弱，绿泥石化逐渐增强，火山岩的变余斑状结构或变余火山碎屑结构比较明显；但铁白云石化不发育，仅普遍发育弱的方解石化，矿体表现为破碎的石英脉型或蚀变岩型，矿体也表现为多期破碎现象。

成矿作用几乎全部限制在断裂带中的部分断层中，但蚀变带发育宽度不大，由于成矿作用前后断层的多期性活动，早期的蚀变有受后期断裂的破坏或后期蚀变的叠加，由于原生的蚀变分带都受到叠加、破坏和改造，难以研究成矿作用时的原生蚀变分带，但主要的蚀变作用基本可以识别。主要的蚀变作用和发育特征如下：

黄铁绢英岩化 黄铁绢英岩化发育在断裂蚀变带中心，严格受断层破碎带的控制，与成矿期的成矿热液活动直接相关，形成富含微细粒黄铁矿的黄铁绢英岩，目前由于成矿以后断层的多期次活动，黄铁绢英岩强烈破碎，矿石中表现为角砾状或碎粒状黄铁绢英岩，碎基状石英、绢云母、黄铁矿和铁白云石，或者黄铁绢英岩在后期的铁白云石中呈角砾状包体(见图6-10)。上宫金矿矿体中的黄铁矿主要是微细粒黄铁矿，根据金的载体矿物主要是黄铁矿的特点，金的矿化作用可能主要发育在黄铁绢英岩化阶段，黄铁绢英岩化应该是成矿主期的蚀变作用。

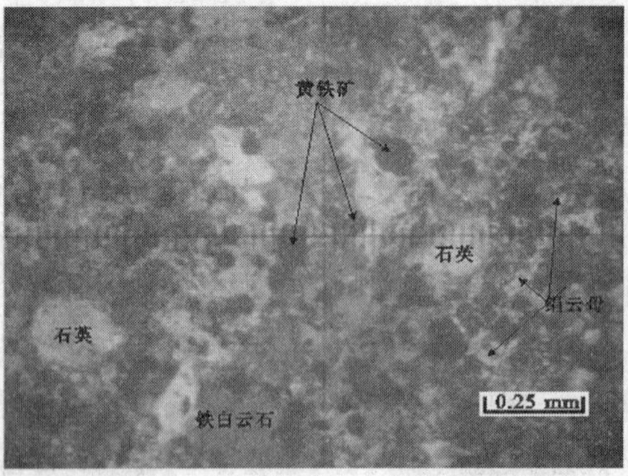

上宫706中段矿石(正交偏光),铁白云石角砾间的富黄铁矿碎基,本身也为碎粒状,有的以碎粒石英和绢云母为主,有的以铁白云石为主

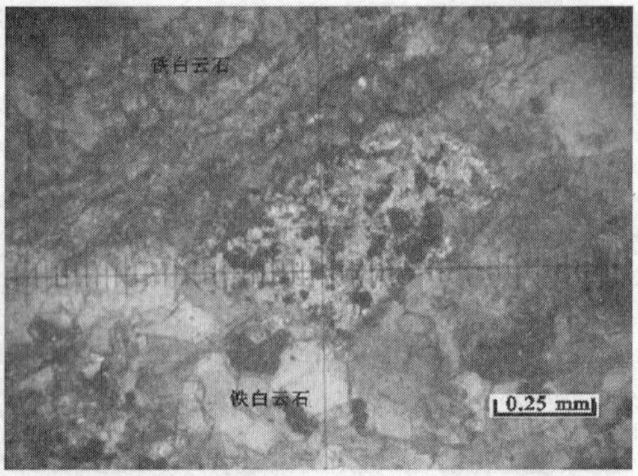

上宫706中段矿石(正交偏光),铁白云石角砾中的黄铁绢英岩角砾，铁白云石中很少见黄铁矿，有不同期的铁白云石

图6-10　黄铁绢英岩化，但被破碎改造，部分碎粒包裹在后期蚀变矿物中

绢云母化　绢云母化发育在近矿围岩中，岩石的破碎现象不明显，原火山岩的结构构造完全保留，表现为火山岩中斜长石的强烈绢云母化，斜长石斑晶或晶屑几乎全部被绢云母取代，除绢云母集合体外形保留斜长石的晶形外，内部没有任何斜长石的特征，在基质中斜长石也强烈绢云母化(见图6-11)。强烈绢云母化的近矿围岩一般没有伴随面型的石英和黄铁矿化，仅部分样品中有稀疏石英或碳酸盐矿物脉，可能是后期的蚀变作用叠加。随远离矿体，岩石逐渐变为青盘岩化的火山岩，斜长石显示出聚片双晶的特征。

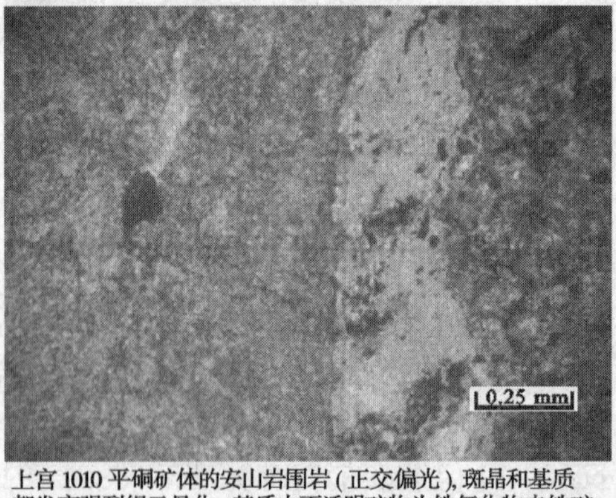

上宫1010平硐矿体的安山岩围岩(正交偏光),斑晶和基质都发育强烈绢云母化，基质中不透明矿物为铁氧化物赤铁矿

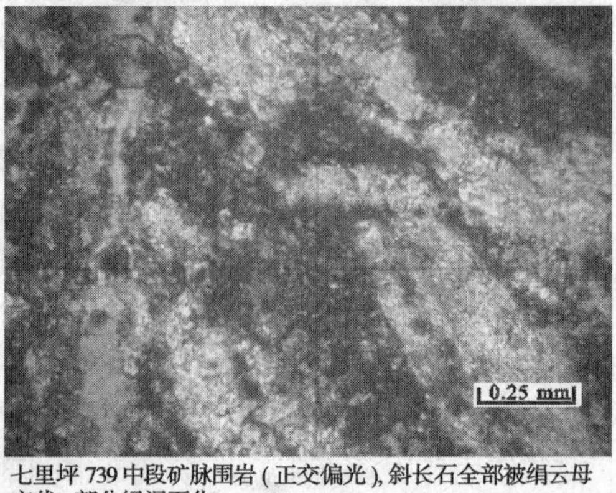

七里坪739中段矿脉围岩(正交偏光),斜长石全部被绢云母交代，部分绿泥石化

图6-11　主要出现在近矿围岩中的纯绢云母化

硅化　硅化的发育范围也比较广，而且具有多期次的特点。矿体中部分矿石中主要呈角砾状石英集合体，多期破碎现象明显，部分为不连续脉状。成矿作用之前可能主要发育部分断裂充填型石英脉，成矿时石英脉强烈破碎，绢云母黄铁矿化时伴随硅化，部分沿早期石英的破碎裂隙发生硅化(见图6-12)，早期石英脉呈具强烈波状消光的角砾状集合

体，微粒石英、绢云母和黄铁矿充填在破碎石英脉的角砾间。

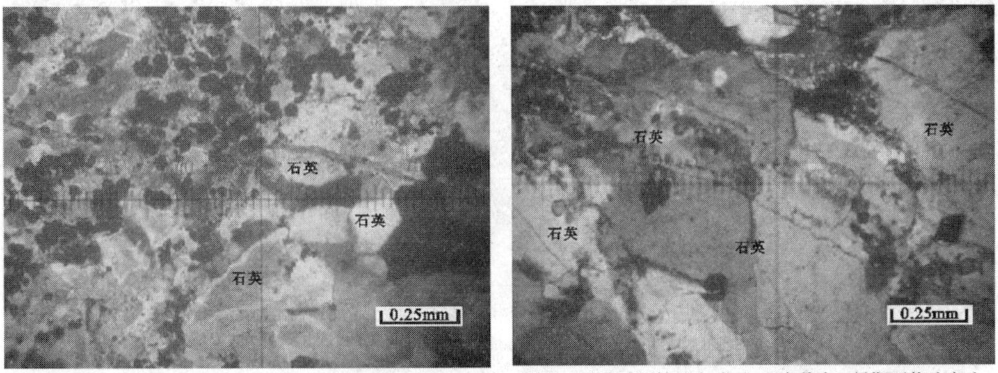

上宫 826 中段含黄铜矿、闪锌矿金矿石（正交偏光），早期石英破碎后黄铁绢英岩化，后破碎再次硅化，晚期有自形石英

上宫 706 中段含闪锌矿金矿石（正交偏光），早期石英破碎后裂隙中晚期又硅化、碳酸盐化，石英之间有交代现象

图 6-12　上宫金矿黄铁绢英岩化硅化现象

晚期石英呈不连续脉状或团块状，波状消光不明显。部分石英非常自形，部分样品中出现石英的生长环带或再生加大现象（见图 6-13）。在脉状或团块状石英中局部出现有闪锌矿、方铅矿、黄铜矿。推测主成矿期的黄铁绢英岩化出现在早期的压扭性破碎阶段，之后又有多次张性或张扭性破碎，形成部分自形石英，而闪锌矿、方铅矿和黄铜矿化出现在晚期的张性破碎的硅化阶段。近矿围岩中主要是出现不连续的微裂隙型石英脉，但发育宽度不大。

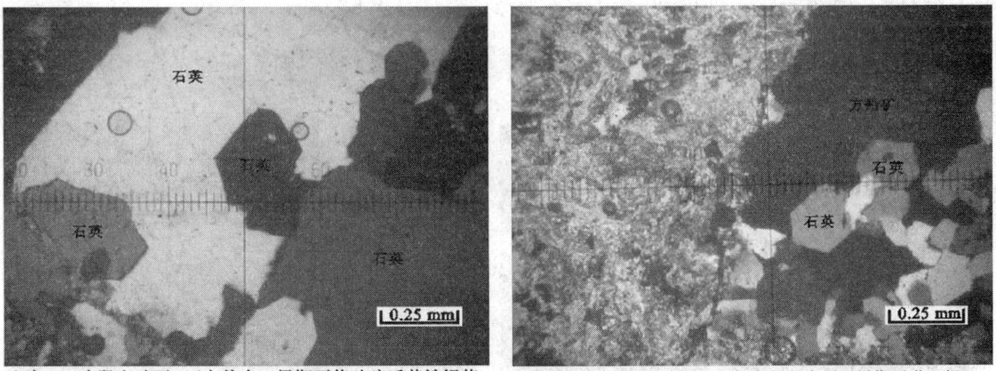

上宫 746 中段金矿石（正交偏光），早期石英破碎后黄铁绢英岩化，晚期石英均匀消光，石英表明为半自形、自形，应该为张性环境下形成

七里坪 799 中段银矿石（正交偏光），碎裂后早期硅化、绢云母化安山岩中晚期含方铅矿石英团块中有非常自形的石英

图 6-13　上宫和七里坪矿石中晚期硅化的自形石英，矿石一般含多金属硫化物

绿泥石化　绿泥石化在火山岩中普遍发育，矿体中一般不见绿泥石，在近矿围岩中主要表现为火山岩基质中绿泥石含量增加，在变余的斜长石斑晶中局部出现裂隙型绿泥石脉。围岩中成矿时的绿泥石化与成矿前岩石的绿泥石化不易明确区分，成矿时绿泥石化强度不大，在矿石中可以见到在早期绢云母化之上叠加绿泥石化，部分绢云母被绿泥石交代。在大的石英脉碎粒中绿泥石形成单独的绿泥石脉或含绿泥石的石英脉，前者明显晚于后者，也可能是早期绢云母石英脉中的绢云母被绿泥石交代（见图 6-14）。刘秀沟太华群变质岩中的矿体近矿围岩中仅表现为角闪石的绿泥石化。

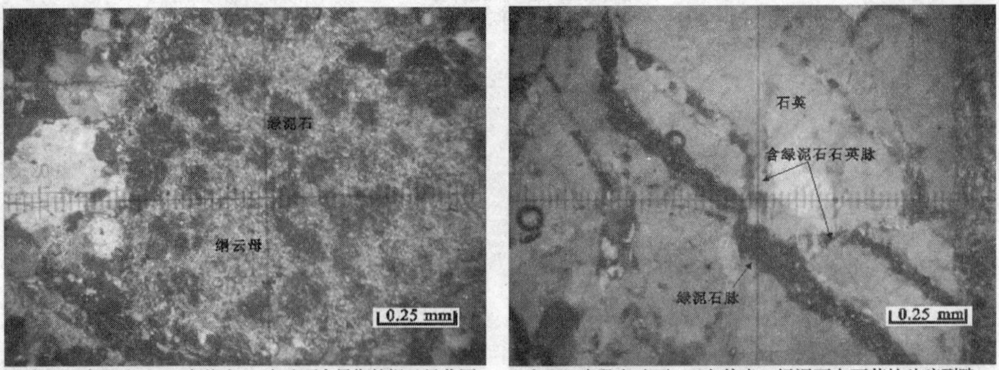

上宫 706 中段矿石(正交偏光),在矿石中早期的绢云母化团块中叠加晚期的绿泥石化,部分绢云母转变为绿泥石

上宫 706 中段金矿石(正交偏光),绿泥石在石英的破碎裂隙中呈脉状,并切穿早期石英中的含绿泥石石英脉

图 6-14　上宫矿石中的绿泥石化,明显是在绢云母化后期

铁白云石化　铁白云石化是本矿区断裂蚀变带中最普遍和最强的蚀变作用,而且具有多期次的特点。在破碎蚀变带中,铁白云石呈角砾状或脉状,不同期次的铁白云石脉相互穿插,个别铁白云石团块中有粒度稍大的黄铁矿,但不多见,部分铁白云石角砾中有富微晶绢云母和黄铁矿的小角砾。在破碎的由绢云母、黄铁矿和石英组成的碎基中有部分铁白云石。这些现象表明,铁白云石化应该出现在绢云母黄铁矿化的主成矿期之后,而且有多次破碎、多次铁白云石化的特点,早期的铁白云石化为黄铁矿化绢英岩破碎后的脉型和弥散型铁白云石化,杂质含量高且透明度差,晚期为透明度相对高的铁白云石交代早期透明度低的铁白云石,或者在早期的铁白云石角砾中呈脉状铁白云石化。铁白云石化期间可能活化部分早期的黄铁绢英岩中的成矿物质,因而在铁白云石的角砾或团块中出现部分粒度大的黄铁矿(见图 6-15)。

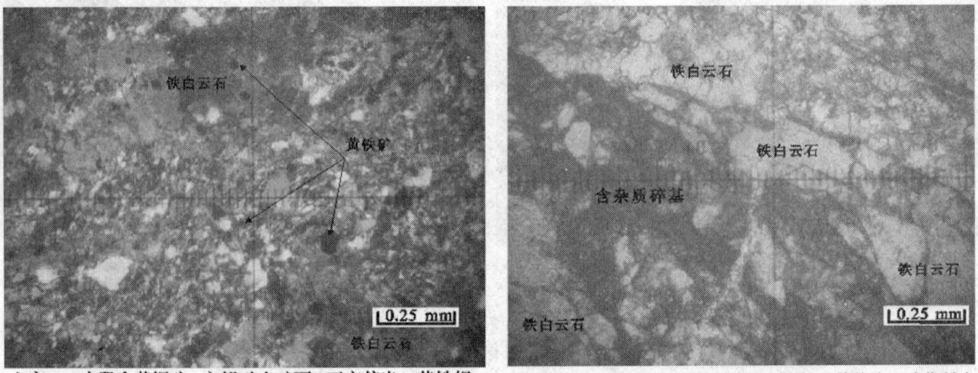

上宫 786 中段含黄铜矿、方铅矿金矿石(正交偏光),黄铁绢英岩中黄铁矿粒度小,强烈破碎后铁白云石化,铁白云石中含黄铁矿小,但粒度稍大

上宫 706 中段矿石中的富铁白云石团块(单偏光),多期铁白云石,早期破碎为角砾,晚期为脉状,均不含硫化物矿物

图 6-15　左侧为黄铁绢英岩破碎后铁白云石化,右侧为不含矿的多期白云石

钾长石化　钾长石化仅在刘秀沟太华群变质岩中的断裂矿化蚀变带中发现,近矿的角闪斜长片麻岩中与角闪石的绿泥石化共存有微斜长石交代斜长石的现象,但蚀变带中心强烈破碎的部分主要发育铁白云石化和绢云母化。

黄铁矿化　黄铁矿化主要在断裂蚀变带中发育,黄铁矿至少有三期(见图 6-16),早期的黄铁矿粒度大,一般在 1 mm 以上,但很少见,且强烈破碎,裂隙发育,推测为成矿作用前原岩中的零星黄铁矿。绝大多数黄铁矿出现在矿化带的中心部位,呈微晶自形粒状,五角十二面体晶形,粒度一般在 0.02 mm 左右,与微晶绢云母和少量石英一起组成微晶状集合体,分布在破碎石英脉体或铁白云石脉体之间,集合体明显为经历了多次破碎的角砾或碎基。晚期的黄铁矿为自形或半自形,没有破碎现象,粒度一般在 0.2 mm 左右,分布在铁白云石角砾或脉体中,在有闪锌矿、黄铜矿和方铅矿化的矿石中,也有被这些多金属硫化物包裹的黄铁矿,含量不多。应该为后期铁白云石化或多金属硫化物矿化时活化早期的黄铁矿组分形成,黄铁矿可能与铁白云石一样具有多次形成的特点。黄铁矿是上宫金矿金的主要载体矿物,所以微晶黄铁绢英岩化应该是本区金的主要成矿期。

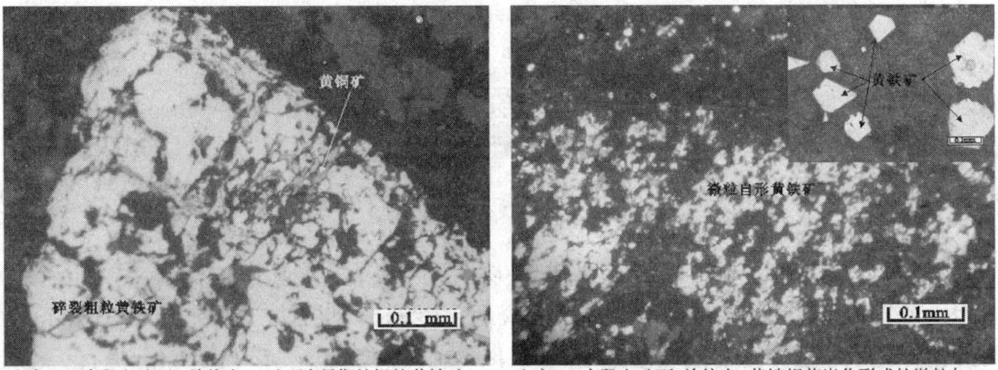

上宫 746 中段金矿石(单偏光),矿石中早期的粗粒黄铁矿,破碎强烈,裂隙中局部充填有黄铜矿,该黄铁矿应该为成矿前的黄铁矿

上宫746中段金矿石(单偏光),黄铁绢英岩化形成的微粒自形黄铁矿集合体,右上角为同一光片中粒度较大的自形黄铁矿,明显为不同期形成

图 6-16 上宫金矿中明显不同的三期黄铁矿

闪锌矿、黄铜矿化和方铅矿化 闪锌矿、黄铜矿和方铅矿化往往同时出现,矿区范围在上宫金矿部分矿脉中出现,而且含量不多,没有构成工业矿体;在上宫金矿外围的七里坪矿化比较强,尤其是方铅矿和闪锌矿,因而构成银的工业矿体。闪锌矿、黄铜矿和方铅矿化与硅化关系密切,一般出现在石英脉体中或脉体的附近(b3 - 799 - 2, Hsg59 - 2)。与闪锌矿、黄铜矿和方铅矿关系密切的石英一般粒度比较大,矿石中石英的变形弱,不均匀消光现象不发育,但有碎裂作用,这期石英明显为金的主成矿作用后又一期比较强的硅化作用,但分布范围有限,闪锌矿出现在石英颗粒的间隙中或夹在石英脉中,出现部分比较自形的石英或再生加大的石英,这种石英在吉家洼金矿石英脉型金矿石中和七里坪多金属硫化物型银矿中比较多见,吉家洼金矿石英脉型金矿石中的多金属硫化物明显比上宫多见。闪锌矿、黄铜矿和方铅矿有明显的先后生成顺序,闪锌矿一般随石英脉一起破碎,黄铜矿可在闪锌矿中呈乳滴状或裂隙型脉状,在部分石英脉中呈脉状,方铅矿交代或包裹闪锌矿或黄铜矿。说明闪锌矿化比较早,闪锌矿形成后有一次破碎作用,之后形成黄铜矿和方铅矿,黄铜矿和方铅矿没有明显的破碎现象。

方解石化 方解石化比较弱,是最晚的蚀变作用,主要呈细脉状分布在矿脉及矿脉的近矿围岩中。

综合以上各种蚀变矿物的结构构造和分布特征,可以看出,上宫矿田内部不同矿床的成矿作用基本相同,都是受断裂构造控制的构造蚀变岩型矿床。矿体主要产于断层内的安山质碎裂蚀变岩中，部分为碎裂的石英脉中，但石英脉的强烈变形和破碎说明明显为成矿作用以前顺早期断裂贯入交代形成的石英脉，成矿作用主要发生在石英脉形成以后构造运动引起安山质岩石或石英脉破碎，且热液活动使碎基发生黄铁绢英岩化作用时期。金的成矿作用期间绢云母化强烈，硅化相对弱，矿质的沉淀主要出现在石英绢云母化岩石中，纯硅化和纯绢云母化部位矿化非常弱。主成矿期之后蚀变带又经历了多期次碎裂和蚀变作用，其中铁白云石化最发育，纯铁白云石脉体一般不含矿，而且铁白云石化具有脉动性多次活动多次破碎的特点，但后期的蚀变对金的成矿作用不起主导作用，可能有活化富集作用。

金成矿作用发生的断裂活动表现为压扭性特征，形成构造片理，石英也多表现为压扭性韧脆性碎裂和变形特征，出现颗粒长轴定向和颗粒内部晶格错位等特征。

铁白云石化出现在所有以熊耳群火山岩为围岩的矿床中，而且是本区最发育的蚀变，铁白云石化期间的断裂活动可能为张扭性活动，一般不见片理，使早期的金矿体也发生多次破碎作用，但断裂活动主要是断层的继承性活动，因而在矿体中形成复杂的碎裂结构构造。最晚的一期碳酸盐化是方解石化，主要表现为裂隙型方解石脉，在局部破碎强烈的矿体中方解石脉比较发育。

闪锌矿、方铅矿和黄铜矿化在各个矿床中普遍存在，但成矿作用明显要晚，与金的成矿作用不同期，而且也晚于大规模的铁白云石化，应该出现在铁白云石化较晚期的一次碎裂和硅化作用，而且明显为张性破碎的环境下形成，出现多金属矿化的矿石中石英的再生加大比较常见，而且出现许多全自形的石英颗粒，说明有充足的自由生长空间。在多个样品中闪锌矿出现在石英碳酸盐脉体中。多金属硫化物矿化后还有过破碎，部分矿石中多金属硫化物集合体在碳酸盐矿物中呈角砾。

吉家洼金矿除没有碳酸盐化外，金的成矿作用及多金属成矿作用特征与其他矿床相同，该矿床产于远离熊耳群火山岩的太华群变质岩中，而刘秀沟矿床同样产于太华群变质岩中，但靠近熊耳群火山岩，碳酸盐化非常强烈，说明碳酸盐化期间形成碳酸盐物质的钙镁组分可能主要来自熊耳群。可能与成矿热液活动期间熊耳群火山岩中斜长石和铁镁矿物蚀变以后析出的成分有关。

黄铁矿在所有矿床中都出现，黄铁矿明显有三期，早期为粒度粗大的黄铁矿，裂隙中充填其他矿物，包裹裂隙黄铜矿。远离矿脉的熊耳群火山岩也普遍发育青盘岩化作用，这些黄铁矿含量不多，可能为青盘岩化期间形成的黄铁矿，中期为金矿化时黄铁绢英岩化形成的黄铁矿，几乎全部粒度非常细的微粒黄铁矿，通常出现在绢云母富集的团块中。晚期为出现在碳酸盐脉体或晚期石英脉体中的颗粒较大的自形黄铁矿，没有破碎现象，可能是晚期碳酸盐化和硅化期活化部分早期黄铁矿物质再结晶形成。

多金属硫化物中，闪锌矿形成早，可见黄铜矿在闪锌矿中呈裂隙脉形式出现，方铅矿和黄铜矿形成晚，二者有连生，但难以确定先后，在方铅矿中常见辉银矿。

6.2.3 断裂蚀变的阶段划分和主要蚀变矿物生成世代

显微镜下岩石和矿石的岩相学特征表明，本区断裂的活动具有脉动性特征，早期的断裂活动伴随的蚀变作用形成的岩石或矿石受到后期断裂和蚀变作用的改造，矿体内早期生成的矿物经历了多次的破碎，不同期次的蚀变矿物共存，原生的蚀变矿物分带被强烈破坏和改造。

最早的构造蚀变作用是熊耳群火山岩中普遍发育的类似青盘岩化作用和裂隙型硅化石英脉，火山岩中的暗色矿物角闪石发生绿泥石化、绿帘石化和碳酸盐化，斜长石发生绢云母化，基质发育不同程度的绢云母化、绿泥石化和弱硅化。形成的蚀变矿物有绿泥石、绿帘石、绢云母、石英、碳酸盐矿物，局部发育石英脉。这种蚀变作用可能主要发生在构造岩浆活动早期的区域性地热增温引起的低温热液变质作用，物理化学条件可能为偏酸性的还原环境，部分可能是火山活动晚期火山岩中有大量次火山岩体安山玢岩，这些岩体的侵入可能会伴随有部分岩浆晚期的热液活动。

中生代大规模的构造岩浆活动使这一地区进入了大规模的断裂和蚀变成矿期。蚀变和成矿作用可以分为几个阶段。

在构造岩浆活动的早期可能为水平挤压错动为主的压扭性断裂活动，同时伴随有成矿热液的蚀变作用，压扭性断裂破碎作用在前，之后的含矿热液在部分断裂中交代破碎的岩石，蚀变作用主要是弱硅化和强的绢云母化和黄铁矿化，由于压扭性应力作用下，岩石破碎强烈，断层破碎带宽度不大，含矿热液交代碎基，主要形成微晶状的黄铁绢英岩化蚀变岩，局部破碎发生在早期的石英脉中，石英脉强烈变形破碎，碎基也发生绢云母化和黄铁矿化。物理化学条件可能为偏酸性的弱氧化弱还原条件，这一时期形成的蚀变矿物主要是绢云母和黄铁矿，有少量石英，蚀变矿物的粒度都比较细。

黄铁绢英岩化后期，随地质体变形的增强和变形同期褶皱的产生，不均匀局部抬升，断裂由压扭性活动转变为张扭性活动，热液的物理化学性质可能向偏碱性的氧化环境转变，早期绢云母化作用交换进入热液的大量 Ca、Mg、Fe 与碳酸根离子结合，热液蚀变作用主要表现为强烈的铁白云石化，由于断裂活动的脉动性特征，铁白云石明显有多期次特点，表现为大小不同的角砾和宽窄不同的不规则脉体，早期的铁白云石杂质含量多，晚期的含杂质少，不同期次铁白云石脉体相互穿切。与火山岩相邻的太华群变质岩中的断裂蚀变带也表现为强烈的铁白云石化（如刘秀沟金矿）；而远离火山岩的太华群变质岩中的金矿，铁白云石少见（如吉家洼金矿），说明铁白云石化的物质主要来自熊耳群火山岩的早期蚀变作用，这一时期形成的蚀变矿物主要是铁白云石，可能有矿脉中早期组分的部分活化，形成部分粒度稍粗的黄铁矿。铁白云石化不是金的主要成矿期，但可能引起部分早期矿质的局部活化析出，形成部分金的矿物。

铁白云石化期后岩石发生过一期张性破碎，伴随有硅化和多金属硫化物矿化，破碎也表现为多次性，显微镜下表现为脉状或团块状石英，石英的间隙中或石英脉中夹有闪锌矿、黄铜矿和方铅矿。闪锌矿最早结晶，之后与石英脉体一起发生破碎，黄铜矿化和方铅矿化发生在破碎之后，交代闪锌矿或充填在闪锌矿或石英的裂隙中。该期硅化形成的石英几乎没有变形现象，并出现部分再生加大的石英或非常自形的石英。这期硅化在上宫金矿表现不明显，因而上宫金矿多金属硫化物比较少见，而且局部出现。而在七里坪和吉家洼矿床中比较发育，这两个矿床中多金属硫化物发育，尤其在七里坪矿区，由于多金属硫化物的发育形成具有一定规模的银矿床。这个时期形成的蚀变矿物有石英、闪锌矿、黄铜矿和方铅矿。与热液活动相关的不同期次的蚀变矿物及产出状态可归纳为表 6-11。

表 6-11　矿体及围岩蚀变特征表

蚀变期		蚀变阶段		蚀变矿物类型	蚀变矿物产状	产出部位
自然质热液期		青盘岩化	主要	绢云母、绿泥石、钠更长石、黝帘石	斑晶斜长石的绢云母化、钠黝帘石化,角闪石的绿泥绿帘石化、碳酸盐化,基质弱硅化	围岩
			次要	方解石、石英、绿帘石、磁铁矿、黄铁矿		
热液期	压扭期	黄铁绢英岩化	主要	绢云母、黄铁矿	青盘岩化火山岩及部分破碎后碎基绢云母化、黄铁矿化、弱硅化	断层
			次要	石英、绿泥石		
	张扭期	脉动性铁白云石化	主要	铁白云石	断层内不同期次的铁白云石呈角砾或不规则脉,部分石英-白云石细脉,白云石中粒度稍大的黄铁矿	断层及围岩
			次要	石英、黄铁矿、自然金、银金矿、碲金矿		
	张性期	硅化	主要	石英、闪锌矿、方铅矿	不规则石英脉伴随多金属硫化物	断层
			次要	黄铜矿、黄铁矿		
	成矿期后	方解石化	主要	石英、方解石	不规则含石英方解石脉,微裂隙赤铁矿	围岩及断层
			次要	绿泥石、赤铁矿		

从表 6-11 可以看出,同一种蚀变矿物可以在几个时期都有出现,也可以出现在一个时期,早期的蚀变矿物往往经历多次的破碎,尤其是石英和铁白云石,晚期破碎的角砾本身也常常具有早期破碎形成的角砾状或碎粒状结构,由于断裂的多期次活动,不同时代的蚀变矿物混杂在一起,但根据岩石与矿石的结构构造和矿物之间的关系,主要蚀变矿物的世代和生成顺序可以大致归纳为表 6-12 所示的顺序。

断层的脉动性活动特征和断层带中应力性质的变化使蚀变矿化带发生多次的破碎与蚀变作用。石英在不同的时期都有生成,但主要是在成矿前的安山岩基质的弱硅化石英和部分石英脉,在金的主成矿期主要是与绢云母和黄铁矿化伴随的弱硅化,在多金属硫化物成矿期虽然主要是硅化,但分布范围并不普遍。绢云母除了在成矿前火山岩中普遍发育的斜长石绢云母化外,主要在金的主成矿期黄铁绢英岩化时发育。绿泥石化主要在成矿前的似青盘岩化和金主成矿晚期发育,其他阶段比较弱。火山岩围岩中普遍发育角闪石的绿帘石化,但在成矿作用过程中几乎没有绿帘石的生成。铁白云石主要在金的主成矿作用期后,而且强度大。黄铁矿在成矿前有少量粒度大的黄铁矿形成,在主成矿期形成大量微晶粒状黄铁矿,之后的蚀变作用活化部分早期的矿质,并形成部分晚期的黄铁矿。多金属硫化物矿化出现在晚期的硅化阶段。而方解石只在成矿前的青盘岩化和成矿后的最晚阶段出现,前者交代火山岩中的暗色矿物和部分斜长石,后者以方解石脉的形式出现在最晚期的裂隙中。

表 6-12 上宫金矿蚀变矿物的生成世代和生成顺序

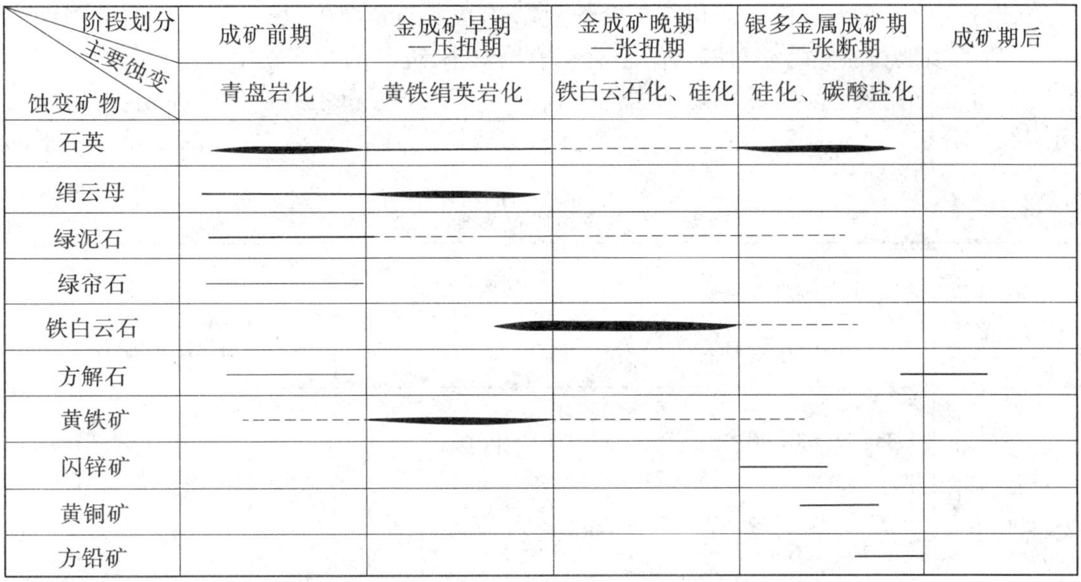

6.2.4 蚀变带岩石的化学成分变化特征

6.2.4.1 上宫金矿蚀变带主要元素的变化特征

从蚀变带中矿石和围岩的主要氧化物含量变化看(见表 6-13),上宫矿区矿石的化学成分变化非常大,但平均化学成分与围岩差别并不是很大,都属于中—基性火山岩的范畴。除少数碎裂蚀变的石英脉型矿石外,绝大多数矿石的 SiO_2 含量都低于围岩安山岩和蚀变安山岩的 SiO_2 含量,矿石的 SiO_2 平均含量也只是略高于蚀变围岩和安山岩的平均含量,大规模的硅化作用并不明显。矿石中 Al_2O_3 和 TiO_2 的平均值都有降低,但降低幅度不大,而蚀变安山岩与安山岩相比,Al_2O_3 和 TiO_2 几乎没有变化。全铁的平均含量在矿石和围岩之间变化不大,但矿石中 Fe_2O_3 为主,FeO 含量低,而且变化范围大,说明含矿热液在矿化过程中可能处于相对氧化的环境,Fe 没有明显的带入和带出,只是价态的变化。CaO 和 MgO 含量变化大,这与不同原岩碎裂以后不均匀的铁白云石化有关,一些碎裂石英脉型蚀变岩的 CaO 和 MgO 含量明显要低,但 CaO 的平均值从安山岩、蚀变岩到矿石含量依次提高,而 MgO 的平均值依次降低,这说明早期蚀变过程中原岩中铁镁矿物的分解带出安山质岩石中的 MgO 和 CaO,晚期矿脉中不均匀的铁白云石化使矿石中 MgO 和 CaO 出现很大的变化,后期的方解石化近一步增加了矿石中的 CaO。K_2O 在蚀变安山岩中含量比较高,这与近矿围岩的强烈绢云母化现象一致,矿石中变化范围大,但总体的平均含量要高于安山岩,在蚀变过程中 K_2O 明显是带入的。Na_2O 总体上是带出的,而且在矿石中的平均含量非常低,这与绝大多数矿石中斜长石被彻底分解消失现象是一致的。

总体上看,上宫金矿区蚀变带及围岩的化学成分变化与显微镜下所观察到的矿物组合基本一致,矿体几乎全部是断层带中的矿化,主蚀变成矿期后断层经历了多期次的破碎、蚀变和后期矿化的改造,几乎所有的矿石全部为后期改造的角砾岩型的矿石,矿石的化学成分变化非常大。由于矿化几乎全部限制在原来的断层中,属于同一断层的多期次活动,后期断裂和蚀变活动对围岩的影响范围比较小,近矿的蚀变安山岩围岩和安山岩的化学成分变化比较小。虽然不能利用化学成分全面详细分析主成矿期的原生分带性,但可以初步分析对比不同深度上矿体、近矿围岩与远矿围岩之间化学成分的变化及元素的带入带出情况。

表 6-13　上宫矿区矿化蚀变带矿石及围岩主要氧化物成分变化

类型(样品数)	统计参数	氧化物含量(%)										
		SiO_2	Al_2O_3	TiO_2	Fe_2O_3	FeO	CaO	MgO	MnO	K_2O	Na_2O	P_2O_5
矿石(36)	变化范围	19.88 ~ 86.44	1.88 ~ 16.83	0.05 ~ 3.06	0.70 ~ 24.49	0.1 ~ 10.85	0.18 ~ 21.12	0.23 ~ 13.44	0 ~ 0.27	0.15 ~ 4.86	0.02 ~ 3.16	0.03 ~ 0.57
	平均值	51.27	12.03	0.62	5.76	3.90	7.43	2.93	0.13	2.42	0.41	0.18
蚀变安山岩(5)	变化范围	45.39 ~ 54.05	14.32 ~ 15.44	0.64 ~ 1.10	2.13 ~ 3.57	4.73 ~ 7.00	5.34 ~ 8.37	3.42 ~ 6.54	0.11 ~ 0.18	1.76 ~ 4.22	0.08 ~ 4.00	0.16 ~ 0.32
	平均值	49.24	14.81	0.91	2.96	6.55	6.75	5.19	0.16	2.57	2.00	0.26
安山岩(8)	变化范围	47.87 ~ 50.07	15.13 ~ 16.66	0.63 ~ 1.03	2.22 ~ 3.79	7.15 ~ 9.00	1.05 ~ 8.07	5.49 ~ 10.58	0.14 ~ 0.18	0.98 ~ 2.29	0.05 ~ 3.85	0.16 ~ 0.3
	平均值	48.79	15.74	0.87	2.88	7.90	5.90	6.77	0.17	1.64	2.30	0.25

用分析数据的主要氧化物含量对比分析组分的迁移没有考虑蚀变过程中岩石体积或质量的变化,因此所得结论有时会出现偏差。Gresena(1967)依据交代蚀变作用中的组成—体积关系,提出计算组分得失的定量方程及其图解法,并在许多组分迁移的研究中得到广泛的应用。Grant(1986)将 Gresena 的方程变换为原岩和蚀变岩组分含量之间的线性方程,并提出更为简单的等浓度法,可用于多阶段蚀变中组分带入和带出的研究。

Grant 的等浓度法方程式形式如下:

$$C_i^{\mathrm{A}} = (M^{\mathrm{O}}/M^{\mathrm{A}})(C_i^{\mathrm{O}} + \Delta C_i) \tag{1}$$

其中,C_i^{O}、C_i^{A} 为原岩、蚀变岩中第 i 种组分的分析结果。M^{O}、M^{A} 分别为不活动组分在原

岩和蚀变岩石中的质量。对于完全不活动的惰性组分来说，蚀变前后质量没有变化，$\Delta C_i = 0$，上式变为：

$$C_i^{A} = (M^{O}/M^{A})C_i^{O} \tag{2}$$

所以，惰性组分在蚀变前后岩石组分的相关图上会构成一条通过原点的直线，直线的斜率就是 M^{O}/M^{A}，该比值是蚀变前后对应质量的基本比值，这条 $\Delta C_i = 0$ 的直线可以称为等浓度线。将化学分析数据投在 C_i^{A}—C_i^{O} 图 6-17、图 6-18 上，图上一系列点最佳拟合可构成该直线。落于直线上方的为带入元素，落在直线下方的为带出元素。

如果某些元素是绝对不活动的，则这些元素的点落在该直线上，但由于元素的相对不活动性和分析误差的存在，相对不活动元素落在直线附近。选取不活动元素，用式(2)解联立方程，可以求出斜率 M^{O}/M^{A} 的值。然后用式(1)变换后，可以求出活动组分的带入带出量 ΔC_i。式(3)中 M^{A}/M^{O} 的值用等浓度线斜率的倒数来代替。

$$\Delta C_i = (M^{A}/M^{O})C_i^{A} - C_i^{O} \tag{3}$$

为分析蚀变带元素的带入和带出，选取了上宫金矿矿脉在深部 706 中段和 1010 中段矿化蚀变带中矿石和围岩的化学分析数据（见表 6-14）。它们的围岩成分比较均匀，均为安山质火山岩。

根据显微镜下鉴定，围岩安山岩质岩石中斜长石斑晶或晶屑虽然主要保留斜长石的聚片双晶特征，但普遍发育绢云母化或碳酸盐化，角闪石斑晶几乎全部绿泥石化、绿帘石化、碳酸盐化，基质也有一定程度的蚀变；近矿蚀变安山岩斜长石和暗色矿物大部分分解，保留变余斑状结构，绝大多数斜长石斑晶几乎全部变为绢云母，基质也强烈绢云母化、绿泥石化，暗色矿物多变为绿泥石；矿石则没有保留任何原岩的特征，成分不均匀，绢云母化、黄铁矿化、碳酸盐化发育。由于蚀变带的碳酸盐化，尤其是铁白云石化非常发育，铁白云石化对矿石的改造非常强烈，所以分析数据中烧失量比较高。

把区域性青盘岩化岩石作为成矿前原岩安山岩对待，把近矿的蚀变安山岩作为蚀变岩对待，利用 Grant 等浓度线法比较上宫金矿深部和浅部断裂成矿蚀变带中安山岩、蚀变岩及矿石蚀变前后主要组分的带入和带出，Al_2O_3 和 TiO_2 基本位于等浓度线上或非常靠近等浓度线，说明蚀变作用过程中 Al_2O_3 和 TiO_2 两种成分的带入带出不明显，可以作为不活动组分对待，等浓度线图是可用的。

在深部 706 中段 37 线矿脉的带入带出图上，从安山岩到蚀变岩主要是 K_2O 和少量 SiO_2 的带入和 FeO 以及 Na_2O 的带出，这与显微镜下看到的强烈绢云母化和暗色矿物的分解现象是一致的，其他组分的带入带出量都比较小。从安山岩到矿石，Na_2O 强烈带出，FeO 和 MgO 强烈带入，这与显微镜下看到的矿石强烈铁白云石化及斜长石几乎全部消失的现象是一致的，斜长石分解失去的 CaO 由铁白云石化带入的 CaO 补偿，所以 CaO 的变化不大。K_2O 进一步带入，而 SiO_2 有少量的带出。这些现象与化学分析数据及显微镜下观察到的矿物成分变化现象都是一致的。

表 6-14　上宫金矿不同中段款式和围岩的化学成分

样品 / 成分($\times10^{-6}$)	Y1/SG－706－37	Y2/SG－706－37	Y3/SG－706－37	Y5/PD1010－CM6	Y4/PD1010－CM6	Y3/PD1010－CM6	Y6/PD1010－CM10	Y7/PD1010－CM10	Y8/PD1010－CM10
	安山岩	蚀变安山岩	矿石	安山岩	蚀变安山岩	矿石	安山岩	蚀变安山岩	矿石
SiO_2	53.31	51.63	45.55	54.19	51.29	38.78	48.81	51.60	54.13
TiO_2	1.12	1.04	0.65	1.23	1.26	0.43	1.41	0.99	1.20
Al_2O_3	18.66	18.00	16.70	15.88	15.46	6.67	15.78	15.23	18.52
Fe_2O_3	10.12	9.15	11.21	10.94	11.58	12.87	8.57	7.55	9.05
FeO	3.47	1.91	3.59	3.24	2.80	3.74	2.16	1.81	1.51
MgO	3.77	3.78	6.21	3.93	4.02	6.04	2.87	2.55	2.78
MnO_2	0.14	0.15	0.20	0.15	0.14	0.20	0.15	0.15	0.14
CaO	2.55	3.83	3.85	4.65	3.83	10.14	4.54	5.24	5.23
K_2O	1.77	2.47	3.14	2.59	2.77	2.12	4.69	2.93	3.02
Na_2O	3.65	2.86	0.42	1.77	1.40	0.41	1.25	2.49	2.66
P_2O_5	0.14	0.10	0.17	0.16	0.16	0.05	0.22	0.22	0.07
Loss	4.28	6.46	11.36	3.83	7.45	21.65	11.12	10.52	2.47
Total	102.97	101.37	103.05	102.55	102.16	103.10	101.57	101.28	100.77
Ba	876	606	133	1 438	856	335	322	666	1 173
Th	14.3	12.5	15.4	16	15	14	11.5	11.8	12.1
U	5.86	5.12	6.11	6.55	5.92	6.11	4.64	4.79	5.05
B	38.2	34.4	40.8	55.2	51.8	49	39.5	41	42.8
Cr	63.1	46.8	88.2	170	154	71.5	94.5	83.5	87.2
Ni	36.8	30.5	66.7	34.4	29.7	20.5	20.7	17.5	24.2
Co	26.6	22	27.1	31.4	27.7	19.9	17.8	17.6	23.7
V	134	138	172	149	135	83.7	109	101	113
Cu	<2	2.18	2.55	6.66	7.4	31.1	2.47	7.17	7.71
Pb	21.6	29.2	142	5.06	6.72	19.4	163	208	<5
Zn	107	101	321	142	120	180	157	182	82.3
W	21.8	12.3	16.1	23.2	13.5	21.5	43.4	22.5	24.8
Sn	0.54	0.24	1.08	1.87	7.79	1.44	2.08	1.81	1.31
Mo	0.87	0.54	0.81	1.35	0.6	1.03	1.39	1.09	1.08
Ag	0.08	0.79	5.82	0.08	0.07	14.3	0.05	0.08	0.08
Au($\times10^{-9}$)	2.56	39.2	46.5	2.15	3.17	128	1.59	3.07	1.33

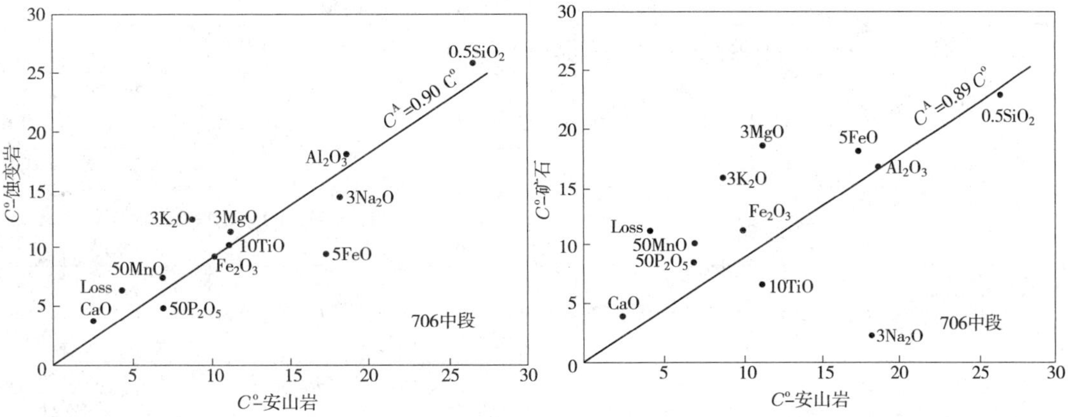

图 6-17　上宫金矿矿脉围岩的主要氧化物 C^A-C^O 图解

在浅部 1010 中段 CM6 穿脉矿脉的带入带出图(图 6-20)上,安山岩和蚀变安山岩相比,带入带出特征与深部的 706 中段相似,只是带出和带入量相对小,这是采样距离的不一致引起的。从安山岩到矿石,FeO、MgO 和 CaO 都大量带入,Na_2O 和 Al_2O_3 大量带出,SiO_2 也有一定量的带出,这是交代作用强度大,硅铝矿物大部分分解造成的结果。

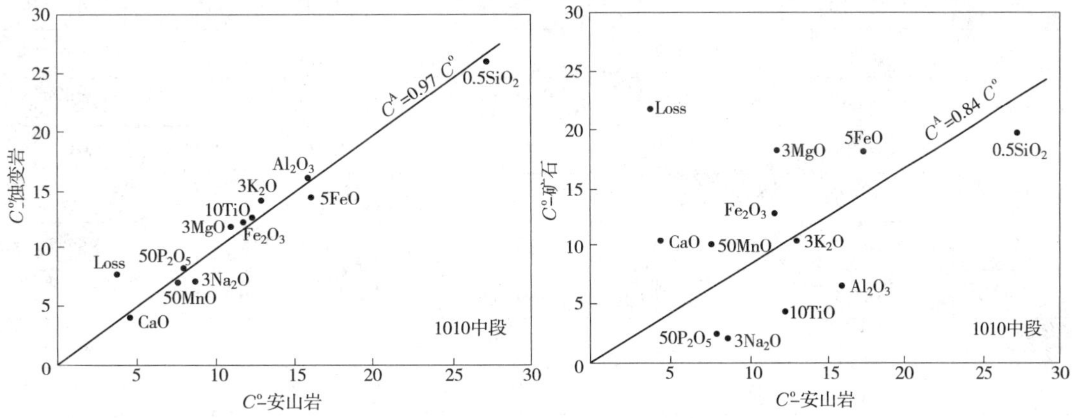

图 6-18　上宫金矿围岩与矿石的主要氧化物 C^A-C^O 图解

(为避免拥挤,部分组分为按比例投点)

以等浓度线斜率的倒数作为 M^A/M^O 的值,利用前述公式 $\Delta C_i=(M^A/M^O)C_i^{\ A}-C_i^{\ O}$ 计算出的主要氧化物带入带出量如表 6-15 所示。总体来看,等浓度图上反映的情况与化学分析及显微镜下所观察到的现象是完全一致的。

6.2.4.2　上宫金矿蚀变带微量元素的变化

蚀变作用过程中,微量元素的带入带出对岩石质量的变化可以忽略不计,但通过与岩石蚀变的等浓度线相比,也可以分析微量元素的带出和带入。为有代表性,我们选用表 6-14 中三个剖面上 9 个样品中安山岩、蚀变安山岩和矿石各自的平均值用 Grant 的方法作图并计算,样品平均值以及计算的带入带出结果见表 6-16。

表 6-15　蚀变矿化带氧化物的带入带出量

标高	项目	ΔSiO_2	ΔTiO_2	ΔAl_2O_3	ΔFe_2O_3	ΔFeO	ΔMgO	ΔMnO	ΔCaO	ΔK_2O	ΔNa_2O	ΔP_2O_5	烧失量
706 中段	安山岩→蚀变安山岩	4.06	0.04	1.34	0.05	-1.35	0.43	0.03	1.71	0.97	-0.47	-0.03	2.90
	安山岩→矿石	-0.35	-0.36	0.76	2.91	0.71	3.45	0.09	1.93	1.88	-3.16	0.06	8.93
1010 中段	安山岩→蚀变安山岩	3.44	0.19	1.49	2.07	-0.09	0.59	0.01	-0.35	0.52	-0.20	0.02	4.54
	安山岩→矿石	-8.02	-0.72	-7.94	4.38	1.22	3.26	0.09	7.42	-0.07	-1.28	-0.10	21.94

表 6-16　上宫金矿蚀变带不同岩石平均值及蚀变过程中元素的带入和带出

成分	安山岩平均值（3 个样）	蚀变安山岩平均（3 个样）	矿石平均（3 个样）	安山岩→蚀变安山岩 ΔC_i	安山岩→矿石 ΔC_i
SiO_2	52.10	51.51	46.15	2.12	-2.47
TiO_2	1.25	1.10	0.76	-0.10	-0.44
Al_2O_3	16.77	16.23	13.96	0.31	-1.76
Fe_2O_3	9.88	9.43	11.04	0.05	2.00
FeO	2.95	2.18	2.95	-0.66	0.21
MgO	3.52	3.45	5.01	0.11	1.86
MnO_2	0.15	0.15	0.18	0.01	0.05
CaO	3.91	4.30	6.41	0.61	2.98
K_2O	3.02	2.72	2.76	-0.15	-0.05
Na_2O	2.22	2.25	1.16	0.15	-0.97
P_2O_5	0.17	0.16	0.10	-0.01	-0.07
烧失量	6.41	8.14	11.83	2.16	6.31
小计	102.37	101.61	102.31	4.59	7.64
Ba	878.67	709.33	547.00	-132.00	-90.49
Th	13.93	13.10	13.83	-0.14	0.94
U	5.68	5.28	5.76	-0.13	0.51
B	44.30	42.40	44.20	0.33	3.23
Cr	109.20	94.77	82.30	-9.45	-20.71
Ni	30.63	25.90	37.13	-3.37	9.29

续表 6-16

成分	安山岩平均值（3 个样）	蚀变安山岩平均（3 个样）	矿石平均（3 个样）	安山岩→蚀变安山岩 ΔC_i	安山岩→矿石 ΔC_i
Co	25.27	22.43	23.57	-1.65	0.07
V	130.67	124.67	122.90	0.56	1.48
Cu	3.04	5.58	13.79	2.83	11.78
Pb	63.22	81.31	53.80	22.37	-5.37
Zn	135.33	134.33	194.43	6.07	73.73
W	29.47	16.10	20.80	-12.52	-7.10
Sn	1.50	3.28	1.28	1.96	-0.12
Mo	1.20	0.74	0.97	-0.42	-0.16
Ag	0.07	0.31	6.73	0.26	7.17
Au(ng/g)	2.10	15.15	58.61	13.84	60.92

在从安山岩到蚀变安山岩的微量元素的带入带出图上（见图 6-19），成矿的亲硫或亲铜元素 Cu、Pb、Zn、Au、Ag 都是带入的，而 Mo 是明显带出的，可能成矿热液具有贫 Mo 的特点。亲铁元素 Cr、Ni、Co 与 FeO 一样，都是带出的，亲氧元素 W 明显带出，而 Sn 是带入的。大离子元素 Ba 明显带出，而 U 和 Tu 几乎没有变化。Ba 主要存在于长石中，这与蚀变过程中长石的分解现象是一致的。在等浓度图上微量元素趋势线的斜率要小于主要元素等浓度线的斜率，这可能说明微量元素从总体上相对于原岩是带出的。

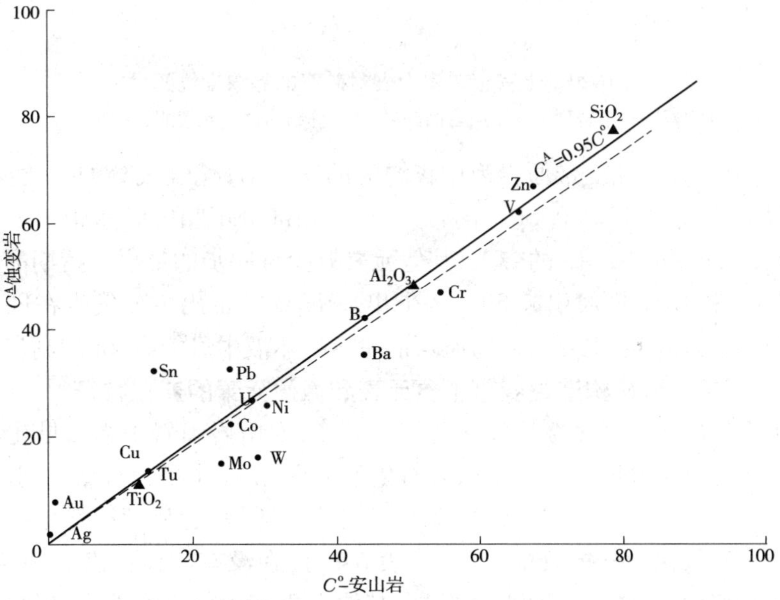

图 6-19 上宫金矿从安山岩到蚀变安山岩微量元素的带入带出图

（实线为安山岩到蚀变安山岩的等浓度线，虚线为微量元素的趋势线）

在从安山岩到矿石的等浓度线图上(见图6-20),成矿的亲硫或亲铜元素Cu、Zn、Au、Ag大量带入,Pb和Mo变化不大。亲铁元素Ni明显带入,这明显与矿石中强烈黄铁矿化现象有关。矿石中斜长石几乎全部消失,所以大离子元素Ba进一步带出。其他元素基本上维持了从安山岩到蚀变安山岩的状态。在等浓度图上微量元素趋势线的斜率要大于主要元素等浓度线的斜率,这可能说明微量元素从总量上相对于原岩总体是带入的,但这种带入量的增加主要反映在成矿元素Cu、Zn、Au、Ag的带入上。矿石中闪锌矿比较多见的现象与图上Zn的大量带入现象是一致的。

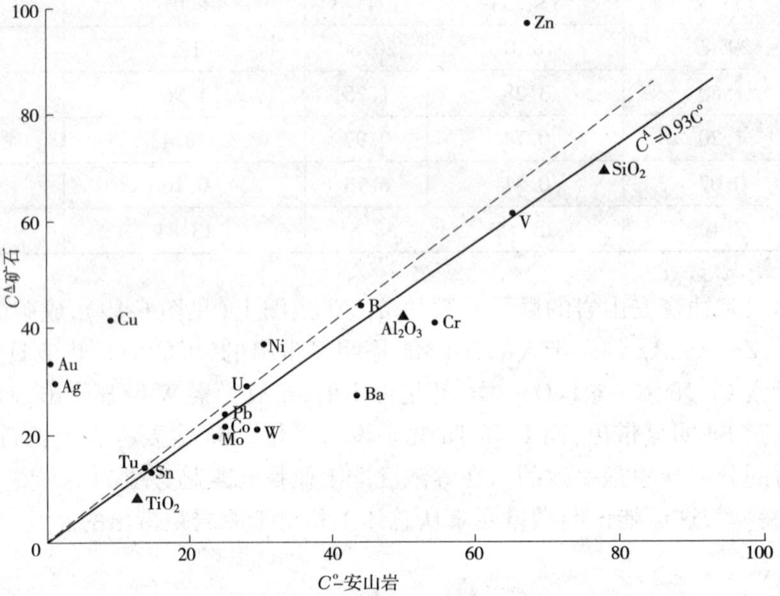

图6-20 上宫金矿安山岩对矿石的等浓度线图

(实线为安山岩到蚀变安山岩的等浓度线,虚线为微量元素的趋势线)

总体来看,上宫金矿蚀变带原岩为比较均匀的安山岩,化学成分的变化反映,在早期蚀变作用过程中,开始是K_2O和SiO_2的带入,FeO和部分不相容元素带出。到矿化阶段是大量成矿元素Cu、Zn、Au、Ag的带入,其他元素有少量同步的带出。后期的铁白云石化带入大量的MgO和CaO,同时引起SiO_2的带出。Na_2O的带出主要发生在蚀变作用的早期阶段,主成矿期的热液中主要成矿物质可能是Au,热液中可能有Zn的高异常。

6.2.4.3 七里坪银矿含矿构造蚀变带主要元素和微量元素的变化特征

七里坪矿床是矿石中富多金属硫化物的银矿床,安山岩围岩中绢云母化和绿泥石化发育,矿石中绢云母化和硅化发育,铁白云石化不发育,矿石中矿物含量高,脉石矿物中石英的含量也比较高。目前尚没有矿床的微量元素分析数据,七里坪矿床739和799中段矿石和围岩的主要氧化物分析数据显示(见表6-17),在没有考虑挥发分的情况下,蚀变岩与安山岩围岩相比,主要是K_2O明显要高,其他主要氧化物化学成分变化不大,这与显微镜下蚀变岩主要发育强烈的绢云母化现象是一致的。但矿石和围岩相比,主要氧化物含量差别比较大。由于矿石中多金属硫化物矿物含量比较高,所以主要氧化物在矿石中总量比较低。

表 6-17 七里坪银矿蚀变带岩石的化学成分

样号	岩性	SiO_2	TiO_2	Al_2O_3	Fe_2O_3	FeO	MgO	MnO	CaO	K_2O	Na_2O	P_2O_5	合计
Y1/YM739	安山岩	49.76	1.16	16.59	10.02	1.81	4.11	0.17	5.01	6.64	0.71	0.05	96.03
Y2/YM739	蚀变安山岩	50.74	1.01	14.22	8.46	1.62	3.16	0.19	4.29	9.54	0.37	0.14	93.74
Y3/YM739	矿石	33.58	0.18	2.94	8.20	8.90	1.06	0.34	0.92	1.10	0.28	0.15	57.65
Y4/YM739	蚀变安山岩	49.24	1.06	14.31	9.18	1.71	2.96	0.16	4.71	9.70	0.43	0.10	93.56
Y5/YM739	安山岩	50.48	1.07	15.70	9.80	1.55	3.66	0.15	4.16	7.67	0.65	0.15	95.04
Y1/YM799	安山岩	53.20	1.24	16.68	8.57	2.23	3.41	0.15	3.08	6.83	0.66	0.17	96.22
Y2/YM799	蚀变安山岩	53.68	1.29	17.09	8.89	1.96	2.80	0.18	2.51	6.38	0.96	0.15	95.89
Y3/YM799	矿石	44.52	0.50	5.72	2.20	7.14	0.59	0.16	1.08	2.38	0.62	0.15	65.06
Y4/YM799	蚀变安山岩	50.66	1.50	14.39	11.30	4.24	3.08	0.25	2.94	7.47	1.12	0.13	97.08
Y5/YM799	安山岩	52.48	1.55	14.88	12.21	2.16	3.17	0.17	3.97	2.17	4.64	0.16	97.56

图 6-21 是七里坪银矿 799、739 中段矿化蚀变带主要氧化物的等浓度图。安山岩和蚀变安山岩相比，两个中段蚀变作用过程中主要氧化物的带入和带出有所不同，但基本特征是相似的，这种不同应该是不同中段采样位置上的不同引起的。明显的是 K_2O 的带入和 Na_2O 的带出，这与显微镜下蚀变安山岩斜长石的强烈绢云母化现象是一致的，也与上宫金矿近矿围岩的强烈绢云母化现象一致。但这里 SiO_2 有少量的带出，CaO、FeO、Fe_2O_3 及 MgO 变化不大，这与上宫金矿 SiO_2、CaO 的带入及 MgO 和 FeO 的明显带出完全不同，说明七里坪银矿与上宫金矿相比早期的蚀变作用比较弱，主要为绢云母化，没有发育大规模的黄铁绢英岩化，所以没有形成有工业价值的金矿化。

矿石与安山岩相比，明显的特征是 FeO 和 SiO_2 的大量带入和 K_2O、Al_2O_3 的大量带出，说明矿化时主要是早期硅化作用，并伴随有黄铁矿化，晚期为多金属硫化物矿化，并伴随 Ag 的矿化。从安山岩到矿石不同阶段主要氧化物的带入和带出量计算结果见

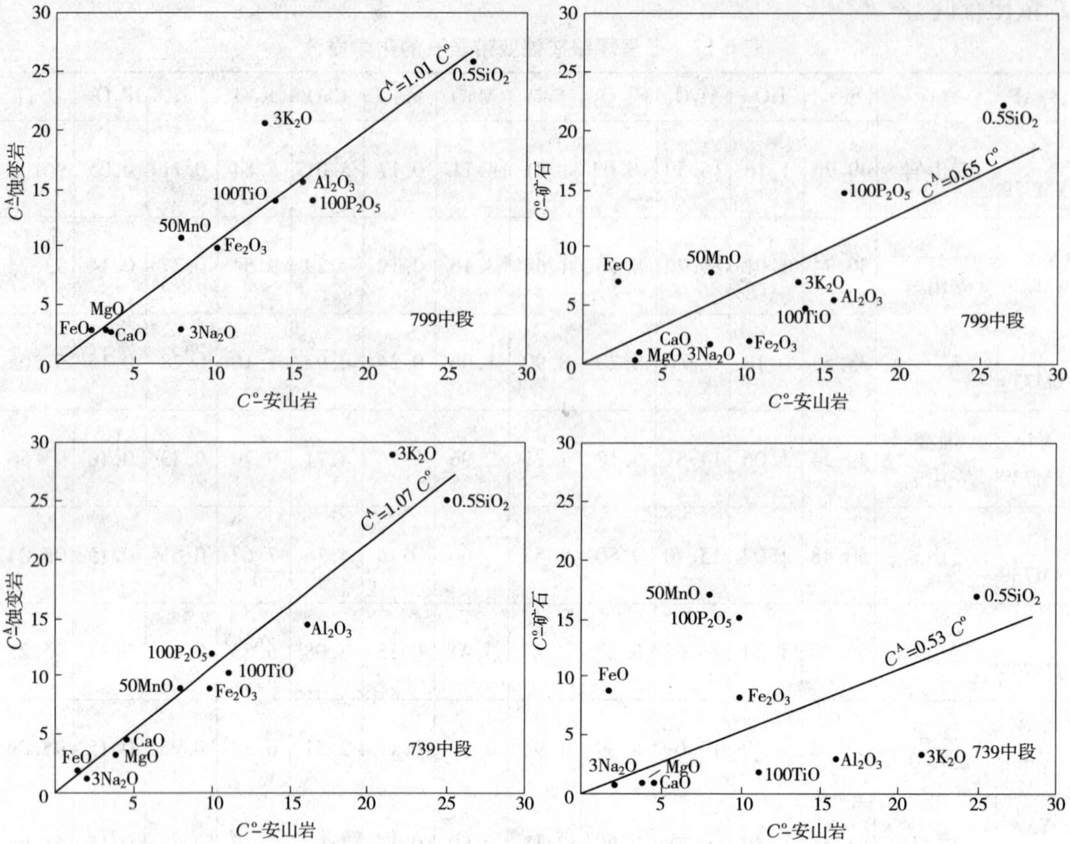

图 6-21　七里坪银矿矿化蚀变带主要氧化物的 C^A-C^O 图解

（为避免拥挤，部分组分为按比例投点）

表 6-18。

表 6-18　七里坪银矿蚀变带蚀变作用中元素的带入和带出量

项目		ΔSiO_2	ΔTiO_2	ΔAl_2O_3	ΔFe_2O_3	ΔFeO	ΔMgO	ΔMnO	ΔCaO	ΔK_2O	ΔNa_2O	ΔP_2O_5
799中段	安山岩→蚀变安山岩	−4.08	−0.09	−1.07	−0.96	0.70	−0.54	0.04	−0.98	1.97	−1.68	−0.03
	安山岩→矿石	31.16	−0.45	−4.99	−6.24	11.27	−2.18	0.14	−1.49	−0.01	−1.48	0.12
739中段	安山岩→蚀变安山岩	−0.62	−0.09	−2.02	−1.18	−0.03	−0.86	0.01	−0.13	2.37	−0.28	0.02
	安山岩→矿石	1.54	−0.84	−11.62	2.71	12.02	−2.25	0.36	−3.17	−5.46	−0.25	0.13

综合以上特征,初步认为,上宫金矿的矿脉经历的多期次构造和热液蚀变作用的叠加改造,主要成矿作用是早期断层中在压扭性环境下的黄铁绢英岩化作用,成矿前区域上的安山质火山岩就经历了大面积的青盘岩化作用,后期的构造蚀变作用对主成矿期形成的金矿既有破坏作用,也有活化富集和改造作用,早期的金主要赋存在微细粒黄铁矿中,后期的改造作用主要形成部分金的矿物。成矿晚期断裂蚀变带经历了脉动性的张扭性破碎,并主要发育强烈的铁白云石化作用,但主要限制在断裂蚀变带中,对围岩的影响不大。成矿后期在早期的断裂蚀变带中叠加了张性环境下的硅化作用,并局部伴随有弱的多金属硫化物矿化。多期蚀变作用使元素的带入带出比较复杂,但早期主要是 K_2O、SiO_2 的带入和 Na_2O、FeO 的带出,晚期白云石化是大量 MgO、FeO 的带入和部分 SiO_2、K_2O 的带出。后期的硅化进一步使成分的带入带出复杂化。微量元素除成矿的亲铜元素带入外,其他大部分都是带出的。

七里坪银矿是上宫外围的单独矿床,蚀变作用与上宫金矿有明显的不同,主要是硅化、绢云母化和绿泥石化,没有发育铁白云石化。绢云母化和绿泥石化主要发育在蚀变安山岩中,硅化发育在矿化的碎裂硅化蚀变岩中。早期主要是 K_2O 的带入,其他氧化物主要表现为带出。成矿时主要为 SiO_2 和 FeO 的带入,其他氧化物主要表现为带出。矿石中没有发育细粒黄铁矿,主要为富多金属硫化物矿物,成矿时断层主要表现为张性破碎后的硅化蚀变作用。

本区金的矿化与多金属硫化物矿化可能属于同一期成矿的不同阶段,可能属于不同期的成矿作用。上宫金矿中的多金属硫化物矿化可能与七里坪的多金属硫化物矿化属于同一期,是金矿成矿以后单独的一次矿化。

6.2.5 硫化物中微量元素含量变化特征

与金矿成矿密切相关的金属硫化物矿物中微量元素的种类、含量、元素对的比值、元素组合间的关联在一定程度上反映了成矿物质来源和矿床形成时的物化条件。本次研究分别采集了上宫、七里坪、刘秀沟 11 件黄铁矿、方铅矿和闪锌矿样品,送国家地质实验测试中心分析,共分析了 Ag 、As、Ba、Be、Bi、Co 、Cr 、Cs 、Ga、Hf、In 、Li、Nb、Ni、Rb、Sb、Sc 、Sr、Ta 、Th 、Ti、U、V 、W 、Y、Zr(等离子光谱仪,IRIS)、Au(等离子光谱仪,I-RIS)、Te(原子荧光光谱仪)28 种元素。其中 11 种元素多数在分析检出限以下,实际进行统计的为 17 种元素(见表 6-19、表 6-20)。其结果如下。

6.2.5.1 硫化物中微量元素含量变化特征

黄铁矿普遍存在于各类金矿床中,与金矿化关系密切,其微量元素标型在一定程度上反映了矿体的成因及剥蚀程度。6 个黄铁矿样品含金量在 0.12 ~ 31.90 μg/g,平均 8.12 μg/g;其中细粒他形黄铁矿含金量普遍较高,这一规律具有一定的普遍性。银含量为 6.71 ~ 86.50 μg/g,平均 45.14 μg/g。说明本区黄铁矿不但载金,而且还是重要的载银矿物。黄铁矿中金、砷和钴含量最高,说明黄铁矿是金矿的主要载金矿物。

3 个方铅矿样品含金 0.10 ~ 0.46 μg/g,平均 0.27 μg/g;含银 73.7 ~ 3 005 μg/g,平均 1 728 μg/g。是主要的载银矿物,这一特点在七里坪金矿最明显(2 个样品 2 104 ~ 3 005 μg/g)。

表 6-19　七里坪、刘秀沟、上宫硫化物矿物微量元素分析结果

样品号	测试矿物	Li	Cr	Co	Ni	Ga	Rb	Sr	Ba	Bi	Zr	Sb	Ti	W	As	Te	Ag	Au	Au/Ag	Co/Ni	As/Sb
Hqlp－2－1	黄铁矿	0.36	2.39	2 955	36.1	0.54	0.22	10.7	32.6	13	5.85	8.41	21	0.7	27.7	7.56	36.4	1.37	0.037 6	81.86	3.29
Hqlp－2－2	闪锌矿	0.44	2.24	32.9	3.26	3.96	0.92	18.6	68.3	0.2	0.62	72.5	13.1	0.89	20.6	0.39	148	2.19	0.014 8	10.09	0.28
Hqlp－2－3	方铅矿	0.02	0.02	0.55	0.02	0.02	0.02	1.51	5.27	4.1	0.12	448	1.09	0.22	2.2	0.36	3 005	0.46	0.000 2	27.50	0.00
Hqlp－3	黄铁矿	0.74	3.52	364	156	1.21	1.34	8.09	2.67	0.92	2.77	4.05	73.9	5.48	48.9	0.79	44.3	11.2	0.252 8	2.33	12.07
Hqlp－12	黄铁矿	0.46	1.09	1 496	47.6	0.36	0.27	21.2	111	44.8	0.43	48.8	3.82	0.21	115	8.38	86.5	2.63	0.030 4	31.43	2.36
Hqlp－15－1	闪锌矿	0.12	1.79	36.1	3.13	0.76	0.1	7.89	263	0.11	0.06	59.2	1.51	0.15	25.2	0.005	40.4	0.18	0.004 5	11.53	0.43
Hqlp－15－2	方铅矿	0.02	0.07	0.63	0.02	0.02	0.02	2.89	14.1	2.8	0.07	623	1.46	0.78	16.7	0.38	2 104	0.26	0.000 1	31.50	0.03
Hsg－64	黄铁矿	2	21.4	157	242	3.67	30.4	23.4	16.3	1.09	53.2	53.1	3 942	11.6	5 233	2.39	80.5	31.9	0.396 3	0.65	98.55
Hlx－14	黄铁矿	1.24	55.3	523	1 279	3.35	18.8	37.7	29.8	17	63.9	4.98	2 234	12	153	1.74	16.4	1.47	0.089 6	0.41	30.72
Hlx－16	方铅矿	0.02	0.64	1.91	3.33	0.08	0.33	1.99	4.74	7.32	0.33	49	6.63	0.48	0.91	1.01	73.7	0.1	0.001 4	0.57	0.02
Hlx－18	黄铁矿	0.55	43.5	853	1 899	1.76	6.65	31.8	18.9	15.4	60.6	1.11	2 078	9.53	19.2	1.64	6.71	0.12	0.017 9	0.45	17.30

表 6-20　七里坪、刘秀沟、上宫硫化物矿物微量元素平均值

矿区	矿物	样品数	Li	Cr	Co	Ni	Ga	Rb	Sr	Ba	Bi	Zr	Sb	Ti	W	As	Te	Ag	Au
七里坪	黄铁矿	3	0.52	2.33	1 605	79.9	0.7	0.61	13.3	48.8	19.6	3.02	20.4	32.9	2.13	63.9	5.58	55.73	5.07
	方铅矿	2	0.02	0.05	0.59	0.02	0.02	0.02	2.2	9.69	3.45	0.1	536	1.28	0.5	9.45	0.37	2 555	0.36
	闪锌矿	2	0.28	2.02	34.5	3.2	2.36	0.51	13.2	166	0.16	0.34	65.9	7.31	0.52	22.9	0.20	94.2	1.19
	7 件样品平均值		0.28	2.02	34.5	3.2	2.36	0.51	13.2	166	0.16	0.34	65.9	7.31	0.52	22.9	0.20	94.2	1.19
上宫	黄铁矿	1	2.0	21.4	157	242	3.67	30.4	23.4	16.3	1.09	53.2	53.1	3 942	11.6	5 233	2.39	80.5	31.9
刘秀沟	黄铁矿	2	0.9	49.4	688	1 589	2.56	12.7	34.8	24.4	16.2	62.3	3.05	2 156	10.8	86.1	1.69	11.56	0.8
	方铅矿	1	0.02	0.64	1.91	3.33	0.08	0.33	1.99	4.74	7.32	0.33	49	6.63	0.48	0.91	1.01	73.7	0.1
	3 件样品平均值		0.6	33.1	459.3	1 060	1.73	8.59	23.8	17.8	13.2	41.6	18.4	1 440	7.34	57.7	1.46	32.27	0.56

2 个闪锌矿含金 0.18 ~ 2.19 μg/g，平均 1.19 μg/g；含银 40.4 ~ 148.0 μg/g，平均 94.2 μg/g。

黄铁矿的含金量受其粒度、生长速率、生长时间、生长空间以及系统中黄铁矿的成核率即晶核数量的制约，其中生长速率和成核率与热液的过饱和度成正比。在金矿成矿的实际过饱和过程中，因过饱和度常与温度成反比，故在温度较高的早期阶段，热液的过饱和度较低，虽然黄铁矿的生长速率小，但因黄铁矿的成核率较小，形成的晶核数量少，热液中的铁和硫聚集到数量有限的黄铁矿颗粒上，使得黄铁矿生长成粒度较大的颗粒；在温度较低的中晚期阶段，热液的过饱和度较高，虽然黄铁矿的生长速率大，但因黄铁矿的成核率也大，形成的晶核数量多，热液中的铁和硫分散生长到众多的黄铁矿颗粒上，致使黄铁矿的结晶粒度较小（本矿床黄铁矿粒度仅为 0.1 ~ 1.5 mm）。由于快速生长的黄铁矿，其表面上的结晶中心多（多二维核生长），各结晶中心间众多的凹陷和凹角为自然金的成核与生长提供了有利的位置；并且在这种快速生长的黄铁矿表面上结晶的自然金微粒，没有充足的时间被黄铁矿排出而包裹于黄铁矿内，使得快速生长的黄铁矿相对于缓慢生长的黄铁矿具有较高的载金能力。因此，在多数情况下，快速生长形成的细粒黄铁矿比缓慢生长形成的粗粒黄铁矿载金能力高。

黄铁矿的载金能力也与其自形程度有关，一般自形晶含金量小于他形晶。自形黄铁矿由规则的晶面所围限，其表面较平整。他形黄铁矿表面不规则，其上常发育众多的凹陷和凹角。因此，他形黄铁矿表面比自形黄铁矿表面具有更多的有利于自然金成核和生长的位置，使得他形黄铁矿比自形黄铁矿具有较高的载金能力。此外，他形黄铁矿的发育，主要是由快速生长和相邻矿物颗粒生长的空间竞争引起的，他形黄铁矿颗粒间或与其他矿物颗粒间存在的凹陷和凹角，为晶隙金的成核和生长提供了有利位置，这也导致他形黄铁矿比自形黄铁矿载金能力高。

银和金都具有共同的来源，它们可能来源于地核或地球深部（刘英俊，1987，1991；霍明远，1991；涂光炽等，1991）。银随成矿流体从地球深部向上迁移过程中具有很强的活动能力，它在流体中主要以各种络合离子的络合物进行迁移。所以，热流体活动过程中银迁移富集的范围极为广泛，银可在不同环境中富集。

银在不同环境中富集的程度取决于它本身的地化特点。银在高温阶段易溶于各种硫化物，与硫易形成络合物，而在中低温阶段则常与铅锌等矿物一起沉淀富集。因此，银不仅可形成独立的银矿床，而且常与铅、锌、铜的硫化物共生。故本矿床黄铁矿、方铅矿、闪锌矿普遍含银较高。银与金由于其地化特性相近而常形成类质同像及不同形式的共生组合，甚至可与铜铁铅锌形成复杂的银金多金属矿物组合。但金的富集多在高中温，银多在中低温，故金银常在一定阶段发生分离，甚至形成独立的金矿和银多金属矿。因此，银矿的形成与银本身的地化特性分不开。

6.2.5.2 硫化物中微量元素比值特征

Au/Ag：黄铁矿中 Au/Ag 比值变化范围较大，这与金矿物成色变化范围较大相对应。一般情况下，Au/Ag 值大，则其中的金矿物成色高，反之亦然。Au/Ag 值的大小可以反映矿床成因方面的信息。栾世伟（1991）在研究了各种成因类型金矿床中黄铁矿 Au/Ag 值后，认为岩浆热液型金矿床中黄铁矿 Au/Ag 值在 0.5 以上，而火山岩型、构造破碎带蚀变岩型、沉积变质热液交代型及各类伴生金矿床黄铁矿中 Au/Ag 多小于 0.5。本区 3 个矿床 Au/Ag 值在 0.017 9 ~ 0.396 3，平均 0.137 4。

Co/Ni：与 Fe 为同族元素，由于化学性质相似，Co、Ni 常以类质同象代替 Fe 进入到黄铁矿中，矿的特征元素比值可作为判断成矿物质来源的重要标志。周学武等(2005)、王奎仁(1989)通过研究不同成因类型金矿床 Co/Ni 值，得出一致的结论：渗滤热卤水作用成因的金矿床中黄铁矿 Co/Ni < 1；与岩浆作用有关的金矿床黄铁矿 Co/Ni > 1，其中，与火山岩或次火山岩和接触交代作用成因有关的金矿黄铁矿中 Co/Ni 值均大于 5，与岩浆热液作用成因有关的黄铁矿中 Co/Ni > 5。本区 3 个金矿床黄铁矿中 Co/Ni 值为 0.41 ~ 81.8，平均 19.51。因此，本次研究的矿床应属于岩浆热液作用成因。

As/Sb：该区黄铁矿中 As 为 19.2 ~ 5 233 μg/g，平均 72.67 μg/g(剔除最高值 5 233 μg/g)，Sb 含量为 1.11 ~ 53.1 μg/g，平均 20.01 μg/g，As/Sb 比值在 3.29 ~ 98.55，平均 20.10，与浅成岩浆热液金矿床的 As/Sb 值(1 ~ 20)类似。

总之，从硫化物矿物微量元素及其比值特征，可认为本区各金矿应属于岩浆作用有关的矿床。

6.2.5.3 硫化物中微量元素相关性特征

为了更全面地对比三个矿床的相关关系，采用多元素相关图形式来表示。由于元素含量绝对值相差太大，故采用 3 个矿床黄铁矿中金元素平均值的对数来作图(见图 6-22)。图中可见，尽管各矿床黄铁矿中元素含量不同，但其相关性却是很明显的。说明微量元素具有共同的特征，应是同一成矿作用所致。

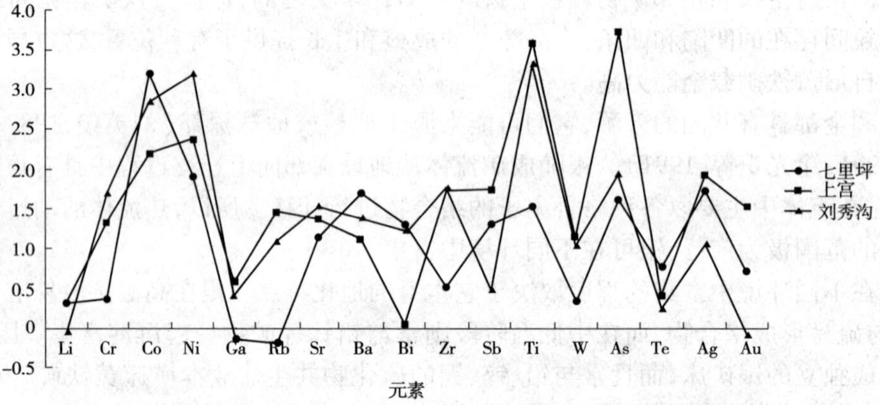

图 6-22 上宫、七里坪、刘秀沟黄铁矿中金元素平均值相关图

7 区域成矿规律与成矿模式

7.1 成矿地质地球化学背景分析

7.1.1 区域构造背景

研究区位于华北陆块南缘华熊台隆内的熊耳山隆断区，从地幔热柱构造观点分析属于熊耳山幔枝构造，核部岩浆－变质基底岩系属于深部构造层次的韧性变形变质岩系，受嵩阳、中条运动的影响，形成近南北向的褶皱面理及不同的变质相带，随着幔枝构造核部杂岩的强烈上隆，使其隆升至地表，成为熊耳山幔枝构造的核部岩浆－变质杂岩；盖层区则主要发育中浅部构造层次的韧性—脆性变形，在前加里东期及以后形成贯穿全区的近东西向龙脖—花山背斜，褶皱宽缓，伴之断裂发育，其中近东西向和北东向断裂，规模大，长期演化，力学性质复杂，具韧性剪切变形和脆性破裂特征，最具控矿意义，控制着该区金矿床的展布及产出部位（见第 2 章图 2-8）。

7.1.2 元素地球化学异常及其空间分布规律

区内系统而完整的地球化学工作当属 1∶20 万区域化探和 1∶5万水系沉积物测量，它提供了 39 种元素的区域地球化学异常图。主要成矿元素 Au、Mo、Ag、Pb、Zn 的地球化学图见前第 2 章图 2-13 ~ 图 2-17。通过研究区内 Au 地球化学图可以说明，Au 异常主要分布于熊耳山南、北及东部地区，而且显示与其中的燕山期花岗岩体关系密切，主要围绕花岗岩体分布。强度以东部地区最高，且规模最大。

7.1.3 构造蚀变岩带中 Au 的赋存状态

7.1.3.1 金矿物的类型

金矿物按照粒度和赋存状态可分为可见金和次显微金两种（见表 7-1）。

表 7-1 可见金、次显微金粒度变化及赋存状态简表

编号	可见金			次显微金	
	粒径（mm）	含量（%）	赋存状态	含量（%）	赋存状态
选 3	0.005 ~ 1.2	13.65	主要嵌于石英、黄铁矿、碲矿物及黄铜矿、闪锌矿、铁白云石、绢云母粒间和石英、黄铁矿、碲矿物裂隙中；次为包于石英、碲矿物、闪锌矿、方铅之中	86.35	主要载于黄铁矿中，次为菱铁矿、长石、石英等矿物中，少数载于方铅矿、闪锌矿、铁白云石等矿物中

续表 7-1

编号	可见金			次显微金	
	粒径（mm）	含量（%）	赋存状态	含量（%）	赋存状态
选 4	≤0.005 ~ 0.3	22.29	主要嵌于石英、绢云母、铁白云石及黄铁矿、方铅矿、闪锌矿、黄铜矿、黝铜矿等粒间。次为嵌于方铅矿、黄铁矿、闪锌矿裂隙中及包于黄铜矿、黝铜矿、碲银矿晶体中	7.71	主要载于黄铁矿、褐铁矿、方铅矿等矿物白云石及闪锌矿、绿泥石、方解石晶体中

根据电子探针分析结果，按金矿物中 Au、Ag、Te 含量不同分为自然金、银金矿、碲金矿（见表 7-2）。其中：

自然金（Au）：含 Au 84.24% ~94.77%，Ag 5.258% ~15.06%，成色 848 ~948。

银金矿（Au）：含 Au 62.621% ~72.29%，Ag 27.19% ~33.21%，成色 653 ~727。

碲金矿（$AuTe_2$）：含 Au 35.73% ~45.71%，Te 53.705% ~59.90%。

7.1.3.2 金矿物的粒度

自然金、银金矿的粒度详见表 7-3。碲金矿的粒度变化特征见表 7-4。

7.1.3.3 金矿物的嵌布特征

金矿物的嵌布反映了它们与共生矿物的直接接触关系，根据这种关系，其嵌布特征可分为晶隙金、裂隙金、包体金三种。

碲金矿的嵌布特征下矿带与上矿带基本差别不大，自然金与银金矿在不同矿带含量有所不同。下矿带（Ⅰ、Ⅱ、Ⅲ）以自然金为主，上矿带（Ⅳ、Ⅴ、Ⅵ）以银金矿为主。碲金矿的嵌布特征见表 7-5。

7.1.3.4 金属硫化物

常见的为黄铁矿（FeS_2），主要形成于黄铁绢英岩化阶段，与金矿化关系密切，除少数黄铁矿金含量≤50×10^{-6}，多数在$(123.6\sim476)\times10^{-6}$，最高达 $1\ 267\times10^{-6}$。尚有 Ag、Cu、Pb、Zn、Te、Co、Ni、As 等杂质。

次为方铅矿（PbS），在矿石中分布广泛而不均匀，主要分布在多金属矿石中。单矿物分析含金$(7\sim444)\times10^{-6}$、Ag$(182\sim698)\times10^{-6}$，尚有 Cu、Zn、Sb、Bi 等杂质。

闪锌矿（ZnS）：呈不均匀侵染状及不规则细脉状产出，与方铅矿、黄铜矿、黝铜矿、银金矿共生，含量明显少于方铅矿。单矿物分析含 Au 2.5×10^{-6}、Ag 22.0×10^{-6}。

黄铜矿（$CuFeS_2$）、黝铜矿（$3Cu_2S\cdot As_2S_2$）：含量较少，呈他形粒状散布于脉石矿物中。生成晚于共生的其他金属硫化物，常包括、交代其他矿物或充填于黄铁矿裂隙中。单矿物分析含 Au 9.6×10^{-6}、Ag 90×10^{-6}；尚有 Pb、Zn、Co、Ni 等杂质。

褐铁矿（$Fe_2O_3\cdot nH_2O$）：由黄铁矿氧化形成，常保持被交代矿物的假象或残余。单矿物分析含 Au 9.6×10^{-6}，是次显微金的主要载体矿物。

以上金属硫化物均为 Au 的主要载体矿物。

表 7-2　金、银矿物电子探针成分分析结果

编号	矿物名称	化学式	主要元素			微量元素	成色	备注
			Au	Ag	Te	Cu		
D-52	自然金	Au	90.202	9.471			905	湖南局中心实验室
B-140	自然金	Au	93.67	6.055			939	
			94.184	5.258			947	
			94.206	6.009			940	
选 2	自然金	Au	93.022	5.545		0.016	948	
			93.689	5.917		0.034	941	
			93.613	5.841		0.035	941	
			89.215	9.281		0.033	906	
选 1	自然金	Au	93.907	5.455			945	
			94.77	6.217			938	
			90.202	9.407			906	
选 3	自然金	Au	94.184	5.258		0.016～0.035	947	
			94.206	6.009			940	
			93.907	5.455			945	
			93.67	6.055			939	
			90.202	9.407		0.029～0.033	906	
			85.61	14.74			853	
			84.33	15.06			848	
			84.24	14.89			850	
选 2	银金矿	Au,Ag	62.621	33.21		0.021	653	
选 3	银金矿	Au,Ag	72.29	27.19		0.02	727	
			70.15	29.57			703	
			67.99	31.9			681	
选 1	碲金矿	$AuTe_2$	45.701		53.705			
选 3	碲金矿	$AuTe_2$	45.701		53.705			
			43.15	0.45	53.15			
B-140	碲金矿	$AuTe_2$	45.71		53.715			
Sg-PD3-b-4①	碲金矿	$AuTe_2$	37.55	3.39	58.67			地科院矿床研究所
Sg-PD3-b-4②	碲金矿	$AuTe_2$	36.37	2.96	59.9			
Sg-PD3-b-4③	碲金矿	$AuTe_2$	35.73	3.2	59.41			
B-140	碲金矿	Ag_2Te		62.392	36.798			湖南局中心实验室
选 3	碲银矿	Ag_2Te	0.15	62.7	36.55			
			0.54	61.95	37.04			
	碲金银矿	Ag_3AuTe_2	17.15	22.42	60.13			

表 7-3　自然金、银金矿的粒度表

编号	粒度范围		平均粒径（mm）	颗粒数	线段值（mm）	分布率（%）		备注
	粒级	粒径（mm）				各级含量	累积	
选 2	巨粒	0.6 ~ 0.3	0.4	6	2.4	19.3	19.3	据 1985 年选矿试验报告
	粗粒	0.3 ~ 0.15	0.2	16	3.2	25.74	45.03	
		0.15 ~ 0.074	0.098	31	3.039	24.44	69.48	
	中粒	0.074 ~ 0.037	0.05	43	2.154	17.32	86.8	
	细粒	0.037 ~ 0.019	0.029	37	1.075 5	8.65	95.45	
		0.019 ~ 0.01	0.014	29	0.41	3.3	98.75	
	微粒	< 0.01	0.005	31	0.155	1.25	100	
	总计			193	12.433 5	100		
选 3	巨粒	1.2 ~ 0.8	1	4	4	9.33	9.33	据 1985 年选矿试验报告
		0.8 ~ 0.6	0.74	14	9.8	22.85	32.18	
		0.6 ~ 0.4	0.5	1	5	11.66	43.84	
		0.4 ~ 0.3	0.35	11	3.85	8.98	52.82	
	粗粒	0.3 ~ 0.2	0.25	24	6	13.99	66.81	
		0.2 ~ 0.15	0.175	19	3.325	7.75	74.56	
		0.15 ~ 0.1	0.125	45	5.625	13.11	87.67	
		0.1 ~ 0.074	0.087	25	2.175	5.07	92.74	
	中粒	0.074 ~ 0.052	0.063	14	0.882	2.06	94.8	
		0.052 ~ 0.037	0.045	21	0.945	2.2	97	
	细粒	0.037 ~ 0.026	0.032	19	0.608	1.42	98.42	
		0.026 ~ 0.019	0.023	14	0.322	0.75	99.17	
	微粒	0.019 ~ 0.005	0.012	30	0.36	0.84	100	
	总计			241	42.892	100.01		
选 4	粗粒	0.3 ~ 0.2	0.25	1	0.25	1.81	1.81	据 1987 年选矿试验报告
		0.2 ~ 0.15	0.175	7	1.225	8.88	10.69	
		0.15 ~ 0.10	0.125	13	1.625	11.78	22.47	
		0.10 ~ 0.074	0.087	8	0.696	5.05	27.52	
	中粒	0.074 ~ 0.052	0.063	32	2.016	14.61	42.13	
		0.052 ~ 0.037	0.045	41	1.845	13.37	55.5	
	细粒	0.037 ~ 0.026	0.032	51	1.632	11.83	67.33	
		0.026 ~ 0.019	0.023	39	0.897	6.5	73.83	
	微粒	0.019 ~ 0.005	0.012	299	3.588	26.01	99.84	
		< 0.005	0.003	7	0.021	0.15	99.99	
	总计			498	13.795	99.9		

注：碲金矿的粒度变化从 0.005 ~ 0.8 mm 共分五个粒级（见表 7-4）。

表 7-4 碲金矿粒度统计表

粒度范围		平均粒径(mm)	颗粒数	线段值(mm)	含量(%)		
粒级	粒度(mm)				各级		累积
巨粒	0.8~0.6	0.7	1	0.7	7.74	26.54	7.74
	0.6~0.4	0.5	2	1.0	11.06		18.80
	0.4~0.3	0.35	2	0.7	7.74		26.54
粗粒	0.3~0.2	0.25	3	0.75	8.29	51.07	34.83
	0.2~0.15	0.175	9	1.575	17.42		52.25
	0.15~0.1	0.125	10	1.25	13.82		66.07
	0.1~0.074	0.087	12	1.044	11.54		77.61
中粒	0.074~0.052	0.063	8	0.504	5.57	16.52	83.18
	0.052~0.037	0.045	22	0.99	10.95		94.13
细粒	0.037~0.026	0.032	10	0.32	3.54	5.07	97.67
	0.026~0.019	0.023	6	0.138	1.53		99.20
微粒	0.019~0.005	0.012	6	0.072	0.80	0.80	100.00
总计			91	9.043	100.00		

表 7-5 碲金矿嵌布特征统计

嵌布类型	嵌布状态	颗数	各级(%)	各类(%)
晶隙金	嵌于两种以上碲矿物晶粒之间	3	6.97	37.20
	嵌于碲矿物、黄铁矿、自然金、石英晶粒之间	10	23.26	
	嵌于角砾岩的砾间胶结物之中	3	6.97	
裂隙金	嵌于石英裂隙中	10	23.26	23.26
包体金	嵌于石英中	15	34.88	39.53
	嵌于自然金中	2	4.65	
总计		43	99.99	

7.2 区域矿床成因

7.2.1 成矿物质来源

确定成矿物质来源，主要是矿石矿物中的金属元素来源，是研究矿床成因、成矿模式及确定找矿方向、指导找矿的一个重要研究方面。

判别成矿物质来源的地球化学方法有组合元素及微量元素地球化学分析方法、稀土元素地球化学分析和同位素示踪分析等。成矿物质来源常常采用硫、铅、锶等同位素示踪分析。

7.2.1.1　硫同位素

1. 上宫金矿

上宫金矿共测定矿石及围岩硫同位素数据 50 个(见表 7-6),其中矿石硫 40 个,围岩 10 个。本次研究在 764 m 标高坑道采集测定了 1 个样品(Hsg - 64)。

表 7-6　上宫金矿床矿石及围岩硫同位素组成

样品号	采样位置	矿物	产出	$\delta^{34}S$ (‰)	矿化阶段及围岩性质
Sg - PD3 - S - Tz4	PD3、CM4	黄铁矿	蚀变安山岩中侵染状	4.18	早期
Rz1/PD3	PD3	黄铁矿	矿石中的石英角砾岩	4.06	
上 13 - 1		黄铁矿	早期白板石英脉中	2.1	
上 13 - 2		黄铁矿	蚀变安山岩中	2.5	
Hsg - 64	746 m　33 线	黄铁矿	黄铁矿化蚀变岩型金矿石	-14.9	中期
85 - R_{28} - A	PD5	黄铁矿	角砾岩	-6.0	
Sg - PD11 - DF1 - S	PD11	黄铁矿	条纹状黄铁矿金矿石	-10.57	
85 - R_{29} - A	PD7	黄铁矿	侵染状黄铁矿金矿石	-4.2	
Sg - PD3 - DF5 - S	PD3、CM16	黄铁矿		-6.54	
85 - R_{30} - A	PD1	黄铁矿		-8.9	
Sg - PD3 - DF6 - S	PD3、CM24	黄铁矿	侵染状黄铁矿金矿石	-11.34	
DF1/ZK3703 - S	ZK3703	黄铁矿	侵染状方铅矿黄铁矿金矿石	-9.6	
DF2/ZK3703 - S	ZK3703	黄铁矿	侵染状黄铁矿金矿石	-8.0	
DF1/PD18 - CM225 - S	PD18、CM225	黄铁矿		-9.3	
T23/PD3	PD3、CM4	黄铁矿	角砾状黄铁矿方铅矿金矿石	-7.84	
Sg - PD6 - DF1 - S	PD6、CM8	黄铁矿	角砾状黄铁矿金矿石	-10.49	
TZ2/PD3	PD3、CM8	黄铁矿	萤石侵染状黄铁矿金矿石	-10.90	
TZ1/PD1	PD1、YM1	黄铁矿	角砾状黄铁矿金矿石	-11.98	
TZ2/PD1	PD1、YM1	黄铁矿	矿化碎裂蚀变安山岩	-14.46	
RZ1/PD2	PD2	黄铁矿		-13.12	

续表 7-6

样品号	采样位置	矿物	产出	$\delta^{34}S$ (‰)	矿化阶段及围岩性质
上1－3	PD12	黄铁矿	角砾状黄铁矿金矿石	－11.4	中期
上1－4	PD12	黄铁矿		－11.1	
上2－2	PD12	黄铁矿		－12.0	
上7	PD2	黄铁矿		－9.1	
上8－1	PD2	黄铁矿		－11.6	
Sg－PD3－S－Tz3	PD3、CM4	方铅矿	角砾状黄铁矿方铅矿金矿石	－16.62	
Sg－PD3－S－Tz1	PD3、CM4	方铅矿	方铅矿金矿石	－15.88	
Sg－PD3－DF2－S	PD3、CM4	方铅矿	侵染状黄铁矿方铅矿金矿石	－14.53	
Sg－PD1－YM1－CM4－S－2/1－1	PD1、YM1、CM4	方铅矿	铁白云石方铅矿矿石	－19.24	
Rz2/PD3*	PD3	方铅矿		－16.97	
Rz3/PD3	PD3	方铅矿		－12.98	
Rz1/PD6**	PD6	方铅矿		－19.20	
DF1－PD1－S	PD1	闪锌矿		－13.9	
85－R28－B	PD5	重晶石		－0.54	晚期
85－R29－B	PD7	重晶石		7.0	
85－R30－B	PD1	重晶石		6.9	
Sg－PD20－DF1－S	PD20	方铅矿	多金属硫化物金矿石	0.78	
Sg－PD20－DF2－S	PD20	黄铁矿		6.02	
Sg－PD6－CM8－S－1	PD6、CM8	黄铜矿	方铅矿黄铜矿石英脉	6.68	
Sg－PD1－b1	PD1	重晶石	晚期重晶石脉	6.70	
Chm－DF1－S	白土马家河组	黄铁矿	安山岩	2.5	熊耳群
Chx－DF1－S	白土许山组	黄铁矿	安山岩	5.4	
上6－3*	上宫许山组	黄铁矿	杏仁状安山岩	4.3	
上22*	上宫许山组	黄铁矿	大斑含杏仁安山岩	4.6	
上4*	上宫	黄铁矿	角闪石英二长岩	5.2	熊耳群次火山岩
Gp－DF4－S	兴华郭坪沟	黄铁矿	黑云斜长片麻岩	2.9	太华群
Sb－DF1－S	东山底	黄铁矿	斜长角闪岩	5.7	
H－DF1	王莽寨林场	黄铁矿	似斑状角闪黑云二长花岗岩	7.8	花山岩体
H－DF2	王莽寨林场	黄铁矿	细粒花岗岩脉	5.4	
H－DF3	金山庙	黄铁矿	似斑状角闪黑云二长花岗岩	1.8	

注：* 赵瑞等资料，* * 矿区资料。

矿石 $\delta^{34}S$ 值变化范围为 -19.24‰~7.8‰,平均 -7.41‰。主要金属硫化物黄铁矿中 $\delta^{34}S$ = -12.0‰~6.02‰,平均 -7.48‰($n=27$);方铅矿中 $\delta^{34}S$ = -19.20‰~12.98‰,平均 -14.33‰($n=8$)。分别统计各矿物硫同位素平均值,本矿床硫同位素具有 $\delta^{34}S_{重晶石}$ 5.02‰ > $\delta^{34}S_{黄铁矿}$ -7.41‰ > $\delta^{34}S_{闪锌矿}$ -13.90‰ > $\delta^{34}S_{方铅矿}$ -14.33‰变化规律,表明区内硫同位素已基本达到平衡。在频率直方图上呈陡塔式分布(见图7-1)。上宫矿床从成矿的早期到晚期,$\delta^{34}S$ 由低正值($\delta^{34}S$ = 3.2‰)→较大负值($\delta^{34}S$ = -11.8‰)→低正值($\delta^{34}S$ = 4.8‰)的变化。根据该阶段重晶石—黄铁矿的 $\delta^{34}S$ 值采用高温外推法求得成矿溶液的 $\delta^{34}S_{\Sigma}$ 值为 -4.5‰~-3.5‰,具有以深源硫同位素为主的壳幔混合源硫组成特征。

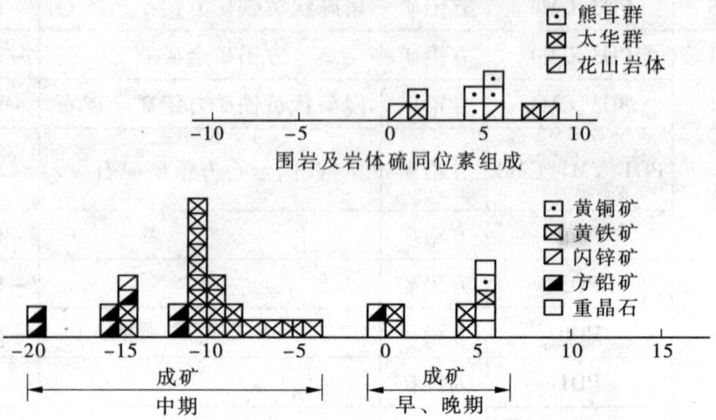

图7-1　上宫金矿主要硫化物硫同位素组成

与主成矿期矿石中硫同位素不同的是,围岩及花山花岗岩中 $\delta^{34}S$ 在1.8‰~7.8‰之间,与早、晚期矿石硫类似。

主成矿期矿石中硫为较大负值问题有两类说法:一类认为,至少部分硫来自生物硫,因为生物硫的 $\delta^{34}S$ 为显著负值。陈衍景(2004)认为,就研究区而言,燕山期花岗岩中不可能有大量有机质;熊耳群为火山岩建造,也缺乏有机质;太华群虽然包括了含有机质的水滴沟群孔达岩系,但水滴沟群在熊耳地区发育较差,而且早在1 850 Ma之前就已经发生中高级变质,其中的有机质已经变质为不含硫的石墨;当然,更难想象下地壳或地幔中存在丰富的生物硫。因此,熊耳地区的主要地质体难以满足成矿系统的硫同位素特征。另一类认为,硫仍是幔源硫特征,$\delta^{34}S$ 呈负值是由于成矿过程中物化条件变化而引起其硫同位素分馏作用的结果。研究表明,一般在矿化早期,其硫同位素仍为较小的正值,随着成矿作用的进行,开始出现明显的负值,许多矿床中有负值逐渐增大的趋势。产生负值的原因并非是由于 $\delta^{34}S_{\Sigma S}$ 不同,而是成矿过程中成矿热液的 H_2S/SO_2^{-4} 值发生变化。本类矿床在成矿作用早期晶出的含铁硫化物为黄铁矿,不见硫酸盐矿物,说明早期成矿热液中 H_2S/SO_2^{-4} 值相对较高,所以晶出的黄铁矿的 $\delta^{34}S$ 值出现小的正值或绝对值小的负值,随着成矿作用的进行,热液中 H_2S 的消耗,特别是在方铅矿等多金属硫化物沉淀、热液 $f(O_2)$ 升高时,可引起 H_2S/SO_2^{-4} 值快速减小,并使随后晶出的黄铁矿等硫化物的 $\delta^{34}S$ 出现较大的负值。河南地质矿产局第一地质调查大队黎世美假设主要矿化阶段 $f(O_2)$ 为

10^{-37}，pH 值为 7，温度为 350 ℃，根据图解估算成矿溶液 $\delta^{34}S_{\Sigma S}<4‰$，结合重晶石 $\delta^{34}S$ 值，则 $\delta^{34}S_{\Sigma S}$ 大致为 -0.5‰~4‰，这与早期、晚期阶段硫化物 $\delta^{34}S$ 值相近。

依据硫同位素的组成及计算的 pH 值在 lg$f(O_2)$ - pH 相同（见图 7-2）上可以圈出上宫金矿成矿的物理化学环境。在矿化早期，其硫同位素为较小的正值，随着成矿作用的进行，开始出现明显的负值，并有负值逐渐增大趋势。

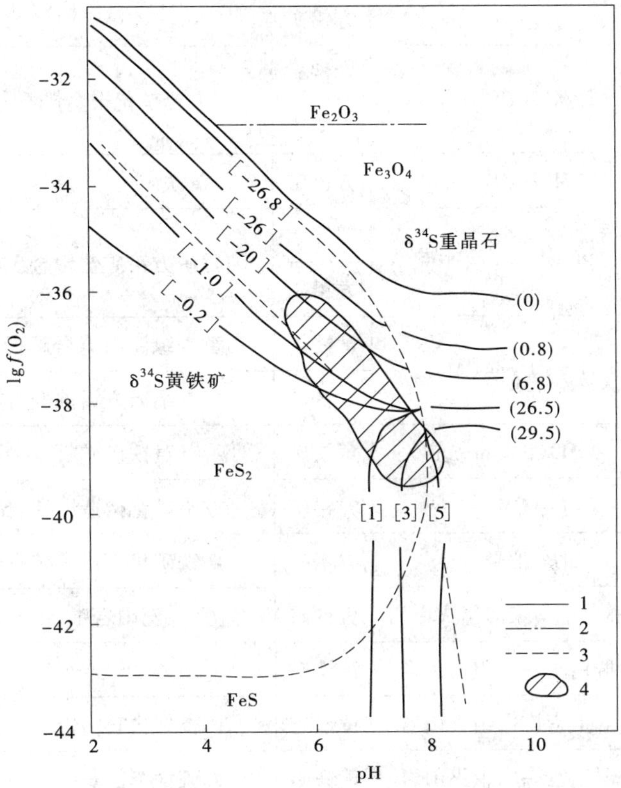

1—$\delta^{34}S$ 等值线（方括号和圆括号内分别为黄铁矿和重晶石的 $\delta^{34}S$ 值，单位为‰）；

2—Fe-S-O 的矿物界线；3—可溶解-不可溶解的重晶石界线；4—稳定矿物场

图 7-2 上宫金矿的 $\delta^{34}S$ - lg$f(O_2)$ - pH 值关系图（据任富根等，1996，修改）

2. 七里坪金矿

七里坪金矿共测定矿石硫同位素数据 23 个（见表 7-7）。矿石 $\delta^{34}S$ 值变化范围为 -17.3‰~10.7‰，平均 -1.3‰。其中黄铁矿 $\delta^{34}S$ 为 1.8‰~10.7‰，平均 6.1‰（$n=5$）。方铅矿为 -17.3‰~2.9‰，平均 -5.0‰（$n=7$）。由于七里坪金矿是上宫金矿 F1 断裂北东延长方向的矿床，故总体特征与上宫金矿类似，具有以深源硫同位素为主的壳幔混合源硫组成特征。

3. 刘秀沟（虎沟）金矿

刘秀沟（虎沟）金矿共测定矿石硫同位素数据 17 件（见表 7-8）。其中 7 件矿石黄铁矿 $\delta^{34}S$ 值变化范围为 -28.17‰ 7.92‰，平均 -10.38‰。熊耳群安山岩黄铁矿 $\delta^{34}S$ 为 2.5‰~5.4‰，平均 4.2‰（$n=4$）。太古宙变质岩黄铁矿为 2.9‰~5.7‰，平均 4.6‰

表 7-7　七里坪金矿床矿石、地层、岩体硫同位素组成

样品号	采样位置	矿物	产出	$\delta^{34}S$‰	资料来源
Hqlp－2－1	YM853 24 线 F1 脉	黄铁矿	方铅闪锌矿化银金矿石	1.8	本项目组
Hqlp－2－2		方铅矿		－14.3	
Hqlp－2－3		方铅矿		－17.3	
Hqlp－3－1	YM676CM3	黄铁矿	方铅矿化银金矿石	4.3	
Hqlp－3－2		方铅矿		2.9	
Hqlp－6	YM676CM1	方铅矿	黄铁矿化银金矿石	3.6	
Hqlp－15－1	PD842F14 脉	闪锌矿	闪锌矿方铅矿化银金矿石	－16.2	
Hqlp－15－2		方铅矿		－16.7	
Bw－DF1－S	北王玉沟Ⅰ－CM3	黄铁矿	黄铁绿泥绢英岩矿石	10.7	熊耳山地区金成矿规律科研报告
Bw－DF2－S		黄铁矿	黄铁绢云方铅蚀变岩	8.5	
Bw－DF4－S	Ⅰ－CM3 下 4 m 坑道	黄铁矿	黄铁矿矿石	9.1	
Bw－DF5－S	Ⅰ－CM3	方铅矿	方铅矿化构造蚀变岩	5.1	
QL－DF1－S	北东山脊	方铅矿	褐铁矿化方铅矿矿石	1.51	
Chm－DF1－S	熊耳群白土马家河组火山岩	黄铁矿	安山岩中	2.5	
Chx－DF1－S	熊耳群白土许山组火山岩	黄铁矿	安山岩中	5.4	
上 6－3	熊耳群上宫许山组火山岩	黄铁矿	杏仁状安山岩中	4.3	
上 22	熊耳群上宫许山组火山岩	黄铁矿	大斑含杏仁安山岩中	4.6	
上 4	上宫次火山岩	黄铁矿	角闪石英二长岩中	5.2	
Gp－DF4－S	兴华郭坪沟太华群	黄铁矿	黑云斜长片麻岩	2.9	
Sb－DF1－S	东山底太华群	黄铁矿	斜长角闪岩	5.7	
H－DF1	王莽寨林场花山花岗岩体	黄铁矿	似斑状角闪黑云二长花岗岩	7.8	
H－DF2	王莽寨林场花山花岗岩体	黄铁矿	细粒花岗岩脉	5.4	
H－DF3	金山庙花山花岗岩体	黄铁矿	似斑状角闪黑云二长花岗岩	1.8	

(n=3)。花山花岗岩黄铁矿为 1.8‰～7.8‰，平均 5.0‰(n=3)。由于刘秀沟(虎沟)金矿是上宫金矿 F1 断裂的北东延长方向的矿床，故总体特征与上宫金矿类似，具有以深源硫同位素为主的壳幔混合源硫组成特征。

4. 吉家洼金矿

吉家洼金矿共测定矿石硫同位素数据 15 个(见表 7-9)。矿石 $\delta^{34}S$ 值变化范围为 -17.3‰~10.7‰,平均 -1.3‰。其中黄铁矿 $\delta^{34}S$ 为 1.8‰~10.7‰,平均 6.1‰($n=5$)。方铅矿为 -17.3‰~5.1‰,平均 -5.0‰($n=7$)。由于七里坪金矿是上宫金矿 F1 断裂北东延长方向的矿床,故总体特征与上宫金矿类似,具有以深源硫同位素为主的壳幔混合源硫组成特征。

表 7-8　刘秀沟(虎沟)金矿硫同位素特征

样品号	采样位置	矿物	产出	$\delta^{34}S$(‰)	资料来源
Hlx - 14	680 mCM415 号脉	黄铁矿	粗粒黄铁矿化矿石	-10.2	本项目组
Hlx - 16	680 mCM415 号脉	方铅矿	细粒黄铁矿化矿石	-20.0	
Hlx - 18	600 mCM254 号脉	黄铁矿	黄铁矿化蚀变岩型金矿石	-4.7	
Hg - YD404 - DF2 - S	YD404	黄铁矿	条带状黄铁矿矿石	-28.17	熊耳山地区金成矿规律研究报告
Hg - YD404 - DF3 - S	YD404	黄铁矿	团块状黄铁矿矿石	7.92	
Hg - M19 - DF1 - S	M19	方铅矿	块状方铅矿矿石	-7.52	
Ja - DF2 - S	PD137	黄铁矿	微细浸染状黄铁矿型金矿石	-10.01	
Chm - DF1 - S	白土马家河组	黄铁矿	安山岩	2.5	
Chx - DF1 - S	白土许山组	黄铁矿	安山岩	5.4	
上 6 - 3*	上宫许山组	黄铁矿	杏仁状安山岩	4.3	
上 22*	上宫许山组	黄铁矿	大斑含杏仁安山岩	4.6	
上 4*	上宫	黄铁矿	角闪石英二长岩	5.2	
Gp - DF4 - S	兴华郭坪沟	黄铁矿	黑云斜长片麻岩	2.9	
Sb - DF1 - S	东山底	黄铁矿	斜长角闪岩	5.7	
H - DF1	王莽寨林场	黄铁矿	似斑状角闪黑云二长花岗岩	7.8	
H - DF2	王莽寨林场	黄铁矿	细粒花岗岩脉	5.4	
H - DF3	金山庙	黄铁矿	似斑状角闪黑云二长花岗岩	1.8	

表 7-9　吉家洼金矿硫同位素特征

矿床(点)地层、岩体	样品号	采样位置	矿物	产出	$\delta^{34}S$(‰)
吉家凹	Hjj - 1	600 m - CM15	闪锌矿	闪锌矿化金矿石	-16.5
	Hjj - 3	550 m - CM6	闪锌矿	方铅闪锌矿化金矿石	-16.5
	Hjj - 4	550 m - CM6	闪锌矿	方铅闪锌矿化金矿石	-17.6
	Ja - DF1 - S	PD111	黄铁矿	微细浸染状黄铁矿型金矿石	-13.41
	Ja - DF2 - S	PD137	黄铁矿	微细浸染状黄铁矿型金矿石	-10.01

续表 7-9

矿床(点)地层、岩体		样品号	采样位置	矿物	产出	$\delta^{34}S$(‰)
熊耳群	火山岩	Chm - DF1 - S	白土马家河组	黄铁矿	安山岩	2.5
		Chx - DF1 - S	白土许山组	黄铁矿	安山岩	5.4
		上 6 - 3*	上宫许山组	黄铁矿	杏仁状安山岩	4.3
		上 22*	上宫许山组	黄铁矿	大斑含杏仁安山岩	4.6
	次火山岩	上 4 *	上宫	黄铁矿	角闪石英二长岩	5.2
太华群		Gp - DF4 - S	兴华郭坪沟	黄铁矿	黑云斜长片麻岩	2.9
		Sb - DF1 - S	东山底	黄铁矿	斜长角闪岩	5.7
花山花岗岩体		H - DF1	王莽寨林场	黄铁矿	似斑状角闪黑云二长花岗岩	7.8
		H - DF2	王莽寨林场	黄铁矿	细粒花岗岩脉	5.4
		H - DF3	金山庙	黄铁矿	似斑状角闪黑云二长花岗岩	1.8

7.2.1.2　铅同位素

1. 上宫金矿

矿区矿石、地层、岩体共取得 27 件样品(本项目在 746 m 标高坑道中采集测试 1 件，Hsg - 64)的铅同位素数据(见表 7-10)。

矿石铅样 8 件，其$^{206}Pb/^{204}Pb$ = 16.378 ~ 17.208，平均 17.034；$^{207}Pb/^{204}Pb$ = 15.344 ~ 15.508，平均 15.410；$^{208}Pb/^{204}Pb$ = 36.426 ~ 37.949，平均 37.487。围岩太华群样 5 件，其$^{206}Pb/^{204}Pb$ = 15.406 ~ 19.428，平均 17.353；$^{207}Pb/^{204}Pb$ = 15.188 ~ 15.667，平均 15.451；$^{208}Pb/^{204}Pb$ = 37.526 ~ 41.260，平均 39.351。熊耳群样 4 + 2 件，其$^{206}Pb/^{204}Pb$ = 16.439 ~ 17.123，平均 16.781；$^{207}Pb/^{204}Pb$ = 15.271 ~ 15.383，平均 15.356；$^{208}Pb/^{204}Pb$ = 36.489 ~ 37.310，平均 36.876。花山花岗岩样 7 件，其$^{206}Pb/^{204}Pb$ = 17.199 ~ 17.646，平均 17.442；$^{207}Pb/^{204}Pb$ = 15.391 ~ 15.433，平均 15.438；$^{208}Pb/^{204}Pb$ = 37.447 ~ 38.095，平均 37.815。

由表 7-10 可知，太华群铅同位素组成变化大，具放射性铅特征。熊耳群岩石铅同位素组成与次火山岩岩石铅同位素组成以变化小为特点，属含放射性成因铅很低的异常铅，并与花岗岩铅和大多数矿石铅同位素组成有明显差异，但经蚀变后，$^{206}Pb/^{204}Pb$、$^{208}Pb/^{204}Pb$值明显增大，并与矿石铅同位素组成接近。花山岩体中铅同位素组成多数与矿石铅同位素组成接近，反映矿石铅与岩体铅在成矿作用过程中有一定的内在联系。

将各矿段硫化物铅同位素投点于铅同位素演化图(见图 7-3)上可见，矿石、地层、岩体的铅均属地幔与造山带铅演化线之间，说明成岩成矿物质源自深部，而太华群则主要落点于造山带。

2. 七里坪金矿

矿区矿石、地层、岩体共取得 30 件样品(本项目测试 8 件)的铅同位素数据(见表 7-11)。

表 7-10 上宫金矿床矿石、地层、岩体铅同位素组成表

矿床(点)地层、岩体	样品号	采样地点	样品名称	产出	铅同位素组成			资料来源
					$^{206}Pb/^{204}Pb$	$^{207}Pb/^{204}Pb$	$^{208}Pb/^{204}Pb$	
上宫	Hsg－64	746 m 33 线	黄铁矿	黄铁矿化蚀变岩型金矿石	17.071 9	15.454 9	37.548 9	本项目组
	Sg－PD3－Pb－Tz1	PD3	方铅矿	方铅矿金矿石	17.095	15.378	37.502	熊耳山地区金矿成矿规律研究报告
	Tz3/PD3			角砾状黄铁矿方铅矿金矿石	17.053	15.344	37.417	
	Sg－PD3－DF2－Pb			侵染状黄铁矿方铅矿金矿石	17.208	15.503	37.949	
	Rz2/PD3			矿石中的石英角砾岩	17.105	15.384	37.558	
	Rz3/PD3				17.188	15.508	37.938	
	Rz1/PD6	PD6			17.119	15.393	37.566	
	Sg－PD1－YM1－CM4－Pb－2/1－1	PD1		方铅矿铁白云石脉	17.085	15.367	37.474	
	Sg－PD20－DF1－Pb	PD20		多金属硫化物金矿石	16.378	15.355	36.426	
太华群	XL(c)－Au－7	草沟	全岩	黑云斜长片麻岩	15.406	15.188	37.526	
	XL(c)－Au－9			金云母角闪岩	16.968	15.359	37.755	
	XL(d)－Au－7	东山底		黑云斜长片麻岩	17.353	15.492	42.558	
	XL(d)－Au－10			角闪斜长片麻岩	19.428	15.667	41.260	
	XL(d)－Au－13			斜长角闪岩	17.609	15.547	37.654	
熊耳群	YQ1/39 线	上宫矿区		大斑安山岩	16.907	15.421	36.346	
	YQ2/39 线			辉石安山岩	16.647	15.300	36.876	
	YQ3/39 线			小杏仁状安山岩	16.439	15.271	36.489	
	YQ2/PD1			强绢云母铁白云石化安山岩	17.116	15.405	37.345	
次火山岩	YQ2/TC27			石英正长辉长辉绿岩	16.451	15.358	36.887	
	YQ2/31 线			蚀变辉长辉绿岩	17.123	15.383	37.310	
花岗岩	H－Y－54	花山岩体		似斑状角闪黑云母二长花岗岩	17.476	15.418	37.832	
	H－Y－28－32				17.646	15.433	38.095	
	H－Y－98			似斑状黑云母二长花岗岩	17.329	15.396	37.488	
	H－Y－69－70				17.528	15.456	37.983	
	H－Pb－1		钾长石	似斑状黑云母二长花岗岩	17.44	15.520	37.975	
	H－Pb－2			似斑状角闪黑云母二长花岗岩	17.199	15.391	37.447	
	H－Pb－3			似斑状黑云母二长花岗岩	17.473	15.455	37.886	

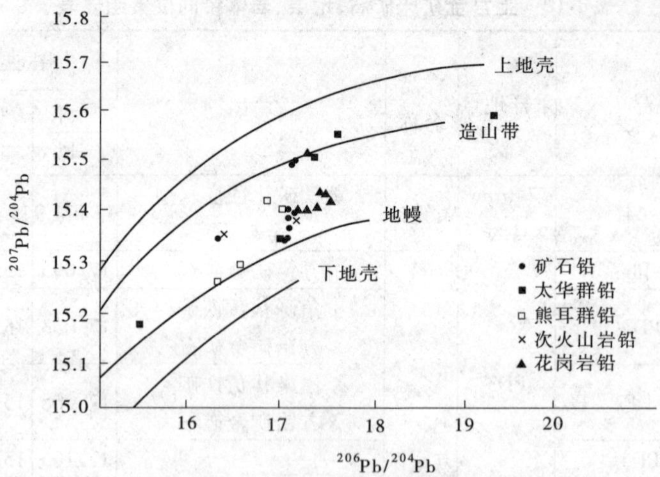

图 7-3　上宫金矿区铅同位素演化图

（底图据 Zartman 及 Doe，1977）

表 7-11　熊耳山北麓矿石、地层、岩体铅同位素组成部分

矿床（点）地层、岩体	样品号	采样地点	样品名称	产出	铅同位素组成			资料来源
					$^{206}Pb/^{204}Pb$	$^{207}Pb/^{204}Pb$	$^{208}Pb/^{204}Pb$	
七里坪	Hqlp－2－1	YM853 24 线 F1 脉	黄铁矿	方铅闪锌矿化银金矿石	17.107 9	15.456 6	37.595 1	本项目组
	Hqlp－2－2	YM853 24 线 F0 脉	闪锌矿	方铅闪锌矿化银金矿石	17.081 4	15.450 1	37.535 6	
	Hqlp－2－3	YM853 24 线 F1 脉	方铅矿	方铅闪锌矿化银金矿石	17.073 0	15.456 2	37.555 0	
	Hqlp－3－1	YM676 CM3	闪锌矿	方铅矿化银金矿石	17.269 2	15.476 8	37.755 3	
	Hqlp－3－2	YM676 CM3	方铅矿	方铅矿化银金矿石	17.270 1	15.477 8	37.759 4	
	Hqlp－6	YM676 CM1	方铅矿	黄铁矿化银金矿石	17.284 6	15.479 7	37.776 3	
	Hqlp－15－1	PD842 F14 脉	闪锌矿	闪锌矿方铅矿化银金矿石	17.071 8	15.453 8	37.546 0	
	Hqlp－15－2	PD842 F14 脉	方铅矿	闪锌矿方铅矿化银金矿石	17.071 9	15.454 9	37.548 9	
	Bw－DF5－Pb	北王玉沟	方铅矿	方铅矿化构造角砾岩	17.206	15.476	37.611	①
	Q1－DF2－Pb	七里坪东山脊		褐铁矿化方铅矿石	17.273	15.420	37.677	
				多金属硫化物矿石	17.344	15.136	37.971	②
				多金属硫化物矿石	17.615	15.406	38.024	

续表 7-11

矿床（点）地层、岩体	样品号	采样地点	样品名称	产出	铅同位素组成			资料来源
					$\frac{^{206}Pb}{^{204}Pb}$	$\frac{^{207}Pb}{^{204}Pb}$	$\frac{^{208}Pb}{^{204}Pb}$	
太华群	XL(c) - Au - 7	草沟	全岩	黑云斜长片麻岩	15.406	15.188	37.526	①
	XL(c) - Au - 9			金云母角闪岩	16.968	15.359	37.755	
	XL(c) - Au - 7			黑云斜长片麻岩	17.353	15.492	42.558	
	XL(c) - Au - 10	东山底		角闪斜长片麻岩	19.428	15.667	41.260	
	XL(c) - Au - 13			斜长角闪岩	17.609	15.547	37.654	
熊耳群	YQ1/39 线	上宫矿区		大斑安山岩	16.907	15.421	36.346	
	YQ2/39 线			辉石安山岩	16.647	15.300	36.876	
	YQ3/39 线			小杏仁状安山岩	16.439	15.271	36.489	
	YQ2/PD1			强绢云母铁白去石化安山岩	17.116	15.405	37.345	
次火山岩	YQ1/TC27			石英正长辉长辉绿岩	16.451	15.358	36.887	
	YQ2/31 线			蚀变辉长辉绿岩	17.123	15.383	37.310	
花岗岩	H - Y - 54	花山岩体		似斑状角闪黑云母二长花岗岩	17.476	15.418	37.832	
	H - Y - 28 - 32				17.646	15.433	38.095	
	H - Y - 98			似斑状黑云母二长花岗岩	17.329	15.396	37.488	
	H - Y - 69 - 70				17.528	15.456	37.983	
	H - Pb - 1		钾长石	似斑状黑云母二长花岗岩	17.44	15.520	37.975	
	H - Pb - 2			似斑状角闪黑云母二长花岗岩	17.199	15.391	37.447	
	H - Pb - 3			似斑状黑云母二长花岗岩	17.473	15.455	37.886	

注：①河南地质调查一队．上宫金矿勘探报告，1988；②河南地质研究所．河南省金矿成矿条件研究报告，1985。

矿石铅样 12 件，其$^{206}Pb/^{204}Pb$ = 17.072 ~ 17.615，平均 17.222；$^{207}Pb/^{204}Pb$ = 15.136 ~ 15.480，平均 15.429；$^{208}Pb/^{204}Pb$ = 37.536 ~ 38.024，平均 37.696。围岩太华群样 5 件，其$^{206}Pb/^{204}Pb$ = 15.406 ~ 19.428，平均 17.353；$^{207}Pb/^{204}Pb$ = 15.188 ~ 15.667，平均 15.451；$^{208}Pb/^{204}Pb$ = 37.526 ~ 41.260，平均 39.351。熊耳群样 4 + 2 件，其$^{206}Pb/^{204}Pb$ = 16.439 ~ 17.123，平均 16.781；$^{207}Pb/^{204}Pb$ = 15.271 ~ 15.383，平均 15.356；$^{208}Pb/^{204}Pb$ = 36.489 ~ 37.310，平均 36.876。花山花岗岩样 7 件，其$^{206}Pb/^{204}Pb$ = 17.199 ~ 17.646，平均 17.442；$^{207}Pb/^{204}Pb$ = 15.391 ~ 15.433，平均 15.438；$^{208}Pb/^{204}Pb$ = 37.447 ~ 38.095，平均 37.815。

将各矿段硫化物铅同位素投点于铅同位素演化图（见图 7-4）上可见，矿石、地层、岩体的铅均属地幔与造山带铅演化线之间，说明成岩成矿物质源自深部，而太华群则主要落点于造山带。

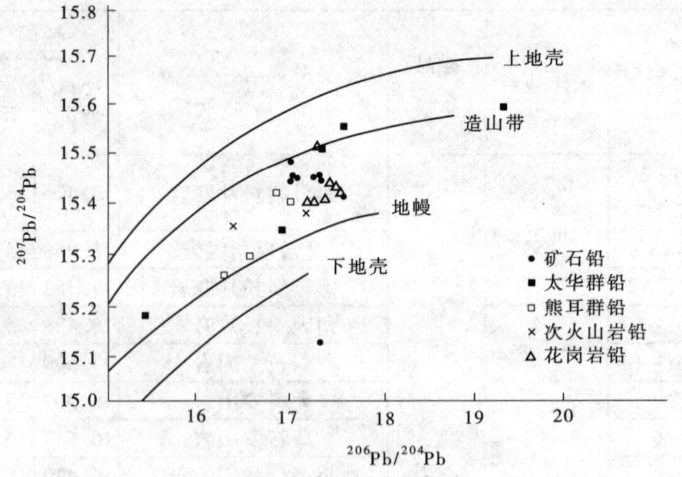

图 7-4 七里坪金矿区铅同位素演化图

（底图据 Zartman 及 Doe，1977）

3. 刘秀沟（虎沟）金矿

矿区矿石、地层、岩体共取得 22 件样品（本项目测试 3 件）的铅同位素数据（见表 7-12），其中，矿石铅 9 件，其 $^{206}Pb/^{204}Pb$ = 17.209 ~ 17.342，平均 17.247；$^{207}Pb/^{204}Pb$ = 15.466 ~ 15.483，平均 15.472；$^{208}Pb/^{204}Pb$ = 37.631 ~ 37.958，平均 37.78。围岩太华群样 5 件，其 $^{206}Pb/^{204}Pb$ = 15.406 ~ 19.428，平均 17.353；$^{207}Pb/^{204}Pb$ = 15.188 ~ 15.667，平均 15.451；$^{208}Pb/^{204}Pb$ = 37.526 ~ 41.260，平均 39.351。熊耳群样 6 件，其 $^{206}Pb/^{204}Pb$ = 16.439 ~ 17.123，平均 16.781；$^{207}Pb/^{204}Pb$ = 15.271 ~ 15.383，平均 15.356；$^{208}Pb/^{204}Pb$ = 36.489 ~ 37.310，平均 36.876。花山花岗岩样 7 件，其 $^{206}Pb/^{204}Pb$ = 17.199 ~ 17.646，平均 17.442；$^{207}Pb/^{204}Pb$ = 15.391 ~ 15.433，平均 15.438；$^{208}Pb/^{204}Pb$ = 37.447 ~ 38.095，平均 37.815。

将各矿段硫化物铅同位素投点于铅同位素演化图（见图 7-5）上可见，矿石、地层、岩体的铅均属地幔与造山带铅演化线之间，说明成岩成矿物质源自深部，而太华群则主要落点于造山带。

表 7-12 刘秀沟（虎沟）金矿矿石、地层、岩体铅同位素组成部分

矿床（点）地层、岩体	样品号	采样地点	样品名称	产出	铅同位素组成		
					$^{206}Pb/^{204}Pb$	$^{207}Pb/^{204}Pb$	$^{208}Pb/^{204}Pb$
刘秀沟	Hlx－14	680 mCM41 Ⅴ号脉	黄铁矿	粗粒黄铁矿化矿石	17.211 5	15.466 0	37.838 7
	Hlx－16	680 mCM29 Ⅳ号脉	黄铁矿	方铅矿化石英脉型矿石	17.209 4	15.469 2	37.728 3
	Hlx－18	600 mCM25 Ⅳ号脉	黄铁矿	黄铁矿化蚀变岩型金矿石	17.342 3	15.482 5	37.957 9
虎沟	Hw－M19－DF1－Pb	M19		块状方铅矿矿石	17.225	15.469	37.631

续表 7-12

矿床（点）地层、岩体	样品号	采样地点	样品名称	产出	铅同位素组成 $^{206}Pb/^{204}Pb$	铅同位素组成 $^{207}Pb/^{204}Pb$	铅同位素组成 $^{208}Pb/^{204}Pb$
太华群	XL(c) – Au – 7	草沟	全岩	黑云斜长片麻岩	15. 406	15. 188	37. 526
	XL(c) – Au – 9			金云母角闪岩	16. 968	15. 359	37. 755
	XL(c) – Au – 7			黑云斜长片麻岩	17. 353	15. 492	42. 558
	XL(c) – Au – 10	东山底		角闪斜长片麻岩	19. 428	15. 667	41. 260
	XL(c) – Au – 13			斜长角闪岩	17. 609	15. 547	37. 654
熊耳群	YQ1/39 线	上宫矿区		大斑安山岩	16. 907	15. 421	36. 346
	YQ2/39 线			辉石安山岩	16. 647	15. 300	36. 876
	YQ3/39 线			小杏仁状安山岩	16. 439	15. 271	36. 489
	YQ2/PD1			强绢云母铁白云石化安山岩	17. 116	15. 405	37. 345
次火山岩	YQ1/TC27			石英正长辉长辉绿岩	16. 451	15. 358	36. 887
	YQ2/31 线			蚀变辉长辉绿岩	17. 123	15. 383	37. 310
花岗岩	H – Y – 54	花山岩体		似斑状角闪黑云母二长花岗岩	17. 476	15. 418	37. 832
	H – Y – 28 – 32				17. 646	15. 433	38. 095
	H – Y – 98			似斑状黑云母二长花岗岩	17. 329	15. 396	37. 488
	H – Y – 69 – 70				17. 528	15. 456	37. 983
	H – Pb – 1		钾长石	似斑状黑云母二长花岗岩	17. 44	15. 520	37. 975
	H – Pb – 2			似斑状角闪黑云母二长花岗岩	17. 199	15. 391	37. 447
	H – Pb – 3			似斑状黑云母二长花岗岩	17. 473	15. 455	37. 886

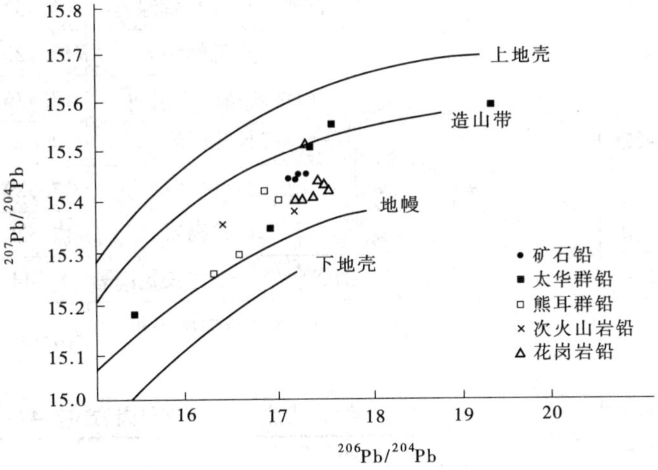

图 7-5　刘秀沟金矿区铅同位素演化图

4. 吉家洼金矿

矿区矿石、地层、岩体共取得21件样品(本项目测试3件矿石样品)的铅同位素数据(见表7-13)。

表7-13　吉家洼金矿矿石、地层铅同位素组成部分

矿床(点)、岩体	样品号	采样地点	样品名称	产出	铅同位素组成		
					$^{206}Pb/^{204}Pb$	$^{207}Pb/^{204}Pb$	$^{208}Pb/^{204}Pb$
吉家洼	Hjj－1	600 m CM15	闪锌矿	闪锌矿化金矿石	17.267 1	15.475 9	37.905 6
	Hjj－3	550 m CM6	闪锌矿	方铅闪锌矿化金矿石	17.273 2	15.478 0	38.150 0
	Hjj－4	550 m CM6	闪锌矿	方铅闪锌矿化金矿石	17.265 5	15.477 2	38.117 9
太华群	XL(c)－Au－7	草沟	全岩	黑云斜长片麻岩	15.406	15.188	37.526
	XL(c)－Au－9			金云母角闪岩	16.968	15.359	37.755
	XL(c)－Au－7			黑云斜长片麻岩	17.353	15.492	42.558
	XL(c)－Au－10	东山底		角闪斜长片麻岩	19.428	15.667	41.260
	XL(c)－Au－13			斜长角闪岩	17.609	15.547	37.654
熊耳群	YQ1/39线	上宫矿区		大斑安山岩	16.907	15.421	36.346
	YQ2/39线			辉石安山岩	16.647	15.300	36.876
	YQ3/39线			小杏仁状安山岩	16.439	15.271	36.489
	YQ2/PD1			强绢云母铁白去石化安山岩	17.116	15.405	37.345
次火山岩	YQ1/TC27			石英正长辉长辉绿岩	16.451	15.358	36.887
	YQ2/31线			蚀变辉长辉绿岩	17.123	15.383	37.310
花岗岩	H－Y－54	花山岩体		似斑状角闪黑云母二长花岗岩	17.476	15.418	37.832
	H－Y－28－32				17.646	15.433	38.095
	H－Y－98			似斑状黑云母二长花岗岩	17.329	15.396	37.488
	H－Y－69－70				17.528	15.456	37.983
	H－Pb－1		钾长石	似斑状黑云母二长花岗岩	17.44	15.520	37.975
	H－Pb－2			似斑状角闪黑云母二长花岗岩	17.199	15.391	37.447
	H－Pb－3			似斑状黑云母二长花岗岩	17.473	15.455	37.886

矿石铅3件,其$^{206}Pb/^{204}Pb = 17.266 \sim 17.273$,平均17.269;$^{207}Pb/^{204}Pb = 15.476 \sim 15.478$,平均15.477;$^{208}Pb/^{204}Pb = 37.096 \sim 38.150$,平均38.058。围岩太华群样5件,

其$^{206}Pb/^{204}Pb$ = 15.406 ~ 19.428，平均 17.353；$^{207}Pb/^{204}Pb$ = 15.188 ~ 15.667，平均 15.451；$^{208}Pb/^{204}Pb$ = 37.526 ~ 41.260，平均 39.351。熊耳群样 6 件，其$^{206}Pb/^{204}Pb$ = 16.439 ~ 17.123，平均 16.781；$^{207}Pb/^{204}Pb$ = 15.271 ~ 15.383，平均 15.356；$^{208}Pb/^{204}Pb$ = 36.489 ~ 37.310，平均 36.876。花山花岗岩样 7 件，其$^{206}Pb/^{204}Pb$ = 17.199 ~ 17.646，平均 17.442；$^{207}Pb/^{204}Pb$ = 15.391 ~ 15.433，平均 15.438；$^{208}Pb/^{204}Pb$ = 37.447 ~ 38.095，平均 37.815。

将各矿段硫化物铅同位素投点于铅同位素演化图（见图 7-6）上可见，矿石、地层、岩体的铅均属地幔与造山带铅演化线之间，说明成岩成矿物质源自深部，而太华群则主要落点于造山带。

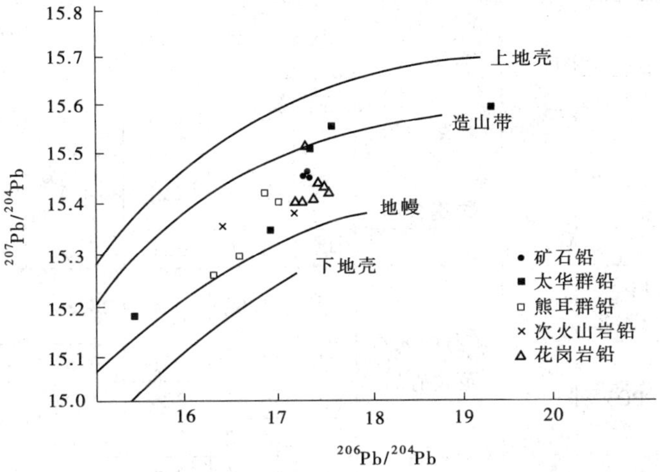

图 7-6 吉家洼金矿区铅同位素演化图

7.2.2 成矿流体来源

判别成矿流体来源一般用氢氧、碳硼等同位素。石英的氢氧同位素数值对于判别热液矿床成矿流体的来源和性质具有指示作用。

7.2.2.1 上宫金矿

经实测和已收集到的氢、氧、碳同位素分别统计可见如下特点（见表 7-14）：

（1）一般认为标准岩浆水 $\delta^{18}O_{H_2O}$ 为 +5‰ ~ +10‰，$\delta D_{(SNMOE)}$ 为 −40‰ ~ −80‰，$\delta^{13}C_{(PDB)}$ 为 −5‰ ~ −8‰。选择矿区内数据较全的 22 个石英、铁白云石、萤石、方解石包裹体的氧同位素进行统计，其中，17 件矿石样品 $\delta^{18}O$ 为 5.83‰ ~ 16.67‰，极差 10.84‰，平均值 12.37‰，分布范围较宽。利用测试样品流体包裹体均一温度平均值及 Clayton (1972) 的平衡方程（$1\ 000\text{In}\alpha_{石英-水} = 3.38 \times 10^6\ T^{-2} - 3.40$），可以获得与石英达平衡时的成矿热液 $\delta^{18}O_{H_2O}$ 值。$\delta^{18}O_{H_2O}$ 值为 −2.03‰ ~ 10.56‰，极差 12.59‰，平均值 4.14‰，较标准岩浆水值略低。δD 值为 −92.9‰ ~ −56.4‰，平均 −78.47‰，与岩浆水接近。将上述 $\delta^{18}O$ 和 δD 值投入 $\delta D \sim \delta^{18}O$ 坐标图上（见图 7-7）。早期投影点落点于原生岩浆水范围及附近，中、晚期则落点于原生岩浆水的左下方，表明矿区的成矿溶液具有以岩浆水为主并混入大气降水的混合水的特点，并且以较晚成矿阶段表现得较为明显。

表 7-14　上宫金矿床矿石、地层、岩体氧、氢、碳同位素组成

样品号	采样位置	矿物或岩石	产出	阶段	$\delta^{18}O$ (‰)	温度 (℃)	计算溶液的 $\delta^{18}O$ (‰)	δD (H_2O) (‰)	$\delta^{13}C$ (‰)	资料来源
Hsg－50	706 m 37 线	石英	方铅黄铁矿化金矿石	中	10.7	184.8	－2.03	－92.9	－2.8	本项目组
Hsg－59	906 m 38 线		石英脉型金矿石	中	15.2	185.4	2.51	－85.5	－2.9	
Hsg－63	746 m 37 线		硅化黄铁矿化金矿石	中	11.8	171.5	－1.92	－97.5	－3.4	
S2－1			多金属硫化物集合体	中	11.4	250	2.4	－94		陈衍景，2004
S12－1			多金属硫化物集合体	中	10.9	250	1.9	－102		
S2－2			多金属硫化物集合体	中	13.5	250	4.5	－113		
Rz1/PD1			矿石中的石英角砾岩	早	15.10	321	8.84	－87.6		熊耳山地区金成矿规律研究报告
Sg－PD3－DF1－O	PD3、CM4			早	11.68	358	8.84	－79.3		
Rz1/PD3	PD3			早	12.21	351	6.82	－72.8		
Rz2/PD3				早	16.67	326	10.56	－82.6		
Rz3/PD3				早	15.72	326	9.61	－66.4		
Rz1/PD5	PD5			早	14.01	328	7.96	－83.7		
Sg－PD1－YM1－Bt－2	PD1、YM1	铁白云石	角砾矿石中的铁白云石	早	11.66	307	5.90	－76		
Sg－PD1－C－DF1	PD1、YM1	铁白云石	中粗粒铁（含铁）白云石脉	晚	10.19	200～280	3.54		－2.2	
Sg－PD1－YM1－CM4－C－2/1			方铅矿铁白云石脉	晚	10.60	160～200	－2.0	－75.6	－1.58	
Sg－PD3－CM6－DF1－O	PD3、CM6		铁白云石石英脉	晚	13.13	145	－0.58		－1.85	
Hsg－51	746 m 37 线			晚					－0.5	本项目组
Sg－PD1－C－DF1	PD1、YM1		中粗粒铁（含铁）白云石脉	晚	10.19	200～280	3.54		－2.2	熊耳山地区金成矿规律研究报告
B5/ZK3903	ZK3903	方解石	晚期方解石脉		5.83			－72.3	－2.18	
Sg－PD3－CM8－DF－1	PD3、CM8	萤石	萤石侵染状黄铁矿金矿石			210～240		－56.4		
Fh672		石英	太华群		9.90	450	6.8	－24.5		范宏瑞，1994
Fh661		石英			9.90	400	5.8	－27.6		
Fh044		石英	花岗岩		7.90	600	6.6	－68.7		
Fh052		石英			9.80	600	8.5	－61.7		

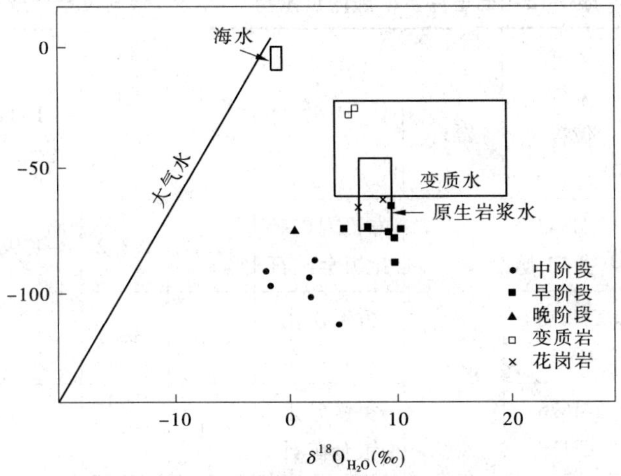

图 7-7 上宫金矿床 $\delta O^{18} \sim \delta D$ 图解

（底图据 S. M. F. Sheppard,1977）

(2)按成矿阶段统计规律是,早阶段 $\delta^{18}O$ 为 11.66‰~15.1‰,平均值 13.9‰;$\delta^{18}O_{H_2O}$ 值为 5.9‰~8.84‰,平均值 8.4‰,与标准岩浆水相符;$\delta D_{(SNMOE)}$ 墨值 -87.6‰~-76‰,平均值 -78.3‰。中阶段 10.7‰~15.2‰,平均值 12.3‰;$\delta^{18}O_{H_2O}$ 值为 -2.03‰~4.5‰,平均值 1.2‰,较标准岩浆水值略低;$\delta D_{(SNMOE)}$ 值 -113‰~-85.5‰,平均 -97.5‰。晚阶段 $\delta^{18}O$ 为 5.8‰~10.2‰,平均值 10.0‰,$\delta^{18}O_{H_2O}$ 值为 -2.0‰~3.5‰,平均值 1.1‰,较标准岩浆水值更低。$\delta D_{(SNMOE)}$ 墨值 -75.6‰~-56.4‰,平均值 -68.1‰,从早期到晚期,随成矿阶段推移成矿介质 $\delta^{18}O_{H_2O}$ 值趋于降低,说明大气降水成分逐渐增加。

(3)一般认为:有机质平均 $\delta^{13}C_{PDB}=-27‰$,大气 $\delta^{13}C_{PDB}$ 约为 -8‰,淡水 $\delta^{13}C_{PDB}=-9‰\sim-20‰$,地壳 $\delta^{13}C_{PDB}=-7‰$,地幔 $\delta^{13}C_{PDB}=-5‰\sim-7‰$,火成岩 $\delta^{13}C_{PDB}$ -3‰~-30‰。本区石英中的 $\delta^{13}C_{PDB}$ 为 -3.4‰~-0.5‰,极差 3.9‰,平均为 -2.3‰。与自然界某些已知地质体中的 $\delta^{13}C$ 相比,本区的 $\delta^{13}C_{PDB}$ 应属地幔射气和岩浆来源的碳同位素组成(-5‰~-2‰和 -9‰~-3‰;Taylor,1986)变化范围,说明该区的碳酸盐化属岩浆热液成因。

7.2.2.2 七里坪金矿

本次研究选择 6 件主成矿期矿石石英样品和 1 件方解石样品进行氢、氧、碳同位素测定(见表 7-15)。

6 件矿石样品 $\delta^{18}O$ 为 7.0‰~11.6‰,极差 4.6‰,平均值 9.52‰,分布范围较窄。利用测试样品流体包裹体均一温度平均值及 Clayton(1972)的平衡方程($1\,000\ln\alpha_{石英-水}=3.38\times10^6T^{-2}-3.40$),可以获得与石英达平衡时的成矿热液 $\delta^{18}O_{H_2O}$ 值。$\delta^{18}O_{H_2O}$ 值为 -4.95‰~0.43‰,极差 5.38‰,平均值 -2.56‰,较标准岩浆水值略低。$\delta D_{(SNMOE)}$ 值 -91.1‰~-71.9‰,平均 -81.48‰,与岩浆水接近。将上述 $\delta^{18}O$ 和 $\delta D_{(SNMOE)}$ 值投入 $\delta D\sim\delta^{18}O$ 坐标图上(见图 7-8)。落点于原生岩浆水的左下方,表明矿区的成矿溶液具有以岩浆水为主并混入大气降水的混合水的特点。

表 7-15　七里坪金矿硫同位素特征氧、氢、碳同位素组成

矿床（点）地层、岩体	样品号	采样位置	矿物或岩石	产出	$\delta^{18}O$（‰）	温度（℃）	$\delta^{18}O$（H_2O）（‰）	δD（H_2O）（‰）	$\delta^{13}C$（‰）	资料来源
七里坪	Hq1p－2	YM853 24 线 F1 脉	石英	方铅闪锌矿化银金矿石	11.6	173.2	－1.98	－83	－9.8	本项目组
	Hq1p－3	YM676 CM3		方铅矿化银金矿石	7.0	254.1	－1.77	－71.9	－4.9	
	Hq1p－6	YM676 CM1		黄铁矿化银金矿石	9.1	256.4	0.43	－74.0	－2.7	
	Hq1p－7	YM676 CM2		黄铁矿化银金矿石	7.9	219.3	－2.64	－91.1	－6.1	
	Hq1p－8	YM853 24 线		黄铁矿方铅矿化银金矿石	10.9	311.9	－4.42	－84.6	－12.9	
	Hq1p－12	YM853 24 线		黄铁矿化银金矿石	10.6	338.1	－4.95	－84.3	－5.4	
	Hqlp－10	YM853 32 线	方解石	碳酸盐脉					－5.3	
太华群	Fh672			太华群	9.90	450	6.8	－24.5		范宏瑞，1994
	Fh661				9.90	400	5.8	－27.6		
花岗岩	Fh044			花岗岩	7.90	600	6.6	－68.7		
	Fh052				9.80	600	8.5	－61.7		

本区 6 件石英的 $\delta^{13}C_{PDB}$ 为 －12.9‰ ~ －2.7‰，极差 10.7‰，平均 －6.97‰；1 件方解石样品 $\delta^{13}C_{PDB}$ 为 －5.3‰。应属地幔射气和岩浆来源的碳同位素组成（－5‰ ~ －2‰和 －9‰ ~ －3‰；Taylor，1986）变化范围，说明该区的碳酸盐化属岩浆热液成因。

7.2.2.3　**刘秀沟金矿**

选择刘秀沟金矿 3 个矿石样品的石英进行氢、氧、碳同位素测定，其 $\delta^{18}O$ 为 13.1‰ ~ 15.4‰，极差 2.3‰，平均值 14.1‰，分布范围很窄（见表 7-16）。$\delta^{18}O_{H_2O}$ 值为 0.79‰ ~ 6.27‰，极差 5.48‰，平均值 3.34‰，较标准岩浆水值略低。δD 墨值 －104.1‰ ~ －87.7‰，平均 －95.6‰，比岩浆水分布范围略小。将上述 $\delta^{18}O$ 和 δD 墨值投入 $\delta D \sim \delta^{18}O$ 坐标图上（见图 7-9）。早期投影点落点于原生岩浆水范围的左下方，而远离大气水线，表明矿区的成矿溶液具有以岩浆水为主并混入大气降水的混合水的特点。

本区矿石石英中的 δ^{13} 为 －4.1‰ ~ －2.7‰，极差 1.4‰，平均为 －3.4‰。与自然界某些已知地质体中的 $\delta^{13}C$ 相比，本区的 $\delta^{13}C$ 应属地幔射气和岩浆来源的碳同位素组成

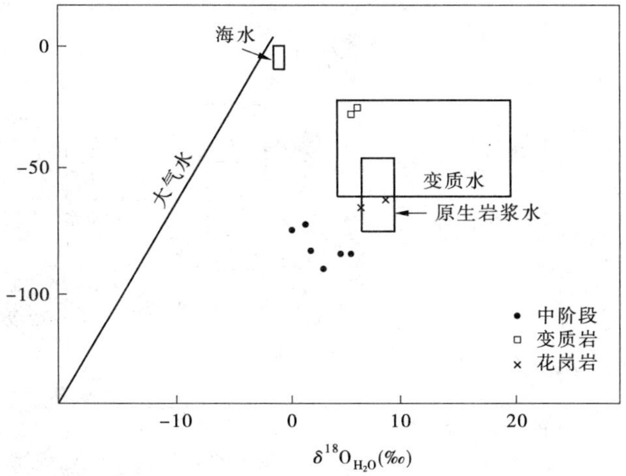

图 7-8 七里坪金矿氧同位素组成图

(底图据 S. M. F. Sheppard, 1977)

(-5‰ ~ -2‰和 -9‰ ~ -3‰; Taylor, 1986)变化范围,说明该区的碳酸盐化属岩浆热液成因。

表 7-16 刘秀沟(虎沟)金矿氧、氢、碳同位素组成

矿床地层、岩体	样品号	采样位置	矿物或岩石	产出	$\delta^{18}O$ (‰)	温度 (℃)	$\delta^{18}O$ (H_2O) (‰)	δD (H_2O) (‰)	$\delta^{13}C$ (‰)	资料来源
刘秀沟(虎沟)	Hlx - 13	680 m CM22 4 号脉	石英	钾化硅化石英脉型金矿石	13. 1	190. 6	0. 79	- 94. 9	- 2. 7	
	Hlx - 16	680 m CM29 4 号脉		方铅矿化石英脉型矿石	15. 4	246. 4	6. 27	- 87. 7	- 4. 1	
	Hlx - 18	600 m CM25 4 号脉		黄铁矿化蚀变岩型金矿石	14. 5	207. 6	2. 97	- 104. 1	- 3. 5	
太华群	Fh672			太华群	9. 90	450	6. 8	- 24. 5		范宏瑞, 1994
	Fh661				9. 90	400	5. 8	- 27. 6		
花岗岩	Fh044			花岗岩	7. 90	600	6. 6	- 68. 7		
	Fh052				9. 80	600	8. 5	- 61. 7		

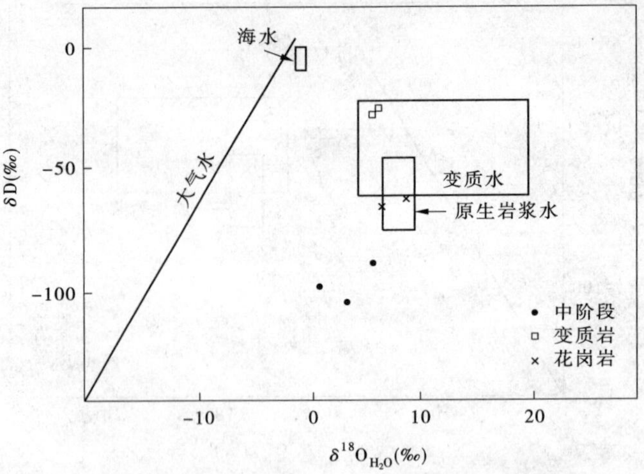

图 7-9　刘秀沟(虎沟)金矿氢氧同位素组成图

(底图据 S. M. F. Sheppard,1977)

7.2.2.4　吉家洼金矿

选择吉家洼金矿区 3 件矿石样品进行氢、氧、碳同位素测试(见表 7-17),其 $\delta^{18}O$ 为 13.6‰~15.3‰,极差 1.7‰,平均值 14.5‰,分布范围很窄。$\delta^{18}O_{H_2O}$ 值为 3.43‰~5.47‰,极差 1.04‰,平均值 4.13‰,较标准岩浆水值略低。$\delta D_{(SNMOE)}$ 墨值 -85.9‰~-60.6‰,平均值 -69.7‰,与岩浆水接近。将上述 $\delta^{18}O$ 和 $\delta D_{(SNMOE)}$ 墨值投入 $\delta D \sim \delta^{18}O$ 坐标图(见图 7-10)上。投影点落点于原生岩浆水左侧,表明矿区的成矿溶液具有以岩浆水为主并混入大气降水的混合水的特点。

表 7-17　吉家洼金矿氧、氢、碳同位素组成

矿床、地层、岩体	样品号	采样位置	矿物或岩石	产出	$\delta^{18}O$ (‰)	温度 (℃)	$\delta^{18}O$ (H_2O) (‰)	δD (H_2O) (‰)	$\delta^{13}C$ (‰)	资料来源
吉家洼金矿	Hjj-1	600 m CM15	石英	闪锌矿化金矿石	14.6	209.7	3.49	-85.9	-9.6	本项目组
	Hjj-3	550 m CM6		方铅闪锌矿化金矿石	13.6	226.1	3.43	-60.6	-4.5	
	Hjj-4	550 m CM6		方铅闪锌矿化金矿石	15.3	232.5	5.47	-62.7	-3.3	
太华群	Fh672			变质岩	9.90	450	6.8	-24.5		范宏瑞,1994
	Fh661				9.90	400	5.8	-27.6		
花岗岩	Fh044			花岗岩	7.90	600	6.6	-68.7		
	Fh052				9.80	600	8.5	-61.7		

注:Clayton(1972)的平衡方程:$1\,000\ln\alpha_{石英-水} = 3.38\times10^{6}\ T^{-2} - 3.40$。

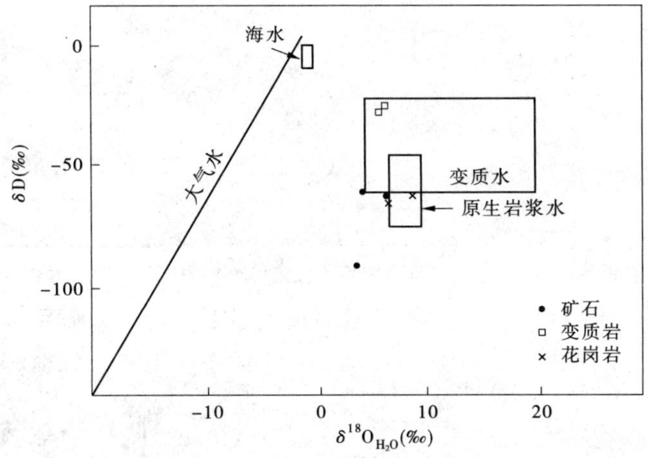

图 7-10 吉家洼金矿氢氧同位素组成图

（底图据 S. M. F. Sheppard，1977）

本区石英中的$\delta^{13}C_{PDB}$为 -9.6‰～-3.3‰，极差 6.3‰，平均为 -5.8‰。与自然界某些已知地质体中的$\delta^{13}C$相比，本区的$\delta^{13}C_{PDB}$应属地幔射气和岩浆来源的碳同位素组成（-5‰～-2‰和 -9‰～-3‰；Taylor，1986）变化范围，说明该区的碳酸盐化属岩浆热液成因。

7.2.3 成矿流体物理化学条件

流体包（裹）体测温工作在中国地质大学（北京）流体包裹体实验室进行，使用仪器为英国产的 LinkamTHM600 冷热台，均一温度重现误差小于 2 ℃，冰点温度重现误差小于 0.2 ℃。冷冻测温时，利用液氮对包裹体降温，在温度下降过程中观察包裹体的变化，包裹体冷冻后，缓慢升温，至冰晶刚刚熔化，记录冰点温度。根据所测冰点温度查冰点与换算表，得到流体包裹体的盐度值。对气液两相包裹体进行均一温度的测定时，开始的升温速度在 10 ℃/min。在气液两相接近均一时，降低升温速度，将其控制在 1 ℃，并及时记录均一温度。

7.2.3.1 流体包裹体的形态特征

1. 上宫金矿

在光学显微镜下，通过对上宫金矿矿化蚀变样品进行观察，选择其中不同高程有代表性的 7 个包裹体相对丰富的样品并收集中国地质大学（武汉）5 个包裹体测温样品数据，对保存于石英、铁白云石中的 216 个有效包裹体进行测温。矿区包裹体均较为发育，以原生为主，少量假次生和次生包裹体。本次研究均选择原生包裹体。包裹体形态多样，有椭圆形、菱形、梯形、三角形和各种不规则形状。包裹体密度小，多为随机分布，部分沿晶内裂隙和晶体生长带分布，因此可判断为原生包裹体。包裹体个体相对较小，多数在 2×3 μm～4×47 μm。从相态看，以气液两相包裹体为主，少量 L-CO_2包裹。气液比变化较小（见图 7-11），从 5%～30%均有产出，但以 5%～10%的气液比常见。

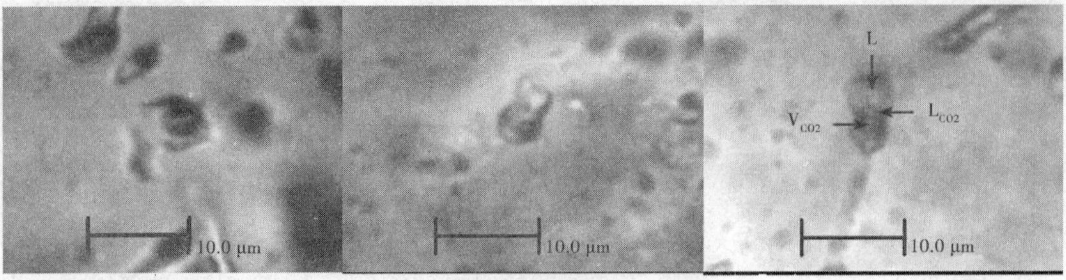

铁白云石中V–L包裹体　　石英中V–L包裹体　　石英中L–CO_2包裹体

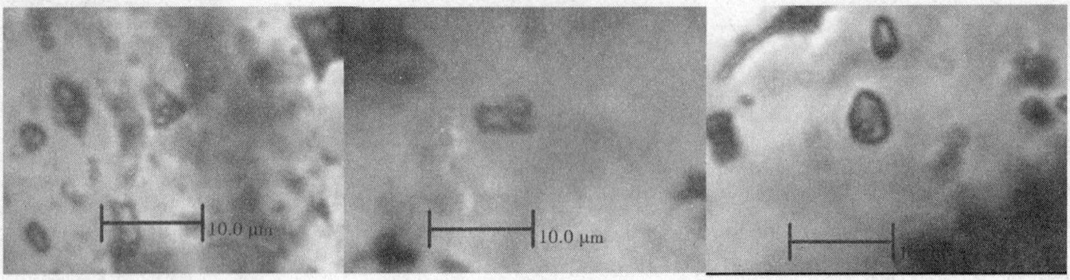

石英中V–L包裹体　　铁白云石中V–L包裹体　　石英中V–L包裹体

图 7-11　上宫金矿各类流体包裹体

2. 七里坪金矿

在光学显微镜下，通过对七里坪金矿矿化蚀变样品进行观察，选择其中有代表性的 7 块包裹体相对丰富的样品，对保存于石英中的 129 个有效包裹体进行测温。矿区包裹体均较为发育，以原生为主，少量假次生和次生包裹体。本次研究均选择原生包裹体。包裹体形态多样，有椭圆形、菱形、梯形、三角形和各种不规则形状。包裹体密度小，多为随机分布，部分沿晶内裂隙和晶体生长带分布，因此可判断为原生包裹体。包裹体个体相对较小，多数在 2 ×4 μm ~ 11 ×24 μm。包裹体相态多样，除气液两相包裹体外，L – CO_2、V – L + S、V – L 富气包裹体均较多见。气液比变化较小（见图 7-12），从 3% ~100% 均有产出，但以 10% ~50% 的气液比常见。在标高 676 m 处有沸腾包体群存在（见图 7-12④⑤）。与上宫金矿浅部存在沸腾包体（黎世美等，1996；范宏瑞等，1998）现象一致，暗示七里坪金矿现时开采深度与上宫金矿浅部位置相当。沸腾包裹体群的存在指示了早 – 主阶段伴随砾岩体的隐爆，成矿流体上升，并发生强烈沸腾和流体相分离作用，原来单一相流体分离为高盐度、高密度液相和低盐度、低密度的气相。

3. 刘秀沟（虎沟）金矿

通过对刘秀沟（虎沟）金矿矿化蚀变样品用光学显微镜进行观察，选择其中有代表性的 3 块包裹体相对丰富的样品，对保存于石英中的 55 个有效包裹体进行测温。矿区包裹体均较为发育，以原生为主，少量假次生和次生包裹体。本次研究均选择原生包裹体。包裹体形态多样，有椭圆形、菱形、梯形、三角形和各种不规则形状。包裹体密度小，多为随机分布，部分沿晶内裂隙和晶体生长带分布，因此可判断为原生包裹体。包裹体个体相对较小，多数在 1 ×4 μm ~ 7 × 12 μm。从相态看，以气液两相包裹体为主，少量 L – CO_2 包裹。气

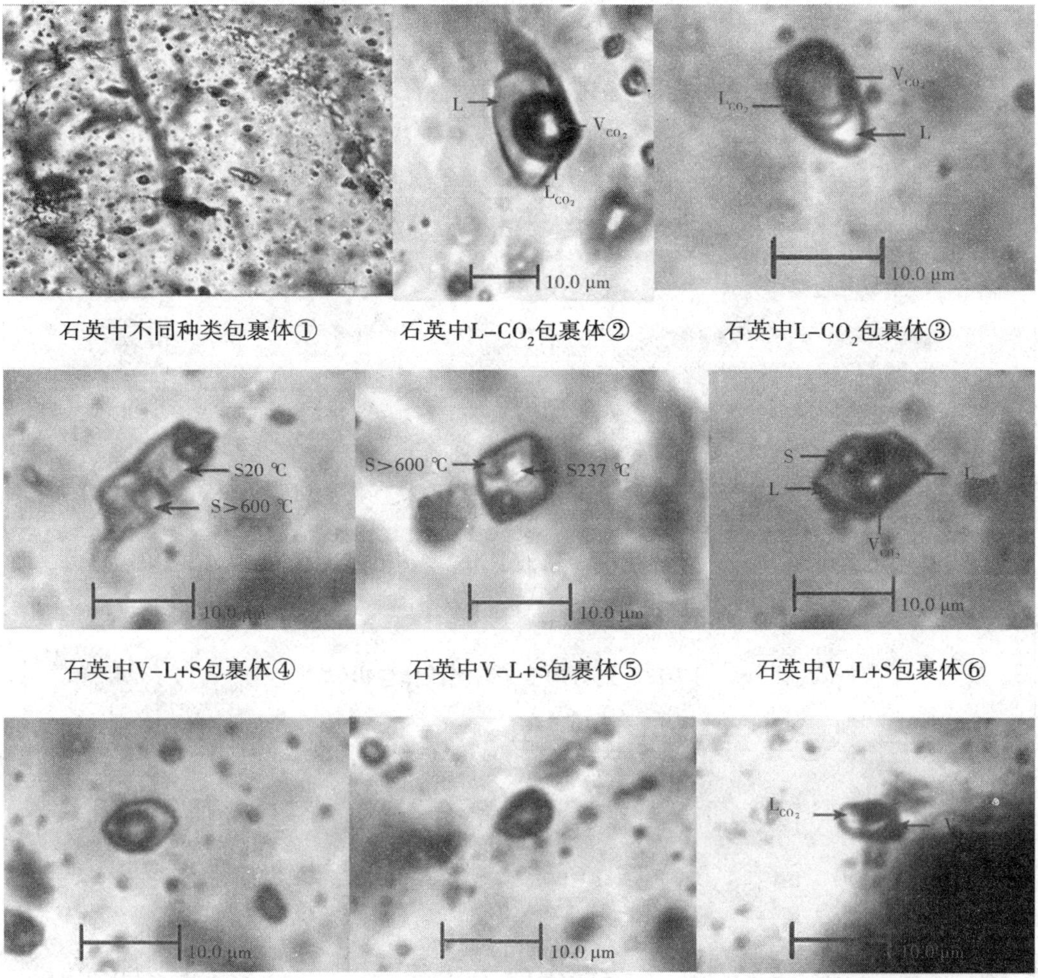

石英中不同种类包裹体①　石英中L-CO_2包裹体②　石英中L-CO_2包裹体③

石英中V-L+S包裹体④　石英中V-L+S包裹体⑤　石英中V-L+S包裹体⑥

石英中V-L包裹体⑦　石英中富气包裹体⑧　石英中V-CO_2包裹体⑨

图7-12　七里坪金矿各类流体包裹体

液比变化较小(见图7-13),从5% ~80%均有产出,但以5% ~20%的气液比常见。

4. 吉家洼金矿

通过对吉家洼金矿矿化蚀变样品光学显微镜进行观察,选择其中有代表性的3块包裹体相对丰富的样品,对保存于石英中的56个有效包裹体进行测温。矿区包裹体均较为发育,以原生为主,少量假次生和次生包裹体。本次研究均选择原生包裹体。包裹体形态多样,有椭圆形、菱形、梯形、三角形和各种不规则形状。包裹体密度小,多为随机分布,部分沿晶内裂隙和晶体生长带分布,因此可判断为原生包裹体。包裹体个体相对较小,多数在3×4 μm~11×11 μm。从相态看,以气液两相包裹体为主,未见L-CO_2包裹。气液比变化较小(见图7-14),从5% ~70%均有产出,但以5% ~15%的气液比常见。

7.2.3.2　流体包裹体的均一温度和盐度

1. 上宫金矿

从上宫金矿区各种矿石各类流体包裹体测温结果来看,包裹体均一温度在123~386

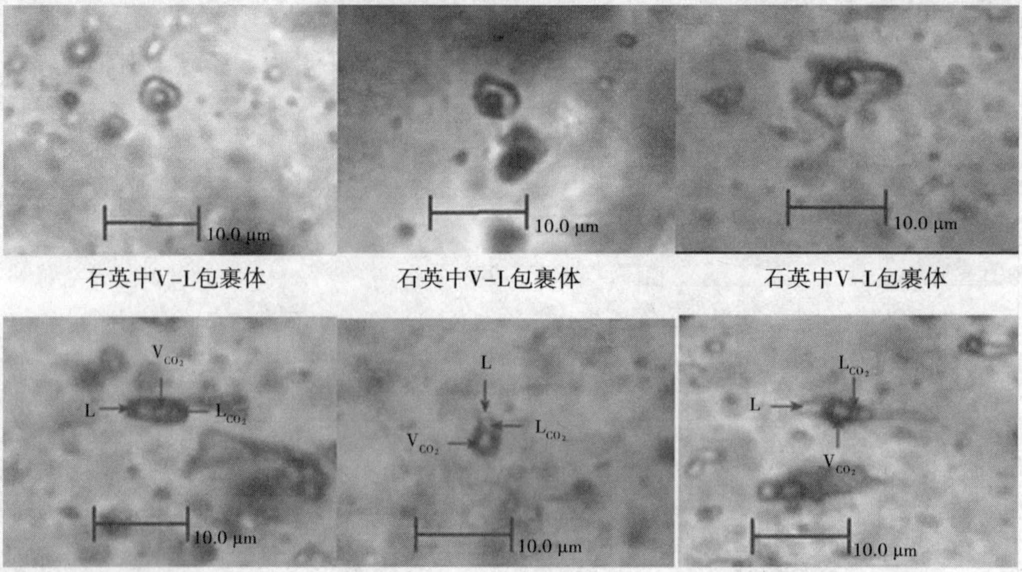

石英中V-L包裹体　　石英中V-L包裹体　　石英中V-L包裹体

石英中L-CO_2包裹体　　石英中L-CO_2包裹体　　石英中L-CO_2包裹体

图 7-13　刘秀沟金矿各类流体包裹体

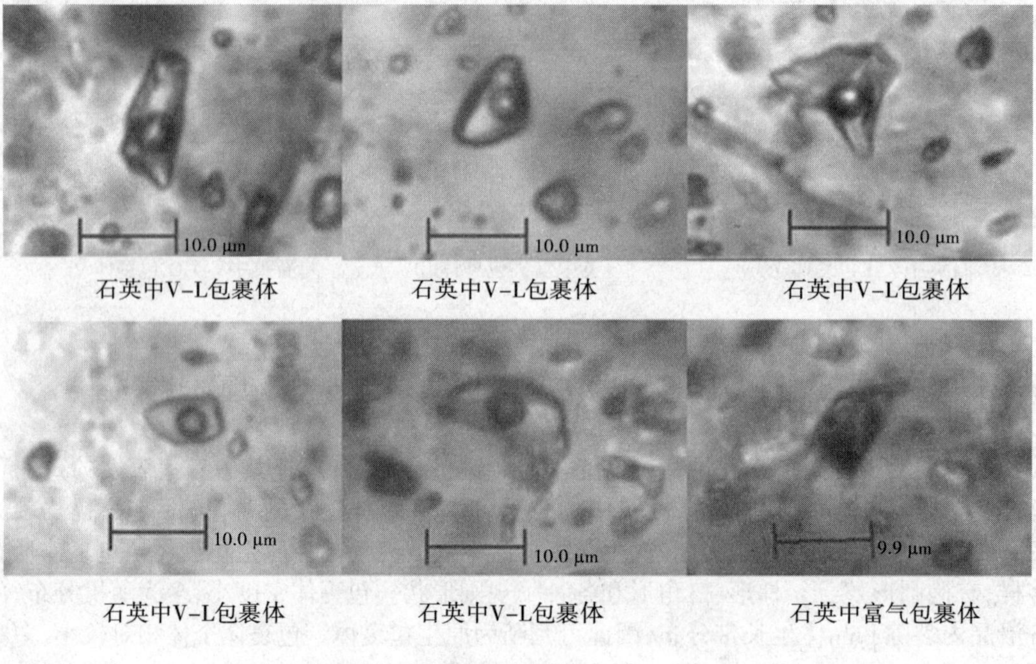

石英中V-L包裹体　　石英中V-L包裹体　　石英中V-L包裹体

石英中V-L包裹体　　石英中V-L包裹体　　石英中富气包裹体

图 7-14　吉家洼金矿各类流体包裹体

℃,峰值主要集中于 150 ~ 250 ℃区域(见图 7-15),216 个数据平均 195 ℃。可确定该类矿床属中温为主的中低温热液矿床。冰点变化范围较窄(见图 7-16),在 -7.6 ~ -0.6 ℃皆有分布,主要集中于 -6 ~ -2 ℃,124 个数据平均 -5.20 ℃。对应的盐度在 1.1wt% ~

28.3wt%,主要集中于5.0wt%~10.0wt%,127个数据平均8.2wt%。成矿溶液盐度变化应属低盐度(见图7-17)。

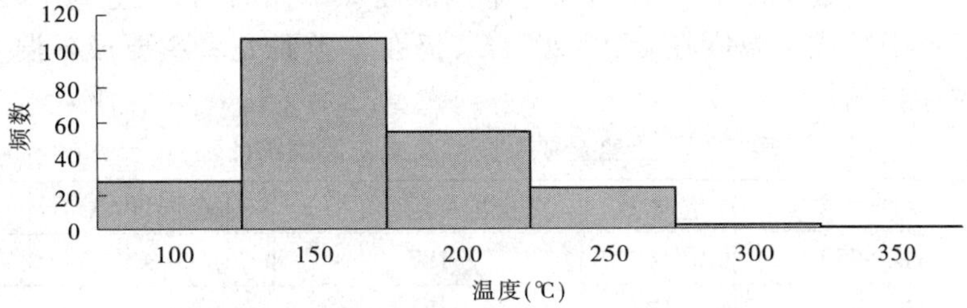

图7-15 上宫金矿石英包裹体均一温度直方图

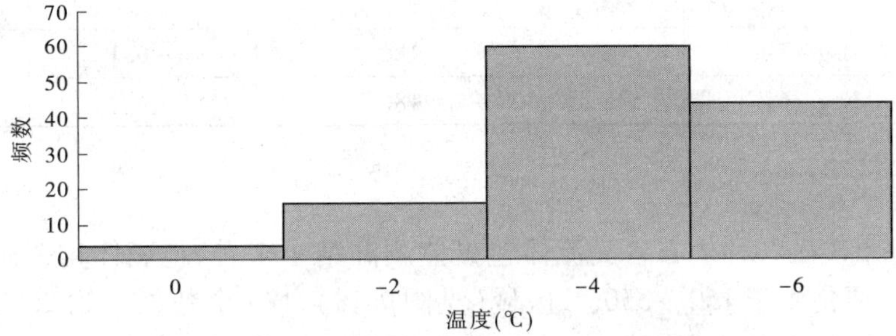

图7-16 上宫里坪金矿石英冰点直方图

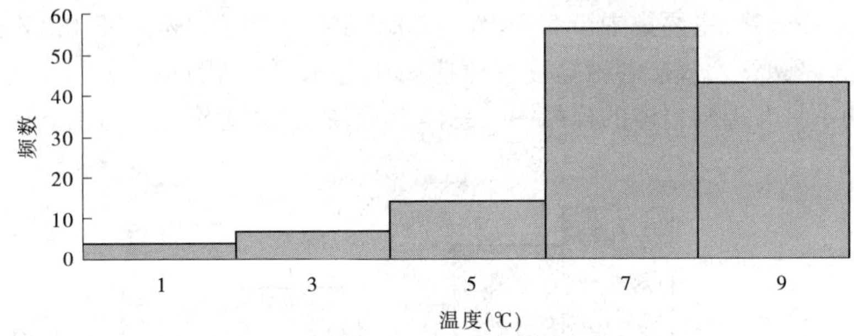

图7-17 上宫金矿石英盐度直方图

保存于石英中的153个包裹体温度变化在123~386 ℃,平均值为198 ℃。冰点变化分布于-7.6~-0.8 ℃,平均-5.6 ℃。对应的盐度在1.4wt%~28.3wt%,平均8.9wt%。63个保存于铁白云石内的流体包裹体测温结果为:均一温度在139~265 ℃,平均186 ℃。冰点变化为-7.0~-0.6 ℃皆有分布,平均-4.6 ℃。对应的盐度在1.1wt%~10.49wt%,平均7.2wt%。显然,保存在石英中的包裹体形成温度较高于铁白云石者,其原因是石英包裹体中包含早期形成的较高温包体。

范宏瑞等(1998)通过对上宫金矿流体包裹体研究认为,早阶段包裹体为富CO_2型,液相均一,均一温度380~320 ℃;中阶段为复杂的纯CO_2型、富CO_2型和贫CO_2型组合,异相均一化,均一温度300~220 ℃,有沸腾现象;晚阶段为贫CO_2型,液相均一,温度200~120 ℃。综合各研究者测温结果,上宫金矿的成矿温度为180~330 ℃,最有利的成矿温度为200~300 ℃。

本次研究中,对矿体中深部706~1 010 m中段分别采集包体测温样品,并按高程进行温度统计,统计表明(见表7-18),目前开采的深度6个标高内,从上到下没有明显的温度、盐度变化,各中段成矿温度在159~202 ℃,仍在多数研究者主要成矿温度区间,暗指深部仍有矿体存在。

表7-18　上宫金矿不同标高成矿温度统计表

高程(m)	样号	包体数	完全均一温度(℃)	冰点温度(℃)	盐度(%)
706	Hsg－50	18	187	－3.2	5.29
746	Hsg－63	17	181	－6.7	10.09
786	Hsg－54	18	159	－5.7	8.77
826	Hsg－56,Hsg－58	34	202	－10.7	8.50
906	Hsg－59	18	186	－6.1	9.40
1 010	Hsg－61	18	186	－4.7	7.49

2.七里坪金矿

从七里坪金矿区各种矿石各类流体包裹体测温结果来看,包裹体均一温度在120~466 ℃,峰值主要集中于150~350 ℃区域(见图7-18),129个数据平均265 ℃。可确定该类矿床属中温为主的中温热液矿床。冰点变化范围较窄(见图7-19),在－10.1~－5.1 ℃皆有分布,主要集中于－8~－4 ℃,74个数据平均－7.5 ℃。对应的盐度在5.68wt%~43.73wt%,主要集中于5.0wt%~10.0wt%及30.0wt%~35.0wt%两个区间,98个数据平均13.28wt%。成矿溶液盐度变化应属中等水平(见图7-20)。其中,盐度较高者主要出现在两个具有沸腾包体的样品中。总体上看,成矿温度及盐度均比上宫金矿略高。

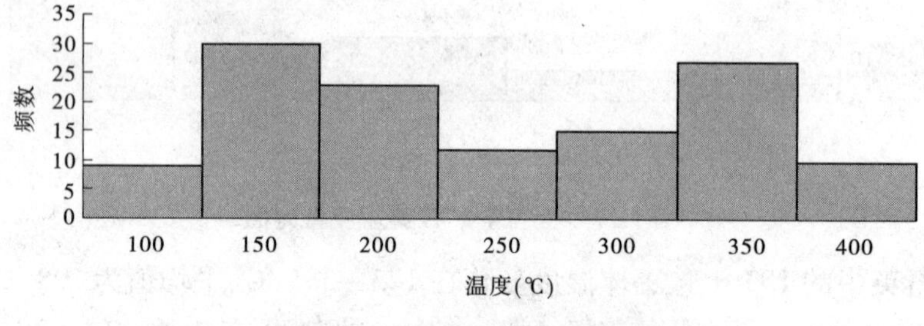

图7-18　七里坪金矿石英包裹体均一温度直方图

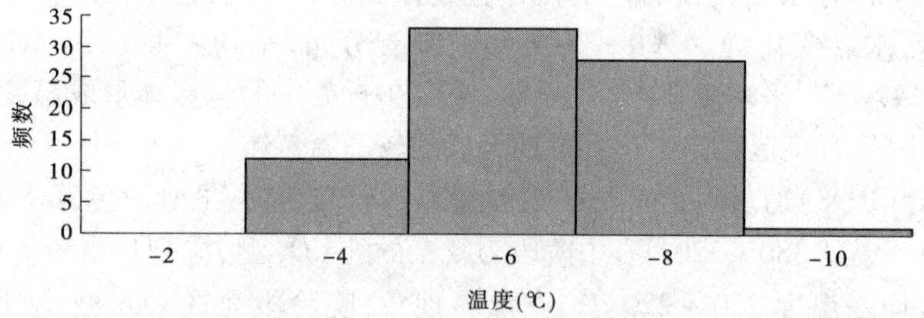

图7-19　七里坪金矿石英包裹体冰点直方图

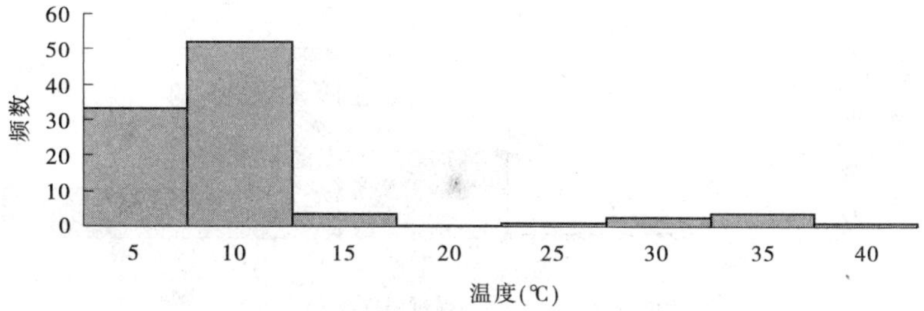

图 7-20 七里坪金矿石英包裹体盐度直方图

3. 刘秀沟金矿

从刘秀沟(虎沟)金矿区各种矿石各类流体包裹体测温结果来看,包裹体均一温度在130~388 ℃,峰值主要集中于150~250 ℃区域(见图7-21),55个数据平均216.5 ℃。可确定该类矿床属中温为主的中低温热液矿床。冰点变化范围较窄(见图7-22),在-8.7~-3.8 ℃皆有分布,主要集中于-6~-2 ℃,49个数据平均-6.4 ℃。对应的盐度在6.16wt%~12.51wt%,主要集中于5.0wt%~10.0wt%,54个数据平均9.67wt%。成矿溶液盐度变化应属中低水平(见图7-23)。

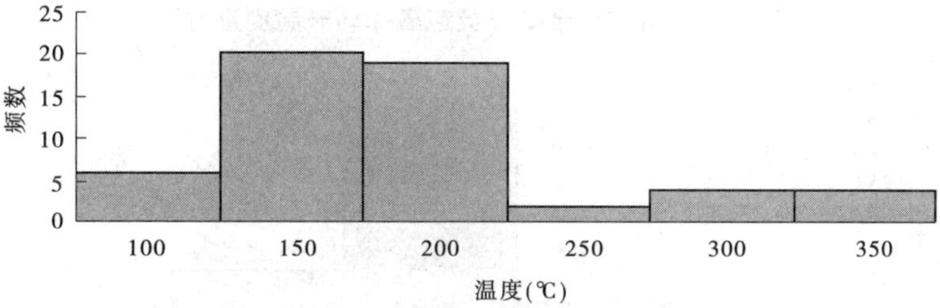

图 7-21 刘秀沟金矿石英包裹体均一温度直方图

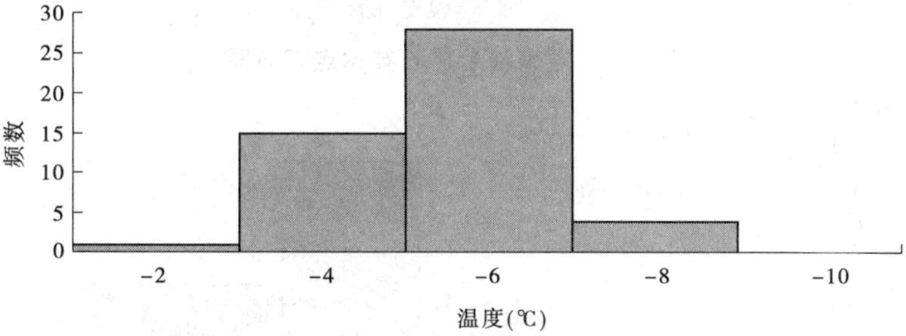

图 7-22 刘秀沟金矿石英冰点直方图

4. 吉家洼金矿

从吉家洼金矿区各种矿石各类流体包裹体测温结果来看,包裹体均一温度在128~362 ℃,峰值主要集中于150~250 ℃区域(见图7-24),56个数据平均222.7 ℃。可确定该类矿床属中温为主的中低温热液矿床。冰点变化范围较窄(见图7-25),在-9.3~-4.8 ℃皆有分布,主要集中于-8~-6 ℃,55个数据平均-7.1 ℃。对应的盐度在7.59wt%~13.18wt%,主要集中于8.0wt%~11.0wt%,55个数据平均10.53wt%。成矿溶液盐度变化应属中等水平(见图7-26)。总体上看,成矿温度及盐度均与上宫金矿相当。

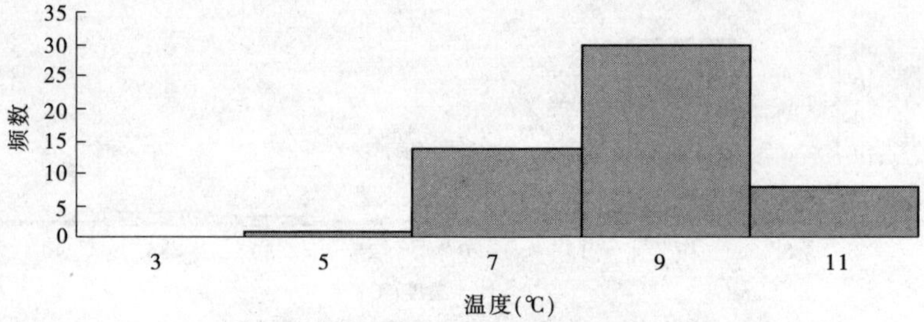

图 7-23 刘秀沟金矿石英盐度直方图

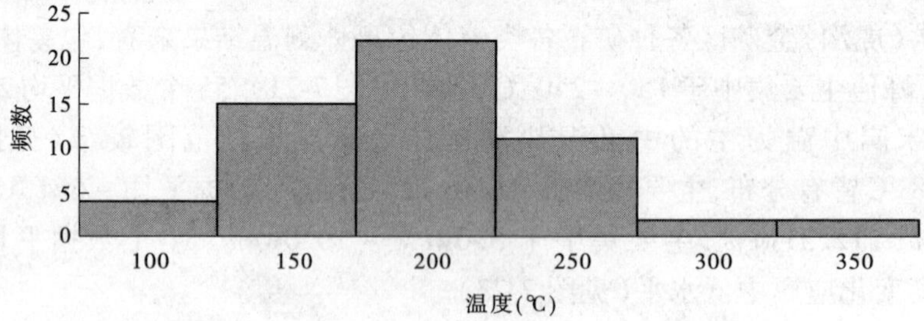

图 7-24 吉家洼金矿石英包裹体均一温度直方图

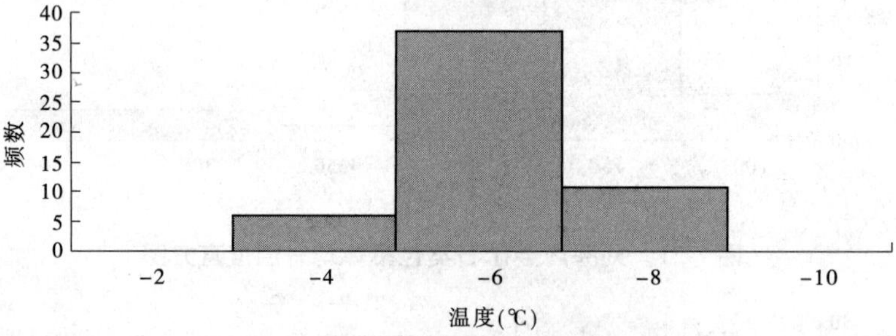

图 7-25 吉家洼金矿石英冰点直方图

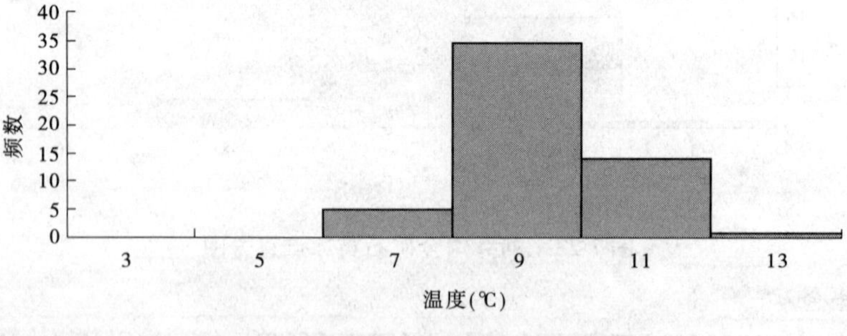

图 7-26 吉家洼金矿石英盐度直方图

7.2.3.3 成矿压力及成矿深度估算

成矿压力及成矿深度估算是人们一直想解决的一个较复杂的问题。可通过研究热液包裹体特征并进行分类，找出含 CO_2、H_2O-CO_2 体系的包裹体进行压力及成矿深度估算。

1. 上宫金矿

在上宫金矿样品中找同源的包裹体和 CO_2 包裹体（见表7-19），用冷冻法确定纯 CO_2 包裹体和纯 H_2O 包裹体，测定 CO_2 包裹体部分均一温度和 H_2O 溶液包裹体均一温度，根据 CO_2 包裹体部分均一温度和 CO_2 相密度关系图解（见图7-27）上求出 CO_2 的密度，H_2O 的密度亦可用图解法、查表法或计算法确定。然后在 H_2O 和 CO_2 体系联合压力—温度（$P \sim T$）图解（见图7-28）求出成矿压力。

表7-19　上宫金矿成矿流体压力估算表

主矿物	类型	种类	形态	大小（μm）	相比（%）	CO_2 包裹体部分均一温度（℃）	完全均一温度（℃）	盐度（%）	完全均一密度（g/cm³）	部分均一密度（g/cm³）	压力（MPa）
石英	原生	$L-CO_2$	不规则	4×7	20	29.7	289	8.35	0.835	0.58	93
石英	原生	$L-CO_2$	规则	2×8	10	30.8	277	7.87	0.850	0.5	80
石英	原生	$L-CO_2$	不规则	9×12	15	29.6	240		0.814	0.58	83

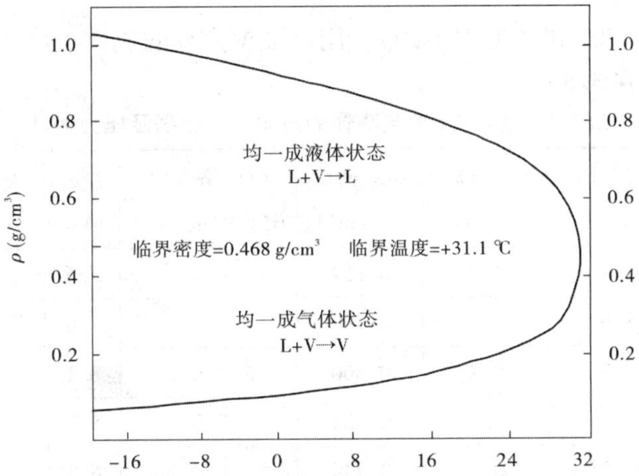

图7-27　含 CO_2 包裹体均一温度和 CO_2 相密度关系图

（据 Shepherd et al.，1985）

根据本矿区石英中C型包裹体 CO_2 密度及共存的L型包裹体密度，在 CO_2-H_2O 联合相图上（见图7-28）求得压力值为80～93 MPa，根据本矿床无沸腾包体、低盐度、成矿温度中高等特征，以10 bar/100 m的开放系统计算，成矿深度应该在8.0～9.3 km。而按封闭系统（27 bar/100 m）计算，成矿深度应该在2.2～2.5 km。

范宏瑞等（1998）曾通过对上宫金矿流体包裹体研究得出如下结论：①3个阶段的均一温度分别为365～300 ℃，280～215 ℃和190～155 ℃；②上宫金矿是由两种流体形成的，一种富 CO_2，另一种贫 CO_2；③贫 CO_2 流体为富 CO_2 流体在流体岩石相互反应中丢失 CO_2 而形成；④前、中阶段流体的温度和压力范围分别为301～338 ℃，238～260 MPa和

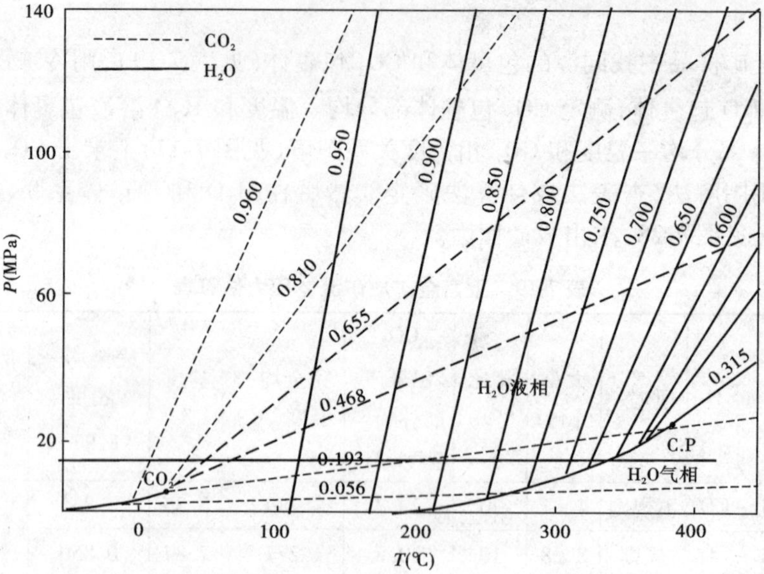

图 7-28 H_2O 和 CO_2 体系联合 $P \sim T$ 图解

（据 Roedder and Bodnar.，1980）

205～285 ℃，103～170 MPa（见表 7-20）。用该数据换算的成矿深度，开放系统在 10.3～28.5 km，封闭系统在 3.8～10.5 km。

表 7-20 富 CO_2 型包裹体的显微测温数据及压力估计

样品号	成矿阶段	CO_2 部分均一温度（℃）	CO_2 相体积（%）	CO_2 密度（g/cm³）	CO_2 络合物融化温度（℃）	盐度（wt%）	完全均一温度（℃）	压力估算（MPa）
X9215	前期	11.1	0.3	0.854	6.0	7.5	301	285
X9215	前期	18.5	0.4	0.790	6.3	7.0	338	275
X9215	前期	10.3	0.4	0.860	5.6	8.1	311	270
X9207	前期	14.8	0.4	0.824	7.3	5.2	322	268
X9210	前期	13.0	0.5	0.839	6.4	6.8	328	263
X9210	前期	19.7	0.4	0.942	5.9	7.6	301	205
X9214	中期	26.3	0.3	0.690	8.0	3.9	260	124
X9221	中期	22.5	0.2	0.746	7.5	4.9	252	170
X9214	中期	24.5	0.3	0.719	7.6	4.7	248	119
X9221	中期	23.5	0.3	0.733	8.4	3.2	238	103

另外，根据豫西地区几个古老基底隆起之间的断陷盆地沉积物厚度自白垩系以来分别为 2 000～3 900 m（见表 7-21），考虑到侏罗纪以来的剥蚀部分，意味着本区抬升的最大高度约 4 000 m。与本次估算比较接近。

表 7-21 豫西地区中新生代沉积厚度表

沉积物时代	沉积层厚度(m)		
	三门峡—灵宝盆地	洛宁盆地	嵩县盆地
Q	500	100	—
R	3 000	2 000	1 000
J－K	400	500	1 000～1 200
Σ	3 900	2 600	2 000～2 200

2. 七里坪金矿

本矿区共有 19 个 L－CO_2 包体(见表 7-22),根据本矿区石英中 C 型包裹体 CO_2 密度及共存的 L 型包裹体密度,在 CO_2-H_2O 联合相图上求得压力值为 37～116 MPa,以 10 bar/100 m 的开放系统计算,成矿深度应该在 3.7～11.6 km。而按封闭系统(27 bar/100 m)计算,成矿深度应该在 1.4～4.2 km。

表 7-22 七里坪金矿成矿流体压力估算表

主矿物	类型	种类	形态	大小(μm)	相比(%)	CO_2包裹体部分均一温度(℃)	完全均一温度(℃)	盐度(%)	完全均一密度(g/cm^3)	部分均一密度(g/cm^3)	压力(MPa)
石英	原生	L－CO_2	规则	5×6	40	30.4	338→V	8.35	0.763	0.31	55
石英	原生	L－CO_2	规则	5×8	50	30.2	362→V		0.525	0.31	68
石英	原生	L－CO_2	规则	3×4	30	29.1	261	8.66	0.876	0.60	83
石英	原生	L－CO_2	规则	4×10	20	30.4	236	9.44	0.901	0.55	70
石英	原生	L－CO_2	规则	8×10	80	30.2	233→V	9.74	0.912	0.35	40
石英	原生	L－CO_2	规则	6×7	70	31.0	367→V		0.446	0.40	70
石英	原生	L－CO_2	规则	5×10	40	27.8	275	15.53	0.899	0.63	100
石英	原生	L－CO_2	规则	6×12	80	31.1	265→V		0.768	0.40	82
石英	原生	L－CO_2	规则	3×4	30	28.8	321		0.667	0.61	115
石英	原生	L－CO_2	规则	5×8	30	29.1	323→V		0.667	0.30	115
石英	原生	L－CO_2	规则	5×8	20	27.3	312		0.691	0.63	116
石英	原生	L－CO_2	规则	4×6	60	30.8	371→V		0.446	0.36	65
石英	原生	L－CO_2	规则	10×10	85	30.3	235→V	8.35	0.901	0.33	37
石英	原生	L－CO_2	规则	5×8	40	29.1	347	8.82	0.763	0.60	130
石英	原生	L－CO_2	规则	4×5	60	26.8	324→V	9.74	0.787	0.25	44
石英	原生	L－CO_2	规则	5×8	70	29.2	355→V	12.42	0.820	0.29	46
石英	原生	L－CO_2	不规则	4×8	40	29.8→V	412→V	12.94	0.961	0.32	55
石英	原生	L－CO_2	规则	3×4	50	30.4→V	356→V		0.525	0.36	55
石英	原生	L－CO_2	不规则	6×8	50	30.5	352→V	11.75	0.757	0.36	52

3. 刘秀沟金矿

本矿区共有4个L－CO_2包体(见表7-23),其中2个均一至爆裂,不能作为压力估算之用。根据本矿区石英中C型包裹体CO_2密度及共存的L型包裹体密度,在CO_2-H_2O联合相图上求得压力值为54～113 MPa,以10 bar/100 m的开放系统计算,成矿深度应该在5.4～11.3 km。而按封闭系统(27 bar/100 m)计算,成矿深度应该在1.4～4.2 km。

表7-23 刘秀沟金矿成矿流体压力估算表

主矿物	类型	种类	形态	大小(μm)	相比(%)	CO_2包裹体 部分均一温度(℃)	完全均一温度(℃)	盐度(%)	完全均一密度(g/cm^3)	部分均一密度(g/cm^3)	压力(MPa)
石英	原生	L－CO_2	规则	3×11	50	29.4→V	326爆裂	7.54	0.768	0.30	
石英	原生	L－CO_2	规则	2×8	40	30.5→V	362→V	9.89	0.746	0.35	54
石英	原生	L－CO_2	规则	3×4	80	30.3	370→V	10.19	0.733	0.56	113
石英	原生	L－CO_2	规则	2×6	80	24.3	388爆裂	9.59	0.733	0.66	

7.2.3.4 成矿流体化学组成和物理化学参数

1. 上宫金矿

本次研究中采集2个石英样品(Hsg－59、Hsg－50)进行包体成分分析,至此,上宫金矿床已有石英、铁白云石、方解石的包裹体成分14件。

包裹体液相成分中阳离子以Na^+、Ca^{2+}为主,K^+、Mg^{2+}次之,反映成矿溶液以富钠、钙为特点。阴离子成分以Cl^-为主,次为HCO_3^-和SO_4^{2-}。微量Cu^{2+}、Zn^{2+},仅限于铁白云石脉中。

矿床CO_2/H_2O摩尔浓度比值为0.005～1.305,除HSG－59样外,余者为0.005～0.8,平均0.185。与紧邻的祈雨沟金矿(0.03～0.09,王宝德1996;0.03～0.15,范宏瑞,2000)接近,反映上宫金矿床应属岩浆热液成因。样品数据表明上宫金矿成矿流体主要属NaCl－CO、CO_2-H_2O的水溶液体系。

在3个成矿阶段中,中阶段流体SO_4^{2-}和K^+质量分数最高,有利于形成硫化物和绢云母。晚阶段流体Ca^{2+}和Mg^{2+}质量分数高,与晚阶段发育碳酸盐细脉一致。早、中阶段流体的Cl^-质量分数高于晚阶段流体,表明早、中阶段流体具有更强的携带成矿元素(如Au和Ag)能力。

通过热力学方法计算可获得上宫矿床温度变化,数据显示,从早期到晚期fO_2、fCH_4增高,fCO_2降低,成矿阶段出现较多重晶石与硫化物共生,导致$\delta^{34}S$出现较低的负值,成矿末期fO_2、Eh升高,出现赤铁矿化。

2. 七里坪金矿

群体包裹体气相和液相成分测定结果及包裹体成分比值及逸度值。表明七里坪金矿成矿流体液相组分中,阳离子主要为Ca^{2+}、Na^+、K^+、Mg^{2+};阴离子中以Cl^-、SO_4^{2-}、F^-为主，次为 Br^- 和 NO_3^-。其中以 Cl^- 含量最高，说明 Cl^- 对金矿的成矿作用有重大意义。气相成分 H_2O、CO_2、O_2、N_2 及少量的 CH_4、N_2、CO、C_2H_2 + C_2H_4。Na^+/K^+ 1.84 ~ 2.51，Ca^{2+}/Mg^{2+} 8.04 ~ 77.35，Cl^-/F^- 3.86 ~ 190.34，Cl^-/SO_4^{2-} 1.22 ~ 8.02；CO_2/H_2O(mol/g) 1.14 ~ 2.63，lgfO_2 −44.2 ~ −29.4，lgfCO_2 1.19 ~ 6.23；pH7.02 ~ 6.46，Eh(mV) −1.28 ~ −0.82。

与上宫金矿成矿流体化学组成和物理化学参数对比可见，两矿床在包体成分、组分的比值、各值逸度值及流体的酸碱度等方面都具有很大的相似性，说明它们来自同一成矿流体。

3. 刘秀沟金矿

刘秀沟金矿 2 件群体包裹体气相和液相成分分析结果及包裹体成分比值与逸度值表明，刘秀沟金矿成矿流体液相组分中，阳离子主要为 Ca^{2+} (7.08×10^{-6} ~ 25.46×10^{-6})、K^+ (5.32×10^{-6} ~ 7.67×10^{-6})、Na^+ (1.28×10^{-6} ~ 6.82×10^{-6})、Mg^{2+} (0.79×10^{-6} ~ 1.08×10^{-6})；阴离子中以 Cl^- (4.20×10^{-6} ~ 38.33×10^{-6})、SO_4^{2-} (4.35×10^{-6} ~ 17.96×10^{-6})、F^- (0.15×10^{-6} ~ 2.44×10^{-6}) 为主，次为 Br^- 和 NO_3^-。其中以 Cl^- 含量最高，说明 Cl^- 对金矿的成矿作用有重大意义。气相成分 H_2O (263.44×10^{-6} ~ 745.61×10^{-6})、CO_2 (307.07×10^{-6} ~ 469.06×10^{-6})、N_2 (481.24×10^{-6} ~ 591.31×10^{-6})、O_2 (84.78×10^{-6} ~ 98.90×10^{-6}) 及少量的 CH_4、N_2、CO、C_2H_2 + C_2H_4。Na^+/K^+ 0.17 ~ 1.28，Na^+/Ca^{2+} 0.18 ~ 0.27，Ca^{2+}/Mg^{2+} 9.01 ~ 23.51，Cl^-/F^- 15.70 ~ 28.34，Cl^-/SO_4^{2-} 0.02 ~ 8.81；CO_2/H_2O(mol/g) 1.54 ~ 2.85，lgfO_2 −43.2 ~ −40.21，lgfCO_2 4.70 ~ 4.86；pH7.01 ~ 6.94，Eh(mV) −0.85 ~ −0.79。

与上宫金矿成矿流体化学组成和物理化学参数对比可见，刘秀沟金矿在包体成分、组分的比值、各值逸度值及流体的酸碱度等都与上宫金矿中成矿阶段各值有很大的相似性，说明它们来自同一成矿流体。

4. 吉家洼金矿

吉家洼金矿 2 件群体包裹体气相和液相成分分析结果及包裹体成分比值与逸度值表明，刘秀沟金矿成矿流体液相组分中，阳离子主要为 Ca^{2+} (22.96×10^{-6} ~ 30.48×10^{-6})、K^+ (2.18×10^{-6} ~ 3.58×10^{-6})、Na^+ (3.69×10^{-6} ~ 14.37×10^{-6})、Mg^{2+} (0.37×10^{-6})；阴离子以 Cl^- (11.78×10^{-6} ~ 44.21×10^{-6})、SO_4^{2-} (11.59×10^{-6} ~ 15.11×10^{-6})、F^- (0.10×10^{-6} ~ 0.31×10^{-6}) 为主，次为 Br^- 和 NO_3^-。

气相成分 H_2O (722.22×10^{-6} ~ 747.36×10^{-6})、N_2 (454.49×10^{-6} ~ 464.96×10^{-6})、CO_2 (262.77×10^{-6} ~ 268.84×10^{-6})、O_2 (84.41×10^{-6} ~ 90.45×10^{-6}) 及少量的 CH_4、N_2、CO、C_2H_2 + C_2H_4。Na^+/K^+ 1.69 ~ 4.01，Na^+/Ca^{2+} 0.16 ~ 0.47，Ca^{2+}/Mg^{2+} 61.89 ~ 82.39，Cl^-/F^- 38.47 ~ 425.10，Cl^-/SO_4^{2-} 0.78 ~ 3.81；CO_2/H_2O(mol/g) 0.88 ~ 0.89，lgfO_2 −41.7 ~ −40.3，lgfCO_2 4.54 ~ 5.11；pH6.89 ~ 6.87，Eh(mV) −1.11 ~ −0.91。

与上宫金矿成矿流体化学组成和物理化学参数对比可见，吉家洼金矿在包体成分、组分的比值、各值逸度值及流体的酸碱度等都与上宫金矿中成矿阶段各值有很大的相似性，说明它们来自同一成矿流体。

7.2.4 成矿时限

7.2.4.1 上宫金矿成矿时限

1. 成矿年龄的地质依据

太华群与上覆地层熊耳群许山组下段的接触关系为角度不整合。本次及以往施工钻孔中揭穿不整合面的大致位置列于表7-24中。沿此不整合面，岩石多具破碎及蚀变褪色现象，钾长石含量明显升高。分析对比矿区33、37、39、41四条勘查线剖面可以看出，工业矿体从太华群穿过不整合面进入上覆熊耳群地层（见图7-29），呈明显贯入性质，说明成矿应该明显晚于太华群和上覆熊耳群地层。

表7-24 钻孔中揭穿太华群不整合面位置统计表

线号	孔号	揭穿不整合面标高(m)	线号	孔号	揭穿不整合面标高(m)
33	ZK3308	573	41	ZK4103	567
	ZK3309	572		ZK4105	609
35	ZK3510	492		ZK4106	642
37	ZK3709	584		ZK4107	703
	ZK3710	641	43	ZK4305	609
39	ZK3904	594	45	ZK4504	626
	ZK3906	648	47	ZK4704	905

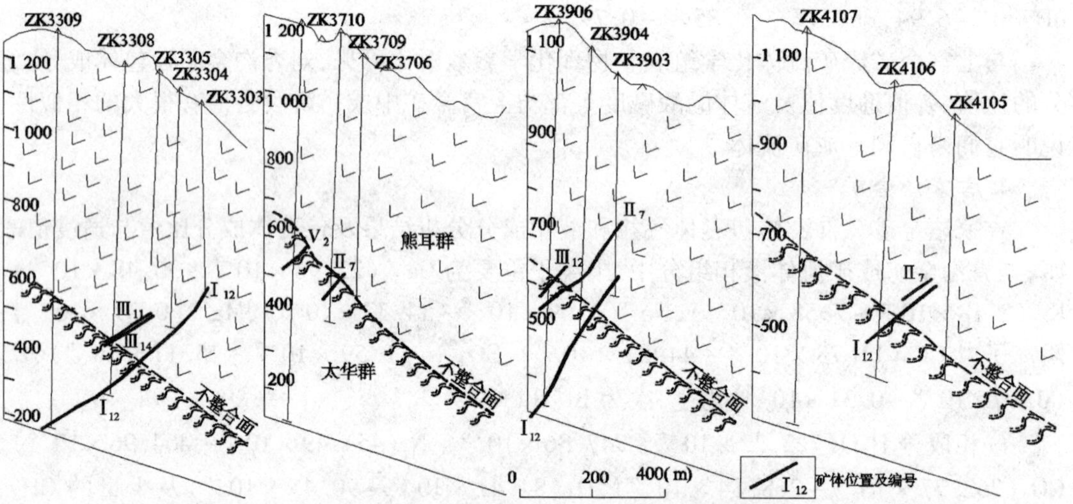

图7-29 上宫矿区33、37、39、41勘查线揭穿不整合面特征联合剖面示意图

2. 已有测年数据分析

矿区北东2~3 km处出露燕山期花山花岗岩体和五丈山岩体。从七里坪向上宫（南西）方向呈舌状延伸，很多研究者对其形成时限进行年龄测定（见表7-25）。

表7-25 豫西熊耳山五丈山、花山花岗岩体及上宫金矿同位素年龄一览表

岩体名称	岩石类型	测试矿物	测定方法	年龄(Ma)	资料来源
上宫金矿	早阶段蚀变岩		Rb－Sr 等时线	242 ±11	黎世美等,1996
	早阶段石英脉中的石英		Ar/Ar 坪年龄	222.8 ±24.9	任富根等,2001
	中阶段绢英岩、石英、硅化体		Rb－Sr 等时线	165 ±7	张振海等,1994
	晚阶段石英、方解石和绢云母		Rb－Sr 等时线	113 ±6	张振海等,1994
五丈山岩体	似斑状花岗岩	全岩	K－Ar	159	河南省区域地质志,1989
	正长花岗岩	全岩	K－Ar	155.36 ±3.53	范光等,1995
	正长花岗岩	全岩	K－Ar	144.72 ±3.42	范光等,1995
	花岗岩		Rb－Sr	163	卢欣祥等,2000
	花岗闪长岩	角闪石	Ar－Ar	156.0 ±1.1	HanYigui 等,2007
	花岗岩	锆石	SHRIMPU－Pb	156.8 ±1.2	李永峰,2005
	似斑状钾长花岗岩		Rb－Sr 等时线	183(0.707 7)	河南省区域地质志,1989
花山岩体	似斑状闪长花岗岩	锆石	LA－MC－ICP－MS U－Pb	135.55 ±0.30	本项目组
	花岗岩		K－Ar	110	河南地调一队,1982
	花岗岩		K－Ar	105	罗铭玖,1992
	花岗岩		K－Ar	123 ~ 133	陈旺,1995
	巨斑状二长花岗岩	全岩	K－Ar	110	河南地调一队,1982
	花岗岩	全岩	K－Ar	127	河南省区域地质志,1989
	巨斑状二长花岗岩	全岩	K－Ar	127.7	河南地调一队,1982
	巨斑状黑云角闪花岗岩	全岩	Rb－Sr	123.10	河南地调一队,1982
	花岗岩	全岩、单矿物	Rb－Sr 等时线	125.4 ±1.1	邵克忠,1989
	花岗岩		Rb－Sr	125	罗铭玖,1992
	花岗岩	锆石	SHRIMPU－Pb	130.7 ±1.4	李永峰,2005
	中粗粒少斑黑云母花岗岩	锆石	SHRIMPU－Pb	132.0 ±1.6	李永峰,2005
太华群	角闪斜长片麻岩		Sm－Nd	2 351	陈旺,1995
熊耳群	正长岩、石英二长岩、流纹岩		U－Pb	1 750 ±65 ~ 1 644 ±14	任富根等,2002
	二长岩、流纹岩		U－Pb	2 333 ±74 ~ 2 035 ±4	孙大中等,1991
	锆石		U－Pb	1 840 ±14 ~ 1 635 ±6	

花山岩体早期采用 K－Ar 法和 Rb－Sr 等时线法测定年龄较小，为 105～127.7 Ma，近期采用 SHRIMP U－Pb 测得年龄值为 130.7±1.4 Ma～135.55±0.30 Ma，是燕山中期（100～140 Ma）花岗岩侵入体。五丈山岩体年龄集中在 150～160 Ma，这一期岩浆活动是区内燕山早期（140～195 Ma）花岗岩侵入体。

上宫金矿床取得的同位素年龄资料出现两组数据：1992 年黎世美等用 Rb－Sr 法测得蚀变绢云母年龄为 242±11 Ma；2001 年任福根用 Ar－Ar 法测得硅化石英的年龄为 222.8±24.9 Ma；1994 年张振海用 Rb－Sr 法测得中阶段绢英岩、石英、硅化体的年龄为 165±7 Ma，测得晚阶段石英、方解石、绢云母年龄为 113±6 Ma。认为金的形成主要与花山岩基为同一时期。但从成矿年龄看，从早期到中期时段（即 242±11 Ma～165±7 Ma），成矿早已开始而五丈山岩体和花山岩体还未开始上侵。即便成矿早期没有金的工业矿体形成，但大量热流体从何而来呢？此时段也无区域变质作用发生。

值得注意的是，近年来不少研究者用 $^{40}Ar/^{39}Ar$ 及石英流体包裹体 Rb－Sr 法测试，发表了一批同位素年龄在 208～245 Ma 的比较精确的数据。如小秦岭、熊耳山地区的许多大型矿床如上宫（222 Ma，$^{40}Ar/^{39}Ar$）、北岭（292 Ma，$^{40}Ar/^{39}Ar$）、庙岭（245 Ma，$^{40}Ar/^{39}Ar$，任富根等，1996）、东桐峪（208.2 Ma，Rb－Sr，王秀璋等，1992）、15 号脉（237.54 Ma，K－Ar，胡正国等，1994）、张家坪（湘子岔，208 Ma，$^{40}Ar/^{39}Ar$，严阵、张改芳，1993）、桃园（211 Ma，K－Ar，任富根等，1996）及毛堂（222 Ma，$^{40}Ar/^{39}Ar$，严阵、张改芳，1993）等金矿床及与上宫金矿临近的大石门沟（黄水庵）钼矿 Re－Os 等时线年龄 202.06±3.72 Ma，小秦岭大湖矿床中辉钼矿的 Re－Os 模式年龄 223.0±2.8 Ma～232.9±2.7 Ma（李厚民等，2007）。另外，在整个秦岭地区，王平安（1998）测得的公馆 Sb－Au 矿成矿时代为 250 Ma（Rb－Sr），黄典豪（1994）测定黄龙铺钼矿的 U－Pb 年龄为 206 Ma，Re－Os 年龄为 220～231 Ma。卢欣祥等（1989）测得秋树湾 Cu－Mo 矿年龄为 226 Ma（Ar－Ar），冯建忠等（2002）测得陕西八卦庙金矿的成矿时代为（232.58±1.59 Ma，Ar－Ar）。人们有理由相信，小秦岭—熊耳山地区金矿的成矿时代绝不仅仅为燕山晚期，就是说清一色的燕山期成矿论受到了挑战，并使其动摇。甚至人们不得不从秦岭造山带总体构造演化对这一地区成矿时代进行重新思考。

上宫金矿从早阶段蚀变岩 242 Ma 到晚阶段成矿的 113 Ma 经历了近 130 Ma，也即从晚印支一直到晚燕山，这种情况在已有的矿床年龄数据中还不多见，说明该矿床成矿时限的确定还应进一步进行。

3. 上宫金矿石 LA－MC－ICP－MS 锆石 U－Pb 测年

1）花山岩体 LA－MC－ICP－MS 锆石 U－Pb 测年

为研究区内金矿与花山岩体的成因联系，在七里坪金矿 ZK106 孔 307 m 深度采集新鲜的似斑状闪长花岗岩用锆石 U－Pb 方法对它们进行了年龄测定。以期准确地厘定该区岩浆活动与成矿关系。

将选出的锆石样品置于环氧树脂中，然后磨至约一半，使锆石内部暴露，用于阴极发光（CL）研究和激光多接收等离子体质谱（LA－ICP－MSU－Pb）同位素组成分析，阴极发光在中国地质科学院地质研究所电子探针仪上完成。LA－MC－ICP－MS 锆石 U－Pb 定年测试分析在中国地质科学院矿产资源研究所 MC－ICP－MS 实验室完成，锆石定年分析所用仪器为 Finnigan Neptune 型 MC - ICP - MS 及与之配套的 Newwave UP213 激光剥蚀系统。激光剥蚀所用斑束直径为 25 μm，频率为 10 Hz，能量密度约为 2.5 J/cm^2，以 He 为载气。信号较小的^{207}Pb、^{206}Pb、^{204}Pb(+ ^{204}Hg)、^{202}Hg 用离子计数器(multi - ion - counter)接收，^{208}Pb、^{232}Th、^{238}U 信号用法拉第杯接收，实现了所有目标同位素信号的同时接收并且不同质量数的峰基本上都是平坦的，进而可以获得高度的数据。均匀锆石颗粒^{207}Pb/^{206}Pb、^{206}Pb/^{238}U、^{207}Pb/^{235}U 的测试精度(2σ)均为 2% 左 1% (2σ)左右。LA - MC - ICP - MS 激光剥蚀采样采用单点剥蚀的方式，数据分析前用锆石 GJ - 1 调试仪器，使之达到最优状态，锆石 U - Pb 定年以锆石 GJ - 1 为外标，U、Th 含量以锆石 M127(U：923 × 10^{-6}，Th：439 × 10^{-6}，Th/U：0.475)(Nasdala et al.，2008)为外标进行校正。测试过程中在每测定 5 ~ 7 个样品前后重复测定两个锆石 GJ - 1 对样品进行校正，并测量一个锆石 Plesovice，观察仪器的状态以保证测试的精确度。数据处理采用 ICPMSDataCal 4.3 程序(Liu et al.，2008)，测量过程绝大多数分析点^{206}Pb/^{204}Pb > 1 000，未进行普通铅校正，^{204}Pb 由离子计数器检测，^{204}Pb 含量异常高的分析点在计算时剔除，锆石年龄谐和图用 Isoplot 3.0 程序获得。详细实验测试过程参见侯可军等(2009)。样品分析过程中，Plesovice 标样作为未知样品的分析结果与对应的年龄推荐值为 337.13 ± 0.37(2σ)(Sláma et al.，2008)，两者在误差范围内一致。

在花山岩体锆石 U - Pb 同位素分析结果(见表 7-26)及^{206}Pb/^{238}U - ^{207}Pb/^{235}U 谐和图和模式年龄平均值图上，花山岩体 15 个锆石测试数据在谐和图上相对比较集中(见图 7-30)，它们的^{206}Pb/^{238}U 年龄变化范围为 120.28 ~ 138.18 Ma，加权平均值为 135.80 ± 0.68 Ma(MSWD = 1.5，n = 8)。在^{206}Pb/^{238}U - ^{207}Pb/^{235}U 谐和图上，求得年龄为 135.55 ± 0.30 Ma(MSWD = 3.7)，两种方法所得年龄差别甚小，可以代表花山岩体的岩浆结晶年龄。

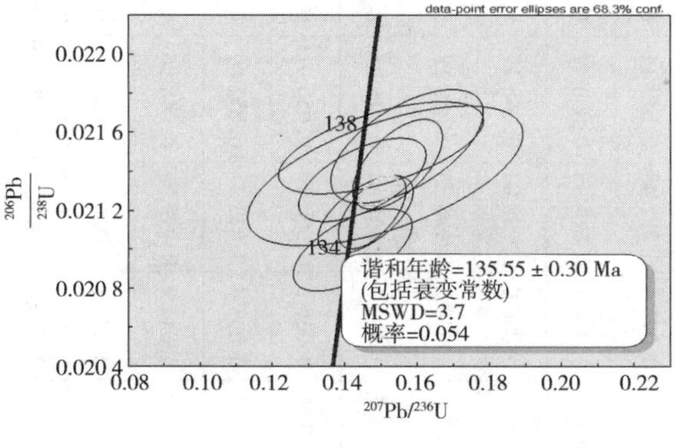

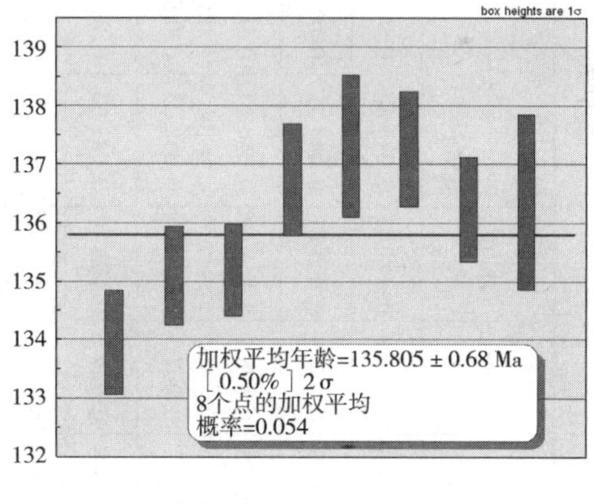

图 7-30 花山似斑状闪长花岗岩锆石 U - Pb 年龄一致线图和模式年龄平均值

2)上宫金矿矿石 LA - MC - ICP - MS 锆石 U - Pb 测年

熊耳山—小秦岭地区太华岩群大致经历了二期区域变质作用(沈福农，1986；黎世美等，1996)。第一期变质作用的构造热事件使太华岩群产生了中高温和中压区域变质作用及早期混合岩化，形成角闪岩相到麻粒岩相的变质岩及混合岩，并形成近东西向的平卧褶皱及普遍发育的片内无根褶皱。所产生的区域透入性面理全面地置换了原始层理。已

表 7-26　花山岩体锆石 U－Pb 同位素分析结果表

样品编号	ω(B)(×10^{-6})			Th/U	同位素比值						年龄(Ma)					
	^{207}Pb	^{232}Th	^{238}U		^{207}Pb/^{235}U	1σ	^{206}Pb/^{238}U	1σ	^{208}Pb/^{232}Th	1σ	^{207}Pb/^{235}U	1σ	^{206}Pb/^{238}U	1σ	^{208}Pb/^{232}Th	1σ
Hq1p－1－01	0.003 3	0.014 2	0.049 6	0.845 03	0.048 89	0.003 68	0.142 20	0.010 79	0.021 00	0.000 14	135.00	9.60	133.96	0.89	79.22	6.44
Hq1p－1－03	0.003 5	0.013 8	0.052 9	0.925 61	0.048 95	0.002 75	0.145 76	0.008 65	0.021 18	0.000 13	138.16	7.66	135.09	0.84	80.60	5.63
Hq1p－1－04	0.005 2	0.022 0	0.078 2	0.851 02	0.050 33	0.002 05	0.147 59	0.006 13	0.021 19	0.000 12	139.78	5.43	135.19	0.79	86.59	5.40
Hq1p－1－05	0.004 3	0.019 7	0.067 3	0.821 06	0.050 23	0.002 43	0.139 54	0.006 77	0.020 15	0.000 14	132.63	6.03	128.61	0.87	91.45	5.69
Hq1p－1－07	0.002 0	0.010 5	0.029 6	0.682 70	0.049 60	0.014 16	0.152 94	0.042 76	0.021 67	0.000 44	144.51	37.65	138.18	2.80	94.25	10.98
Hq1p－1－08	0.003 1	0.015 7	0.045 8	0.711 86	0.051 97	0.002 70	0.154 60	0.008 17	0.021 44	0.000 15	145.96	7.19	136.73	0.96	94.77	6.53
Hq1p－1－09	0.004 6	0.022 5	0.071 5	0.771 48	0.049 14	0.001 91	0.139 22	0.005 58	0.020 62	0.000 15	132.35	4.97	131.60	0.95	90.95	6.47
Hq1p－1－10	0.005 7	0.035 6	0.091 1	0.616 75	0.050 47	0.002 18	0.136 68	0.006 04	0.019 61	0.000 13	130.08	5.40	125.21	0.83	87.89	6.67
Hq1p－1－11	0.003 6	0.019 6	0.060 0	0.738 02	0.048 17	0.002 93	0.126 66	0.007 54	0.018 83	0.000 15	121.09	6.80	120.28	0.95	94.05	6.64
Hq1p－1－12	0.002 7	0.009 8	0.040 2	0.986 23	0.052 18	0.004 52	0.157 20	0.013 88	0.021 53	0.000 19	148.25	12.18	137.31	1.21	99.24	7.47
Hq1p－1－13	0.005 9	0.026 7	0.089 4	0.807 04	0.048 95	0.001 57	0.140 28	0.004 54	0.020 80	0.000 12	133.30	4.04	132.73	0.77	97.92	5.94
Hq1p－1－14	0.002 5	0.010 4	0.036 5	0.860 16	0.050 91	0.006 26	0.150 02	0.018 65	0.021 52	0.000 16	141.93	16.47	137.26	0.98	105.55	7.27
Hq1p－1－15	0.002 3	0.010 5	0.035 4	0.813 11	0.052 09	0.006 45	0.150 25	0.018 64	0.020 68	0.000 36	142.13	16.46	131.95	2.29	112.48	9.58
Hq1p－1－18	0.003 0	0.010 9	0.044 9	0.999 08	0.048 96	0.003 91	0.144 92	0.011 57	0.021 36	0.000 14	137.42	10.27	136.23	0.89	128.08	8.57
Hq1p－1－19	0.002 8	0.009 6	0.040 8	1.028 33	0.050 01	0.008 31	0.151 20	0.025 10	0.021 38	0.000 24	142.97	22.14	136.36	1.49	136.71	10.85

注：表中数据由中国地质科学院矿产资源研究所 MC－ICP－MS 实验室测试。

得到的年龄值为，胡受奚等（1989）测得小秦岭太华岩群为2 411 Ma（锆石U－Pb年龄）和未混合岩化的角闪斜长片麻岩2 500～2 217 Ma（Rb－Sr等时线年龄），黎世美等（1996）测定角闪斜长片麻岩2 549±169 Ma（Rb－Sr等时线年龄），周汉文等（1998）测得太华岩群斜长角闪岩为2 542±57 Ma（Sm－Nd等时线年龄），张宗清等（1998）测得太华岩群斜长角闪岩2 351±103 Ma（Sm－Nd等时线年龄），倪志耀等（2003）测得太华岩群斜长角闪岩中角闪石2 372.98±47.46 Ma（$^{40}Ar/^{39}Ar$坪年龄）和2 349.10±46.98 Ma（$^{40}Ar/^{39}A$等时线年龄），这些年龄大体介于2 217～2 549 Ma。第二期区域变质作用以角闪岩相为主，有混合岩化作用，由于热流增高，产生地壳重熔，形成富钾的花岗岩和大量花岗伟晶岩（伟晶状花岗岩）。第二期变质作用的时限，胡受奚等（1989）认为太华岩群已混合岩化的角闪斜长片麻岩1 935～2 020 Ma（Rb－Sr等时线年龄）和伟晶岩1 975 Ma（U－Pb年龄）。而赵太平等（2004）测得古元古代熊耳群火山岩锆石SHRIMP年龄为1 750～1 800 Ma。第二期区域变质作用发生时限大致可归纳为2 020～1 750 Ma。从形成时限上看，两次区域变质作用与该区的金矿的成矿作用确实无任何关系。

上宫金矿已有的测年资料表明，整个成矿经历了130 Ma，也就是说，从晚印支期就开始成矿，一直到晚燕山期。而早期成矿一直到主成矿早期时段，此时五丈山花山岩体还未侵位，又何谈是花山岩浆活动为成矿提供了成矿物质呢？已有的成岩、矿成规律是，成矿一般要比成岩晚数百万年至数十万年。如果测年没问题的话，成矿应与区域燕山期花岗质岩浆活动无关。如果说有关系的话，在燕山期豫西地区大规模岩浆上侵过程中只能是将埋藏在深部的金矿床上推并经受剥蚀而出露地表。

为了解决上述问题，本次在746 m标高37线采集乳白色石英脉，为了避免矿体上下盘围岩锆石混入，先将样品粉碎成0.2～1 cm的碎块，再挑选纯净石英颗粒送选锆石。但测试结果表明，大多数锆石为石英脉形成时就已存在而被机械地包裹进来的残余锆石，可能有少量石英脉形成同期的热液锆石。从表7-27、图7-31中可见，年龄值主要反映三组。第一组是年龄大于1 000 Ma，第二组为小于260 Ma。大于1 000 Ma的数据点统计，其$^{207}Pb/^{206}$年龄1 910.89～2 449.69 Ma，平均2 079.37 Ma（$n=14$，n为大于1 000 Ma的年龄值，下同）；$^{207}Pb/^{235}U$年龄1 030.29～2 470.16 Ma，平均1 868.87 Ma（$n=12$）；$^{206}Pb/^{238}U$ 1 086.98～2 436.37 Ma，平均1 992.49 Ma（$n=9$）；$^{208}Pb/^{232}Th$ 1 163.34～3 595.76 Ma，平均2 658.08 Ma（$n=9$）。本矿区石英脉中残余锆石的年龄接近2 000 Ma，相当于第二期区域变质作用时形成的。

小于260 Ma的热液锆石数据点统计，其$^{207}Pb/^{206}Pb$年龄166.75～211.185 Ma，平均188.97 Ma（$n=3$，n为小于255 Ma的年龄值，下同），$^{207}Pb/^{235}U$年龄99.94～255.23 Ma，平均175.25 Ma（$n=5$）；$^{206}Pb/^{238}U$年龄95.37～243.70 Ma，平均169.77 Ma（$n=5$）；$^{208}Pb/^{232}Th$年龄85.58～298.52 Ma，平均224.73 Ma（$n=5$）。这一组可能是成矿作用中形成的热液锆石，或许反映的是成矿年龄。如果这一年龄值可信的话，其成矿年龄就要早于花山岩体和五丈山岩体的侵位时限，应该是晚印支期至早燕山期。看来，上宫金矿成矿时限的研究应继续下去。

此外，还有第三组$^{207}Pb/^{206}Pb$在394.95～627.32 Ma的年龄，应该是反映古生代时形成的锆石。从不同时代锆石年龄分布可清晰地看到，该区七里坪—星星阴断裂从太古宙、古生代至中生代有过多次活动。

表 7-27　上宫金矿区火成岩锆石 U－Pb 同位素分析结果表

样品编号	ω(B)(×10⁻⁶)			Th/U	同位素比值						年龄(Ma)					
	^{207}Pb	^{232}Th	^{238}U		$^{207}Pb/^{235}U$	1σ	$^{206}Pb/^{238}U$	1σ	$^{208}Pb/^{232}Th$	1σ	$^{207}Pb/^{235}U$	1σ	$^{206}Pb/^{238}U$	1σ	$^{208}Pb/^{232}Th$	1σ
Hsg－51－01	0.161 9	0.026 6	0.456 3	0.058 4	1.758 5	0.014 8	0.109 0	0.000 9	0.033 3	0.002 0	1 030.29	5.48	666.81	4.96	662.22	38.55
Hsg－51－02	0.138 2	0.035 1	0.269 2	0.130 4	2.524 3	0.015 7	0.155 6	0.000 8	0.022 8	0.001 4	1 279.06	4.61	932.26	4.34	455.93	27.59
Hsg－51－03	0.065 0	0.007 7	0.055 6	0.138 2	5.501 6	0.107 1	0.338 7	0.004 1	0.106 5	0.011 7	1 900.85	16.77	1 880.28	19.74	2 046.07	213.83
Hsg－51－04	0.050 2	0.006 2	0.033 3	0.187 3	8.582 6	0.082 5	0.425 3	0.004 0	0.141 5	0.009 0	2 294.71	8.88	2 284.53	18.11	2 675.69	159.69
Hsg－51－05	0.035 4	0.007 3	0.029 0	0.251 1	6.087 8	0.044 0	0.358 3	0.001 8	0.087 0	0.006 1	1 988.50	6.44	1 973.89	8.49	1 687.02	112.50
Hsg－51－06	0.062 0	0.007 3	0.073 0	0.100 6	4.557 4	0.031 9	0.247 8	0.000 9	0.134 2	0.010 1	1 741.51	5.95	1 427.04	4.74	2 544.95	179.20
Hsg－51－07	0.016 3	0.012 1	0.241 1	0.050 1	0.144 2	0.008 1	0.021 0	0.000 3	0.010 4	0.001 1	136.80	7.15	133.94	2.17	208.49	22.79
Hsg－51－08	0.014 0	0.017 1	0.092 3	0.185 1	0.475 5	0.008 9	0.045 4	0.000 2	0.021 0	0.001 9	394.95	6.10	286.15	1.23	420.85	37.72
Hsg－51－09	0.067 7	0.016 6	0.037 2	0.446 1	10.390 0	0.141 1	0.462 6	0.006 3	0.194 7	0.018 1	2 470.16	12.69	2 451.18	27.99	3 595.76	305.51
Hsg－51－10	0.011 3	0.018 7	0.113 4	0.164 9	0.218 1	0.019 8	0.030 5	0.000 1	0.014 9	0.001 5	200.34	16.46	193.62	0.78	298.52	30.16
Hsg－51－11	0.142 7	0.019 9	0.269 2	0.073 9	2.569 8	0.013 2	0.161 7	0.000 6	0.029 2	0.002 8	1 292.09	3.85	966.42	3.19	581.70	55.45
Hsg－51－12	0.007 0	0.003 5	0.076 6	0.045 6	0.198 6	0.011 5	0.028 7	0.000 4	0.013 9	0.001 6	183.95	9.76	182.20	2.29	278.37	31.37
Hsg－51－13	0.032 2	0.003 4	0.020 1	0.171 1	9.044 9	0.138 2	0.430 2	0.005 8	0.184 3	0.016 9	2 342.55	14.06	2 306.80	26.30	3 419.30	288.84
Hsg－51－14	0.011 1	0.006 2	0.069 5	0.089 7	0.854 9	0.008 7	0.045 0	0.000 2	0.054 1	0.004 4	627.32	4.78	283.56	1.29	1 064.10	84.25
Hsg－51－15	0.131 9	0.003 0	0.084 1	0.035 2	10.115 0	0.063 0	0.459 3	0.002 4	0.208 7	0.015 9	2 445.34	5.99	2 436.37	10.68	3 830.87	266.56
Hsg－51－16	0.070 2	0.019 6	0.111 4	0.175 7	3.423 7	0.032 3	0.183 7	0.001 2	0.059 2	0.004 2	1 509.85	7.49	1 086.98	6.82	1 163.34	81.00
Hsg－51－17	0.005 5	0.000 9	0.004 1	0.217 3	7.159 4	0.182 1	0.381 9	0.003 1	0.157 7	0.011 2	2 131.46	22.71	2 085.36	14.74	2 959.72	196.06
Hsg－51－18	0.029 9	0.157 7	0.620 3	0.254 3	0.103 4	0.001 4	0.014 9	0.000 1	0.004 2	0.000 3	99.94	1.29	95.37	0.42	85.58	5.56
Hsg－51－19	0.016 7	0.026 3	0.134 0	0.196 5	0.285 8	0.004 0	0.038 5	0.000 3	0.012 6	0.000 8	255.23	3.19	243.70	1.56	252.71	16.50
Hsg－51－20	0.030 5	0.052 8	0.121 2	0.435 6	0.583 1	0.007 6	0.074 2	0.000 7	0.016 5	0.001 2	466.43	4.86	461.46	4.03	329.94	23.24

注：表中数据由中国地质科学院矿产资源研究所 MC－ICP－MS 实验室测试。

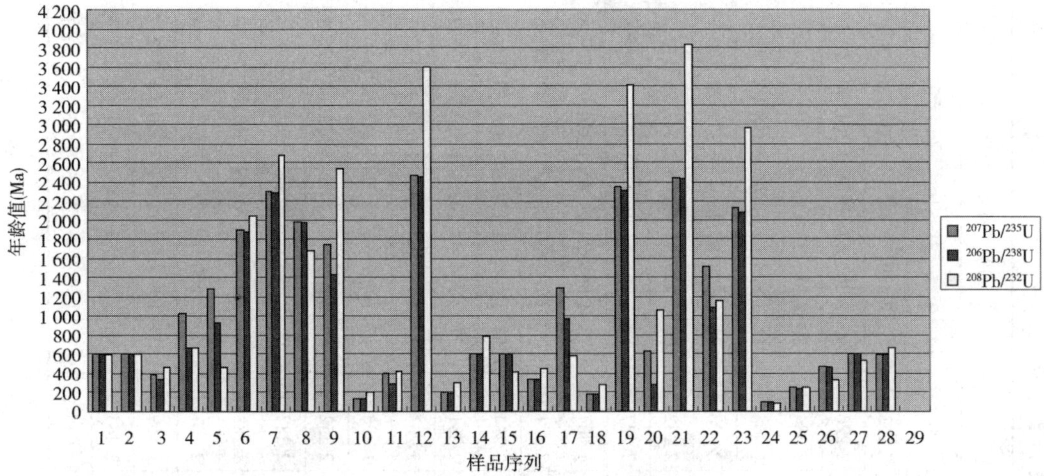

图 7-31 上宫金矿矿石锆石 U – Pb 年龄直方图

7.2.4.2 七里坪金矿成矿时限

本次 853.24 m 标高线采集含黄铁矿方铅矿化银金矿石的脉石英，为了避免矿体上下盘围岩锆石混入，先将样品粉碎成 0.2 ~ 1 cm 的碎块，再挑选纯净石英颗粒送选锆石。但测试结果仍不理想。$^{207}Pb/^{235}U$ 年龄 1 867 ~ 2 384.98 Ma，平均 2 172.55 Ma，$^{206}Pb/^{238}U$ 年龄 1 847.98 ~ 2 380.24 Ma，平均 2 156.28 Ma；$^{208}Pb/^{232}Th$ 年龄 1 185.03 ~ 1 730.29 Ma，平均 1 477.35 Ma。加权平均值为 2 266.9 ± 9.1 Ma（见表 7-28、图 7-32），主要反映了围岩太华群和熊耳群形成年龄，没有出现 200 Ma 及其以下的年龄值，显然与其就位地层时限不同。

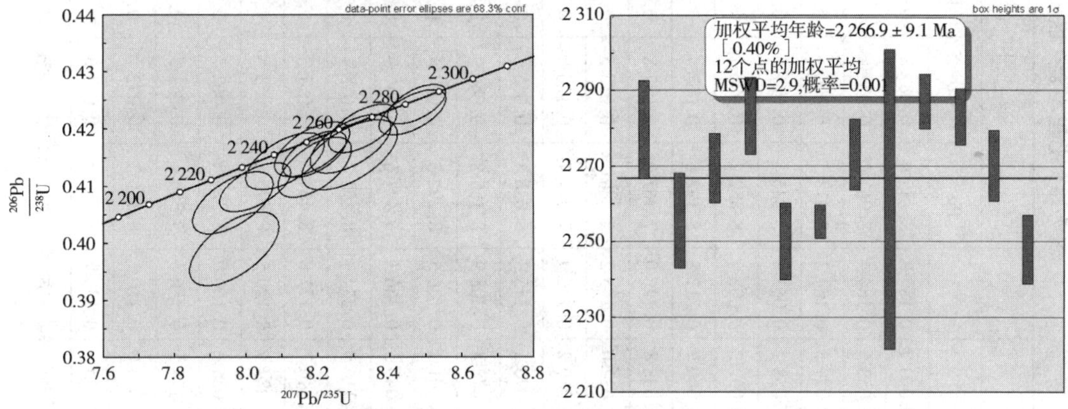

图 7-32 七里坪金矿锆石 U – Pb 年龄一致线图和模式年龄平均值

7.2.4.3 吉家洼金矿成矿时限

本次在 550 mm 标高 CM6 中采集含方铅闪锌矿化金矿石的脉石英，为了避免矿体上下盘围岩锆石混入，采用先将样品粉碎成 0.2 ~ 1 cm 的碎块，再挑选纯净石英颗粒送选锆石。进行 LA – MC – ICP – MS 锆石 U – Pb 测年，但测试结果仍不理想。$^{207}Pb/^{235}U$ 年龄 1 880.58 ~ 2 341.39 Ma，平均 2 075.68 Ma，$^{206}Pb/^{238}U$ 年龄 1 841.41 ~ 2 337.11 Ma，平均 2 056.01 Ma；$^{208}Pb/^{232}Th$ 年龄 1 644.99 ~ 2 918.29 Ma，平均 2 159.2 ± 5.9 Ma。加权平均值为 2 266.9 ± 9.1 Ma（见表 7-29、图 7-33），主要反映了围岩太华群和熊耳群形成年龄，

表 7-28 七里坪金矿区火成岩锆石 U－Pb 同位素分析结果表

样品编号	ω(B)(×10⁻⁶)			Th/U	同位素比值						年龄(Ma)					
	^{207}Pb	^{232}Th	^{238}U		$^{207}Pb/^{235}U$	1σ	$^{206}Pb/^{238}U$	1σ	$^{208}Pb/^{232}Th$	1σ	$^{207}Pb/^{235}U$	1σ	$^{206}Pb/^{238}U$	1σ	$^{208}Pb/^{232}Th$	1σ
Hq1p－8－01	0.055 1	0.007 8	0.040 9	0.189 9	8.289 6	0.087 8	0.415 5	0.004 1	0.068 5	0.004 7	2 263.18	9.72	2 239.79	18.57	1 338.30	88.79
Hq1p－8－02	0.070 3	0.008 8	0.053 5	0.164 4	7.963 7	0.074 8	0.407 1	0.003 6	0.069 7	0.004 6	2 226.92	8.60	2 201.58	16.55	1 361.80	87.19
Hq1p－8－03	0.112 5	0.013 1	0.079 8	0.164 3	9.473 5	0.094 5	0.446 6	0.003 5	0.089 4	0.006 0	2 384.98	9.30	2 380.24	15.62	1 730.29	111.22
Hq1p－8－04	0.062 1	0.004 0	0.058 2	0.068 2	5.536 4	0.051 6	0.341 7	0.003 0	0.060 4	0.004 2	1 906.26	8.12	1 894.82	14.23	1 185.03	79.34
Hq1p－8－05	0.080 9	0.000 5	0.059 2	0.008 4	8.832 7	0.086 1	0.428 3	0.004 1	0.070 6	0.006 9	2 320.87	9.03	2 298.07	18.44	1 379.22	130.96
Hq1p－8－06	0.082 8	0.013 0	0.060 9	0.212 8	8.192 8	0.067 4	0.413 3	0.003 5	0.075 6	0.005 9	2 252.54	7.60	2 229.91	15.96	1 473.76	110.82
Hq1p－8－07	0.050 3	0.004 9	0.038 8	0.126 0	7.967 0	0.082 8	0.399 0	0.004 3	0.075 3	0.006 4	2 227.30	9.50	2 164.51	19.63	1 467.17	119.49
Hq1p－8－08	0.023 3	0.003 2	0.022 0	0.145 2	5.288 5	0.053 6	0.335 1	0.003 0	0.063 1	0.005 8	1 867.00	8.75	1 863.28	14.45	1 236.97	109.82
Hq1p－8－09	0.061 6	0.005 9	0.050 2	0.116 9	7.911 7	0.126 8	0.408 4	0.005 9	0.083 0	0.008 1	2 221.01	14.53	2 207.40	26.83	1 611.44	151.61
Hq1p－8－10	0.093 1	0.010 2	0.070 5	0.145 3	8.026 4	0.065 6	0.409 8	0.002 8	0.078 6	0.008 2	2 234.00	7.53	2 214.05	13.08	1 528.50	154.39
Hq1p－8－11	0.109 1	0.024 3	0.078 8	0.308 9	8.185 8	0.069 0	0.416 5	0.003 2	0.081 5	0.007 8	2 251.77	7.77	2 244.44	14.39	1 584.37	145.32
Hq1p－8－12	0.135 8	0.012 8	0.101 1	0.126 5	8.292 3	0.074 4	0.417 4	0.003 4	0.082 4	0.007 4	2 263.48	8.27	2 248.68	15.41	1 600.96	137.57
Hq1p－8－13	0.048 6	0.015 9	0.043 5	0.366 1	5.474 6	0.046 9	0.336 1	0.002 8	0.068 7	0.005 8	1 896.62	7.47	1 867.73	13.50	1 342.91	110.43
Hq1p－8－14	0.170 1	0.064 9	0.116 9	0.554 9	8.192 7	0.058 4	0.415 6	0.002 7	0.080 9	0.006 7	2 252.53	6.63	2 240.54	12.26	1 571.60	125.17
Hq1p－8－15	0.056 2	0.007 2	0.040 7	0.177 8	8.464 7	0.061 3	0.422 9	0.002 6	0.082 7	0.006 9	2 282.15	6.76	2 273.56	11.88	1 605.56	128.31
Hq1p－8－16	0.115 7	0.010 2	0.084 9	0.120 5	8.476 2	0.053 5	0.424 3	0.002 3	0.085 7	0.007 3	2 283.37	5.94	2 280.15	10.36	1 661.89	136.23
Hq1p－8－17	0.034 4	0.004 0	0.025 2	0.160 0	8.326 2	0.062 7	0.420 1	0.002 8	0.083 0	0.007 5	2 267.18	7.00	2 260.92	12.76	1 611.81	139.42
Hq1p－8－18	0.136 1	0.044 3	0.124 5	0.356 3	5.304 4	0.051 5	0.332 0	0.003 3	0.067 5	0.006 5	1 869.57	8.39	1 847.98	15.83	1 320.64	122.78
Hq1p－8－19	0.057 3	0.004 7	0.043 0	0.110 1	8.110 3	0.072 1	0.414 4	0.003 3	0.079 8	0.008 3	2 243.39	8.18	2 234.79	15.09	1 551.52	155.33
Hq1p－8－20	0.039 1	0.004 9	0.035 7	0.136 9	5.736 6	0.043 6	0.349 7	0.002 8	0.070 8	0.008 0	1 936.90	6.71	1 933.08	13.46	1 383.21	150.33

注:表中数据由中国地质科学院矿产资源研究所 MC－ICP－MS 实验室测试。

表 7-29 吉家洼金矿区火成岩锆石 U－Pb 同位素分析结果表

样品编号	ω(B)(×10⁻⁶)			Th/U	同位素比值						年龄(Ma)					
	^{207}Pb	^{232}Th	^{238}U		$^{207}Pb/^{235}U$	1σ	$^{206}Pb/^{238}U$	1σ	$^{208}Pb/^{232}Th$	1σ	$^{207}Pb/^{235}U$	1σ	$^{206}Pb/^{238}U$	1σ	$^{208}Pb/^{232}Th$	1σ
Hjj－3－01	0.015 0	0.053 6	0.053 6	0.895 4	7.294 7	0.035 9	0.389 3	0.001 7	0.148 4	0.006 7	2 148.17	4.63	2 119.62	7.78	2 797.58	118.14
Hjj－3－02	0.030 3	0.152 1	0.152 1	1.268 1	7.060 5	0.046 1	0.378 6	0.002 3	0.155 3	0.007 5	2 119.08	5.98	2 069.55	11.03	2 918.29	131.67
Hjj－3－03	0.011 6	0.046 4	0.046 4	0.996 8	7.066 4	0.044 0	0.381 0	0.002 3	0.150 9	0.008 1	2 119.82	5.72	2 080.94	10.96	2 840.12	142.25
Hjj－3－04	0.025 0	0.076 7	0.076 7	0.767 1	7.127 2	0.040 8	0.382 9	0.002 0	0.142 9	0.008 6	2 127.45	5.30	2 090.04	9.56	2 699.35	151.28
Hjj－3－05	0.015 4	0.044 6	0.044 6	0.737 0	7.266 3	0.048 7	0.390 2	0.002 4	0.138 6	0.009 2	2 144.68	6.16	2 123.67	11.35	2 623.28	163.87
Hjj－3－06	0.072 6	0.144 5	0.144 5	0.497 0	7.205 4	0.041 4	0.388 5	0.002 0	0.135 4	0.009 9	2 137.17	5.32	2 115.90	9.28	2 566.34	176.81
Hjj－3－07	0.041 2	0.099 1	0.099 1	0.600 0	7.070 4	0.044 5	0.381 5	0.002 1	0.117 8	0.009 4	2 120.32	5.78	2 083.13	9.75	2 250.70	170.50
Hjj－3－08	0.012 1	0.049 7	0.049 7	1.079 7	8.574 1	0.081 9	0.424 2	0.002 7	0.136 2	0.011 8	2 293.82	8.82	2 279.31	12.30	2 580.03	209.65
Hjj－3－09	0.011 2	0.065 4	0.065 4	1.458 3	9.033 4	0.075 4	0.437 0	0.003 2	0.138 8	0.012 9	2 341.39	7.80	2 337.11	14.36	2 627.97	228.72
Hjj－3－10	0.027 4	0.083 4	0.083 4	0.748 6	7.162 5	0.061 3	0.389 5	0.003 0	0.127 2	0.012 6	2 131.85	7.76	2 120.37	14.14	2 419.67	225.30
Hjj－3－11	0.030 9	0.087 8	0.087 8	0.709 6	7.173 8	0.070 0	0.390 1	0.003 8	0.125 4	0.011 6	2 133.26	8.82	2 123.06	17.52	2 387.08	209.06
Hjj－3－12	0.015 1	0.075 8	0.075 8	1.249 3	6.572 0	0.056 7	0.373 8	0.002 8	0.116 8	0.010 1	2 055.59	7.74	2 047.18	13.09	2 233.29	183.33
Hjj－3－13	0.003 6	0.237 2	0.237 2	16.429 7	5.413 9	0.047 4	0.334 5	0.002 7	0.102 7	0.008 4	1 887.06	7.61	1 860.30	13.22	1 976.88	154.25
Hjj－3－14	0.009 3	0.137 1	0.137 1	3.654 0	5.565 3	0.045 2	0.344 4	0.002 4	0.095 7	0.007 1	1 910.75	7.11	1 907.62	11.76	1 846.74	131.70
Hjj－3－15	0.001 6	0.188 3	0.188 3	28.543 8	5.373 1	0.042 2	0.330 6	0.002 6	0.102 7	0.007 4	1 880.58	6.84	1 841.41	12.43	1 975.92	135.93
Hjj－3－16	0.007 8	0.349 9	0.349 9	11.084 4	5.485 9	0.050 9	0.340 5	0.003 2	0.090 4	0.005 8	1 898.40	8.07	1 889.26	15.50	1 750.03	107.32
Hjj－3－17	0.002 4	0.177 9	0.177 9	18.633 4	5.486 5	0.046 7	0.341 3	0.002 8	0.086 0	0.006 1	1 898.48	7.42	1 892.87	13.41	1 667.30	114.03
Hjj－3－18	0.049 0	0.106 8	0.106 8	0.541 4	7.192 8	0.059 8	0.391 0	0.003 2	0.084 8	0.004 9	2 135.61	7.55	2 127.69	14.83	1 644.99	92.18
Hjj－3－19	0.021 6	0.068 1	0.068 1	0.781 2	7.241 9	0.070 1	0.392 7	0.003 9	0.087 8	0.005 2	2 141.68	8.76	2 135.31	17.89	1 701.09	96.46
Hjj－3－20	0.001 1	0.198 7	0.198 7	47.568 5	5.422 1	0.044 7	0.337 7	0.002 5	0.094 2	0.008 1	1 888.35	7.18	1 875.80	12.25	1 819.93	150.00

注：表中数据由中国地质科学院矿产资源研究所 MC－ICP－MS 实验室测试。

没有出现 200 Ma 及其以下的年龄值，显然与其就位地层时限不同。

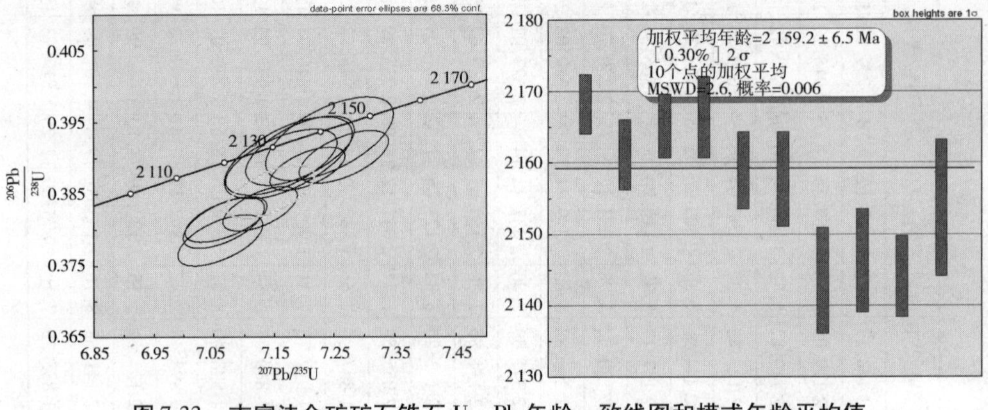

图 7-33　吉家洼金矿矿石锆石 U－Pb 年龄一致线图和模式年龄平均值

7.2.5　矿床成因探讨

燕山中晚期的地幔上隆，导致太华岩群及其下地壳物质重熔，形成壳幔混源重熔花岗岩浆。成矿作用乃是来自深部的透岩浆流体演化的远程热液沿断裂破碎带多次活动，促使地层中金的活化、迁移，在中—低温条件和构造有利部位，以交代为主、充填为辅的方式，改造原来构造岩的成分、组构形式，形成了上宫、虎沟、吉家洼等大中型重熔改造岩浆热液型金矿床。

7.3　区域成矿规律

7.3.1　区域成矿模式

重熔改造岩浆热液型金矿的形成，经历了长期复杂的演化过程。包括太华岩群形成之后的伸展—挤压—伸展过程；中元古代地壳伸展、三岔裂谷形成，双峰式火山岩的大规模出现，带来了规模可观的深源流体，这些流体富含 Au 等成矿元素，在适宜的部位形成了 Au 的矿化（偶有成矿）。加里东期到印支期本区地壳受到南北向的挤压，在局部的伸展部位形成了局部的金矿化（上宫等）。燕山期，中国东部地壳由挤压逐渐转换为伸展体制，地壳的强烈减薄引发了大规模的岩浆活动，区域热流值升高，岩浆作为很重要的载体和流体通道，侵位过程中伴随着大量富含成矿元素的透岩浆流体的上升，在适宜的构造部位形成金矿床，豫西矿集区初步形成。上述过程可以简化为如图 7-34 所示的模式。在此过程中，尤以元古宙和燕山期的成矿作用对重熔岩浆热液型金矿的形成影响最大，简要讨论如下。

7.3.1.1　金元素的预富集作用

近年来，人们发现熊耳群杏仁体中普遍具有矿化迹象（任富根等，1996；张汉成等，2003；肖荣阁等，2010），且具有富 Au 的特点。据任富根等（1996）统计，北岭金矿区火山岩中的杏仁体含金高达 0.946×10^{-6}；肖荣阁等（2010）测得 2 个巨晶钾长石杏仁体中金

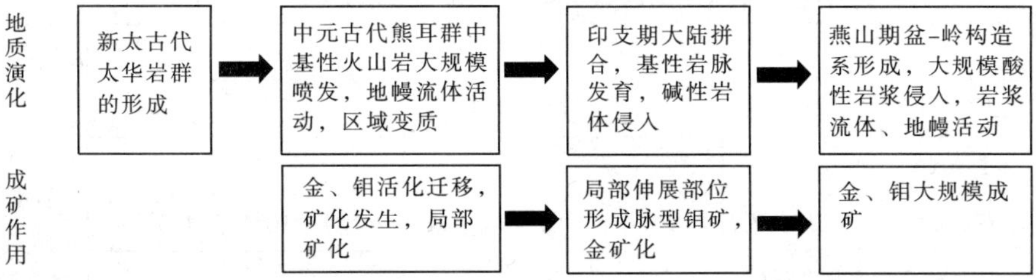

图 7-34 重熔改造岩浆热液型金矿成矿模式

的丰度分别为 10.6×10^{-9}和 3.3×10^{-9}。这些现象和数据一方面说明当时的火山气液是富金的，另一方面证明，在元古宙的确发生了金矿化作用。

从同位素地质年代学上也可以找到元古宙预富集作用的蛛丝马迹。北岭金矿的围岩火山岩的成岩年龄和矿化蚀变年龄接近，且远小于金矿的脉石石英年龄，地层火山岩中记录有 1 649 ±250 Ma、482 ±59 Ma 的热扰动 Rb – Sr 法等时线年龄(任富根等，1996)；薛良伟(1996)曾得到桐沟金矿石英包裹体的 11 个点和 5 个点的 Rb – Sr 等时线年龄分别为 2 382 ±336 Ma 和 2 234 ± 47 Ma，$^{40}Ar-^{39}Ar$ 等时线年龄为 2 005.88 ± 40.12 Ma ~ 1 909.89 ±38.20 Ma，年龄为 2 046.74 ±40.9 Ma ~ 1 887.44 ±37.75 Ma；陆松年(1997)曾测得金硐岔金矿石英脉锆石 U – Pb 年龄为 1 812 ±8 Ma，都集中在元古宙。

虽然现阶段金矿的年龄数据集中在中生代，一些元古宙的数据就显得“鹤立鸡群”，因为元古宙至今的漫长地质年代经历了多次地质事件和热扰动，很多信息早已遭到破坏，或者被后期的地质信息所掩盖。但本区燕山期岩浆岩中发育有大量的继承性锆石，这些锆石的同位素年龄分布从晚太古代到元古宙，主要集中在元古宙的中早期(见表 7-30)，这一时期正是太华岩群大规模混合岩化的时期，也与前文所述的部分含金石英脉的年龄在误差范围内基本吻合。大量继承性锆石产于此阶段，证明了此时具有元素大规模活化迁移和富集的动力条件，表明元古宙熊耳期是太华岩群大规模混合岩化的重要时期，尤其是深部发生的大规模重融作用，为成矿元素的活化迁移提供了热动力条件。

7.3.1.2 成矿作用分析

燕山期无疑是本区的重要成矿期，华北陆块南缘构造体制的大转换和大规模的岩浆活动为成矿作用的大爆发奠定了基础。熊耳山矿集区金多金属矿床均与中生代花岗岩具有密切的关系，这种与成矿密切相关的花岗岩元素地球化学特征与古老的太华岩群极具相似性，而同位素资料显示其具有显著的幔源特征(卢欣祥，2004)。岩浆岩在成矿中的作用主要表现在两大方面：一是充当矿床与深部物质的桥梁，深部物质通过熔融的花岗岩体，以超临界状态的形式不断上迁；二是作为成矿作用的热源，为各种化学反应、物质的活化迁移，以及矿物的分解与形成等过程的顺利进行提供巨大的能量。

从深部的物质到浅部成矿的导矿体系分为 2 种：一种是以马超营这种深大断裂作为导矿构造(见图 7-35)，当超临界状态的深源流体沿着导矿构造到达浅部构造裂隙带的一定部位，因物理化学条件的急剧变化，迁移组分从流体中析出沉淀成矿，形成了马超营断裂附近的一大批金矿床，如康山金矿、星星阴金矿、化皮沟金矿、南坪金矿、元岭金矿、红庄金矿、前河金矿、中营金矿等。第二种是以燕山期岩浆通道作为主要导矿构造，富含成矿

表 7-30　豫西中生代岩浆岩中的继承性锆石的同位素年龄

岩体	继承性锆石 U－Pb 年龄(Ma)						资料来源
合峪	2 253 ±15	2 101 ±11					李永峰,2005
上房沟	2 146 ±8	1 805 ±31					
雷门沟	2 496 ±11	2 629 ±7	1 884 ±20	2 294 ±11	2 134 ±10	2 403 ±9	
	2 137 ±12	1 962 ±18					
后瑶峪	2 649						胡浩等,2011
柳关	1 778 ±26	2 488 ±20					
仡佬湾	2 502 ±26						
黑山	1 833 ±59						
杨沟	2 308 ±27	2 411 ±35					
文峪	2 297 ±81	2 291 ±80	1 981 ±66	1 909 ±63	1 790 ±63	1 705 ±56	毛景文等,2005
	1 201 ±40						
娘娘山	2 644 ±98	2 587 ±98	2 405 ±88	2 123 ±73	2 006 ±67	1 940 ±64	
	1 403 ±90	1 322 ±44	1 913 ±64	1 708 ±56			

元素的超临界流体,以透岩浆流体的形式,随岩浆一起上涌,形成了斑岩—爆破角砾岩筒型钼金多金属矿床,和环绕岩体 2 ~ 8 km 的一批构造蚀变岩型金矿床和脉状铅锌银矿床,如上宫、虎沟,干树凹、吉家洼、七里坪、秀才岭、青岗坪、沙土洼、三人场、萑香洼、瑶沟、公峪等一大批金矿。

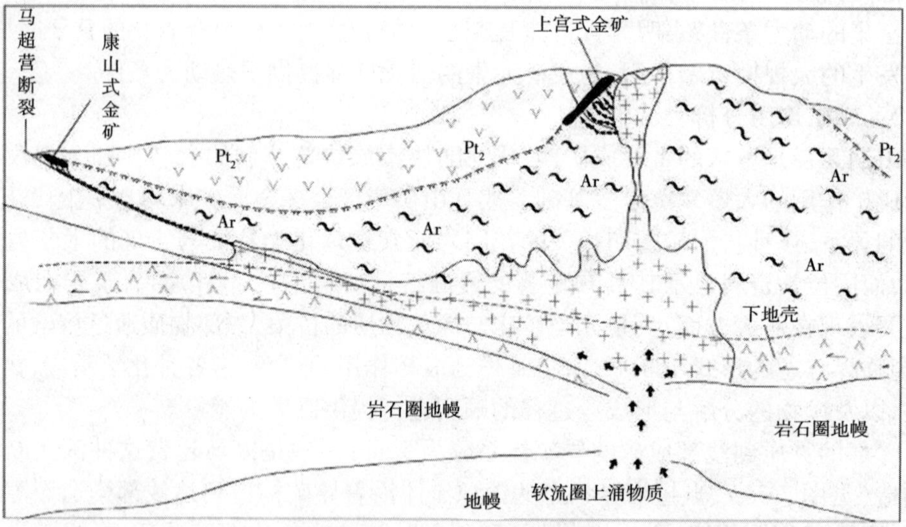

图 7-35　熊耳山构造蚀变岩型金矿区域成矿模式图

7.3.2 熊耳山幔枝构造成矿控矿模式

7.3.2.1 成矿控矿要素分析

1. 地层控制因素

金矿床往往选择性地产于熊耳群与太华岩群的区域性不整合面附近的构造蚀变带中，其控矿作用是元古宙形成初期矿胚的体现。

2. 构造控制因素

构造蚀变岩型金矿严格受断裂构造控制，断裂破碎带既是输矿通道，又是容矿空间。由于构造的多期活动，成矿流体的多次叠加改造，形成矿物组合复杂的构造蚀变岩型金矿床。特别是在两组断裂交叉部位、断裂构造分枝复合部位、局部引张部位、构造带产状发生变化转折部位，是矿化富集的有利地段。

3. 岩浆活动与成矿因素

构造蚀变岩型金矿床与规模巨大的燕山期重熔型斑状二长花岗岩空间关系密切，如花山复式岩体的周围除上宫特大型金矿外，洛店、陶村、三人场、虎沟、祁雨沟、萑香洼等金矿床（点），也环绕花山复式岩体南部分布，说明岩浆活动不仅为成矿作用提供了热动力源，而且还提供了大量的流体和成矿物质。

但李永峰(2005)用 SHRIMP 方法测得花山花岗岩的同位素年龄为 132 ± 1.6 Ma。而矿床形成的同位素年龄则出现两组数据：黎世美(1992)等用 Rb－Sr 法测得蚀变绢云母年龄为 242 ± 11 Ma；任富根(2001)用^{40}Ar－^{39}Ar 法测得硅化石英的年龄为 222.83 ± 24.9 Ma；张振海(1994)用 Rb－Sr 法测得中阶段绢英岩、石英、硅化体的年龄为 165 ± 7 Ma，测得晚阶段石英、方解石、绢云母年龄为 113 ± 6 Ma。说明金的形成与燕山中晚期岩浆活动关系及成矿年龄数据的差异，揭示了金矿床的形成可能是多期次叠加改造的结果。

本次研究将收集到的花山岩体 15 个锆石测试数据加权平均值求得年龄 135.80 ± 0.68 Ma，可以代表花山岩体的岩浆结晶年龄。本次研究采集的上宫金矿矿石 LA－MC－ICP－MS 锆石 U－Pb 测年平均 224.73 Ma(n = 5)。这一组可能是成矿作用中形成的热液锆石，反映的是成矿年龄，其成矿年龄就要早于花山岩体和五丈山岩体的侵位时限，应该是晚印支至早燕山期。

本次研究采集的 14 个包裹体成分比值及逸度值结果，反映上宫金矿床应属岩浆热液成因。

7.3.2.2 熊耳山幔枝构造成矿控矿模式

上宫矿区位于熊耳山幔枝构造的外围拆离滑脱带中，矿体主要赋存于熊耳群盖层，深部延伸到太华群之内（见图 7-29），与地层无明显的专属性关系，矿化和蚀变严格受构造破碎带的控制，并且围岩蚀变范围较小。这些特征均表明上宫金矿成矿物质以深源为主（很可能为核幔边界），以围岩萃取为辅。幔枝构造理论认为，成矿物质由深源至浅部，是一个从地幔热柱—亚热柱—幔枝构造—有利构造扩容带—矿田—矿床—矿体（脉）逐渐迁移、聚集成矿的过程。

中生代以来，熊耳山地区进入了地幔热柱多级演化阶段，在伸展走滑机制下，华熊亚热柱—幔枝构造体系开始形成。其表现是大量深源浅成型花岗岩（花山岩体）形成，同时，随着岩浆侵入、地壳隆升、垮塌和岩石圈减薄，形成了熊耳山幔枝构造。深切上地幔的马超营大断裂将岩石圈中的地幔薄弱带连接成树枝状网络，为新生软流体上升提供了良好通道。本区金矿的成矿年龄主要集中在燕山中期和燕山晚期阶段(100 ~ 80 Ma),稍晚于成岩阶段。本区金矿的成矿年龄从早阶段蚀变岩 242 Ma 到晚阶段成矿的 113 Ma 经历了近 130 Ma,也即从晚印支一直到晚燕山期。

岩体的形成打开了含矿热液的上升通道,上宫地区蚀变作用沿着断裂侧向蚀变交代作用,含矿热液由深源含金物质上升与部分岩浆残液混合而成。正是因为大规模岩浆侵位导致核部岩浆—变质杂岩体隆升,上部盖层逐渐拆离滑脱,岩浆的上侵使地幔热柱—亚热柱—幔枝构造的通道被打通,并且提供了热能,来自深部的含矿热液随着幔枝构造进一步活动,运移到近 EW 向主拆离带及平行的次级拆离断层内,将深部成矿元素带到拆离断层带。在流体液压作用下开辟通道,在主拆离带的上盘,被 NE 向康山—上宫(金硐沟)大断裂切割,为矿液聚集提供了空间。NE 向金硐沟大断裂是一条由近 EW 向主拆离带正向滑脱及应力场的调整产生的反倾向铲状断层,同时金硐沟大断裂在幔枝构造形成过程中属于应力释放形成的松弛型断裂,是幔枝构造体系的组成部分,往往构成深部热能释放的有利空间,即含矿流体迁移、沉淀的空间。金硐沟大断裂晚期主要为脆性变形,拆离滑脱带和脆性断裂都是良好的容矿控矿构造。当携带深源成矿物质的岩浆热液随着熊耳山幔枝构造的轴部上涌,在有利的温度和压力条件下向主拆离带及次级拆离带运移,受通达地表的反倾向铲状断层强烈切割,构成一个地表水及大气降水参与的氧化环境下的水溶液循环系统,由于携带来自深部的成矿元素的上涌热液与大气降水相遇,形成氧化还原环境,促使成矿元素在构造扩容带中沉淀、聚集成矿(见图 7-36)。

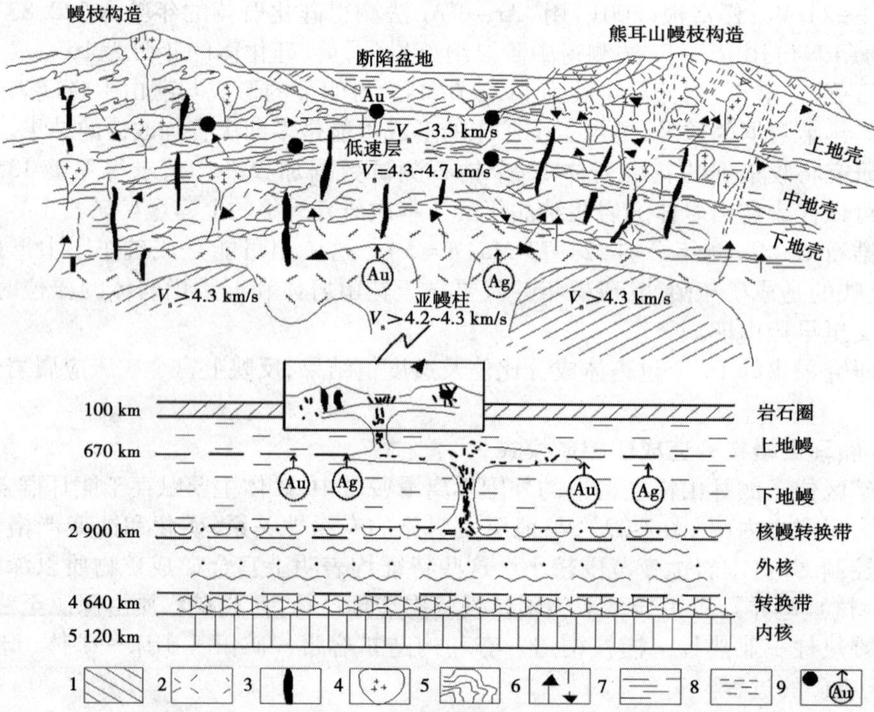

1—岩石圈硬块;2—地幔亚热柱;3—基性岩脉;4—花岗质侵入体;5—变质褶皱岩系;6—深部含矿还原系统流体,浅部氧化系统大气降水;7—低速高导层;8—韧性剪切带;9—成矿物质运移及富集部位

图 7-36　地幔热柱多级演化及其熊耳山幔枝构造成矿控矿模式

8　中深部成矿预测及找矿方向

8.1　中深部找矿标志

8.1.1　地球化学异常标志

1. 平面异常特征

研究区矿床的矿带化探和区域化探均显示为面状异常，其异常浓集中心往往反映矿田位置；而矿区化探则显示为线状异常，其浓集中心反映构造带和其中的矿化带（见图8-1、图8-2）。

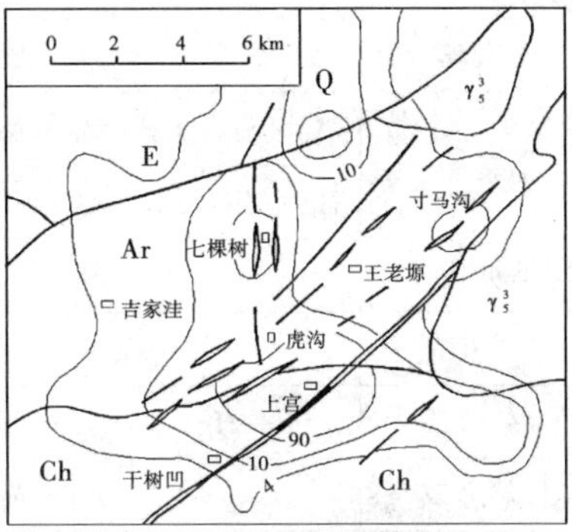

图8-1　3号异常中金矿分布图（崔燮祥，1999）

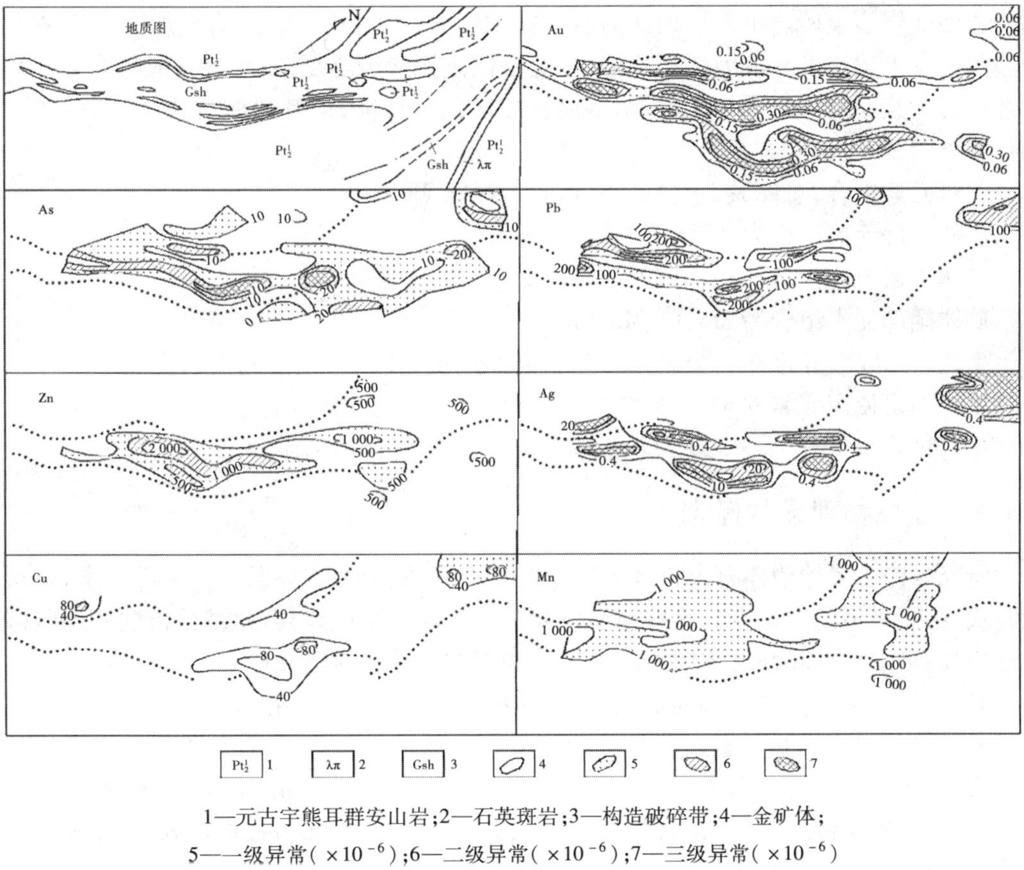

1—元古宇熊耳群安山岩；2—石英斑岩；3—构造破碎带；4—金矿体；
5——一级异常（$\times 10^{-6}$）；6—二级异常（$\times 10^{-6}$）；7—三级异常（$\times 10^{-6}$）

图8-2　上宫成矿带F1土壤测量地球化学异常图

2. 异常元素的分带序列及元素对比值意义

异常元素的轴向分带序列如表 8-1 所示。

表 8-1　矿床原生晕分带序列

矿床	垂直分带（上→下）	资料来源
上宫	Hg · Ba(Pb)(Zn)—Ag · As · Au · Pb · Zn(Ba)—B · Co · Ni · Mo	崔燮祥等,1986
吉家洼	Au · As · W—Au · Ag—Au	黄守民等,1998
小秦岭	As · Sb · Hg · Ba · Ag—Ag · Pb · Au · W · Sn · Bi · Mo—Co · Ni	王定国等,1983
	Hg · Zn · Au—As · Sb · Pb · Cu—Au · Mo · Co · Ni—Co · Ni · Au	瞿伦全,1996
吉林夹皮沟	Hg—As—Sb—F—Pb—Ag—Cu—Au—Co—Mo—Ni—Mn	朱太天
辽宁五龙	Cu—Pb—W—Bi—Ag—Au—Co—Zn—Sb	周广学
山东玲珑	Sb—Hg · As · Ag · Fe(Mo)—Ag—Pb · Cu · Se · Au—Zn · Mn	刘汉忠
山东焦家	Cu · Zn · Ag · Se—Au—Pb—Te—As—Sb · Ba	李富国

表 8-1 中夹皮沟和五龙为变质流体石英脉型金矿；山东玲珑和焦家分别为石英脉型和构造蚀变岩型金矿。小秦岭地区为石英脉型金矿；上宫和吉家洼为叠加改造构造蚀变岩型金矿。上述金矿其成因类型相似，主要特征是元素组合复杂，反映其成矿多期性和复杂性。同时其元素分带变化大，说明多期叠加矿化的特征，但其总体规律又具有一致性。如：

前缘元素组合，总体为 Hg、As、Sb(F、B、Ba、Ag、Pb)；

矿体上部元素组合为 Au、Cu(Ag、Pb、Zn)；

矿体元素组合为 Au、Ag、Cu(Mo)、Zn；

矿体尾部元素组合为 Mo、Bi、Mn、Sn、Co、Ni。

上述指示元素异常在一个矿床中并非全部出现，其总体规律则可以在预测深部盲矿时利用。如果使用元素对或元素累加或累乘比值可能效果会更好。如上宫金矿：Au · Pb/Co · Mo 在 $n\times10 \sim n\times100$ 为暴露地表矿体，0.01×10 为隐伏矿体。

8.1.2　地球物理异常标志

研究区内主要地质体有太古界太华岩群变质岩系、中元古界熊耳群火山岩系，以及不同时代、不同类型的岩浆岩。这些地质体存在着一定的物性差异，总结分析这些地质体的物性特征，可以有针对性地选用不同的地球物理方法用于地质找矿。

布格重力异常低值区，梯度带或狭长负值带呈封闭—半封闭形，有助于宏观指示隐伏基底或隐伏花岗岩体的分布。矿集区中的主要矿床分布于布格重力异常 $< -75\times10^{-5}$ m/s^2 范围内，而布格重力异常值 $< -110\times10^{-5}$ m/s^2 区内矿床分布集中。根据河南省物探队 1:20 万重磁资料，区内还有较多的隐伏花岗岩体。熊耳山地区隐伏岩体顶界埋深 600 ~ 2 800 m，具有由东向西、由北向南倾伏的趋势（见图 4-2）。对找矿有意义的隐伏酸性岩体主要有杜关隐伏岩体、康山—铁炉坪隐伏岩体、冷水隐伏岩体、付店隐伏岩体等。

而中性和基性岩体形状受区域性断裂影响多为脉状，埋深较浅。

区域航磁异常可以区分酸性岩体、熊耳群火山岩、太华岩群变质岩分布范围，并大致圈定中新生代盆地范围，正负磁场的过渡带是利于成矿的部位。

由于酸性岩体与太华岩群和熊耳群存在磁性差异和重力异常，所以在岩体上方存在明显的视极化率异常，该异常的范围与酸性侵入体一致。同时，含金角砾岩型金矿中 $FeS_2-Au-\eta$ 具正相关关系，因而激发极化法可以圈定金矿化区。

8.2　中深部找矿前景

8.2.1　中深部找矿方向

熊耳山幔枝构造成矿控矿分析表明：地幔热柱多级演化沟通了深部通道，为上宫地区金矿提供了充足的物质来源，而位于幔枝构造外围拆离滑脱带和反倾向铲状断层等部位的断裂带为含矿流体的运移、聚集、充填及沉淀提供了空间。上宫金矿作为熊耳山幔枝构造的重要组成部分，中深部明显具有找矿潜力。

(1)根据上宫地区控矿构造特点，区域不整合面和深大断裂带是主要控制矿源。尤其是不整合面的控矿作用，在本区应当引起足够的重视。上宫矿区周围太华群之上的不整合面分布很广，矿液在外围拆离带等构造薄弱带聚集、充填及沉淀成矿。因此，沿太华群与熊耳群的不整合面寻找次级拆离滑脱带，沿金硐沟断裂寻找次级断裂等有利的构造成矿带。

(2)因深大断裂切割上地幔，为深部成矿流体提供了运移通道，因此区内脆—韧性剪切带是很好的导岩导矿构造，并且区内矿体向深部稳定延伸，据此推断，上宫金矿区乃至熊耳山矿集区深部具有找矿潜力。

(3)该地区 NE 向拆离带和 NE 向断裂带控制着大型金矿，推测在断裂与拆离带交会部位、局部扩容部位及分支复合部位有利于矿液的聚集和充填，是该区的重点找矿部位。

8.2.2　中深部找矿预测方法

本次工作结合研究区实际，运用齐波夫定理开展全区资源总量预测；借助 GIS 的空间分析技术，采用 MAPGIS 软件 DTM 空间分析功能和便于与已知矿体进行套合对比的厚度品位权值进行深部矿体趋势预测。分别对 6 个金矿床 9 条主矿体周围和深部进行了矿体趋势预测研究。其预测结果可以互为佐证。

当今勘查找矿的主体对象已转向隐伏矿、深部矿、难识别矿。现代成矿预测研究的理论、技术方法亦呈现出多样化交叉组合使用的新局面(赵鹏大，2001；曹新志，2001；沈远超，2001；戎景会，2012)。根据成矿预测尺度可分为大区(全球)、区域和矿区(体)三类，从传统方法向地、物、化、遥等综合预测发展，传统的定量数值科学方法与计算机 GIS 图形图像可视化技术、多源信息相结合，是进行区域成矿预测和大比例尺矿体定位预测的有效途径。

矿体定位预测是随着大比例尺成矿预测研究工作的深入而提出的一项新的研究难度

较大的研究课题,其对矿床勘探及众多矿山增储延寿都具有非常直接及现实的指导作用,但由于成矿信息及其相对成矿过程的复杂性,以往的矿体定位预测的准确度不高(曹新志,2001)。探讨矿体定位预测的有效途径及方法是提高预测准确度的前提。部分专家学者从不同方面对大比例尺成矿预测和矿体定位预测的有效途径进行了探讨(赵鹏大,2001;曹新志,2001),为矿体定位预测研究提供了较好的基础。

趋势外推法是现代成矿预测理论中进行成矿前景评价中应用较早的一类较成熟的方法,数据资料越丰富,结论的可信度越高。本类方法使用简便、直观、效果较好,目前在大比例尺的成矿预测,特别是矿体定位预测中得到了较广泛的应用(赵鹏大,2001;沈远超,2001,2004;马立成,2006)。

矿体趋势预测方法是现代成矿预测理论趋势外推法及其地质评价的综合应用,所依据的理论基础是惯性理论(赵鹏大,2001)。该方法立足于矿体已知特征,依据矿体有关特征的自然、空间、物化条件、控矿因素、预测标志、成矿规律等的变化趋势,从已知范围外推相邻未知范围的有关矿体特征、矿体可能的延伸范围。该方法具有简便、直观、易确定靶位,方便验证工程的布设、数据动态更新、勘查工程优化调整等优点,经深部找矿项目验证是实现科研与找矿紧密结合的有效方法。

本次研究在收集上宫—康山成矿带各类原始资料,运用 GIS 的空间分析功能,建立空间数据库、空间模型和预测找矿模型,以及研究矿体特征、成矿规律、物理化学条件的基础上,利用矿体趋势预测方法,圈定预测靶区、确定靶位。

本次分别对六个矿区进行了试验研究,表 8-2、表 8-3 和图 8-3 ~ 图 8-5 是上宫金成矿带上 4 个矿区 262 个工程 541 个样品数据进行地质统计分析及建立矿体趋势预测空间模型的结果(汪江河,2014)。

这些统计分析结果说明:

表 8-2　地质统计特征值

变量名称		样数	均值	标准差	变化系数(%)	对数均值	对数标准差	分布类型
全区	品位	541	4.87	7.10	145	0.03	4.67	对数正态
	厚度		1.29	1.41	109	0.07	2.39	
	权值		7.11	13.68	122	0.01	7.17	
走向西南→北东	品位	23	3.17	3.63	114	1.22	5.53	
	厚度		1.13	1.22	108	0.70	2.66	
	权值		4.74	10.61	123	0.85	7.99	
垂向	品位	13	4.03	5.17	128	2.24	3.60	
	厚度		1.38	1.29	93	0.88	2.76	
	权值		7.32	10.47	112	2.15	6.52	

表 8-3 相关系数

项目	厚度/品位	权值/品位	权值/厚度
全区	0.080 879	0.579 456	0.722 702 65
走向	0.254 574	0.817 033	0.640 379 61
垂向	0.260 024	0.869 615	0.331 742

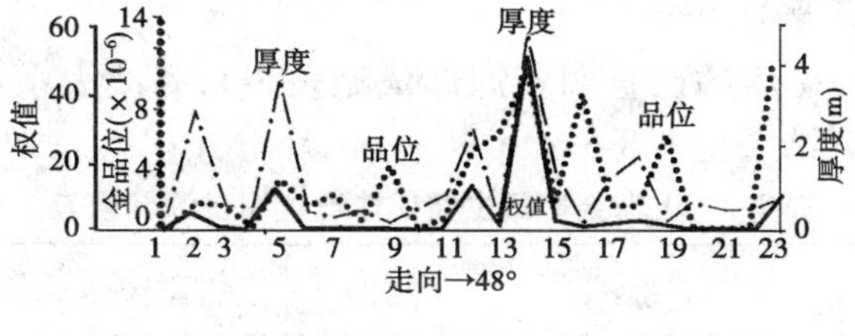

图 8-3 矿体沿走向金品位、厚度及其权值变化趋势线图(汪江河,2014)

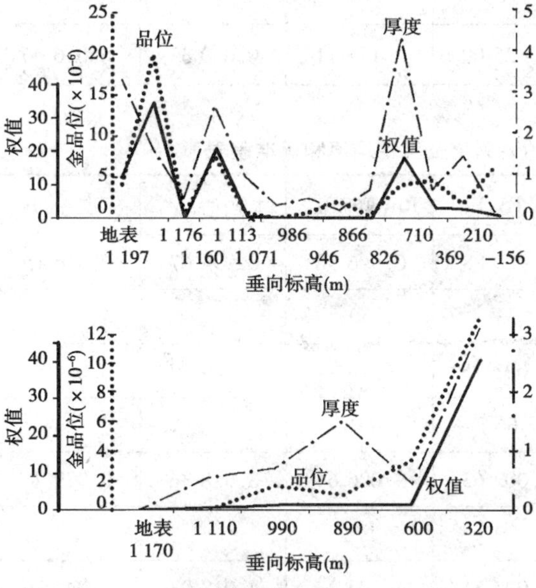

图 8-4 矿体沿垂向 33 线(上)15 线(下)变化趋势图(汪江河,2014)

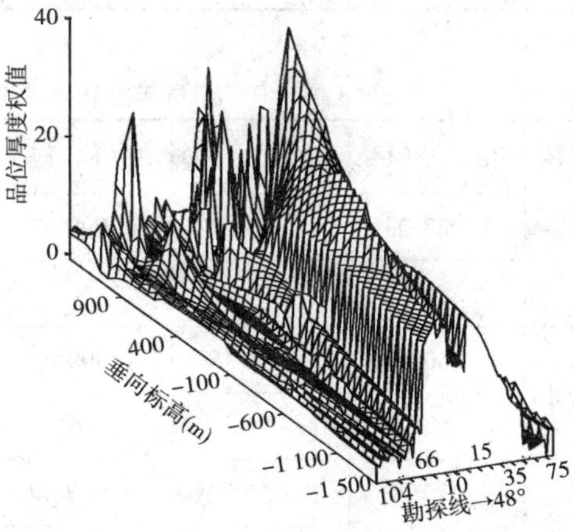

图 8-5 上宫金成矿带矿体趋势预测空间模型图(汪江河,2014)

(1)原始数据中金品位、厚度及其权值都不服从正态分布而是服从对数正态分布,表明金品位与厚度空间分布很不均匀,相关性弱;权值与品位和厚度均有较强的相关性,能够全面、客观地反映矿体特征及变化趋势,具代表性;可以采用 king 泛克里格法进行离散数据网格化处理。

(2)品位、厚度的变化系数在 93% ~145%,说明变化很不均匀,而权值的变化系数在 112% ~123%,说明权值变化也不够均匀,但变化幅度、趋势明显变小;特征数据跃迁型的变化趋势,说明矿体为连续性变化与随机性变化叠加,这与地质规律相吻合。

(3)原始数据分布特征均为单一母体,在建模时,不需要进行母体筛分。

(4)矿体沿走向的变化趋势总体平稳,局部波动,垂向方向的波动幅度相对较大,这与带状矿化及成矿热液主要在深部活动的地质特征相吻合。

8.2.3 中深部潜在金矿资源预测

8.2.3.1 齐波夫定律预测

利用齐波夫定律分别对上宫金矿田和上宫金矿床进行定量预测。预测结果如下。

1. 上宫金矿田的资源量预测

上宫金矿田中主要矿床的已查明资源储量见表8-4,齐波夫系列值的计算和最佳系列的确定见表8-5,计算结果见表8-6。

表8-4　上宫金矿田主要矿体已查明资源储量表

矿田	上宫	虎沟	干树凹	吉家洼	七里坪	西青岗坪
资源储量(t)	53.578	10.986	10.132	6.696	1.625	0.905
编号	F1	F2	F3	F4	F5	F6
Fn/F1	1	0.205 05	0.125 00	0.189 11	0.030 33	0.016 90

表8-5　上宫金矿田主要矿体的系列值及其平均值和标准差表

R	Rn(F2/F1)	Rn(F3/F1)	Rn(F4/F1)	Rn(F5/F1)	Rn(F6/F1)	平均值($\bar{X}$)	标准差(σ)
Ⅰ	1.025 23	0.945 54	0.999 81	1.000 88	0.996 58	0.994 67	0.026 25
	5	5	8	33	59		
Ⅱ	2.050 47	2.080 18	1.999 63	2.001 75	1.993 17	2.020 87	0.035 81
	10	11	16	66	118		
Ⅲ	3.075 70	3.025 72	2.999 44	3.002 63	3.006 64	3.018 36	0.029 74
	15	16	24	99	178		
Ⅳ	4.100 93	3.971 26	3.999 25	4.003 51	4.003 23	4.013 03	0.044 76
	20	21	32	132	237		
Ⅴ	4.921 12	4.916 79	4.999 07	5.004 39	4.999 81	4.973 53	0.042 34
	24	26	40	165	296		
Ⅵ	5.946 36	6.051 44	5.998 88	6.005 26	5.006 40	5.834 72	0.407 16
	29	32	48	198	355		

表 8-6 上宫金矿田主要矿体储量预测表

秩(R)	理论值(t)	查明资源储量(t)	秩(R)	理论值(t)	查明资源储量(t)
1	53.578	53.578	31	1.728	
2	26.789		32	1.674	
3	17.859		33	1.624	1.625
4	13.395		34	1.576	
5	10.716	10.986 10.132	35	1.531	
6	8.930		36	1.488	
7	7.654		37	1.448	
8	6.697	6.696	38	1.410	
9	5.953		39	1.374	
10	5.358		40	1.339	
11	4.871		41	1.307	
12	4.465		42	1.276	
13	4.121		43	1.246	
14	3.827		44	1.218	
15	3.572		45	1.191	
16	3.349		46	1.165	
17	3.152		47	1.140	
18	2.977		48	1.116	
19	2.820		49	1.093	
20	2.679		50	1.072	
21	2.551		51	1.051	
22	2.435		52	1.030	
23	2.329		53	1.011	
24	2.232		54	0.992	
25	2.143		55	0.974	
26	2.061		56	0.957	
27	1.984		57	0.940	
28	1.914		58	0.924	
29	1.848		59	0.908	0.905
30	1.786		合计	249.845	83.922

由上述可知,上宫金矿田已知矿床的控制资源储量与理论预测的资源储量基本一致,说明齐波夫定律在本区的预测是可行的。矿田理论资源总量为 249.845 t,已控制资源量 83.922 t,尚有 165.923 t 资源量尚未找到。最大矿床为已探明的上宫金矿,其资源量为 53.578 t。

2. 上宫金矿床主要矿体资源量预测

上宫金矿床的资源量预测是根据已控制主要矿体进行的。上宫金矿床已控制 1 t 以上的矿体有 10 个,预测的参数和主要过程、结果如下(见表 8-7 ~ 表 8-9)。

表 8-7　上宫金矿主要矿体探明储量表

矿体号	$Ⅰ_{12}$	V_1	$Ⅱ_4$	$Ⅰ_9$	$Ⅱ_1$	$Ⅱ_7$	$Ⅲ_9$	$Ⅲ_6$	$M_5 - V$	$Ⅲ_{13}$
储量(kg)	11 253	10 056	3 036	2 916	2 890	2 792	2 014	1 584	1 093	1 034
编号	F1	F2	F3	F4	F5	F6	F7	F8	F9	F10
Fn/F1	1	0.893 6	0.269 8	0.259 1	0.256 8	0.248 1	0.179 0	0.140 8	0.097 1	0.091 9

表 8-8　上宫金矿主要矿体的系列值及其平均值和标准差表

秩(R)	Rn(F2/F1)	Rn(F3/F1)	Rn(F4/F1)	Rn(F5/F1)	Rn(F6/F1)	Rn(F7/F1)	Rn(F8/F1)	Rn(F9/F1)	Rn(F10/F1)	平均值($\bar{X}$)	标准差(σ)
Ⅰ	0.893 63	1.079 18	1.036 52	1.027 28	0.992 45	1.073 85	0.985 34	0.971 30	1.010 75	1.007 81	0.056 76
	1	4	4	4	4	6	7	10	11		
Ⅱ	1.787 26	2.158 36	2.073 05	2.054 56	1.984 89	1.968 72	1.970 67	2.039 72	2.021 51	2.006 5	0.101 47
	2	8	8	8	8	11	14	21	22		
Ⅲ	2.680 89	2.967 74	3.109 57	3.081 84	2.977 34	3.042 57	2.956 01	3.011 02	3.032 26	2.984 4	0.124 90
	3	11	12	12	12	17	21	31	33		
Ⅳ	3.574 51	4.046 92	4.146 09	4.109 13	3.969 79	3.937 44	3.941 35	3.982 32	4.043 01	3.972 3	0.165 84
	4	15	16	16	16	22	28	41	44		
Ⅴ	5.361 77	5.126 10	4.923 49	5.136 41	4.962 23	5.011 29	5.067 45	4.953 61	4.961 88	5.056 0	0.138 16
	6	19	19	20	20	28	36	51	54		
Ⅵ	6.255 40	5.935 48	5.960 01	5.906 87	5.954 68	6.085 13	6.052 79	6.022 04	5.972 63	6.016 1	0.106 45
	7	22	23	23	24	34	43	62	65		
Ⅶ	7.149 03	7.014 66	6.996 53	6.934 15	6.947 13	6.980 01	7.038 12	6.993 34	6.983 38	7.004 0	0.062 84
	8	26	27	27	28	39	50	72	76		
Ⅷ	8.042 66	8.093 84	8.033 06	7.961 43	7.939 57	8.053 85	8.023 46	7.964 63	7.994 13	8.011 9	0.050 41
	9	30	31	31	32	45	57	82	87		
Ⅸ	8.936 28	8.903 23	9.069 58	8.988 71	8.932 02	8.948 72	9.008 80	9.033 06	9.004 89	8.980 6	0.054 14
	10	33	35	35	36	50	64	93	98		
Ⅹ	9.829 91	9.982 40	10.106 1	10.016 0	9.924 46	10.022 6	9.994 13	10.004 4	10.015 6	9.988 4	0.075 88
	11	37	39	39	40	56	71	103	109		

表 8-9　上宫金矿主要矿体资源储量预测表

秩(R)	理论值(kg)	查明资源储量(kg)	绝对误差(kg)	相对误差(%)	百分比(%)	累积(%)
1	22 572				27.09	1
2	11 286	11 253 10 056	33 1 230	0.29 10.90	13.55	72.91
3	7 524				9.03	59.36
4	5 643				6.77	50.33
5	4 514.4				5.42	43.56
6	3 762				4.52	38.14
7	3 224.6				3.87	33.62
8	2 821.5	3 036 2 916 2 890 2 792	-214.5 -94.5 -68.5 29.5	7.60 3.35 2.43 1.05	3.39	29.75
9	2 508				3.01	26.36
10	2 257.2				2.71	23.35
11	2 052	2 014	38	1.52	2.46	20.64
12	1 881				2.26	18.18
13	1 736.3				2.07	15.92
14	1 612.3	1 584	28.3	1.76	1.94	13.85
15	1 504.8				1.81	11.91
16	1 410.8				1.70	10.1
17	1 327.8				1.59	8.4
18	1 254				1.51	6.81
19	1 188				1.43	5.3
20	1 128.6				1.35	3.87
21	1 074.9	1 093	-18.1	1.68	1.29	2.52
22	1 026	1 034	-8	0.78	1.23	1.23
合计	83 309	38 668				

由上述可得如下结论:预测上宫金矿最大一个矿体的资源总量为 22 572 kg;1 000 kg 以上的矿体资源量总和为 83 309 kg。因为在已控制矿体中资源量小于 1 000 kg 的矿体

资源量占控制的总资源量的37.83%,则可以得到上宫金矿床的总资源量为336.49 t以上,达到特大型矿床规模。

8.2.3.2　基于 MAPGIS DTM 空间分析预测

通过 MAPGIS DTM 空间分析方法进行空间模型的建立,根据矿体特征、成矿物化条件、控矿因素、预测标志、成矿规律、成矿深度等数据及其变化趋势,基于 MAPGIS 的空间分析功能,在1:(2 000 ~5 000)矿体垂直纵投影图上采用便于与已知矿体特征进行套合对比的权值等值线进行深部矿体趋势预测。选择对虎沟、上宫、干树、刘秀沟、七里坪、吉家洼等6个金矿床9条主矿体中深部(垂深400 ~2 800 m)进行矿体趋势预测研究,估算预测(334)? 金金属量可达313 t。其中,上宫 F1 - Ⅰ矿体预测(334)? 金金属量累计可达155 t;刘秀沟Ⅴ号矿体预测(334)? 金金属量累计可达51 t。

8.2.4　中深部找矿的可能性

很多金矿成矿作用研究,包括矿床地球化学、同位素地球化学研究表明,成矿物质主要来自幔源,甚至核幔源(或者说至少源自核—幔界面),以气态—气液态—含矿流体的形式,通过地幔热柱—地幔亚热柱—幔枝构造的多级演化向上迁移,因为,大规模深源岩浆活动既是成矿物质运移的载体,同时又为成矿流体上升打开了通道,由于岩浆上侵的液压致裂作用,在岩体的上部形成一系列的环状、放射状断裂,甚至使早期业已存在的区域性脆—韧性、韧—脆性剪切带及其更上部的断裂体系也就成为了很好的成矿控矿构造。

当搭载幔枝构造岩浆活动向上迁移的气—液混合相含金流体进入上述构造扩容带时,含矿流体尚有较大的温度—压力梯度,换句话说,含矿流体具有一定的液压致裂作用,一旦溶透或致裂而贯通某一主要构造剪切带时,可能犹如煤矿突水一样,在短时间就会灌满剪切带,并逐渐降压降温冷却结晶成矿。这种情况不仅在熊耳山矿集区存在,而且在小秦岭、胶东、冀东等地区都有很多金矿,主体矿脉沿走向或倾向均有很大的延伸,特别是倾向上的延深,其温度—压力,甚至包括流体成分、pH、EH 值等都变化不大,这也许是最好的解释。

很显然,在熊耳山的深部还有相当大的找矿潜力,这不仅因为在上宫金矿区工程控制矿体倾向延深已达1 474 m且仍以陡倾斜稳定延伸,还在于我国的几个金矿集中区勘探深度均已经超过1 500 m,这预示着深部找矿仍有较大的潜力。

8.3　中深部找矿靶区圈定及工程验证

8.3.1　中深部找矿靶区圈定

中深部找矿靶区预测主要是根据地质条件、地球物理、地球化学和遥感成果,特别是矿床分布规律和找矿模型,以及资源总量预测的结果,其着眼点在于已知矿床的深部和其中深部隐伏矿的预测。据此,本次研究划分了4个成矿预测区(见图8-6),详细情况如下。

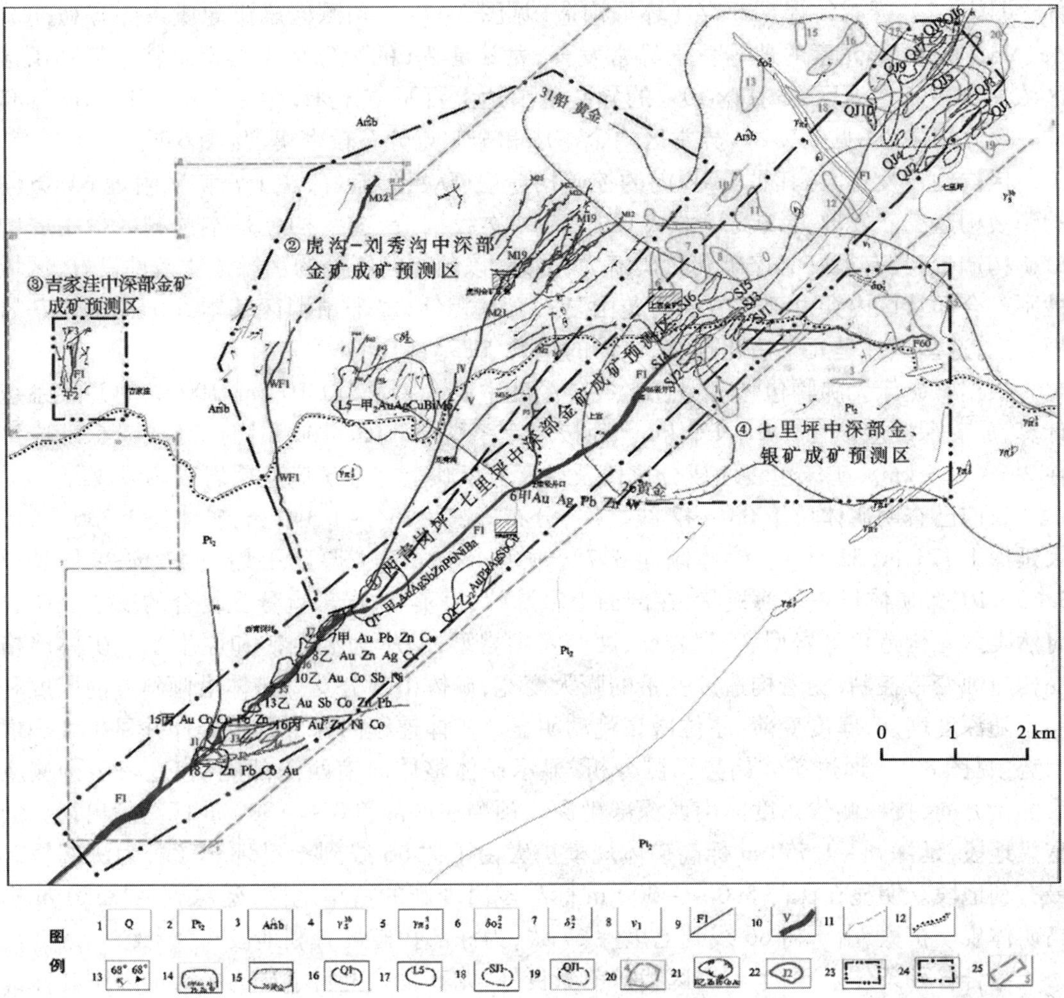

1—第四系;2—熊耳群流纹斑岩、安山岩类;3—太华群片麻岩类;4—斑状含角闪黑云母二长花岗岩;5—花岗斑岩;6—石英闪长岩;7—闪长岩;8—辉长岩;9—构造蚀变带及编号;10—含金构造蚀变岩带及编号;11—推测断层;12—地层界线;13—断层或构造蚀变带产状(箭头指向为倾向,标注为倾角);14—1∶5万水系沉积物测量金异常;15—1∶5万重砂异常;16—干树矿段1∶1万物化探综合异常范围及编号;17—刘秀沟矿段1∶1万物化探综合异常范围及编号;18—上宫矿段1∶1万激电异常范围及编号;19—七里坪矿段1∶1万激电异常范围及编号;20—七里坪1∶1万化探异常;21—西青岗坪1∶1万化探异常;22—西青岗坪1∶1万EH4激电测深异常区;23—金矿成矿预测区(二级);24—金矿成矿预测区(一级);25—整装勘查区范围

图8-6 熊耳山北麓中深部金矿成矿规律与找矿方向研究区成矿区预测图

8.3.1.1 西青岗坪—七里坪中深部金矿成矿预测区

该预测区位于F1康山—上宫成矿带北东端,北东向含金构造蚀变带深部,其外围总长度达15 750 m,是一个已知金矿集中区,区内分布有西青岗坪、干树、上宫、七里坪等大中型矿床。

预测区赋矿地层为熊耳群杏仁状安山岩、杏仁状英安流纹岩,太华群变质岩系,预测区北东端为花山复式岩基的凸出部位,重力异常资料还显示矿区及周边存在多处隐伏岩体(见图4-2),遥感解译深部存在环形构造(见图2-11)。预测区成矿地质条件有利,Au、Ag、Mo、Pb、Zn等元素的地球化学异常发育,尤其是Au的地球化学异常是整个熊耳山地区浓集度最高的地区,$>10\times10^{-9}$的异常范围达上百平方千米,存在NW—SE方向排布的2个浓集中心(见图2-2),异常区内金矿床和金矿点分布较密集(见图5-1)。

区内构造发育,尤其是NNE向的控矿构造规模大、形态好,在上宫矿区附近NE方向的断裂构造突然发散,形成了"帚状"的一系列次级构造,这些构造是本预测区最主要的赋矿构造带,具有很好的控矿和赋矿潜力;另外,该预测区所处的区域地质条件良好,区域性不整合面从区内穿过,NE方向与花山复式岩基相邻,整个预测区基本处于花山岩基岩根之上,这些条件是元素活化迁移、成矿的重要条件。

根据本矿床无沸腾包体、低盐度、成矿温度中高等特征,以10 bar/100 m的开放系统计算,成矿深度应该在8.0~9.3 km。而按封闭系统(27 bar/100 m)计算,成矿深度应该在2.2~2.5 km。矿床包裹体成分比值及逸度值反映上宫金矿床应属岩浆热液成因。

目前已查明矿体位于03~42线之间,分布标高-134~1 340 m,矿体长1 736 m,最大延深1 474 m(33线)。矿体倾向317°,倾角46°~67°。厚度平均1.47 m,平均品位5.63×10^{-6},矿体形态呈薄板状,在剖面上呈脉状、豆荚状,局部有分支复合的现象。矿石自然类型有构造角砾岩型、碎裂岩型、蚀变安山岩型,基本为混合矿和原生矿。矿体严格受构造蚀变带控制,随着构造蚀变带的膨大变宽,矿体出现分支。矿体沿倾斜方向厚度和品位随深度增加,厚度变薄,品位增高跳动明显。矿体连续向深部稳定延伸并显扩大规模趋势(见图8-7),通过矿体趋势预测分析,显示矿体整体向南西深部侧伏,进一步预测应沿侧伏方向,按照侧伏角度向南西深部延深。预测在深部500~-300 m标高段出现新的富集地段,延深到-1 550 m标高矿体规模扩大由干树66线到七里坪67线,为深部找矿最有利地段。明显在深部500~-300 m标高段出现新的富集地段,延深到-1 550 m标高矿体规模扩大,由干树66线到七里坪67线,为深部找矿最有利地段。

综合各种条件来看,本预测区找矿前景良好,尤其是以上宫金矿为中心的外围和深部具有找矿潜力,预测(334)?矿石量3 564万t,金金属量148 t。

8.3.1.2　虎沟—刘秀沟中深部金矿成矿预测区

该预测区位于虎沟金矿区各已知矿体深部及刘秀沟Ⅴ、Ⅳ号含金构造蚀变带深部,其外围长度约5 700 m,面积17 km²。预测区主要矿脉包括M12、M16、M18、M19,Ⅴ、Ⅳ号矿脉群,其中Ⅴ、M19找矿潜力最佳。

预测区金矿主要赋存在太古界太华群及熊耳群地层中。星星阴—七里坪大断裂上盘及其NNE向分支转为NE向矿脉群,为金矿的赋存提供了良好的导矿和容矿构造,东北部有花山花岗斑岩体出露,重力异常资料还显示矿区及周边存在多处隐伏岩体(见图4-2),遥感解译深部存在环形构造(见图2-11),由其产生的重熔岩浆活动为金矿形成提供了重要的成矿物质和动力条件,成矿流体上升至地壳浅部的有利构造部位解聚、充填、交代、沉淀而成矿。分布有1:5万水系沉积物测量有Au、Ag、Pb、Zn、W异常及1:1万化探综合异常6个。预测区金矿脉由NE、NNE向的转折部位、倾向由缓变陡的部位、主断裂与分枝断裂交切部位、构造透镜体的中央部位,矿体品位变富,厚度变大。本预测区具有良好的成矿地质条件。

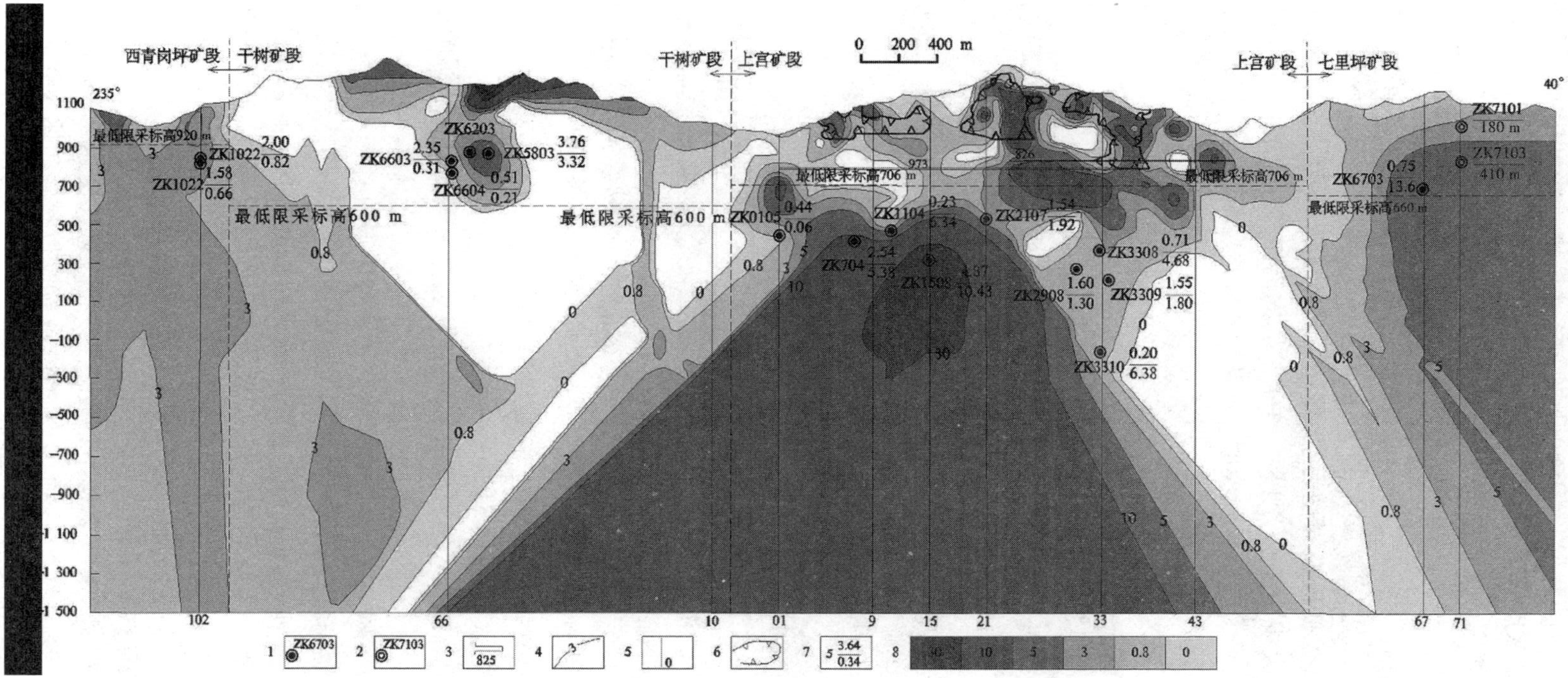

1—已完工钻孔及编号;2—设计钻孔及编号;3—坑道及编号;4—厚度品位权值等值线;5—勘查线及编号;6—实测采空区边界线;7—样号(工程号)平均品位($\times10^{-6}$)/矿体真厚度(m);8—厚度品位权值范围

图 8-7 上宫成矿带(F1)青岗坪—七里坪金矿段矿体趋势预测垂直纵投影图

本矿区包体求得压力值为 54 ~ 113 MPa,开放系统计算成矿深度应该在 5.4 ~ 11.3 km,而按封闭系统计算成矿深度应该在 1.4 ~ 4.2 km。

Ⅴ号含金构造蚀变带北端与虎沟金矿 M21 相连,并与 F1 含金构造蚀变带相交汇,Ⅳ号与Ⅴ号分支复合明显。目前已查明矿体位于Ⅴ号脉 20 ~ 17 勘探线之间,赋存标高 1 100 ~ 200 m,长 720 m,沿倾斜宽度达 237 m,矿体呈脉状,矿体平均产状倾向 110°,倾角 81°,矿体厚度 4.18 ~ 0.19 m,平均厚度 1.30 m,金品位 $42.1 \times 10^{-6} \sim 0.1 \times 10^{-6}$,平均品位 6.32×10^{-6},矿石类型以蚀变碎裂岩型为主,累计探明矿石量 36 万 t,金属量 2.328 8 t。矿体向深部仍有延伸和扩大规模趋势,图 8-8 显示矿体向南倾覆,在 300 ~ 0 m 标高段重新出现富集范围,在 68 ~ 4 线深部矿体规模明显扩大,该范围为深部找矿主要工作区。

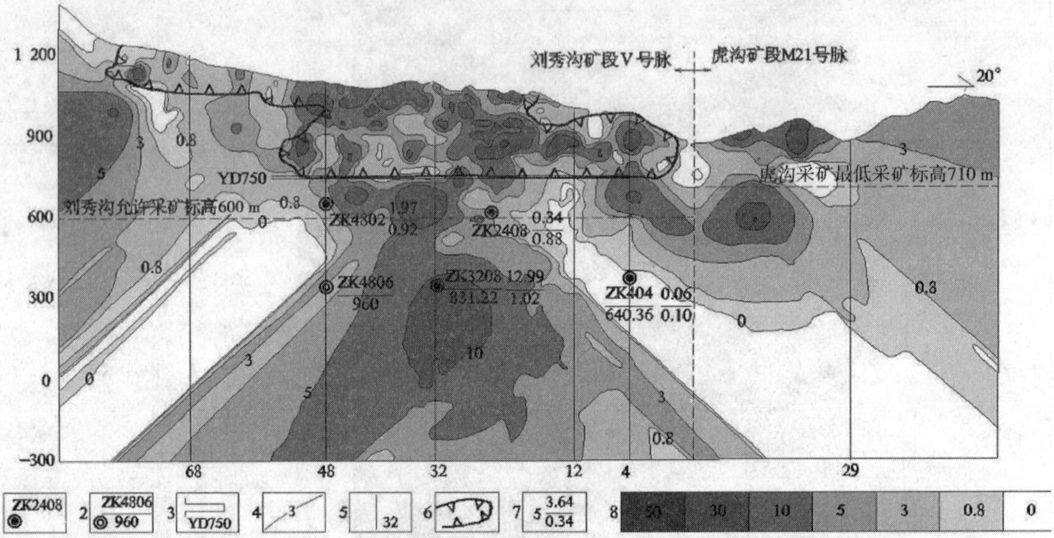

1—已完工钻孔及编号;2—设计钻孔及编号;3—坑道及编号;4—厚度品位权值等值线;5—勘查线及编号;6—实测采空区边界线;7—样号(工程号)平均品位($\times 10^{-6}$)/矿体真厚度(m);8—厚度品位权值范围

图 8-8 刘秀沟金矿Ⅴ—虎沟 M21 矿脉成矿预测垂直纵投影图

虎沟 M19 目前已查明 M19 - Ⅰ矿体位于 12 ~ 31 勘探线之间,赋存最高标高 520 ~ 1 034 m,长 1 210 m,矿体呈脉状,倾向 310°,倾角 70°。矿体平均厚度 0.94 m,矿石平均品位 6.10×10^{-6},矿石类型以蚀变碎裂岩型为主,累计探明金属量 684.9 kg。矿体深部未封闭,仍有延伸趋势。

通过研究近些年该区深部找矿已施工的深部钻孔及各中段坑探工程资料,发现随着深度增加,矿体在厚度上虽然有所减小,但品位相对稳定,并且断裂构造产状发生变化和交汇部位的品位较好,蚀变较强,金矿富集。目前矿山工作已达 710 m 标高中段,见矿情况良好。依据矿体产状推测,710 m 标高以下应发生较多转折并具有较大的分支复合可能,金在深部富集的可能性较大,具有较大的找矿前景。通过成矿趋势预测(334)? 矿石量 635 万 t,金金属量 37 t。

8.3.1.3 吉家洼中深部金矿成矿预测区

该预测区位于吉家洼 F1、F2 号含金构造蚀变带其外围,总长度达 1 200 m,面积 2.2 km²。在 650 m 标高以浅表现为两个不同的矿体,650 m 标高以深两矿体合并明显扩大了矿体规模。矿体产出严格受近南北向含矿断裂构造带的控制,一般含矿断裂带规模越大矿体规模也越大,在断裂带的分枝复合及其膨大部位有利于成矿热液充填赋存,金相对富集,是成矿的有利部位。

目前已查明的Ⅰ、Ⅱ、Ⅲ号主要矿体,分别赋存于F1、F2及F3等含金断裂中。矿体与围岩以突变接触为主,二者界限清晰。矿体呈半隐伏状产出,地表厚度较薄,矿化较弱或无矿。矿体形态多呈薄脉状、薄板状、透镜状或不规则状,走向近南北,以东倾为主,倾角较陡,为70°~80°,局部近直立,沿走向及倾向均呈舒缓波状,部分矿段出现反倾现象。矿体多具膨大、缩小、分枝、复合特点。其中Ⅰ号矿体规模最大,赋存标高585~969 m,走向长360~450 m,斜深270~380 m,矿体厚度0.30~0.60 m,最厚可达1.50 m。矿体走向近南北,由地表至标高760 m间整体东倾,760 m以下转为西倾,倾角较陡,为72°~85°。矿体在局部地段矿化不甚连续,出现无矿天窗。

大量研究资料表明,金矿脉的倾向延深往往大于其走向延长,而本预测区多数工业矿体距此尚有一定差距。含矿断裂带内地表As、Sb等矿体前沿元素非常发育,尤其是As元素含量比围岩中高出几十倍,而W、Mo、Cu等矿体及尾部元素不发育。总体上由地表向深部As、Sb逐渐降低,而Cu、Mo等矿体尾部元素相对升高,说明地表矿体剥蚀深度很浅,部分地段还处于矿体的前沿。预测向下品位及厚度都会有所提高。因此,本预测区深部找矿远景良好。另外,据矿体的形态产状特征及品位变化特征、矿物组合特征的现象,按照热液矿床成矿流体计算成矿深度,矿体向深部仍有较大的延伸空间,资源潜力较大。对深部投入勘查工作进行矿床远景控制,将会获得新的突破。通过成矿趋势预测(334)?矿石量200万t,金金属量13 t。

8.3.1.4　七里坪中深部金、银矿成矿预测区

该预测区位于七里坪F60、F17号含金构造蚀变带其外围,总长度达4 230 m,面积12 km^2。

七里坪金矿属熊耳山多金属成矿带,矿区周边已发现上宫、虎沟等一系列大、中型金矿床。分布有1∶5万水系重砂26号黄金异常,1∶5万水系沉积物6甲Au、Ag、Pb、Zn、W异常,以Au、Ag为主,伴生Pb、Zn。似矩形东西向展布,面积23.5 km^2,Au一级异常(0.01×10^{-6})面积13.04 km^2,三级异常(0.04×10^{-6})面积9.74 km^2,平均含量$0.085\,2\times10^{-6}$,最高1.17×10^{-6}。此异常面积较大约20 km^2,形态完整,浓度梯度变化明显,组合元素重叠,浓集中心良好。Au、Ag为全区含量最高地段。一般说来,晕的分布广度和强度与热液蚀变密切相关,主要元素在近矿空间的分布与矿体的关系更具有规律性。

区域上金银矿化赋矿围岩既有太古宇变质基底及其不整合面,又有中元古界火山岩地层,但均严格受控于EW、NE、NNE向断裂,该组断裂在七里坪矿区也较为发育,这为七里坪金矿的形成提供了有利的构造条件。矿区北东部发育有燕山期的酸性岩浆岩,它与区域上众多岩体一起构成了花山杂岩体,重力异常资料还显示矿区及周边存在多处隐伏岩体(见图4-2),遥感解译深部存在环形构造(见图2-11),为Au、Ag元素的活化与富集提供了热源及部分成矿物质,使成矿流体上升至地壳浅部的有利构造部位卸载、富集成矿。本矿区共有19个$L-CO_2$包体求得压力值为37~116 MPa,以10 bar/100 m的开放系统计算,成矿深度应该在3.7~11.6 km。而按封闭系统(27 bar/100 m)计算,成矿深度应该在1.4~4.2 km。

在中浅部已查明F60-Ⅰ矿体,为半隐伏矿体,位于10~13线,分布标高739~920 m,矿体长938 m,延深635 m,形态呈不规则薄脉状、透镜状,走向85°~95°,平均走向90°,倾向南,平均倾角40°。矿体厚度平均0.47 m,金品位平均1.79×10^{-6}。银品位平均

445.42×10^{-6}。矿体金、银品位变化及其与厚度变化均没有相关性（见图8-9），明显有银降金升趋势（见图8-10），矿体向深部仍稳定延伸并有扩大规模趋势（见图8-11、图8-12）。该矿体已查明金金属量146 kg。

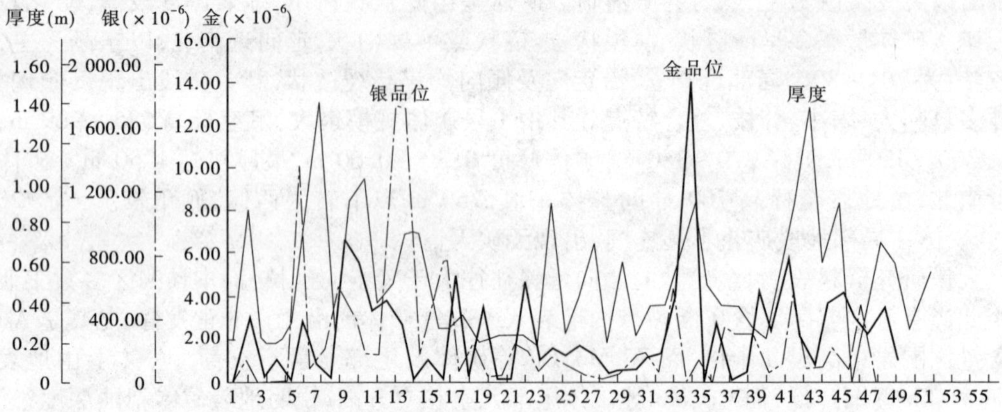

图8-9　F60矿体沿走向（由西向东）金、银品位及厚度变化曲线图

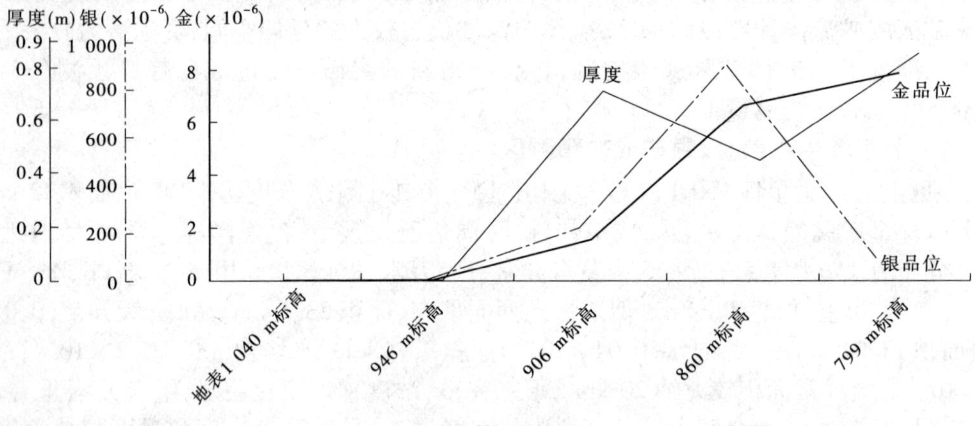

(a)第15线

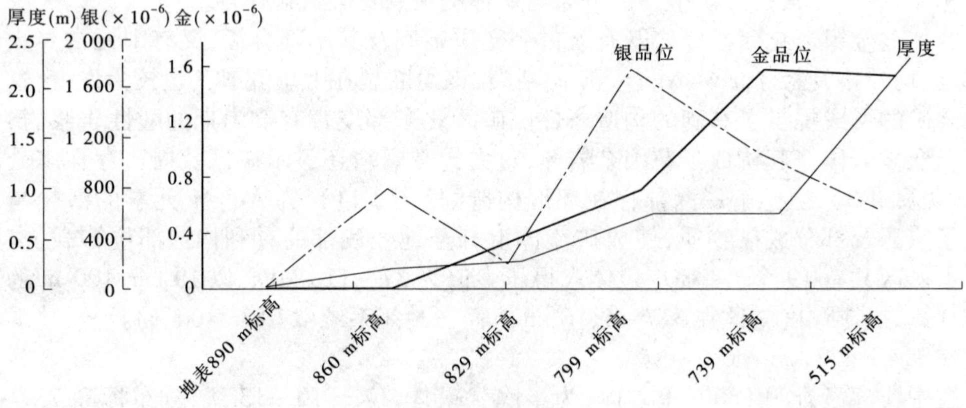

(b)第03线

图8-10　F60矿体在15线、03线剖面上金、银品位及厚度向深部变化曲线图

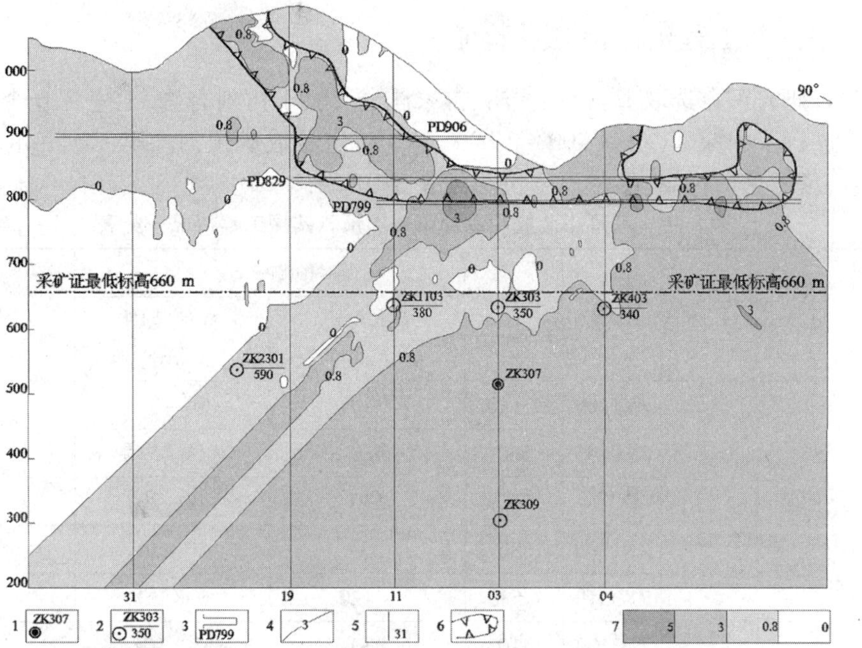

1—已完工钻孔及编号;2—设计钻孔及编号;3—坑道及编号;4—厚度品位权值等值线;
5—勘查线及编号;6—实测采空区边界线;7—厚度品位权值范围

图 8-11 七里坪金矿 F60 矿脉金矿体趋势预测垂直纵投影图

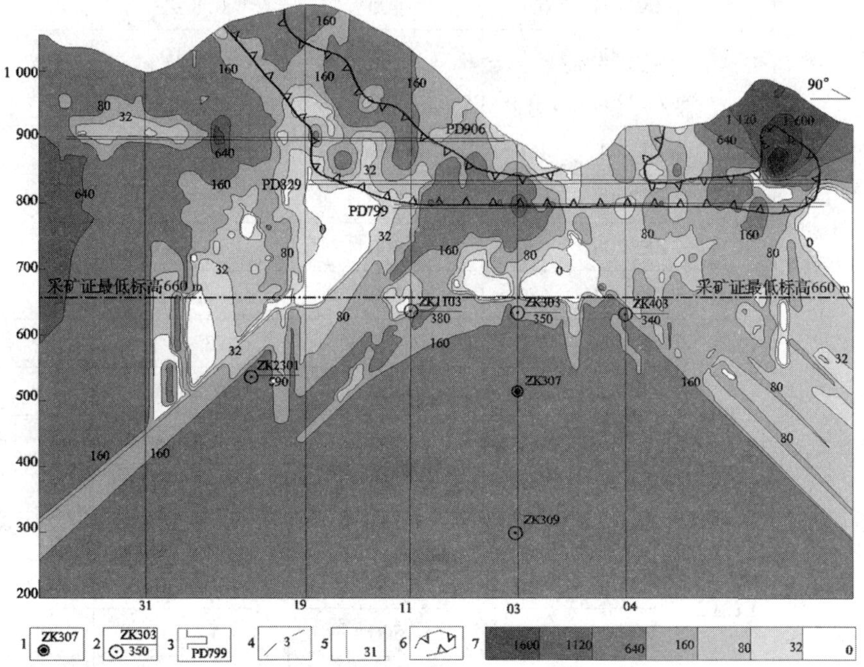

1—已完工钻孔及编号;2—设计钻孔及编号;3—坑道及编号;4—厚度品位权值等值线;
5 勘查线及编号;6—实测采空区边界线;7—厚度品位权值范围

图 8-12 七里坪金矿 F60 矿脉银矿体趋势预测垂直纵投影图

8.3.2 中深部工程定位预测及验证

本项目研究重点选取上宫、刘秀沟、吉家洼、虎沟、干树刘秀沟、七里坪6个矿区，对9个主矿体进行了中深部(垂深400～2 800 m)定位定量成矿预测。第一次确定31个预测工程位置，预测见矿标高、品位厚度情况见表8-10。

表8-10 熊耳山北麓中深部第一次预测钻探工程情况一览表

序号	矿区	矿脉	孔号	设计孔深(m)	预测金矿		备注
					见矿标高(m)	权值范围(m×10^{-6})	
1	上宫	F1－Ⅰ	ZK2109	1 120	320	10～30	
2			ZK0105	560	480	3～5	
3			ZK704	600	530	10～30	
4			ZK1508	580	500	30～50	
5			ZK3310	1 530	－120	0.8～3	
6	七里坪F1		ZK7103	410	830	5～10	
7			ZK6301	290	830	3～5	
8			ZK6703	760	680	5～10	
9	干树刘秀沟	Ⅴ	ZK2104	620	400	0.8～3	
10			ZK4006	900	350	5～10	
11			ZK7204	1 000	490	0.8～3	
12			ZK404	460	390	3～5	
13			ZK2408	630	550	0.8～3	
14			ZK3208	450	360	10～30	
15			ZK4804	680	550	0.8～3	
16		Ⅳ	ZK003	480	400	3～5	
17			ZK802	520	450	0.8～3	
18			ZK1602	530	460	0.8～3	
19			ZK2408	630	550	0.8～3	
20	吉家洼	F1、F2	ZK806	710	340	5～10	
21			ZK1508	720	400	10～30	
22			ZK009	670	590	5～10	
23			ZK1907	680	600	10～30	

续表 8-10

序号	矿区	矿脉	孔号	设计孔深(m)	预测金矿		备注
					见矿标高(m)	权值范围($m\times10^{-6}$)	
24	虎沟	M19	ZK1940	450	560	0.8~3	
25			ZK19123	590	500	3~5	
26			ZK19310	600	520	0.8~3	
27			ZK19114	490	410	0.8~3	
28			ZK19194	510	420	3~5	
29	七里坪 F60	F60	ZK407	440	510	0.8~3	银权值 160~640
30			ZK1103	380	640	0~0.8	银权值 80~160
31			ZK307	620	530	0.8~3	

工程验证工作紧密结合深部整装勘查和老矿山深部及外围找矿项目进行了 19 个钻探(最深 1 515 m)工程验证,见矿 13 个,见矿率 68%。见表 8-11。根据验证钻孔见矿情况,重新调整预测方案,第二次确定 28 个预测钻孔位置,预测见矿标高情况详见表 8-12,已再次列入深部普查设计进行验证。

表 8-11 熊耳山北麓中深部预测钻探工程验证成果对比表

序号	矿区	矿脉	孔号	预测结果		验证结果	
				见矿标高(m)	权值范围($m\times10^{-6}$)	见矿标高(m)	权值范围($m\times10^{-6}$)
1	上宫	F1-Ⅰ	ZK0105	480	3~5	440	0.03
2			ZK704	530	10~30	411	13.67
3			ZK1508	500	30~50	316	51.04
4			ZK3310	-120	0.8~3	-164	1.26
5	七里坪		ZK6703	680	5~10	690	10.20
6	刘秀沟	Ⅳ	ZK003	400	3~5	410	4.14
7			ZK802	440	0.8~3	451	0.30
8			ZK1602	460	0.8~3	460	0.82
9			ZK2408	550	0.8~3	449	0.91
10		Ⅴ	ZK404	390	3~5	371	0.01
11			ZK2408	550	0.8~3	608	0.30
12			ZK3208	360	10~30	345	13.25
13			ZK4804	550	0.8~3	568	1.32

续表 8-11

序号	矿区	矿脉	孔号	预测结果		验证结果	
				见矿标高（m）	权值范围（m×10⁻⁶）	见矿标高（m）	权值范围（m×10⁻⁶）
14	吉家洼	F1、F2	ZK009	590	5~10	585	8.38
15			ZK1907	600	10~30	580	21.77
16	虎沟	M19	ZK19310	520	0.8~3	487	0.17
17			ZK19114	410	0.8~3	418	1.41
18			ZK19194	420	3~5	406	0.30
19	七里坪	F60	ZK307	530	0.8~3	515	1.63

表 8-12 熊耳山北麓中深部金矿第二次预测钻探工程一览表

序号	矿区	矿脉	孔号	设计孔深（m）	预测金矿		备注
					见矿标高（m）	权值范围（m×10⁻⁶）	
1	上宫	F1－Ⅰ	ZK2105	760	660	3~5	
2			ZK1512	1 200	100	30~50	
3			ZK1108	980	355	10~30	
4	七里坪		ZK305	600	520	5~10	
5			ZK7101	180	1 020	3~5	
6			ZK6701	350	830	5~10	
7	西青岗坪		ZK1024	570	745	3~5	
8			ZK1064	400	775	3~5	
9	刘秀沟	Ⅴ	ZK2502	400	602	0.8~3	
10			ZK504	630	402	0.8~3	
11			ZK2412	880	246	5~10	
12			ZK3212	1 280	－56	5~10	
13			ZK4806	960	354	0.8~3	
14			ZK8006	1 380	400	0.8~3	
15		Ⅳ	ZK906	750	410	3~5	Ⅴ权值范围(0.8~3)×10⁻⁶
16			ZK2004	820	272	0~0.8	Ⅴ权值范围(3~5)×10⁻⁶

续表 8-12

序号	矿区	矿脉	孔号	设计孔深(m)	预测金矿		备注
					见矿标高(m)	权值范围($m\times10^{-6}$)	
17	吉家洼	F1、F2	ZK809	1 070	24	5 ~ 10	
18			ZK008	690	382	5 ~ 10	
19			ZK708	680	394	5 ~ 10	
20			ZK1510	1 070	78	10 ~ 30	
21			ZK2306	670	444	10 ~ 30	
22	虎沟	M19	ZK19279	350	564	0.8 ~ 3	
23			ZK19311	680	312	0.8 ~ 3	
24			ZK1946	640	366	0.8 ~ 3	
25			ZK19125	750	308	3 ~ 5	
26	七里坪	F60	ZK403	340	630	0.8 ~ 3	银权值范围 80 ~ 160
27			ZK303	350	634	0 ~ 0.8	银权值范围 160 ~ 640
28			ZK2301	590	534	0 ~ 0.8	银权值范围 80 ~ 160

8.3.2.1　上宫金矿 F1 - Ⅰ 含金构造蚀变带

矿体全长 2 600 m 以上，空间上位于 1 249 ~ -300 m 标高之间。利用深部探矿工程，对上宫金矿 F1 - Ⅰ 含金构造蚀变带进行了验证，取得了理想的验证效果。

2012 年以来施工验证钻孔 4 个，分别为：位于 F1 - Ⅰ 含金构造蚀变带南端 01 线的 ZK0105 孔，控制标高 440 m，见矿厚度 0.44 m，品位 0.06×10^{-6}，为未见矿孔；位于蚀变带南端 7 线的 ZK704 孔，控制标高 411 m，见矿厚度 5.38 m，平均品位 2.54×10^{-6}；位于蚀变带中部 15 线的 ZK1508 孔，控制标高 316 m，见矿厚度 10.48 m，平均品位 4.87×10^{-6}，与 ZK704 相比，厚度、品位明显增高；位于蚀变带中部 33 线的 ZK3310 孔终孔孔深 1 514 m，控制标高 -164 m，见矿厚度 0.20 m，品位 6.28×10^{-6}，为最深的验证钻孔，相对浅部验证钻孔，厚度减小，但品位增高。

从所施工的 4 个钻孔来看，见矿率为 75%，证明预测结果较为准确。从预测图上可以看出，矿体具有由中部向北端富集延伸的特征，有继续验证的必要。

8.3.2.2　刘秀沟金矿 Ⅴ 号含金构造蚀变带

Ⅴ 号含金构造蚀变带分布于刘秀沟矿区北部，规模最大，纵贯整个矿区。目前已控制矿体走向长度 1 900 m，向北延至虎沟矿区，向南延至干树凹一带。已控制矿体空间上位于 1 310 ~ 730 m 标高之间。

2012 年以来施工验证钻孔 4 个，分别为：位于Ⅳ号含金构造蚀变带北端 4 线的 ZK404 孔，控制标高 371 m，见矿厚度 0.10 m，品位 0.06×10^{-6}，为未见矿孔；位于蚀变带北端 24 线的 ZK2408 孔，控制标高 608 m，见矿厚度 0.88 m，平均品位 0.34×10^{-6}，为未见矿孔；位于蚀变带中部32线的ZK3208孔,控制标高345 m,见矿厚度1.02 m,平均品位12.99×10^{-6};位于蚀变带中部48线的ZK4804孔,控制标高568 m,见矿厚度0.30 m,品位4.40×10^{-6}。

由此4个钻孔成果可知,见矿率达50%。由北向南矿体厚度跳摇变化;品位整体呈递增趋势。从预测图上可以看出矿体具有向中部及南端富集的特征,指示了进一步勘查找矿方向。

8.3.2.3 刘秀沟金矿Ⅳ号含金构造蚀变带

Ⅳ号含金构造蚀变带分布于刘秀沟矿区北部,长度700 m。已控制矿体空间上位于1 062~648 m标高之间。

2011年以来施工验证钻孔4个,分别为:位于Ⅳ号含金构造蚀变带北端的ZK003孔,控制标高410 m,见矿厚度0.65 m,品位6.37×10^{-6};位于蚀变带中部的ZK802孔,控制标高451 m,见矿厚度0.10 m,平均品位3.04×10^{-6},为未见矿孔(但见到了矿化);位于蚀变带中部的ZK1602孔,控制标高460 m,见矿厚度0.45 m,平均品位1.82×10^{-6};位于蚀变带南端的ZK2408孔,控制标高449 m,见矿厚度0.78 m,品位1.17×10^{-6}。

由以上成果可知,验证钻孔见矿率100%。矿体厚度变化较大,无明显规律;矿体品位在垂向上,自上而下总体增高,横向上,自南向北逐渐增高。矿体中深部预测结果可靠。另外从预测图上可以看出,矿体具有向北端富集延伸的特征,有必要进一步勘查。

8.3.2.4 吉家洼金矿F1、F2号含金构造蚀变带

F1、F2号含金构造蚀变带分布于吉家洼金矿区中部,工程控制长度达1 200 m,宽度0.50~3.00 m。浅部为两条单独的含金构造蚀变带,650 m标高以深F1、F2含金构造蚀变带合并。已控制矿体空间上位于1 004~546 m标高之间。

施工验证钻孔2个,分别为:位于含金构造蚀变带中部的ZK009孔,控制标高585 m,见矿厚度1.59 m,品位5.27×10^{-6};位于蚀变带南端的ZK1907孔,控制标高580 m,见矿厚度3.61 m,平均品位6.03×10^{-6}。

由钻孔成果可知,见矿率达100%。钻探工程揭示了矿体的厚度、品位均较高,从预测图上可以看出矿体具有向深部垂向富集延伸趋势明显的特征,指示了进一步勘查找矿方向。

8.3.2.5 虎沟金矿M19含金构造蚀变带

M19含金构造蚀变带长1 250 m,向北东方向延伸。已控制矿体空间上位于1 038~386 m标高之间。

2012年以来施工验证钻孔3个,分别为:位于M19含金构造蚀变带中部的ZK19310孔,控制标高487 m,见矿厚度0.60 m,品位0.28×10^{-6},为未见矿孔;位于蚀变带北端的ZK19114孔,控制标高418 m,见矿厚度0.96 m,平均品位1.47×10^{-6};位于蚀变带北端的ZK19194孔,控制标高406 m,见矿厚度0.74 m,平均品位0.40×10^{-6},为未见矿孔。

由此3个钻孔成果可知,见矿率为33%。矿体厚度、品位变化起伏,但从预测图上可以看出矿体具有向南端富集的特征,指示了进一步勘查找矿方向。

8.3.2.6 七里坪金矿F60含金构造蚀变带

F60含金构造蚀变带位于矿区中东部,产于金洞沟大断裂下盘的F14号次级断裂构造带内,已控制矿体长度2 600 m,空间上位于1 155~739 m标高之间。

本次施工验证钻孔1个,位于F60含金构造蚀变带中部的ZK307孔,控制标高515 m,

见矿厚度2.29 m,金品位(0.33 ~4.69)$\times10^{-6}$(向深部有升高趋势)、银的品位(85.75 ~ 847.69)$\times10^{-6}$(向深部有降低趋势)。矿体向西部和深部未封闭,仍有延伸趋势。

由钻孔成果可知,中深部矿体厚度较厚,金品位有向下升高趋势,银的品位比较理想。但从预测图上可以看出矿体具有向北端倾覆的特征,指示了进一步勘查找矿方向。

需要说明的是,选定的验证矿区都是我院开发或者深部整装勘查项目施工矿区,项目中的深部找矿工作为本项目的深部预测提供了宝贵的实测资料,使我们的预测依据充分、及时验证并得以修正预测结果。

8.4 预测区资源量估算

8.4.1 工业指标及估算方法的选择

根据《岩金矿地质勘查规范》(DZ/T 0205—2002)和《铜、铅、锌、银、镍、钼矿地质勘查规范》(DZ/T 0214—2002)中的一般工业指标,结合研究区内采矿和选矿生产实际情况,本次预测区资源量估算只使用边界品位。如金矿的边界品位为1×10^{-6},最低可采厚度为0.80 m;银矿的边界品位为40×10^{-6},最低可采厚度为0.80 m。

区内金矿多数矿体为中等倾斜和陡倾,矿体呈脉状和透镜状,因此成矿预测在垂直纵投影图上进行,根据已知矿体浅部及中深部厚度、品位情况,通过 MAPGIS DTM 空间分析方法进行空间模型的建立,得到矿体的厚度、品位权值等值线图,对预测区资源潜力进行深部趋势预测,圈定矿体的预测赋存范围。预测区资源量估算方法为算术平均法。

8.4.2 估算参数的确定

(1)面积:借助 MAPGIS 软件支持,在资源量估算垂直纵投影图上,通过计算机直接测定所圈定的矿体预测赋存范围的面积。测定次数不少于两次,在误差不大于5‰时取其平均值为垂直纵投影面积。然后根据比例尺和各矿体的平均倾角换算成斜面积,参与资源量估算。

(2)厚度:将预测区内稀疏工程或者上部相邻工程中样品(线)的厚度用算术平均法求出平均厚度,参加估算。

(3)品位:将预测区内稀疏工程或者上部相邻工程中样品品位用厚度加权法计算其平均品位。

(4)体重:各预测区矿石体重原则上采用对应浅部矿体原生矿石的平均体重。

(5)含矿率:含矿率也称含矿系数,是深部成矿预测的一个重要参数。含矿率的确定主要依据对应浅部矿体的含矿系数求得。含矿率按下列公式计算:

$$K_p = S_p/S_o$$

式中 K_p——含矿率;

S_p——矿脉或勘查区内矿体面积之和,m^2;

S_o——矿脉或勘查区面积之和,m^2。

矿体面积和勘查区面积是在浅部勘查成果的资源储量估算图上测量求得的,实际使用原始计算值作了小的调整(见表8-13)。

表 8-13　预测区含矿率选取结果表

矿区	矿带	含矿率	
		浅表部已探明矿体(%)	预测中深部选取(%)
虎沟	M19	46	40
刘秀沟	Ⅳ	33	30
	Ⅴ	82	70
七里坪	F50	22	20
	F60	23	20
吉家洼	F1、F2 合并	51	50
吉家洼外围	F1	43	35
	M32	35	35
西青岗坪	F1	20	20
干树		23	20
上宫		83	70
七里坪		21	20

8.4.3　预测资源类型的确定

按照国标《固体矿产资源/储量分类》(GB/T 17766—1999)所规定的原则,资源类型的确定主要依据是控制程度和地质研究程度,本项目的地质研究程度仅提交预测的内蕴经济资源量(334)？主要依据是:

(1)初步了解了预测区的分布、规模、矿体产状、围岩蚀变、矿石品位和自然类型。对地质构造有了初步了解,水工环地质已大致了解。

(2)在矿脉浅部(或中部)已经勘查证实有金矿体分布;由见矿工程最低见矿标高下推垂深一定范围内的资源量。

(3)预测区内部分地段属于上(中)部矿体(333)资源量外推的资源量。这类资源量不单独划分,一并归入预测区内。

8.4.4　预测资源量估算结果

估算的资源量包括两部分,一部分为预测的资源量,另一部分为原圈定(333)类资源量外推的部分,我们将其统一归入(334)？类预测资源量。

综上 6 个矿区 9 个主矿体深部(垂深 400 ~ 2 800 m)预测(334)？金金属量 313 t,为提高预测的可靠程度,根据中浅部勘查成果求得 20% ~70% 的含矿率,平均含矿率采用 46%,估算预测(334)？金金属量 144 t(表 8-14)。

另外,七里坪矿区 F60 矿体深部预测(334)？银金属量 233 t,为提高预测的可靠程度,根据中浅部勘查成果求得 20% 的含矿率,估算预测(334)？银金属量 47 t(见表 8-14)。

表 8-14 预测(334)? 资源总汇总表

矿区	矿脉	标高范围(m)	垂深范围(m)	投影面积(m^2)	倾角(°)	斜面积(m^2)	平均厚度(m)	体积(m^3)	体重(t/m^3)	平均品位($\times10^{-6}$)	矿石量估算(t)	金属量估算(kg)	含矿率(%)	矿石量预测(t)	金属量预测(kg)	备注
虎沟	M19	710 ~ 0	120 ~ 1 055	1 306 216	60	1 508 288. 32	1. 20	1 809 945. 98	2. 71	5. 22	4 904 953. 61	25 603. 86	40	1 961 981	10 242	
刘秀沟	Ⅳ	600 ~ 100	275 ~ 960	801 108	73	837 712. 03	0. 76	636 661. 14	2. 72	6. 44	1 731 718. 30	11 152. 27	30	519 515	3 346	
	Ⅴ	600 ~ −300	265 ~ 1 690	1 838 316	80	1 866 674. 99	1. 27	2 370 677. 24	2. 74	6. 14	6 495 655. 64	39 883. 33	70	4 546 959	27 918	
七里坪	F50	660 ~ 340	10 ~ 430	252 220	55	307 903. 77	0. 93	286 350. 51	2. 70	2. 38	773 146. 38	1 840. 09	20	154 629	368	
	F60	800 ~ 300	190 ~ 800	249 932	40	388 825. 17	0. 47	182 747. 83	2. 75	2. 07	502 556. 53	1 040. 29	20	100 511	208	
		800 ~ 300		421 360	40	655 519. 79	0. 47	308 094. 30	2. 75	274. 55	847 259. 33	232 615. 05	20	169 452	46 523	银
吉家洼	F1、F2	550 ~ 0	320 ~ 1 020	1 806 712	78	1 847 075. 02	1. 24	2 290 373. 02	2. 60	6. 62	5 954 969. 85	39 421. 90	50	2 977 485	19 711	
吉家洼外围	F1	868 ~ 500	140 ~ 730	1 644 148	67	1 786 137. 24	1. 10	1 964 750. 96	2. 72	6. 13	5 344 122. 61	32 759. 47	35	1 870 443	11 466	
	M32	800 ~ 400	0 ~ 600	427 099	78	436 640. 65	0. 91	397 342. 99	2. 70	5. 07	1 072 826. 07	5 439. 23	35	375 489	1 904	
西青岗坪	F1	920 ~ −1 500	90 ~ 2 640	1 586 825	65	1 750 867. 67	2. 26	3 956 960. 93	2. 73	3. 03	10 802 503. 34	32 731. 59	20	2 160 501	6 546	
干树		600 ~ −1 500	400 ~ 2 870	2 385 375	55	2 912 005. 18	0. 90	2 620 804. 66	2. 73	4. 81	7 154 796. 72	34 414. 57	20	1 430 959	6 883	
上宫		706 ~ −1 500	260 ~ 2 840	3 490 000	60	4 029 904. 88	1. 46	5 883 661. 12	2. 72	4. 73	16 003 558. 25	75 696. 83	70	11 202 491	52 988	
七里坪		660 ~ −1 500	440 ~ 2 710	2 218 725	56	2 676 265. 92	0. 57	1 525 471. 57	2. 70	3. 14	4 118 773. 24	12 932. 95	20	823 755	2 587	
合计	金										64 859 580. 54	312 916. 38	46	28 124 718	144 167	
	银										847 259. 33	232 615. 05	20	169 452	46 523	银

9 结　语

9.1　主要研究进展

(1)首次应用成矿系列—幔枝构造新理论、新方法、新技术,并与熊耳山幔枝构造区地质实际相结合,在该区开展了熊耳山幔枝构造的创新性研究。

熊耳山幔枝构造呈长垣型展布于豫西成矿带的中段,构造形式为长垣型变质核杂岩(熊耳山式),表现出典型的盆岭区地貌特征,是一个在中—新生代伸展构造运动背景中形成的幔枝构造。对金矿床的控制作用是多因素的,既有对区域性断裂的控制作用,又可通过变质核杂岩和拆离断层带及其派生的次级断裂构造对金矿床起到控制作用。

(2)着重突出了科研工作为地质找矿服务,科研与生产实践的紧密结合。在幔枝构造成矿理论指导下建立成矿预测指标,重新确立找矿方向,对所建立的找矿预测模型不断在生产实践中修改完善和实用化。第一次预测中深部金矿找矿靶区 4 个和靶位(孔位)31 个预测,密切配合正在实施的深部整装勘查项目和老矿山深部找矿项目验证预测孔位 19 个,并根据验证见矿情况及时调整预测方案,第二次又确定预测孔位 28 个,真正实现了"科研预测—验证—再预测—再验证"的及时完善和有效结合。

(3)根据金矿石矿物组成、成矿元素变化特征、蚀变和成矿年龄,从早阶段蚀变岩 242 Ma 到晚阶段成矿的 113 Ma 经历了近 130 Ma,也即从晚印支期一直到晚燕山期。成矿流体是一种中温(123 ~ 386 ℃)、中低压(25 ~ 100 MPa)、低盐度(1.4% ~ 9.7%)、酸性(pH = 2.71 ~ 4.92)、还原性($\lg f_{Fe_2}$ −41.98 ~ −35.30)的含碲(−15.2 ~ −9.5)流体。矿石及围岩硫、铅同位素数据具有以深源硫同位素为主的壳幔混合源硫组成特征,氢氧同位素数值表明矿区的成矿溶液具有以岩浆水为主并混入大气降水的混合水的特点。通过对含矿构造蚀变带主要元素和微量元素的变化特征分析,认为,上宫金矿的矿脉经历多期次构造和热液蚀变作用的叠加改造,处于同一成矿带上的上宫金矿中的多金属硫化物矿化可能与七里坪的多金属硫化物矿化不属于同一期,是金矿成矿以后单独的一次矿化。故将该地区矿床厘定为重熔改造岩浆热液型金矿床。

(4)在区域构造研究方面,通过收集已有资料,着重研究了熊耳山北麓构造的几何形态、展布规模;研究了熊耳山北麓构造的运动学特征;研究了熊耳山北麓的岩浆活动期次、演化序列,以及穿插、叠加关系;岩浆活动与幔枝构造形成的关系,探求其动力学过程;探讨了熊耳山幔枝构造的构造演化、时空关系及动力学过程;研究幔枝构造对成矿作用的控制,进一步总结成矿规律,指导中深部地质找矿。

(5)在岩体构造研究方面,主要对区内岩体及矿区范围内的各种脉岩进行观测,了解它们的分布范围、产出形态和侵位深度,以及断裂构造发育状况;在矿区构造研究方面,对控矿剪切带、控矿断裂带开展详细路线地质调查 26 条 18 km,对地表和坑道中的矿体和脉体的产状及其与围岩接触关系进行观察，对各种片理、节理、褶皱和小断层进行测量、统计；对成矿前断裂、成矿期断裂和成矿后断裂的几何形态、力学性质、活动期次和变形强度进行力学分析。通过上述各项工作，了解控矿断裂组合及其应力场特点，查明控矿断裂的形成机制，确定成矿构造与区域构造的关系，阐明不同级别构造体系的关系，分析构造活动与成矿作用的成因关系。

(6)本区深源成矿流体沿熊耳山幔枝构造轴部断裂上涌运移至幔枝构造拆离带南部的金硐沟断裂中，氧化—还原环境促使成矿元素在构造扩容带中沉淀、聚集成矿。以幔枝构造理论为指导，通过分析构造控矿特征，指出本区地幔热柱多级演化沟通了深部通道，为上宫金矿的形成提供了充足的物源。同时，深大断裂与拆离带的交会部位有利于矿液的聚集，是该区重点找矿部位。

(7)依据矿产地质、地球化学、地球物理和遥感信息资料的耦合和集成，主要针对矿区主矿体采用 SD、GIS 编制了大比例尺矿体趋势预测图(1∶1万成矿预测图和 1∶2 000 垂直纵投影矿体趋势预测图)，优选出找矿远景区 4 个，并对其深部成矿条件、矿床类型、找矿方向和标志进行了分析总结。在 6 个金矿床 9 条主矿体中深部进行了定位定量预测，估算预测(334)？金金属量 313 t；银金属量 233 t，优选出验证靶位(孔位)31 个，利用深部勘查(整装勘查及老矿山深部找矿)项目进行钻探工程验证 19 个(孔深超 1 000 m 的有 8 个)，见矿 13 个，见矿率 68%。真正实现了“科学预测—验证—再预测—再验证”的及时完善和有效结合。使该区深部找矿新增金金属量 60 t，累计查明已突破 140 t，可达超大型规模，推动了该区中、深部找矿重大突破。

9.2 存在的问题及建议

研究区历经数十年地质勘查、开发、专题研究工作，形成的资料十分丰富，许多新技术、新方法已经在区内应用，面对丰硕的成果资料，虽然我们竭力想把研究工作深入一步、提高一些，但限于研究团队的认知水平，在短期内完成本研究项目面临着很多的困难。重点是紧密结合正在实施的深部整装勘查和老矿山深部找矿项目开展中深部找矿预测研究工作，涉及一些新理论、新方法，研究工作还显得有些肤浅，工作中还存在以下主要问题。

9.2.1 关于熊耳山幔枝构造的建立与认识

首次应用幔枝构造新理论、新方法、新技术，进行了熊耳山幔枝构造中岩浆岩的形成深度、侵位机制、切错关系、活动期次、岩浆熔体、包裹体所携带的深部信息、物质转换信息及成矿控矿分析研究。

目前，我们对该理论理解很不深刻，难免存在认识方面的问题，还需要不断学习和运用。对于区域成矿规律及矿床成因等认识还需要逐渐深化，我们将以这次研究工作为起点，坚持再学习、再运用，以期用幔枝构造新理论指导找矿勘查工作不断取得创新，开创深部找矿的新局面。

9.2.2 关于矿床成因

近年来,区内产于构造蚀变带中的金矿矿石的年龄测定取得了印支期、燕山期等多组年龄数据。燕山中晚期的地幔上隆,导致太华岩群及其下地壳物质重熔,形成壳幔混源重熔花岗岩浆。成矿作用乃是来自深部的透岩浆流体演化的远程热液沿断裂破碎带多次活动,促使地层中金的活化、迁移,在中—低温条件和构造有利部位,以交代为主、充填为辅的方式,改造原来构造岩的成分、组构形式,形成了上宫、虎沟、吉家洼等大中型重熔改造岩浆热液型金矿床。同时,此类金矿矿石矿物成分复杂,成矿元素种类多,基本没有单一金属,均为复合矿床,而且矿石的结构—构造复杂。就成矿作用的具体演化、动力学背景、成矿物质来源及成矿机制尚存在许多争议,就多数矿床而论,仅可以判定燕山期是主要成矿期,有待继续深入研究。

9.2.3 关于成矿年龄

本次研究上宫金矿矿石 LA - MC - ICP - MS 锆石 U - Pb 测年平均 224.73 Ma ($n=5$)。这一组可能是成矿作用中形成的热液锆石,或许反映的是成矿年龄,其成矿年龄就要早于花山岩体和五丈山岩体的侵位时限,应该是晚印支至早燕山期。上宫金矿从早阶段蚀变岩 242 Ma 到晚阶段成矿的 113 Ma 经历了近 130 Ma,也即从晚印支一直到晚燕山,这种情况在已有的矿床年龄数据中还不多见,说明该矿床成矿时限的确定还应进一步进行。建议继续开展相关研究工作。

9.2.4 资料收集及信息交流上的问题及建议

本研究项目属于生产科研,我们着重突出了科研工作为地质找矿服务,科研与生产实践的紧密结合。在成矿理论指导下建立成矿预测指标,重新确立找矿方向,开展中深部金矿找矿靶区和靶位预测,密切配合我院正在实施的勘查项目(深部普查)进行预测靶位验证,对所建立的找矿模型不断在实践中修改完善和实用化。然而,科研和成矿预测要有丰富的实际资料支持,当前的实际状况是研究区牵扯到许多系统和单位,在资料、信息交流上存在这样或那样的问题,造成资料收集和样品采集都十分困难,建议省厅主管部门制定相关规定,使该类科研项目更加顺利开展工作。成矿预测和研究中许多矿床资料显得很不充分,某些关键性的数据非常单薄,甚至不完整,对此我们只能深感遗憾,所以本项研究工作主要针对我院正在开展的整装勘查和老矿山深部找矿项目开展相应的成矿预测和研究工作。

本项目研究成果参考了有关学者、专家的专著、论文及相关资料,对于报告中引用、涉及的各类原始、基础资料的作者或曾经参与相关工作的所有工作人员,以及为我们提供过帮助、指导的领导、专家、学者,在此一并表示诚挚的感谢!

由于我们的认知水平和所掌握知识面的局限,书中尚有很多不尽人意之处,谬误实属难免,敬请读者批评指正。

参 考 文 献

[1] 牛树银,孙爱群,邵振国,等.地幔热柱多级演化及其成矿作用[M].北京:地震出版社,2001.
[2] 孙卫志,冯建之,燕建设,等.小秦岭幔枝构造与深部找矿[M].北京:科学出版社,2013.
[3] 冯建之,孙卫志,牛树银,等.华熊亚热柱-幔枝构造体系及其控矿作用[J].地质找矿论丛,2011,26(2):143-150.
[4] 卢欣祥,尉向东,董有,等.小秦岭—熊耳山地区金矿特征与地幔流体[M].北京:地质出版社,2004.
[5] 冯建之,孟宪锋,于伟,等.华熊台隆中段中深部金银多金属矿成矿规律与成矿预测研究[R].河南省地质矿产勘查开发局第一地质矿产调查院,2012.
[6] 汪江河,付法凯,燕建设,等.熊耳山北麓中深部金矿成矿规律与找矿方向研究[R].河南省地质矿产勘查开发局第一地质矿产调查院,2014.
[7] 于伟.河南上宫金矿深部成矿特征及找矿预测[J].西部探矿工程,2011(7):113-117.
[8] 余燚,蔡焕花,汪洋,等.河南上宫金矿 F1-Ⅰ成矿地质特征及深部找矿前景[J].西部探矿工程,2013(05):0129-04.
[9] 宋凯,郝晓圆,汪江河,等.豫西上宫金矿构造控矿特征及成矿作用探讨[J].黄金科学技术,2013,21(6):30-35.
[10] 范明泰,李红松,汪江河,等.河南省上宫金矿 F8 金矿床地质特征及找矿方向[J].西部探矿工程,2012(2):0149-04.
[11] 付法凯,汪江河,赵春和.河南省洛宁上宫金矿资源潜力浅议[J].西部探矿工程,2007(5):81-91.
[12] 崔爕祥,等.河南省上宫金矿床地球化学异常特征[J].豫西地质,1992(1):26-29.
[13] 刘耀文,李广岸,邓红玲.吉家洼金矿床矿化富集规律及找矿方向[J].河南地球通报,2010(1):291-296.
[14] 李雪林.河南省吉家洼金矿床地质特征及找矿方向[J].职业圈,2007(3):146-147.
[15] 黄守民,武新强,崔爕祥.河南省吉家洼金矿床地球化学特征[J].河南地质,1998(1):3-7.
[16] 汪江河,付法凯.洛宁县吉家洼金矿外围 F1 矿带金矿找矿潜力预测[J].河南地球科学通报,2010(1):289-290.
[17] 黎世美.熊耳山地区构造蚀变岩型金矿成矿模式及矿床成因探讨[J].豫西地质,1990,14(1):1-10.
[18] 黄守民,崔爕祥.熊耳山地区金矿地球化学异常特征[J].河南地质,1999,17(1):1-9.
[19] 徐刚,张有,方荣,等.河南省熊耳山地区金矿床类型及控矿因素分析[J].黄金,2013(2):25-30.
[20] 燕建设,庞振山,岳铮生,等.马超营断裂带构造特征及金矿成矿研究[M].郑州:黄河水利出版社,2005.
[21] 燕建设,王铭生,杨建朝,等.豫西马超营断裂带的构造演化及其与金等成矿的关系[J].中国区域地质,2000,19(2):166-171.
[22] 陈德杰.豫西熊耳山地区金银成矿带区域成矿模式研究[J].河南地质,1996,14(3).
[23] 陈旺.豫西熊耳山金矿床和银(铅)矿床铅同位素研究[J].贵金属地质,1995,4(3):168-176.
[24] 陈衍景,李晶,等.东秦岭上宫金矿流体成矿作用:矿床地质和包裹体研究[J].矿物岩石,2004(3):1-12.

[25] 陈毓川,朱裕生.中国矿床成矿模式[M].北京:地质出版社,1989.
[26] 程广国.河南熊耳山地区中生代花岗岩成因及构造环境与成矿关系[J].有色金属矿产与勘查,1994,3(1):15-21.
[27] 范宏瑞,谢奕汉,王兰英,等.豫西花山花岗岩岩浆热液的性质及与成矿的关系[J].岩石学报,1993,12(3):136-145.
[28] 范宏瑞,谢奕汉,王兰英,等.豫西上宫构造蚀变岩型金矿成矿过程中流体-岩石反应[J].岩石学报,1998,14(4):530-541.
[29] 范宏瑞,谢奕汉,王兰英.豫西花山花岗岩基岩石学和地球化学特征及其成因[J].岩石矿物学杂志,1994,13(1):19-32.
[30] 范宏瑞,谢奕汉,赵瑞,等.豫西熊耳山地区岩石和金矿床稳定同位素地球化学研究[J].地质找矿论丛,1994,9(1):54-63.
[31] 付治国,瓮纪昌,卢欣祥.小秦岭熊耳山地区金矿硫同位素地球化学特征[J].物探与化探,2009,33(5):507-514.
[32] 贡二辰.熊耳山金银多金属成矿带西带地质特征与成矿浅析[J].矿产与地质,2007,21(6):649-652.
[33] 何进,张灯堂,王江瑞.齐波夫定律在上宫金矿田资源预测中的应用[J].西部探矿工程,2013(5):119-122.
[34] 胡新露,姚书振,何谋春,等.河南省上宫金矿成矿热力学条件及成矿机制[J].中南大学学报(自然科学版),2013(12):4962-4971.
[35] 庞振山,杜杨松,燕建设,等,河南省西部地区中生代花岗类地质特征及成因[M].郑州:黄河水利出版社,2006.
[36] 乔怀栋,强立志,黄任远.豫西熊耳群火山岩金矿物质来源初探[J].河南地质,1988,6(2):9-12.
[37] 任富根,李维明,李增慧,等.熊耳山-崤山地区金矿成矿地质条件和找矿综合评价模型[M].北京:地质出版社,1996.
[38] 孙卫志,张灯堂,孟宪峰,等,豫西矿集区 Au、Mo 地球化学块体分布特征及资源潜力分析[J].中国地质,2012,39(2):349-358.
[39] 孙卫志,李磊,谢劲松.豫西地区变质核杂岩的基本特征及其对金矿床的控制[J].黄金,2013(8):10-16.